岩 波 文 庫

34-022-2

# 平 和 の 条 件

E. H. カ ー 著
中 村 研 一 訳



岩 波 書 店

# 凡　例

一、本書は、Edward Hallett Carr, *Conditions of Peace*, The Macmillan Company, 1942 の全訳である。

一、読みやすさを優先する観点から、原文の内容を損なわない範囲で、一文を切り分けたり、適宜言葉を補ったりして訳出した。また、一つのパラグラフをいくつかに分けた。

一、引用符は、原則として「　」とした。

一、原文中の（　）［　］は、そのままとした。

一、原文中で強調を示すイタリックは、原則として傍点を付した。

一、原文の単純な誤植や誤りは断りなく訂正した。

一、原注は章ごとに通し番号(1)(2)……を振り、巻末に置いた。

一、本文内の〔　〕は訳者による補足である。

一、訳注は[1][2]……とし、巻末に置いた。

一、注の文献に邦訳があるものについては書誌情報を入れたが、いくつかを除いてはすべて拙訳である。

一、巻末に人名索引を付けた。

# 目　次

# 平和の条件

うぬぼれの強い新しい預言者が、以前の預言者と同様に、これまで誰も予言しなかったし望むこともなかったところへと、そしてわれわれも想像できなかったより完全で深いところへと、達すると保証している。はたして、そのような社会変動にわれわれは達するのだろうか。それともあの断続的に起こる無政府状態、かつての民衆の間でよくしられたあの周期的におきる不治の病に、おそらく到ってしまうだけだというのであろうか。[1]

『トクヴィル回想録』

# 覚え書

本書は戦時の国際政治研究の例にもれず、戦況が急変するなかで書かれたため、すべての読者を、これから明らかに危険かつ予想不能な状況に誘うこととなるが、著者もまた、執筆中明らかに危険かつ予想不能な状況を体験してきた。[1]

戦争の根本問題の性格は、戦後のいかなる平和形成の根本問題の性格と同様に、変わってはいない。また、将来も変わることはない。ただし、戦場が新たに拡大するたびに、観察者が戦争を見る視角が多少変わる。その変化にともなって、その戦争と戦後平和に対処すべき政策群が調整される。[2]

したがって、本書の執筆時期を述べておくべきであろう。独ソ戦の開始〔一九四一年六月〕以前に、構成はすでに固まっていたし、草稿の大半も書き上がっていた。ソヴィエト・ロシアの参戦によって、扱おうとした課題のいくつかは修正された。日本とアメリカが交戦国に加わった時〔一九四一年十二月〕には本書は、すでに印刷中であった。その結果、三〇九頁で警告した政策論の暫定的性格は、第七〜十章においてより強まっている。

一九四二年一月

# 序　章

一九一四年の戦争〔1〕が突如勃発した時、〔欧米の〕文明諸国家は、全体として繁栄し、秩序ある世界であった。その世界は満足と合理主義的な楽観に覆われていた。当時の人々は、過去数百年を顧みて、はばかることなく自己満足できた。文明化した人間にとって進歩するのは正常なことであると信じられていた。そのためこの大戦は、人類が誤った道に迷い込んでしまった徴候ではなく（というのも、文明諸国が道を誤るなどとは、当時の欧米人にはほとんど思いもよらない考えなのであった）、ぞっとさせる無意味な脱線にすぎないとみなされた。一九一四年にハリファックス卿〔英国保守党の政治家・外交官〕は、「一九一四年の開戦の際、ひとたびわれわれが事態の対処に乗り出すならば、世界は再び古い道に復帰する、概して正しい道と考えられてきた道に戻る、とわれわれは確信していた(1)」と語っていた。

恐怖にみちた戦争体験の土壌のなかからすら、楽観の種が芽を出した。前大戦の最終局面では、連合国側が勝利すれば、その帰結として歴史に類例のない良い世界が創り出されるに違いない、とする楽観的見通しが流行ったのであった。民主主義が確保された世界が、犠牲を厭わず戦った英雄たちを迎え入れるにふさわしい世界が創り出され、そこでは新しい国際秩序が普遍的正義と恒久平和を保障することになろうと考えられていた。しかもこの構想を実現するには、何ら根本的変革を必要としないと思い込んでいた。なぜかというと、かつて歩んでいた古い道に戻ることは、すなわち正しい道への復帰であり、人類の進歩という秩序正しい前進が当然に再開される、と考えられていたからである。

一九一八年、ヤン・スマッツ将軍〔南アフリカの軍人・政治家。国際連盟の提唱者〕はよく引用される次の一句を書き記した。

何の疑いもない。人類は歩みを再開する。……テントは取りはらわれた。人類の偉大なキャラバンはもういちど前進をはじめる。(2)

良い世界に向かって前進する長い年月の歩みが再開したという楽観的展望は長続きし

なかった。楽観は、何カ月も続いたパリ講和会議の混迷のなかで色あせ、一九二〇年の戦後最初の経済危機のなかで消え去った。長い戦いに倦み疲れた戦勝国の民衆は、武器を捨てるとともに、心を躍らせた未来への大望を放棄してしまったようであった。人々は、古き良き日々の生き方に復帰するという固定観念にとらわれ、道なき道を試行錯誤しながら切り開くとは考えなかった。自動的に、しかもなんらの努力なしに、繁栄していた過去の定常状態に戻れるものと思い込んでいた。人々は、もはや楽園《パラダイス》の扉を開く鍵に期待することも、それを求めることもなく、ただ、安楽なあきらめに沈み込んでいた。

　イギリス首相は、絶え間なく奔走する革新の推進者ロイド＝ジョージ氏〔自由党政治家。一九一六―二二年に首相。第一次大戦とパリ講和会議に指導力を発揮〕から、平和と安全《セキュリティ》のためにパイプの煙をくゆらすボールドウィン氏に交代した。アメリカ大統領は、新秩序の預言者ウッドロウ・ウィルソン〔3〕から、「常態への復帰」をうたい文句とするハーディングやクーリッジに交代した。安全と常態への復帰とは、神殿を支える二本柱となり、一九一四年以前の安逸の黄金時代に特有の表現で解釈された。爾来二十年間、新しい冒険には踏み出さず、過去を規範とすることが、ヴェルサイユ講和条約に主たる責任を負ったイギリス、アメリカ、フランスの三大国の特徴的な姿勢となった(3)。

　いわゆる「不満な」大国群の心理的反応は、非常に異なっていた。不満な大国群の第一はドイツであり、前大戦で唯一敗戦した大国であった。第二はソヴィエト・ロシアであり、パリ講和会議が恒久化しようとした政治、社会、経済システムの全体に対する革命を行っていた。第三のイタリアは、前大戦の戦勝国ではあったものの、講和会議の分け前の少なさに失望して、反対陣営に移った。第四の日本はそれまで五十年間成功してきたため、対外政策に警戒心と保守主義による緊張が加わった。しかし、太平洋において英・米が影響力を持つことへの嫉妬心から、不満な大国群の側に廻った。この四つの大国のどれもが、過去を自己満足しつつ振り返るような心理状態ではなかった。

満足した大国群〔英・仏・米〕は、大国の地位に達した時代や勝利した時代の諸条件にインスピレーションを求め続けた。しかし、その時はすでにその諸条件が消滅したことを認識していない場合が多かった。他方で、不満な大国群は、現状変革者の立場にあった。そして、新しいイデオロギーを掲げて、過去を否定し、既成事実に挑戦した。満足した大国群と不満な大国群とが、軍事、政治、経済の諸問題に異なる関心に基づき反応をしたことのなかに、二つの大戦の間の二十年の心理的背景を見てとれるであろう。

満足した大国群は、過去に規範を求めた。これは軍首脳の見解に非常によく現れている。それらの国々では陸軍も海軍も、十九世紀の戦争を戦った栄光ある伝統に強く執着した。軍高官たちは、一九一四―一八年の戦闘に首尾よく勝利した以上、その時点にまで時計の針を戻すことが得策であり、あるいは後退《あとずさ》りしないまでも、時計の針を前に進ませないことが、安全保障を最もよく確保すると考えていた。一九一九年のパリ講和会議におけるイギリスとアメリカの参謀幕僚のプログラムは、二つの最優先的要求を柱としていた。潜水艦を廃絶することと、ドイツに航空戦力を廃棄させることである。もし仮に、この二つの軍事上の技術革新をなんとかなくすことができるとするならば、満足した大国群は十九世紀の間慣れ親しんできた安心できる戦略配置に立ち返ることができると考えていたのである。

また、ジュネーヴでの軍縮会議〔4〕においても、イギリス代表団は再び、二十世紀に配備され使用された兵器群の廃棄を訴えた。潜水艦、大型戦車、毒ガスなどの廃棄、そして空からの爆撃の禁止であった。歴代のイギリス政府は、航空戦力の高い潜在力を認めたがらなかった。そのため、イギリスの航空戦力は一時期、世界第七位に甘んじたほどであった。イギリス空軍は、歴史が最も短い軍種であったため、予算と人員の配分を冷遇された。(4) イギリス海軍はドイツ海軍の三倍の戦力を持つことが重要であると考えられていた。だが、イギリス航空戦力はドイツと対等であることを目標としていたものの、その実情は目標達成から程遠かった。

キャンベル＝バナマンは、一八七一年（当時、英国の陸軍省財務担当政務次官。後に陸軍大臣・首相)、「海はイギリスに時間的余裕を与える」と叫んで、陸軍拡大に反対した[5]。それから六十年以上たっても、同じ条件下にあるものと思い込んでいたのである。大英帝国の守護女神《ブリタニア》が海洋を支配する限り、十九世紀と同様に二十世紀にも、イギリスの覇権は間違いなく維持されると信じ込んでいた。イギリス人の心性は、異なる観点をなかなか採用しようとはしなかったのである。

フランスの戦略は、イギリスよりさらに過去を規範としていた。一九一九年パリ講和会議に、フランスは安全保障に関する二つの有名な覚書を提出した。一月十日の「フォッシュ覚書」と二月二十六日の「タルデュー覚書」である。この二つは軍事輸送に関して、もっぱら鉄道に限って論じていた。そしてともに航空戦力には言及していなかったのである。

[5]マジノ線は、両大戦間期のフランスの重要な戦略概念の一つであり、戦線を膠着させ、現状維持のまま凍結しようとする試みであった。イギリスとフランスの参謀本部は、両大戦間期を通じ、将来のあらゆる戦争において、陸上戦の主要な形態は膠着した塹壕戦になるものと疑うことなく想定していたが、それには前大戦がそうであったという以外に、まともな理由はなかった。それに対し先見の明のあるフランスの批評家は一九二八年に次のように嘆いていた。

ヴェルサイユ条約はかくのごとく万事が進行した。一方では、敗者ドイツの軍事思想を現代化するように強制した。他方で、勝者フランスを一九一四年の軍事的慣習に後戻りすることを許し、無為のまま眠らせてしまった。(6)

大国の他にも満足した小国群があった。ただし、それらの軍事戦略を酷評するのは公平でない。というのも小国群の戦略が非常に保守的であったのは、これらの国々が資源を欠き、想像力を欠いていたからである。オランダとベルギーは、陸軍〔の歩兵・砲兵部隊〕が、航空戦力と機甲化部隊の有効な支援を欠いた場合、現代戦争においては取るに足らない戦力にすぎないことを認識できなかった。またポーランドの戦略は、騎馬兵団に重要な役割を割り当てた。さらにスイスの国防計画は、自転車を移動手段とし、個々の兵士が勇敢であり、ライフル射撃が精確なことで名高い国民兵に基礎を置いていた。

満足した大国群の戦略は、十九世紀の先入観および一九一四―一八年の戦争の教訓の混合物によって支配されていた。その間に、主導権はライヴァルに移ってしまった。たしかに航空機はフランスの発明であり、戦車はイギリスの発明であった。しかし両大戦間期、イギリスとフランスが過ぎ去った時代の教訓と慣行を清算できないでいる間、ドイツ陸軍は、航空戦と機甲化した戦車戦に戦術上の工夫を重ね、練度を高めて完成させた。また、敵の防衛線の背後にパラシュート部隊を降下させる戦術は、ロシア軍が発明し、ドイツ軍がそれを取り入れて学習し、完成させた。ところが満足した国々はそれらを無視したのである。

ドイツ軍は、前大戦後の一九一九年、兵器類も全兵力も解体された。このきびしい環境はドイツ軍に兵器類の現代化を強いただけでなく、軍事装備や軍事組織に関するすべての問題を、一から考え直すことを余儀なくさせた。ドイツ軍は完全にゼロになった地平から出発する優位性を最大限に引き出したが、この事実をどれだけ強調しても強調し過ぎることはない。その一方、イギリスとフランスは、過去から継承した遺産のなかに封じ込められてしまった。(7) 現大戦[6]が開戦し、ドイツ軍の革新的な戦術群に直面したイギリスとフランスの参謀本部は完全な混迷に陥った。『ザ・タイムズ』[7]紙は次のように解説している。ドイツ軍は「リスクを冒すことをいとわない。こうした戦争指揮は、フランスやイギリスの軍事理論からは、正しいか誤りかはともかく、してはならないと非難されてきた類のものである(8)」。その数日後、フランス首相は「実は、わが古典的な戦争指揮の概念は、新しい概念との対決を迫られている(9)」と述べていた。

現大戦の最初の一年には重要な意味があるが、それは、ドイツ軍が一貫して攻勢をとったことではなく、戦略と戦術の一切の新奇さや重要な軍事的発明のすべてが、もっぱらドイツ軍の側から現れたということに基づく。[10] 技術的観点から表現すれば、〔ドイツ側の〕革命的な戦争概念が、〔イギリス・フランス側の〕純然たる保守主義と対決していた。

満足した大国群の政治家たちは、陸海軍に劣らず、彼らの視線を過去に釘付けにしていた。一九三四年、局外者的な視点からイギリスの政治生活を観察した者〔E・パーシー〕[8]は、「現代イギリス政治の最も嘆かわしい特徴は、革新を成しとげる能力も真に創意に富む思考をする能力も、明らかに欠いている点にある」[11]と述べていた。

一九一八年に、世界の国々が民主主義になるための障害がなくなっていたが、[9] ところがその民主主義とは、十九世紀の特殊な条件のもとで育った、自由民主主義の特殊形態を指すものと理解されてしまった。このように十九世紀の用語で表現された民主主義は、二十世紀には所与のこととみなされ、現実を動かす力ではなくなっていた。こう理解された民主主義は、もっぱら栄光ある伝統の威信に依拠しており、新しい世界の問題群に対しては、過去の遺産の称揚以外に全く貢献するものがなかった。富裕層や上流階層は、過去と現在に対する満足度が高いが、この理解による民主主義は、彼らの歴史遺産となってしまったのである。一九三九年現在、民主主義的な統治形態は、人口一人当たりの収入が上位の十位または十二位までの富裕な国家のほとんどで生き残っていた。その一方、それ以下の国々ではほとんど生き残っていなかった。

一九三三年以前には、民主主義を前大戦後の新しい条件に適応できるように再編する試みは、存在しなかった。民主主義は、一九一四年以前に機能したままの形態では、〔前大戦以後の世界においても〕全く同様に機能し続けることはできなかったが、この事実を認識した人は、民主主義諸国にはほとんどいなかったのである。

一九三三年に到って〔F・ローズヴェルト大統領が就任し〕、アメリカが、強い反対に抗して、民主主義の根本的に新しい構想に向かって動きはじめた。ただしこの新しい動きは、一九三九年の大戦の勃発前には、ヨーロッパにほとんど波及しなかった。軍事戦略と同様に政治においても、何事かが起きて、十九世紀の栄光に満ちた平穏な日々を永遠に終わらせてしまったと思い至るのは難しかったのである。[12]

上記の事情から、政治における主導権も不満な大国群の手中に移った。最初にソヴィエト・ロシアが主導権を握った。そして一九二一年以降、一国また一国とその先例に続いた。それらの国々では、ヴェルサイユ体制に対する反逆が、民主主義に対する拒絶と結びついた。もちろんロシア人が行ったように、民主主義に口先だけの敬意を示し、新たな完全な形の民主主義を打ち立てると称することも時には行われた。

ボルシェヴィズムも、ファシズムも、ナチズムも、その魅力は教義の内容にあるのではない。それらの教義は、輪郭が不明瞭で、自在に変化し、しばしば一貫性を欠いていた。その魅力の源は、あたかも新しい何ものかを提供するかのように、人々に喧伝したこと、また、(満足した国々が行ったように、)支持者たちに向かって、過去の祭壇に納められた政治的理想に向かって祈りを捧げよ、とは促さなかったことであった。新しい軍事戦略と同様、これらの新しい政治構想は、実際に一度も試されたことがない点が取柄となった。革命的な気分が、政治的自己満足と過去へのノスタルジアに対峙したのである。国際関係において、正面対決したのは同様であったが、より鮮明で劇的な形をとった。現状に満足した保守的な大国群と、現状を覆そうとする革命志向の大国群との間で、利益の直接的な衝突が出現した。国際連盟は、一九一八—一九年の短い楽観主義の幕間から、進展のないままに自己満足した一九二〇年代へと移行する間に、反動派《リアクション》に乗っ取られた。これは、他の国際機関(ほぼ同時に創られたILOなど)と比べて、国際連盟がとくに顕著であった。国際連盟は、人類の進歩に対する燃えるような信仰の気分のなかで創設され、進歩の主要な手段と位置づけられたが、あっという間に、満足した大国の道具へと変質させられた。満足した大国は、パリ講和会議ですでに注意深く、国際連盟規約から残されていた唯一の急進的な条項を骨抜きにしていた。また、国際連盟規約を「強化」すると称した政策は、すべて現状を維持するための防波堤とされた。ジュネーヴ議定書[10]は、国際組織上の「マジノ線」と比喩的に呼ぶことができる。事前に精緻に準備したジュネーヴの塹壕を難攻不落にして、敵の攻撃を迎え撃つことが、あたかも政治的英知の頂点であるかのように受けとられたのであった。

国内政治のすべての特権集団と同様に、満足した大国群は、平和に至上の重要性があると主張した。そして、国内政治において保守主義者が革命に対する恐怖心を利用したのと同じやり方で、戦争に対する恐怖心を利用した。国際連盟の全盛期にアリスティード・ブリアン[11]は総会で次のように述べていた。

どれほど特別な環境のもとでも、どれほど高い志が抱かれようと、どれほど目標が正当であろうと、それらが平和の諸価値を超え出ることは許されない。平和こそ最も重要であり、他のすべてに優先せねばならない。仮に正義の行動が提案されたとしても、それが世界平和を攪乱し、昨日の恐るべき災禍を再現するものであるなら、私は誰より真っ先に、平和の諸価値の至上性に基づき、その推進者に行動を中止し、放棄するよう求めるであろう。[13]

〔平和という名の〕現存秩序の神聖な既得権が破壊されるよりは、不正義を継続せしめよ、とブリアンは主張していたのである。またイギリス国際連盟運動の指導者〔ノーマン・エンジェル〕は次のように宣言した。「国際連盟の第一の目的は加盟国の防衛である。自己保存はいかなる組織にとっても第一の鉄則である。(14)」「安全保障」は〔政策であるより〕強迫観念となり、首にぶら下がる石臼のように国際連盟を締め付け、組織体から息吹も生気も奪い取ってしまった。〔国際連盟が本部を置いた〕ジュネーヴは、政治的に純然たる保守主義の砦となった。「統治せよ。そして何も変えるな」は、メッテルニヒ〔ウィーンの神聖同盟議長〕のモットーであった。しかるに国際連盟は、何も変えないで、統治することに失敗した。

国際関係の現状変更の動きは、こうした理由から、すべて不満な大国群が主導し、一斉に、現状維持勢力の既得権益に挑戦した。たしかに、彼らの望んだ現状変更は、一部にその性格が破壊的なものもあった。しかしながら、満足した大国群の方からは、建設的な変革の提案が一切提起されなかった。なにより、彼らは現状を変更する必要性さえ認めなかった。その結果国際連盟は、あらゆる方面からの挑戦を不用意なままに受けることになった。

たしかに国際連盟は、創設の契機が革新的で理想主義的であったことから高い威信を持っていたが、しかし、その遺産も短期間のうちに使い尽くされた。政治分野での攻勢も、戦略的な分野と同様に、不満な大国群の独壇場となってしまった。
経済の分野では、自己満足を正当化するのは簡単ではなく、さらに何もしない政策を維持するのは難しい。政治の分野では、現状維持政策が破綻していたことは、一九三〇年代半ばから後半に至ってようやく露呈し、認識されるに到った。また軍事戦略の分野では、満足した大国群がとった紛れもない保守志向は、一九四〇年の軍事的災禍に直面して初めてばらばらに破砕された。それらに比べ、経済政策の破綻は、すでに早い時期から顕在化していた。一九二〇年の最初の経済危機は、広範囲に及ぶ騒動を引き起こし、ドイツ賠償とフランスのルール占領をめぐる紛争によって一層悪化した。戦勝国側が軍事的に優越し、政治的に平穏であった全盛期にあっても、すでに経済的不安定という悪魔は頭をもたげていたのである。ジュネーヴ議定書に人々が熱狂していた一九二四年においてさえ、フランス代表は、国際連盟総会に次のような警告を発した。

私たちが常に平和の殿堂の下で安全に過ごそうとするなら、一次産品の配分、貿易、外国への移民と外国からの移民に関する深刻かつ重大な問題について、いつの日か国際連盟の財政機関、経済機関、あるいは総会において、取り扱わなければならなくなるであろう。これらの問題が未解決のまま放置されるなら——私たちはぜひとも誤りを犯さないようにしようではないか――、国際連盟に内部分裂を引き起こし、私たちが構築してきた建物を崩壊させて、廃墟としてしまうであろう。[15]

塹壕を深く掘って立てこもることは、軍人や政治家の指導原理としては十分かもしれない。しかし、そうすることは経済的な万能薬としては、嘆かわしいほどの欠陥がある。経済政策にとって保守主義は不十分なのである。というのも、保守するに値する現状なるものは、その外見すら存在しないからである。問題は切迫し、対処は不可避であった。では、どのような対応策がとられたのか。

経済問題に対する答え方は、過去を規範化する満足した大国の姿勢を完璧なまでに表現していた。進歩に対する信仰は、もはや死んでいた。仮に現状維持が経済的繁栄を保障しないならば、変化が不可避となる。ところが、過去に向かって後退りする、という変化の形以外には考えられなかった。保守では不十分ならば、それに代替するのは復古《リアクション》なのであった。経済的人間たちは、未登頂の高峰を目指して、試されていない新しい登頂ルートをアタックするようなことは試みようとしなかった。目標とされたのは、誤った道から引き返すことであり、やってしまった誤りを取り消すことであった。すなわち、一九一四年以降の白いページに書き記された文字を、すべて消し去ることであった。過去への復帰は、「常態《ノーマル》」な繁栄への復帰であるかのように意識された。一九二四年、一人の観察者〔A・ジークフリード〕は「常態が回復したので、ランカシャーは成功の希望に満ちている」(16)と書いていた。またもう一人の評論家〔W・K・ハンコック〕はこう述べた。「ビジネスマンたちは、切々と「常態」への復帰を待ち望んでいた。そしてその「常態」とは、一九一三年の世界への復帰であると、自分たちに言い聞かせようとした」(17)。この致命的ともいえる雰囲気のなかで、進歩の記念碑であるかのようにその当時には称賛された政策でさえ、長期的な観点からは、純然たる復古であることが明らかになった。ドーズ案[12]であった。これは一見すると、あたかも戦後賠償を決着させた高度に開明的な政策のようであった。しかしそれは、十九世紀の国際資本家たちが、バラバラ《ハンプティ・ダンプティ》に壊れた金融の私的統治を、ロンドンではなくニューヨークを中心としてもう一度元通りにしようとした、本質において反動的な企てであった。果たして一九二九年、アメリカの金融業者たちが、負担の大きさに耐えかねた時、世界は、大恐慌の経済変動という吹き荒れる嵐のなかに放置され、人々は退避場所さえみつからない有様になった。

それでもなお、過去へのノスタルジアは強迫観念となって人々の心に深く根付いていた。両大戦間期において興味深いことは、接頭辞「re〔戻る・もう一度の意〕」が冠された経済スローガンが非常に多い事実である。再建《リコンストラクション》、経費節減《リトレンチメント》、賠償《リペレイション》、戦時債権の償却《リペイメント》、平価切上げ《リヴァリュエイション》、金本位制の回復《リストレーション》、経済回復《リカヴァリー》、貿易障壁の撤廃《リムーヴァル》などに関心が寄せられた。インフレですら、「リフレーション〔通貨流通量の膨張政策〕」と呼ばれると、まっとうな政策であるかのように聞こえてくる。イギリスにおける国際経済の指導的な専門家〔A・ソルター〕[13]は、一九三〇年代に次の二冊の著作を書いた。一冊目が『経済回復《リカヴァリー》』であり、二冊目が『安全――再生《リトリーヴ》は可能か』であった[18]。経済世界における共同の英知は、一九二七年および一九三三年の二度の国際経済会議に表現されているが、その結論は、「一九一四年以来の経済政策の方向性はすべて誤っていたのであるから、阻止されるか、正反対の政策が採用されるべきである」というものであった。

こう記したからといって、満足した大国群の経済政策の担当者が、十九世紀の自由経済の諸原則に戻れと申し立てる経済顧問たちにたえず耳を傾けてきたと主張する意図はない。実際のところ、一九三一年までに、すでに正統派経済学の権威が傷つく事態が多発していた。ところが、これらの国々では、正統派経済学に対するリップサーヴィスは続いていた。ただし、一九三一年以降、リップサーヴィスも弱まり、うわべだけになった。というのも、諸国の政府は大恐慌という超大型台風に突き動かされて、前例のない新しい経済路線をとるように追い込まれていたからである。この新経済路線は、状況に強いられて無計画的に採用された点が問題であった。この新経済路線は、たしかに正統派経済学を公然と無視してはいたが、それでもなお、古い教説はなぜ崩壊したのか、どのような新しい学説が取って代わるべきかを理解したうえで採用されたものではなかった。

新しい政策を採用した政治指導者たちは、守勢に立って様々の弁明に努めた。まず、新経済路線は暫定的な緊急避難であり、嫌々ながら必要に応じたものと釈明した。また、「不公正」な競争を修正するためだけに発動されたと説明した。さらに、新路線はその外見に反して、貿易総量を制限せず、拡大させるものであるなどと弁明した。ついには、それらの新政策は正統派の古い政策に戻るための前段階としてデザインされたとさえ説明した。

これらの弁明はばかげていて相互に矛盾していたが、一点のみ重要な事実を物語っていた。新路線を採用した政治指導者たちは、その意味を理解していなかったし、それが良い経済政策であると確信できてもいなかったのである。彼らは、自分たちがコントロールするには大きすぎる力を前に主導権を失い、状況に押し流され、うろたえ、言い訳に終始した。

不満な大国群では、同じ経済危機下で経済的な創意工夫が高く評価されて実践された。数々の技術革新が両大戦間期の経済世界の様相を良かれ悪しかれ変えてしまった。この技術革新を、既存の秩序に挑戦する革命志向の大国が推し進め、活用したのであった。「計画経済」とは、国民全体の必要を満たすため、国民の経済生活を、政府が規制し、組織することを指す。「計画経済」の語は、最初に一九一四―一八年の間に、すべての戦争の主要な交戦国に出現した(なかでもドイツにおいて最も支配的になった。この言葉の起源はドイツにあった)。それに対して、イギリス、アメリカ、フランスの場合は、前大戦が終わると、大戦以前のレッセ・フェールの諸原則に復帰する空しい希望を抱き、政府による経済統制を急いでやめてしまった。それに対し、ソヴィエト・ロシアは「計画経済」に十九世紀型の経済自由主義に取って代わる二十世紀の新たな概念を見出した。やがてそれに、ファシスト・イタリアとナチス・ドイツが続いた。こうして不満な大国は変化の主導権をとり、現状維持志向の大国は、遅ればせに、いやいやながらその列の後ろに続いたのである。

貿易を国家が管理してそれを政治的武器として使うことは、ソヴィエト・ロシアが発明し、ナチス・ドイツが完成した。イギリスは一九三八―三九年にようやく、ドイツの激しい圧力にさらされて、よろめきながら同じ方向に歩み始めた。管理通貨と外国為替管理の政策技術は、不満な大国群が精密に検討した。ところが、イギリスとアメリカは、それらに軽蔑と憎悪をもって反発した。当然、必要は発明の母であった。とはいっても最初に必要に迫られた国々は、企業家精神と技術革新の急速な発展を通じて、大変な優位を確立できたのである。

ソヴィエト・ロシアとナチス・ドイツには、失業を実際上一掃したという事実が生じていた。これに対して、満足した大国群は、それが到底容認できない方法によるものであり、その犠牲が非常に高かったと反駁して、軽蔑をこめて見過ごした。ただし、これは反論として明らかに不十分であった。というのも満足した大国群は、自国の否定しようのない失業率の非常な高さに直面してなお、その解決法を見出せなかったからである。失業に苦しむヨーロッパ諸国の若年層のかなりの部分は、ソヴィエト・ロシアかナチス・ドイツのいずれかが、将来への鍵を握っていると感じるようになった。そう感じた理由は、一方で、両国が、新しい原則に基づく新しい経済システムを提示して、希望の扉を開こうとしていたからである。また他方で、満足した国々の政治指導者も知的指導者も、経済問題に対して何らの解決策を提示できないばかりか、すでに破綻が十分に明らかになった過去に立ち戻れと主張していたからである。経済の理論と政策実践の危機ほど、満足した国々の信頼を失墜させ、不満な国々というライヴァルたちに有効な主導権を明け渡したものはない。ただ一九三三年以降のアメリカだけが、ためらい勝ちにではあり、懐古趣味的な理想に向かってリップサーヴィスを振りまきながらではあったものの、新しい経済と政治の方向に向かって動きはじめた。

これまで軍事、政治、経済の各次元に光を当ててきたが、最後に過去二十年間の全体的な心理的背景を要約しよう。すると、満足した大国の意識は、ほぼすべての特権集団や富裕層に共通する二つの欠陥によって、無能力になっていたことがわかる。

第一に、特権集団には、権力の高みに到達した時代を理想化し、その条件を維持することが最高の善であるとみなす傾向がある。第二に、特権集団が自身の安全のみに関心を集中して、改革の必要性を、さらには進歩の必要性すら顧みないことである。J・S・ミルは八十年前、「人間社会におけるすべての改善は、現状に満足しない特性をもつ人間たちの努力がもたらした、ということほど確かなことはない」[19]と考察した。ところが、満足した国々では、特権集団が長い間非常に強力であり、「現状に満足しない特性をもつ人間たち」は、数も影響力も十分に多くなかった。また、英語圏の国々では、特権が非常に広範な社会層に拡散していたことが政治制度を安定させる基盤となった。しかしその一方で、特権をもった人々の数が多いことは、革命的な時期においては、新たに生じた死活的な必要性をすばやく感受することを遅らせてしまうことから、明らかに危険な要因となる。

以上から、現大戦に勝利した国々の格率《モラル》が得られる。第一は、戦後講和を導く原則について考究する際に、過去を決してふりかえってはならないことである。この格率には、前大戦後の一九一九年よりも、現大戦後の方が容易に従うことができる。なぜなら、前大戦後には根強かった「古い人間の生き方」が今もよい生き方であるという固定観念に、もはや目を曇らされていないからである。現在の状況の最も有望な特徴は、過去十年間は悪くかつ狂った世界であったという認識が広がり、すべての過去を根こそぎにして、新規の苗を植えなおす必要があるとする確信が若年層を中心に優勢になっていることである。革命志向の潮流を肌で感じることができる。しかし、不安になる特徴も目につく。たとえばイギリスの公的生活で重要な地位を占めている人々の平均年齢が非常に高いことである。六十歳かそれ以上の年齢の人々は大部分、将来の必要よりは過去の印象に影響されやすい[14]。将来においても現在のように、もっぱら高齢のヴェテランに指導をゆだね続けるならば、若い世代が目的を達成するのは困難になるであろう。

一九四〇年にイギリスとフランスは、もういちど前大戦と全く同じような戦争を戦う準備をしていたが、それが軍事的な大惨禍に見まわれた主要因であった。とすると、もし現在、もういちど前回と同じような講和を準備するなら、現大戦後の平和構築にも失敗すると言えよう。

第二の格率は、第一と同様に重要であるが、より忘れられがちである。それは安全《セキュリティ》に過剰に関心を寄せることが致命的な帰結をもたらすことである。安全への過剰な関心は、特権集団の陥りがちな落とし穴である。卓越した哲学者〔A・ホワイトヘッド〕は、次のように述べている。

十九世紀を支配した富裕な中産階級は、静穏な生き方に過度に価値をおきすぎた。……将来の世界に対する中産階級の悲観論は、文明と安全をとり違えた混乱から生じている。近い将来には、近い過去に比べて、安全は一層低下するであろうし、また安定性も減じていることであろう。……概していえば、偉大な時代とは安定しない時代のことであった[20]。

安全は、それのみがもっぱら追求されていくと、復古反動の道具となることが避けがたい。

A・G・B・フィッシャー教授に『進歩と安全の衝突』という刺激的なタイトルの本がある。同書には、同教授の経済学的な応用に関する専門的議論をはるかに超えた意味がある。国際連盟の歴史を調査した者は誰でも、本部ジュネーヴにおいて、「安全」という言葉が改革的な運動を窒息させる効果を発揮したことを知っている。

あるアメリカのビジネスマン、それも国際商工会議所の会頭であるビジネスマンが、「生活のなかで最もわれわれに満足を与えるものは、安全である」(21)と書いているのは、驚愕すべきことであり、同時に憂慮すべきことである。もしも彼の言う通りであるとするならば、われわれの文明は滅亡する運命にある。

安全も平和も、それ自体では政策の目的を適切に構成できない。この点は何回くり返して言ってもくり返しすぎにはならない。なぜなら、未だに広く理解されていないからである。フィッシャー教授は次のように書いている。

個人の安全は、幸福という概念と同様、それ自体を直接に追い求めてもとらえられない。進歩した経済にあっては、安定や個人の安全は、他の価値を追求することの副産物としてのみ達成される。(22)

国際平和もまたそうした副産物である。(23)戦争を「非合法」とすると条約や国際的盟約に書き込んで署名しても、それだけで平和は達成されない。それは、革命を違法と決定しても防止できないのと同じである。平和と安全を直接の目的とした世代は、挫折するように運命付けられている。人間の活動において唯一達成可能な安定とは、勢いよく回転する独楽《こま》が垂直に立ち、リズムよく前進する自転車が倒れないのと同様、動的安定なのである。

現大戦が終わった後に勝者となった国家群が、もし人間社会に、整然と進歩的な発展ができる諸条件を創出できたならば、それにつれて平和と安全保障はおのずと付け加わってくるであろう。しかしながら、安全の条件は不断に前進するものである、という逆説的な教訓を学び取らなければならない。現大戦後の政治、社会、経済的な問題群は、安定を願望することによってではなく、革命を進めていくという接近方法を必要としている。

さらにもう一つ警告が必要である。われわれがすでに体験したように、前大戦の直後に燃えあがった理想主義的な情熱は、急激に色あせて怠惰と自己満足に沈み込んでいった。戦争に心が倦み疲れるのは、完全に自然な現象である。それが「常態の」生活に復帰したいという個人的な願望と結びつき、新しい世界を創出するため意味のある貢献をしたいという漠然とした願望を、完全に覆い隠してしまった。

「動員を解除せよ」という要求は、あらゆる領域にわたって強烈であり、動員解除の大波に戦勝諸国の政府さえもが押し流された。パリ講和会議に出席した政治指導者たちは、戦勝国が纏っていた全能性のオーラの潮が引いてしまう前に、成すべき課題に取り組み始められなかった。(24)[15]

深刻な危険である。戦争に倦み疲れた心が、現大戦の終わった後にも再び同じ役割を果たし、より惨憺たる災禍をもたらしてしまうかもしれない。ウインストン・チャーチル氏〔動員解除を担当した戦争大臣〕は、一九一九年二月、「国民の真価は、疲れきったときになお、何をなしうるかによって測られる」(25)と演説していた。しかしそれ以上に重要なのは、どれだけ明確かつ決定的な政府の指導が存在するか否かである。こうした指導は、事前に政策を熟慮して入念に計画していなければ、生み出されることはない。再建は戦後になってから取り組むべき課題であり、戦いが続く限り戦後構想を議論するのは時期尚早で余計なことであると主張する人々がいるが、以上に述べたことは、戦後構想を今から計画しておくことの説得力ある回答の一つである。

# 第一部　根本的諸問題

# 第一章　戦争と革命

戦争とは一種の革命のなかの一エピソードである。こう認識することが、現に進行する大戦に底流する諸問題を認識する出発点となる。ある現代史家〔E・アレヴィ〕〔1〕は、「世界史、とくにヨーロッパ近代史にあっては、すべての大変動は戦争であるのと同時に革命であった(1)」と書いている。この言葉は、「全体戦争」であり、視野も影響も世界全域に及んだ戦争について、とりわけ際立って当てはまる。局地的な限定戦争、たとえばクリミア戦争、普仏戦争、ボーア戦争などには革命的性格が一切ない。この対極にあるのが、ナポレオン戦争や、また現に進行する大戦、すなわち第一は一九一四年に、第二は一九三九年に勃発した戦争のような全般的な大動乱である。

後者の類型の戦争は、半ば腐食していた古い社会政治秩序の構造を崩壊させて一掃し、そして、新しい基盤を整備する。開戦前に地中で気付かれないまま発芽した新しい趨勢が、戦争という促成栽培の温室の中では一挙に成熟して開花する。戦争は新しい必要性を培い、新しい忠誠を育て、来るべき新世紀の社会と政治の形態を決定する要因となる。

社会形態は戦争体験を映し出す鏡である。社会形態は、戦時の動員と戦後の再建との折り合いによって構成される。……戦争は決して物事の終わりではない。たえず新しい社会秩序の始まりとなる。(2)[2]

「戦争は万物の父である」という古代の格言によく当てはまる事例は数多い。ただし、「戦争は革命の産物であり、同時に革命の原因である」と付け加えた方が的確な表現になる。革命を必要とした諸条件のなかから戦争が生み出され、また反対に、戦争が革命の完了を早める。戦争は革命の過程の一部なのであり、戦争の原因も結果も革命から切り離すことはできない。

現に進行する戦争が革命的性格をもつことは、非常に明白である。一九一四年に始まった戦争は、その前半を通じて、各交戦国がすべての面で対外的に一丸となり、純粋な国民戦争の様相を呈した。敵国への憎悪を煽動することが、国民の士気を高める主要な刺激剤となった。そのなかでイギリス政府は遅ればせに一九一八年になってはじめて、ドイツ人をドイツ人と戦わせることを目的として宣伝《プロパガンダ》を武器としはじめた。ドイツ人の国民的団結をイデオロギー的に分断するため、「良いドイツ人」と「悪いドイツ人」の二色に塗り分けようと試みたのである。ただし、宣伝の効果は恐らくかなり誇張されたものであった。というのも宣伝は、戦時の労苦と敗勢の噂からすでに意気阻喪していた人々に対して、功を奏したからである。しかし、宣伝戦の新奇性は強烈かつ印象的であった。ヒトラーのような人々は、宣伝戦を知ると即座に革命的な武器であると気付いた。現大戦のナチスの宣伝キャンペーンでは、イギリス国民と政府を分断するため、「金権政治家」「ユダヤ人支配」などの常套句を盛んに使っている。

イギリスはドイツに対する宣伝戦において、糾弾する対象を「ドイツ人」とはせずに、注意深く「ナチス」と呼んでいる。この区別には、イギリス政府の公定用語以上の意味がある。数十万のドイツ系難民が、同じドイツ人からの迫害を逃れて、国外に亡命・避難しているからである。一九一四年の戦争では、ドイツ人全体を均質な塊とみなしたが、現大戦ではドイツ人亡命者・避難民の発生により、ドイツ人をそのようにあつかうのは非常に難しくなり、ドイツ人を一括して望ましいとも、望ましくないとも判断できなくなった。多くのドイツ人が、ナチ体制を激しく憎悪して、イギリスに亡命・避難してきたため、「良いドイツ人」と「悪いドイツ人」を区別して、イギリスは、ドイツとではなく、ナチ支配体制と戦っていると主張する必要が続いている。

前大戦には、政府に向かって世論は「敵国人を強制収容所に入れろ」という、怒りにみちた要求をした。ところが現大戦下では、政府が自ら前大戦と同じ政策をとったことに対して、怒りにみちた抗議が起こった。たしかに現大戦下でも、前大戦の生き残りの人々のなかには、敵国民への憎悪を煽り立てようとする者もいる。ただし、彼らは時代の思潮が変化したことを理解しない人々なのである。現大戦は、国民対国民の戦いに単純化した観点からは説明できない。また、そのように戦われてもいない。この戦争はその起源がヨーロッパのどこかに限定された地域的危機ではない。ヨーロッパ文明の最も深いところから発する全域的危機なのである。

## 革命と反動

こう考えると大戦争は、革命的な変動過程の一部分を構成している点で共通している。そして、変動の根本的な原因は、多くの場合、戦争勃発の直接的な原因とは全く異なっている。そこから、大戦争がもたらした最終的な帰結が、交戦国が宣言した戦争目的とも、意図して狙った戦争目的とも、めったに合致しない、という事実を説明できる(3)。

大戦争における帰結と当初の戦争目的の不一致は、目的が否定形で表現された場合、とくに顕著になる。具体的には、ヨーロッパ大陸を一つの大国が支配するのを阻止する、ドイツ軍国主義を解体する、ヒトラー主義を破壊することなどが戦争目的とされた場合、不一致が顕著になる。いかなる革命の核心も、破壊や否定形で表現しつくすことはできない。否定形で戦争目的を設定するのは不毛であり、人を欺きやすい。というのも、他の「安全《セキュリティ》」の形態と同様、否定形での戦争目的は、能動形で定められた戦争目的の副産物としてはじめて実現可能であるからである。

イギリスの場合、この単純な真実は、世論が抱いた幻想のため曖昧になり、さらに、国際連盟を通じた平和という議論が正説となっていっそう不明瞭となり、戦争を戦う適切な目的は、現存秩序を攪乱する試みに対して、現状を防衛することに限られると考えられてしまった。ところが、歴史が示すように、戦争が成しえなかったことの一つは、戦争前の原状を維持すること、あるいはそれを回復することであった。さらに真実からかけ離れているのは、戦争が終わったならば、戦前への復帰が戦後の再建の第一歩である、というよく主張される提案である。しかし、事実は正反対で、戦前への復帰という目標設定は、しばしば戦後の再建の最大の障害となる。正気の人間であれば、現大戦の終結後、空襲で破壊された建物すべてを、かつての姿通りに再建することが、ロンドン

復興の計画とその実施の第一歩であると提案することはなかろう。同様に、現大戦の終結後には、ヨーロッパの国境監視所を一九三八／三九年の線に押し戻して、開戦前の領域内にかつてあった主権国家群を再興させることが、新しいヨーロッパ秩序を建設する第一歩であると提案することは、異常な妄想といえよう。

現在、英国世論は戦争目的を能動形で建設的に定める必要性に敏感になっているが、これは勇気付けられる兆候である。好むか好まざるかにかかわらず、われわれは一種の革命の中途にある。過去に後戻りすることで革命を無視したり食い止めたりすることは、不毛であり、破滅を招く。必要な政策は、積極的かつ革命的なものである。

歴史上の大動乱には、最初に動き始めた人の企図や、動く方向を決めたかのように見えた人の目的からは、全くかけ離れた特質が刻印され、思ってもみなかった帰結が生じる。こうした事実を、一部の人々は神の御業《みわざ》あるいは時代精神の力に帰し、また他の人々は歴史の「内的ダイナミクス」に帰す。しかしこうした形而上学的な説明は何も説明していない。

以下の説明の方が確実である。「歴史をつくる」と一般に評される人々は、大変に対処しづらい素材を取りあつかっている。その素材は、その同時代のすべての人々の心の動きを含んでいる。その時代の支配的潮流に合致した場合にのみ、政治家は歴史を形作

ることができる。支配的潮流を理解しない政治家、あるいはそれに合致するのを拒否した政治家たちは、歴史のなかで何も生まない存在となるよう宿命付けられる。水の流れは〔水車を回すように〕建設的な目的のために制御・活用できるが、しかし水を上流に逆流させることはできない。支配的潮流に沿った選択をするならば、われわれは革命を指導し、方向付けることができる。ただし、それを成し遂げるためには、まず革命の本性《ネイチャー》と目標を理解しなければならない。

一九一九年のパリ講和会議は、世界戦争が帯びていた革命的な特質、あるいは戦争をもたらした革命の本性を、参加者が理解しなかった歴史に名高い失敗例である。この複雑な事案のなかから、有益な教訓がえられる。

連合国側の戦争目的は、開戦当初「ドイツ軍国主義」の膨張阻止とか、ヨーロッパ小国群の領土防衛とか、消極的な形で定められた。やがてより積極的な形で戦争目的を定めることが必要だと感じられるようになった。早くも一九一五年には、イギリスの著名なジャーナリスト〔H・W・スティード〕[3]が「ハプスブルク帝国を解体することが、戦争が再度生じることを不可能にするヨーロッパの再構築」のための不可欠の条件であると提唱した。(4) この言葉は、四半世紀後の戦争の真っ只中にあるわれわれの心には、ぞっとさせるアイロニーとして響いてくる。

また、ウッドロウ・ウィルソン大統領は、アメリカを一九一七年に参戦させた後、民族自決権の旗印を掲げ、隷属させられた諸民族の解放を戦争目的であると宣言した。そしてウィルソンは、それに、ヨーロッパ全土に民主政府を押し広げるという、より特定されない形の目的を付け加えた。民主主義の大義とナショナリズムの大義であり、人間の諸権利と民族の諸権利である。これらはともに積極的で革命的な戦争目的であり、消極的な戦争目的では喚起できなかった熱狂を引き起こした。ただし、これらの目的には、不幸にも一つの欠陥があった。これらは、フランス革命の目的ではあったし、十九世紀を通じての西欧文明の指導的理念でもあったが、しかしまだ診断基準のない最初の症候群である一九一四年の新しい革命的危機には、もはや対応するものではなかったのである。ウッドロウ・ウィルソンや自由民主主義と民族解放に熱狂した人々は、過ぎ去った時代のスローガンを繰り返しているにすぎなかった。この事実は、奇妙なパラドックス、すなわち英語圏の世界で過去二十年間の理想主義者たちのほとんどは、言葉の真の意味から反動家であったことを説明している。一五〇年も前に起こった世界革命〔アメリカ革命やフランス革命など自由民主主義の革命〕がまさにその生命を終えようとする最期の痙攣《けいれん》の時に、彼らは過ぎ去った時代のスローガンに心を奪われ、その一方で、一九一七年のボルシェヴィキ革命によって現在の秩序の殻を最初に破った新しい世界革命には反対す

る側に身をおいた。

一九一九年の講和会議が何も生まなかったことは、その会議の主催者たちが同時代の革命を理解しなかったことに基づいていた。今日から振り返るならば、資本主義国間の競争が緊張を高めたことが、一九一四年の破局を招いた最も重要な規定的要因であることは、容易に理解できる。フランス革命の理想の名において互いに競い合う国家の数を大きく増したことは、危機を深刻化させ、危機発生を繰り返させる事態をもたらす疑いなくかつ血迷った決定であった。また両大戦間期の研究者が理解に苦しんだパラドックスは、前大戦の勝利者である連合国が「平和に敗れた」ことであった。この二十年の間、一九一八年に完全かつ劇的に崩壊した二大国〔ドイツとロシア〕が、復興の巨歩をすすめ、現在まで政治的主導権をヨーロッパ全域に及ぼした。その一方、一九一八年の勝利国は、変動の流れの外に無残にも取り残されている。〔その理由は様々にとりざたされている。〕曰く、米国が国際連盟など協定から手を引いた、曰く、連合国間に不和が広がった、曰く、ヒトラーがギャングだった、曰く、イギリスが軍備を縮小し、妥協的に日々をやりすごした、曰く、ヴェルサイユ条約はあまりに報復主義的であった、曰く、ヴェルサイユ条約が十分に報復的ではなかった。――こういった説明はどれも皮相的であり、空疎である。

前大戦の戦勝国が平和において敗北し、二つの敗戦国〔ロシアとドイツ〕が平和に勝利した理由は以下の通り。一方で戦勝国は、過去においては有効であったが、現在においては破壊的になった民族的自決権とレッセ・フェール型の資本主義の理想を唱導し、その一部を実行している。他方でソヴィエト・ロシアとドイツは、意識的にか無意識的にか、二十世紀革命の波に乗り、中央集権化された計画と統制に基づくより大きな単位群から構成される世界を作り上げようと奮闘している。ソ連指導者たちは、当初地球規模の統合を構想したが、間もなく実際の活動をソヴィエト連邦に限定するようになった。ドイツの指導者たちは、初めから機会主義的であり、一貫性に欠いてはいたが、中央ヨーロッパ《ミッテル・オイローパ》の枠組みのもとに、当初は領域を限定しながら、以後には段々と拡大していく統合を構想した。ソヴィエト・ロシアとドイツとはそれぞれ違う道筋によって、新しく革命的な社会経済組織の構想に基づく新秩序を目指した。イギリスとフランスは十九世紀の伝統に埋め込まれていたため、二十世紀に作用する諸力の本性を理解することに失敗して、主導権を失うこととなった。

## ナポレオンとヒトラー

一九三九年の大戦は、二十世紀革命の第二段階である。フランスは主導権争いから脱落しており、近い将来主導的な大国の地位を回復する見込みはない。イギリスは戦争の衝撃を受けとめて、エネルギーと力を顕著に復活させ、さらにいったんは失ってしまった主導権を回復するまでになった。

現状を理解する助けになるのは、ナポレオンの役割とヒトラーの役割の間にある、偶然ではあるが極めて近接した並行性である。ヒトラーのボルシェヴィキ革命に対する関係は、ナポレオンのフランス革命に対する関係と多くの点で対応している。ナポレオンは、フランス革命が宣言した自由と政治的権利の平等への要求を、自分の目的のために活用した。それと同様にヒトラーは、ボルシェヴィキ革命の宣言した社会的平等と経済的平等の要求を、自分の目的のために活用した。歴史の変化は入り組み、無限に複雑である。ナポレオンによるブリュメール十八日の軍隊による民衆への発砲事件〔一七九九年十一月九日〕と、ヒトラーによる共産党員を攻撃するためのドイツ国会議事堂放火事件〔一九三三年二月二十七日〕は対応しており、前者の事件を同時代の人々は、ナポレオンがフランス革命の一掃に乗り出したものと受けとめ、後者の事件では、ヒトラーが共産主義の一掃を開始したと受けとめた。当時の多くのフランス人たちは、ナポレオンが少し違った形ではあっても旧秩序を回復していく指導者と信じて支持した。また、ヒトラーはボルシェヴィズムに対する反革命の指導者であると，彼自身が喧伝したし，多くの国々の一部の人々は今もそう信じている。これらが，はたして二人の個人的な意図であったか否かは，ここでは取るに足らない些事である。ナポレオンは，ヨーロッパの諸王朝を倒し，神聖ローマ帝国を廃止し，封建制が一千年にわたりまき散らした残物を一掃し，その結果，ヨーロッパの隅々にまでフランス革命の理想を送り届けたのである。ヒトラーは，マルクスとレーニンがはじめた十九世紀的な資本主義システムを転覆させる仕事を完成させたのである。

ヒトラーは，イギリスの指導者と同様，彼の戦争目的が新しい秩序の創造であると宣言している。この事実に衝撃を受ける必要もなく，また困惑するにも及ばない。全く同じ革命的な諸力が，あらゆるところで作用しているからである。この諸力によって敵も味方も，意識するにせよ無意識にせよ，同じ方向に動かされている。新しい秩序を打ち立てる必要性は自明であって，論点となるのはどのような仕方で新しい秩序を形成するかなのである。ヒトラーは，ナポレオンと同様，革命の子である。ヒトラーは，レーニンが失敗した点，すなわち革命の破壊力をヨーロッパの隅々まで押し広げることに成功した。この意味でヒトラーの成したことは，ナポレオンの行ったことと同様に，元に戻せず，元に戻ることもない。ナポレオンの凋落が封建制を復活させなかったのと同様，ヒトラー主義の打倒が十九世紀的な資本主義システムを復活させることもない。

ここで、もう一つのパラドクッスに逢着する。ナポレオンは革命の諸理念をヨーロッパ中に極めて効果的に、おそらくはそうと意識することなく押し広げたのであるが、しかし、革命が最終的に勝利を確実にしたのは、逆説的にも、ナポレオンの勝利ではなく、彼の敗北であった。ここで仮にナポレオンがイギリスを征服し、そのヨーロッパ支配が達成されたものと想像してみよう。革命の諸理念が結実するには、その前にナポレオンを打倒しておく必要が生じたことは明らかであろう。ヒトラーも、ナポレオンと同様、耐えがたい軍事支配と全面的な強権抑圧という仕方によってのみ成功してきた。ヒトラーの成したことは、何にもまして、また本質的に破壊的である。ヒトラーは否定的な意味からのみ革命的なのであり、新しい秩序はヒトラーの敗北を通じてはじめて達成できる。十九世紀世界を形成するのに最も大きな働きをしたのは、ナポレオンその人ではなく、かれの野心に最も苦しめられた人々であった。ヒトラーもナポレオン同様、古い秩序がまき散らした残物を一掃するのに不可欠な役割を果たした。新しい秩序はヒトラー以外の人々の手によって、ヒトラーとは違う仕方によって、形成されなければならない。[4]

現大戦にソヴィエト・ロシアが参戦した結果、もたらされた最も重要な可能性の一つは、これまでソヴィエト・ロシアが握っていた真の革命的なイニシアティヴのなにがしかを、とくに宣伝の分野において、イギリスが奪回する可能性である。

## 同時代の革命

では同時代の革命の基本的な特質とは何であろうか。この革命は前大戦に始まり、過去二十年間のすべての重要な政治運動の原動力となり、現大戦において頂点に達した。ここに作用する諸力の本性の理解に失敗すると、現大戦後にわれわれは持続性ある解決策を形成する能力を全く欠いて、どんな努力も、一九一九年のパリ講和会議と同様に、実りない結果になってしまう。われわれが直面する同時代の革命の分析を試みるのに早すぎるということはない。その革命とは、十九世紀に支配的であった三つの理念、自由民主主義、民族自決、そしてレッセ・フェール型の経済に対する革命である。

自由民主主義に対する革命は、最初にマルクスによって一八四八年に提唱されたが、その後の七十年間、表舞台には姿を見せず、人間生活に目に見える影響を及ぼさなかった。十九世紀後半には、西ヨーロッパと英米など英語圏で実践されている自由民主主義は絶対的な善であるとする考え方に異議を申し立てる者はほとんどいなかった。たしかに民主主義が未だ興隆していない国々は多かったが、その理由は、それらの地域の人々は民主主義を行うには十分に成熟していないか、あるいは、本来ならば民主主義への自然な道を歩むべきところ、その歩みを妨げる何らかの抑圧をこうむり邪道にはまった不幸な犠牲者であるからだと説明された。したがって「世界から民主主義の障害を取り除く」ことが善意の人間の使命とみなされた。この有名な言葉は、ウッドロウ・ウィルソン米大統領が、一九一七年四月二日に発した時に、普遍的に承認されている人類の大志を表明したかのように受け取られた。

ところが、この運命的な一九一七年が終わらないうちに、大きく重要な国家の革命政府が長年の沈黙を破り、自由民主主義は決して善いものではなく、空疎なごまかしである、と声を大にして印象的に言明した。自由民主主義に対する反乱は、ひとたびロシア革命が起きると、急速に広がった。ヨーロッパ大陸の伝統の中には姿を消すことなく根強く残っていた反自由主義、反民主主義の潮流に乗って、ムスタファ・ケマル〔トルコの初代大統領として独裁的権力を行使〕、ムッソリーニ〔イタリア・ファシズムの指導者〕、ピウスツキ〔ポーランドの軍人政治家、建国の英雄とされ独裁化〕、サラザール〔ポルトガルで独裁を維持〕らが次々に自由民主主義に反旗を翻した。その後、ヒトラーがこれらの反自由民主主義を総括して、ヨーロッパ大陸全域とラテンアメリカの一部に普及させた。その運動は、多次元にわたる奥行の深さと地域的広がりの両面から、一つの大きな革命であった。

その攻勢は、決して一つの面のみから仕掛けられたのではなかった。ナチズムの自由民主主義に対する攻撃宣伝は、よく知られたマルクス主義者の常套文句を借りたものであった。すなわち、自由民主主義とは富裕層による金権政治の同義語であると非難し、自由民主主義が約束する自由は内実を欠いた空疎なものであると暴露した。そして、民主主義に形を借りて自己利益のために大衆を搾取する富裕層に対して、大衆を煽動したのである。

こうした攻撃を受けているのは、十九世紀の特殊な形態の自由民主主義であって、民主主義それ自体ではない。二つの違いは絶えず注目されるべきである。そして民主主義を擁護することは、他の消極的な目的と同様、無意味で不毛である。革命の挑戦には、民主主義を新しい革命的な意味から再定義し再解釈することによって、初めて対応することができる。民主主義が現在危機にあるということは、民主主義を再定義する必要性があることを意味している。

民族自決の原則は、国際社会の構成原理となったが、それに対する反逆もまた、一九一七年の革命のなかで最初に具体的な姿を現した。ボルシェヴィキ革命の反民族的な特質は、最初の宣言に明示された。民族独立への熱望は社会的発展の過渡的な段階の表現であるとするマルクスの見解を借用し、その宣言は、階級意識を優越させ、その名のもとに民族的な帰属意識を従属させるように訴えている。国民国家から離脱する過程は最高潮に達し、ロシアという名は国家の公式名称から消えた。後になって、ソ連はたしかに、植民地化された人々に対する宣伝スローガンとして民族的自決を活用した。また、スターリンの下ではロシア・ナショナリズムを復活させた。であるからといって、何ら制限されることのない民族自決の権利を、ソヴィエト連邦の憲法上およびイデオロギー上の基礎として受け入れたことを意味しなかった。

この傾向は、ドイツの場合いっそう明らかである。国民社会主義は、とくにナショナリズム運動として始まり、民族自決の原理に訴えることさえした。ところが革命の「内的ダイナミクス」は、このナショナリズム運動を、ヨーロッパ大の秩序形成を目指す超国民的《スプラ・ナショナル》な運動に変え、ヨーロッパの各民族の自決権は、中央集権化された軍事システムと独裁的な指令経済の制約のもとに置かれるものとされた。そこに到ってヒトラーは、「ナチの征服により一つになったヨーロッパでは、民主主義国家がどれほど善良な意図によって試みても失敗してきたもの、すなわち諸国民間の競争の終わりを成し遂げた(5)」と考えた。

ムッソリーニは一九二八年、「ファシズムはイタリア外には輸出できない」と宣言した。ところが二年後、この「陳腐」になった文句を取り消し、ファシズムは「普遍的だ」(6)と宣言した。

あらゆる近代の重要な革命運動は、元来のイデオロギーが一国的なものであれ、国際的なものであれ、政治活動を一国内で自足させるという意味でのナショナリズムから、遅かれ早かれ脱却を余儀なくされる。そのなかには、ハプスブルク帝国の失われた栄光へのノスタルジアという形態をとった反動的で民主主義以前の王朝主義への復帰を目指す運動もあった。ただしここにおいても、攻撃の対象となったのは、集団的自己決定そのものではなく、十九世紀後半に登場し、一九一九年のパリ講和会議の基礎となった民族自決という特別な形態である。集団的自己決定に対する革命的な挑戦は、民主主義に対する挑戦と同様、純然たる消極的な擁護によってではなく、集団的自己決定の再定義と再解釈によって、はじめて対処することができる。

最後の第三の同時代における革命は、経済的なレッセ・フェールに対する反乱である。ここでは革命は「社会福祉国家」に向かう運動という穏健な形態で始まった。当初は、ビスマルク統治下のドイツで有名になり、一九〇八年には〔ロイド＝ジョージ蔵相によって〕イギリスに広まり、そして一九三三年には〔F・ローズヴェルト大統領下の〕アメリカに広まった。「計画」は現代的意味において、一九一四年に始まった戦争の産物であることは疑いない。しかし、次の点を認識することは重要であった。民衆生活の全般に及ぶ権限を有した国家を形成しようとする要請は、起源として民生的動機から生じたのであり、軍事的動機から生じたのではなかった。すなわち銃〔兵器生産〕の必要ではなく、バター〔生活必需品〕を合理的な範囲で公正に分配する必要から生じた。

「計画経済」が、一時的措置ではなく、恒常的な政策手段として導入されたのは、ロシア革命の帰着点としてであった。それは他国に急速に普及した。この経済上の革命は、他の革命よりも効果的に進展した。しかしイギリスでは、繁栄の頂点にあったレッセ・フェール期への未練をいつまでも引きずり、政策の進展が妨げられている。そのためイギリスは、経済革命の要請に従った政策を、意識的かつ慎重に採用していくことが今後の課題となっている。これがイギリスが取り組むべき課題のなかでも最も緊急性の高いものであろう。

以上から、戦争の基本問題であり、かつ、われわれの同時代の革命の基本問題を最も適切に検討できる三つの章題は、民主主義の危機〔第二章〕、民族自決原則の危機〔第三章〕、経済的危機〔第四章〕である。

# 第二章　民主主義の危機

劇的な唐突さをもって民主主義が危機に陥りはじめたのは、民主主義諸国が偉大な勝利をおさめたかに見えたその瞬間であった。一九一八年に勝ちほこった連合国の、「世界から民主主義の障害がなくなった」という見解をほとんどすべてのヨーロッパ国家が受け入れた。その国々の政治指導者は、戦勝国にこびへつらい、急いで民主主義的な憲法を制定し、国民に政治的諸権利を保障した。これらの政治家たちは突如として民主主義者に改宗したが、しかし、それはうわべだけで、内実はなかった。実際、その後わずか三年のうちに、これらの国々の政治家たちは、民主主義から撤退し始めた。政治的諸権利を新たに付与された人々は、いくつかの例外を除き、権利擁護にほとんど関心を示さなかった。世界中の民衆の目には、政治的諸権利には意味がなく、実生活に無関係な事柄と映っていた。

民主主義が急に凋落した理由を、どんな悪事も平然と行う独裁者の野心に帰すのが通例となってきた。ただし、どの国でも思慮深い民主主義的な知識人は、より深い理由があることに気付いていた。トインビー教授は危機が起きると程なくして、「一九二〇年において議会制による統治は、かつてないほど大きなリップサーヴィスを受けている。しかし、その一方で議会制による統治を新たに憲法で規定した国々では、ほとんどどこでも、その威信が目に見えて後退している(1)」と書いていた。

一九三〇年のドイツに関して、注意深いアメリカ人ジャーナリスト〔S・ラウシェンブッシュ〕は次のように記している。

失業した人々は深い衝撃を受け、労働者の諸権利や民主主義体制のために戦うことが彼ら自身にとって実際に意味がある、という信念が急速に崩壊した。彼らは共産党やナチ党の支持者になっていった。労働の諸権利や民主主義のために戦うことは、もはや彼らの戦いではなくなった(2)。

イギリス労働党の傑出した理論家〔R・H・S・クロスマン〕は、一九三五年に「民主主義への確信は失われ、国際関係の動力であった民主主義は、内的な推進力を失った。

……われわれの敵は確信をもって民主主義を攻撃するが、それと反対に、われわれ自身がそのために戦っている民主主義とはいったい何を意味しているのか、不確かになってしまった(3)」と語った。

ドイツからの亡命知識人〔P・ドラッカー[1]〕は、現大戦の始まる直前、次のように書いた。

西ヨーロッパにおける民主主義的な抵抗運動は、民主主義の外観の見せかけが民衆に与える情緒的で感傷的な忠誠心に完全に依拠している。その忠誠心が、民主主義という建物自体が崩壊した後も、残された外観の見せかけを本体から独立した存在にしている。……いかに在来型の抵抗運動が強力であろうと、内的な推進力を欠き、純否定的な形でしか作用できない(4)。

現大戦に際してヨーロッパ大陸諸国に対するイギリスの宣伝活動の責任者たちは、「民主主義の擁護」が世論を結集する旗印としては全く不十分であることを認識した。イギリスの著名な文筆家〔L・ウルフ〕は開戦から一年後に「民主主義は目もあてられない状況にある。というのも民主主義者は長年にわたり主導権を完全に敵の手に委ねてしまったからである」(5)と告白している。

現在の民主主義が内的な推進力を欠き、否定的な形でしか作用しないこと、そして民主主義とは何を意味しているのか不確かであることは、民主主義の語があらゆる性質の政治家によって頻繁かつ曖昧に用いられることから理解できる。民主主義を称賛する言葉は、自己満足の表現となり、何もしないことの口実として頻繁に使われている。この二十年間、民主主義について流暢かつ誠心誠意語った者は、アメリカではカルヴィン・クーリッジ〔共和党政治家、第三十代大統領〕とハーバート・フーヴァー〔共和党政治家、第三十一代大統領〕であり、イギリスではスタンリー・ボールドウィン卿〔保守党政治家、首相〕であった〔いずれも無為で知られた指導者たち〕。民主主義の語は、あまりに頻繁に色々な文脈で使われたため、新鮮さを失ってしまった。

民主主義に対するマルクス主義とファシズムの観点からの攻撃は、的確に急所をついていた。その攻撃に対して、民主主義の擁護者たちは、あまりに曖昧で古臭い常套句を用いるだけで、それを撃退する者は現れてはいない。この同じ二十年間、ボルシェヴィズム、ファシズム、国民社会主義に関する書籍、論説、論文は、それらを賛美するもの、真面目に批判するもの、激烈に非難するものなど多様であったが、各国で奔流のように刊行された。その一方、近代世界の変革を推進した民主主義をヨーロッパ史のなかで通覧した有意義な解説書は思い出すのが困難なのである。民主主義は主題として陳腐化し、売れず、「内的な推進力を失った」。

民主主義の現況は、十九世紀の民主主義と比較するとはっきりする。十九世紀のイギリスでは民主主義という言葉には敬意に値するものという意味あいはなかったが、その一方で政治的諸権利をめぐる闘争が政治生活の核心部分であった。最も重要な政治争点は、誰が議会の構成員を選出する者となるべきか、そしてどのような手段によって議会は政府の統治過程に決定的な影響を与えるべきか、であった。民主主義の諸原則と憲法上の権力分立は、政治家が恒常的に演説し、文筆家がたえず論題とした。政治家と文筆家の役割は通常不可分のものであった。十九世紀の政治的作品《ポリティカル・リタラチャー》は多種多様で、内容豊富で、精彩を放っていた。

一八三二年に第一次選挙法が成立し、新たな社会層が政治参加の実効性ある諸権利を獲得し、彼らの手に政府統治機構のコントロールが委ねられるようになった。一八六七年の第二次選挙法の改正で選挙権が拡大し、統治階層の基盤が広がることで、諸階層間の権力の配分が目に見えて変化した。これらは十九世紀イギリス史における政治変化の画期的事件であった。一九一四年以前において二度の選挙法改正と同程度の重要性をもつ政治争点は、女性参政権の運動と、一般国民を代表しない上院の廃止要求であった。

この二つの争点をめぐり、民衆の感情は高い興奮状態になった。

ところが前大戦後、異常な反動が訪れた。ほとんど突然に政治的権利は、かつて最も熱心に追求した人々の目から見ても重要でなくなってしまった。たとえば複数選挙区投票制[2]の最終的な廃止、参政権から排除された人々への政治的諸権利の拡大などは、五十年前であれば革命的な事件になったに違いないが、しかしそれらの政治改革は、何らの興奮を呼び起こさず、目に見える政治効果も生まなかった。

　女性は参政権を獲得した。ただし、その理由は、女性が参政権を求めている以上、それを獲得することが公正で合理的であると考えられたからである。そして女性が参政権を得た結果として、実際に重要な政治変革が生み出されるものとは、一部の熱狂的運動家を例外として、誰も考えなかったからである。懐疑心と無関心がまるで消防士が水をかけたように天から舞い降り、それまで燃え盛っていた政治争点の火をかき消してしまった。上院改革、順位指定投票制[3]、議会委員会制の導入、地域への権力委譲《デヴォリューション》、そして代議制の運用改善のための十以上の改革措置なども同様であった。これらの政治改革の提案は、重要さを考量した審議の結果否決されたのではなかった。それらの改革案では世論の関心を掻き立てることが不可能であるというそれだけの理由から、無意味なものとして閑却されたのである。

われわれが解かなければならない問題、すなわち現代の生活と思想にとって最も決定的な問題とは、以下の通りである。なぜ民主主義は、二つの大戦の間の時期に「内的な推進力を失った」のか、なぜかつては人々が火を吹かんばかりの議論をした政治的諸権利の問題が、いまやそれらを獲得した大衆にとって、さらには国民の大多数にとって意味を欠き、重要とはみなされなくなってしまったのか、ということである。この答えを、民主主義が確立した際の諸条件の再検討を通じてさがすことにする。

## 歴史的背景

「民主主義」という言葉は、通常二つの違う種類の権利を含んでいる。この二つは歴史的には連動しながら発展したが、論理的には異なる。第一は、シティズンシップという「受動的な」諸権利であり、言論の自由、結社の自由、法の下の平等、法の支配の主張である。第二は、統治過程に参加する「能動的な」権利である。

そのため日常会話で「民主主義」と言った場合、以下の二つのいずれかを意味している。第一は、ある理想を受け入れていることを示す。その場合、その理想は目標であって何らの正当化を必要としない。第二は、特定のタイプの統治機構（すなわち代議制による統治を指す。〔古代アテネの民会など〕自己統治に最も近く、現代において実施可能な機能的等価物〕を確立していることを示す。代議制の確立は、目標そのものではなく、民主主義的な理想に接近する最も有効な手段として正当化される。

民主主義の語を第一の意味から使う人々は、アメリカあるいは〔カナダなど〕旧英国領の一部はイギリスよりも「民主主義的である」と言うことがある。これは、この国々がイギリスより代議制システムが完成していることを意味するのではなく、社会構造が民主主義的な平等の理想像により近いことを意味している。また、独裁者のもとではシティズンシップの「受動的な」諸権利が完全に実現することはないと判断する理論的な根拠は存在しない。その一方、普通選挙が実施されて統治過程に参加する「能動的な」権利が完全に実現したからといって、それが民主主義の理想に内在する「受動的な」諸権利が侵害されない保障になるというのは、早計な偽りである。さらに、ある国では民主主義が十分に成熟していないという場合は、その国でたとえ民主主義の諸制度が確立されたからといって、その結果、自由や平等など民主主義的な諸権利は実際には促進されないに違いない、という意味である。

ウッドロウ・ウィルソン米大統領が「世界中から民主主義の障害を取り除こう」と提唱した時、ウィルソンはおそらく民主主義の理想像を世界中で実現させようと考えていたのであろう。ところが後になってこの言葉は、ウィルソン自身も他の人々も違う意味に解釈して、普通選挙権に基づく代議制による統治を世界中に押し広めることを意味するようになった。当初の意味からは異なる命題となり、より議論を呼ぶ命題になってしまった。

民主主義の二つの意味は混同されたが、それは、歴史的に二つが連動しつつ発展してきたことによって一層助長された。というのも、たしかに「能動的な」政治参加の権利を獲得しなかった集団や社会階層が、民主主義の「受動的な」諸権利を完全かつ制度的に享受することはなかったというのは、総じて真実である。参政権はそれ自体が目標ではなく、別の諸権利を享受するための手段とみなされた。政治的諸権利という用語にも、民主主義という言葉と同様、「受動的」と「能動的」な権利の双方を意味範囲に含んでいる。その理由は二つの権利が手を携えて前進してきたからである。

過去三百年の間、とくにフランス革命以来の百五十年間、西欧文明は政治的諸権利という理念を中心軸として徐々に形成されてきた。政治的諸権利を獲得することは、権力を行使することを意味した。そのため、政府機関をコントロールしようとし、また政府機関を使って優位を築こうとする諸個人も社会階層も、政治的諸権利の追求に熱中し、闘争を繰り広げた。と同時に、平等権という「受動的な」民主主義の権利の一つは、政治的諸権利を可能な限り最大多数者に付与することを意味するようになった。この二つの意味の重ね合わせから、民主主義は、最大多数者がそれ自身の手で、その利益追求のために、政府機関をコントロールすることを意味した。

しかしながら、民主主義の理論と歴史は〔古代ギリシャに始まり〕、現在の意味が定着するはるか以前から発展してきた。比較的近年まで、民主主義社会を構成していたのは、特権をもった人々の集団であり、特権者の間では平等に諸権利を承認しあったが、しかし、そのコミュニティの内には諸権利を享受できなかった他の成員もいたのである。つまり、皮膚の色、性別、奴隷や召使という身分、貧困などを理由として、それらの成員は諸権利資格が剝奪されていた。

自由民主主義が発展していった時期、資格剝奪を受けた要因のなかでは貧困が最も重要であった(6)。十九世紀後半、産業の労働人口が増えるとともに、選挙権を持たなかった人々に対する資格剝奪が、一つまた一つと解除されていった。普通選挙制に基づく大衆民主主義は現代の現象であり、今も試練が続いている。

大部分の文筆家は、十八―十九世紀の少数の特権者による自由民主主義に適合した諸制度が、一八七〇―一九二〇年に発展した大衆民主主義にも適合するものと、あまりにも早計に判断してしまった。現在、民主主義的な諸制度に対する政治的無関心が広がっていることの理由として、それら諸制度が大衆民主主義の必要に十分に適応できていないことが一因であることは疑いない。したがって、大衆民主主義という新しい現象に特有の変化に対して、根本的な特質とは何か、そして民主主義がもう一度有効性を取り戻すにはどのような手段を講ずる必要があるのかを検討することが重要である。

十九世紀に絶頂に達した自由民主主義は、資産保有者の民主主義であった。そこでは「平等」という語は、富の不均等な分配がもたらす不平等を除いて、それ以外のすべての不平等を除去する原則と解釈された。また「自由」という語は、他者の身体や所有物を毀損しない限り、どう行動してもよく、またどのように自分の所有物を使用してもよい原則と解釈された。自由民主主義政府の機能の核心は、生命と財産、そして契約の自由と神聖性を守る機能であった。資産保有者の数が徐々に増加していき、彼らに参政権を与えていくことによって、その機能は順調に維持された。この資産保有者の民主主義は、封建制の遺物、すなわち世襲に基づく支配階層が握ってきた軍事力が代表する諸権力に対して、三世紀近くにわたって戦い続けた。軍隊の忠誠心が、国王から議会、つまり参政権を享受する人々の代表へと移った時、民主主義の安全は保障された。

民主主義が成長する長い期間、民主主義の思想家たちは政治的諸権利と軍事権力との間に衝突の可能性があることを鋭く見抜いていた。政治的諸権利は、陸海軍からその行使を承認され尊重された時、はじめて権力となった。ハンス・デルブリュックは「真の権力はどこにあるのか。軍事力にある。したがって国家の基本的特性を決める問いとは、軍隊が誰に対して服従するのかという問いである」(7)と、有名な章句のなかで述べている。

帝政ドイツにおいては、政治的諸権利がある程度自由主義的な方向に拡張されていたが、しかし、最終的な政策決定を陸軍がコントロールできるシステムであったため、政治諸権利は無効になってしまった。事情は日本も同様であった。この理由から、一九一四年以前のドイツも日本も、民主主義的な統治形態であったとは言えない。これらから、一般的に軍隊は民主主義の敵とみなされてきた(「民主主義者に対抗するのは兵士だけである。」)。イギリスの政治思想のなかには、陸軍に対する恐怖心と不信感が深く滲みわたっている。その古めかしい痕跡は、陸軍単年度法[4]に制定する法的慣行のなかに残っている。フランスでは、第三共和制に対する陸軍の忠誠にしばしば疑問が呈された。常備軍の存在は不可避的に民主主義の脅威となりうることから、多くの国々では徴兵制が常備軍の危険に対する予防措置になると位置付けられていた。たとえばジャン・ジョレス〔フランス第三共和制期の社会主義者、国会議員〕はそうした見解をもっていた。なおイギリスでは〔アイルランド自治法をめぐる〕北アイルランド住民相互の衝突に対して、一九一四年、軍隊の動員と投入が試みられたことは、政治事件に軍隊を決定的要因として使おうとした事例であった。もしも同年に前大戦が勃発して〔同法の実施が延期されて〕いなかったとしたら、軍隊投入の衝撃はより深刻になっていたことであろう。

これらの留保が必要にしても、民主主義諸国では政治的諸権利を享受することが、統治の有効な基盤となってきた。というのも、政治的諸権利は通常の場合、軍事権力によって蹂躙されることが稀であったからである。民主主義は、軍事権力による恣意的支配の禁止を意味した。そして、個人の身体と所有権の自由、および契約の神聖性を守る、という合意された目的のもとに、社会の多数者が制定した法律に基づいて統治をすることをもって、それに代替させた。

以上に述べた自由民主主義は、関連しているが別個である二つの要因によって破壊された。この二つの要因は十九世紀後半に作動しはじめ、一九二〇年には全面的に展開した。

第一は経済権力の台頭である。経済権力の保持者たちは、当初、一方で互いに経済的武器を使って競争を展開し、他方で政府はたんにその闘技場の管理者の役割に限定されるべきであるという原則――これは自由民主主義の理論的要請である――に合意していた。ところが今や経済権力の保持者たちは次々に政治闘争の闘技場に降り立ち、政治的武器を使って彼らの経済的利益を確保し始めた。組織化された経済権力がはじめて政治の支配的要因として立ち現れたのである。

第二に、普通選挙法によって新たに選挙権を得た大衆が政治権力を獲得して、旧来の資産保有者による民主主義を変えた。資産保有者が払う税金で維持してきた政府の主な目的は治安維持であった。まず、土地資産は保有しておらず、月給や年俸を受けて生活する人々が、新しい政治社会に相当の比率を占めるようになった。新しい俸給生活者は、組織分業の専門技術者として自分たちを意識し、〔資産保有者とは異なり〕政策の指導者としては意識していなかった。さらに、時給・日給などの賃金のみで生きる人々が、政治社会のいっそう大きな比重を占めた。彼らは一切の資産を持たず、税金を払わず、したがって政府からもっぱら利益を受ける立場にあった(8)。

この二つの基本的な変化によって、現代の民主主義は十九世紀の自由民主主義とは全く違うものになった。といっても教育の過程は、通常最短でも一世代の認識の遅れが生じるものであるから、大部分の教科書は、あたかも十九世紀の自由民主主義が現代の民主主義の形態でもあるかのように記述している。民主主義が今たどっている危機を理解しようとするなら、まず危機の展開とその結果生じた問題群を検討する必要がある。

## 二十世紀の危機

十九世紀が終わる以前に、すでに資本家たちが組織した団体は、発展したすべての国家において政治に支配的な影響を及ぼしていた。とはいっても、国々がたどった軌跡はかなり異なっていた。

ドイツでは、レッセ・フェールの原則が気乗りのしないまま受容され、それ以上の地位を占めることはなく、また、経済活動が政府の保護と介入を完全に受けつけない状態にはならず、さらに軍事権力が政治的諸権利をたえず非道に踏みにじった。そして、軍隊と資本主義とはやがて対等な立場から親密な同盟を結んだ。この同盟は、ドイツの軍事機構に効率の高さをもたらし、効果的な政治権力の源となった。日本も後にドイツと同じ道をたどったが、ただし経済人の同盟者としての地位は軍人よりもはるかに低かった。

イギリスとアメリカでは、軍隊は歴史的に重要な政治的役割から排除されていた。また経済活動は、ほとんど大部分が政府の統制の外にあった。したがって新たに台頭した経済権力は、すでにそれ自身の活動領域をもっており、そこで最大限の自立的な発展をとげた。アメリカの文筆家〔L・マンフォード〕の表現によると「金《マネー》という形の権力が、軍事的武器という形の権力よりも先に成立した(9)」。

経済権力の台頭は、アメリカではとりわけ容易であった。というのは、そこでは歴史上、陸海軍が強大な権力も高い威信ももったことはなかったし、また、〔封建制が根強かった〕ヨーロッパよりもはるかに早く政治的諸権利に関する論争が決着して、政治的諸権利が確立されていたからであった。一九〇〇年よりかなり以前から、アメリカの二大政党の間には、政治信条にも政治原則にも相違するところがないことは、周知のことであった。二大政党は、ともに経済的利益を巧みに結合させ、政党資金を利益集団に依存し、利益集団に代わって、選挙選出職や政治任命職をコントロールするためにしのぎを削ったのである。

イギリスの事情は、アメリカより複雑であった。十九世紀末の数十年間、すでに経済権力の台頭と政治的諸権利の後退は明らかであった。ただしイギリスに特有の二つの要因が障害となって、この転換が遅れた。第一に、土地貴族階級がきわめて強大な伝統をもち、実際上の重要性がなくなった後も、長く威信を維持し続けた。そのため、新たに台頭した経済権力は議論する余地のない威信——アメリカの経済権力が誇った威信と同様のもの——をもてなかった。第二にイギリスの資本家は、国内市場と海外市場のどちらが重要な利益であるかをめぐって鋭く対立した。たしかに、一八八〇—九〇年代のアイルランド自治法をめぐる危機は、大量の資本家や企業家たちが、自由党陣営から保守党陣営に転向する口実となった。にもかかわらず、一九〇〇年代前半の自由貿易問題は、再び資本家や企業家を二つの陣営に引き裂いた。そのうち自由貿易を擁護することを重視した陣営は、労働者や急進改革派との同盟関係に仕方なく入ることになった。この政治的な同盟は、異なる社会階級を横断して成立したものであったが、その結果、一九〇六年総選挙における自由党の史上例のない圧倒的勝利をもたらした。そして一九一八年以降になって、海外市場を重視した経済陣営は、イギリス労働者からと外国の競争者からの二重の攻撃に晒されて絶望的な状況に陥り、その結果イギリス資本主義に生じていた裂け目は修復された。この時に到ってようやく、経済権力は政府機関をコントロールすることになった。

さらにイギリスには、他国とは異なる特有の特徴があった。資本による経済権力が至上の力を確立する前、労働組合がそれ自身の経済権力を築き上げていたのである。労働組合は、資本の経済権力に匹敵はしなかったが、それに比較可能な経済権力であった。こうして一九二〇年代初頭以降、イギリスの二大政党はそれぞれ資本と労働の経済権力を代表することになった。そして二大政党の間では、誰が政治的諸権利を獲得するかではなく、どちらが経済権力を保持するかをめぐって争った。イギリスの政治状況は、マルクスがかつて影響力をもったどの国に比べても、マルクスの予見に似ていた。両大戦間期におけるイギリス内政上の二大重要事件は、一九二六年のゼネストと一九三一年の総選挙であった。両方ともに争点は同じであり、組織された資本と組織された労働のいずれが経済システムをコントロールするかであった。

マルクス主義の資本家と労働者が正反対から対立する階級闘争観を今日のイギリスの政治生活の中心的要因とみなすとすれば、それは過誤に陥っている。イギリスでもアメリカでも、早い時期から資本と労働は企業の収益を維持することに共通の利益がある(労働側の幹部たちはとにかく最も高い報酬を得ており、安定して雇用された高い等級に属し、労働組合をコントロールしている)。もちろん、資本家と労働者は企業収益の分配が適切であるかをめぐっては、争いを展開するのであるが、それについてピーター・ドラッカー氏は次のように述べている。

資本主義システムを全体として利することは、必然的に労働組合主義者の社会主義運動を利する。というのは、両階級間の分配にあてられる国民所得の総額が増加するからである。内部からの対抗勢力としての社会主義は、有益かつ不可避なものであり、対抗しながらも必然的に資本主義的社会システムの基底条件《ファンダメンタルズ》を受け入れている(10)。

こうした現象は、一九三〇年の経済危機とその後の相当期間、とくに顕著になった。そして、イギリスとアメリカでは、マルクスの予見に反して、階級闘争が破局的な形に到ることはなかった。イギリスでは(アメリカでも同様に)資本家も労働組合もともに、大恐慌の衝撃から守る救援策を政府に求めた。労資は双方とも輸入品への関税、政府からの補助金、それに企業間競争を抑制する措置を一致して支持した。これらの政策措置は、上昇したコストを消費者に転嫁して産業を保護したものであり、労資双方から称賛された。消費者を構成する諸階層ははるかに数が多く、政治的な諸権利は与えられていたものの、これらの政策に対して何らの影響もあたえなかった。保守党マシーンは組織された資本に、また労働党マシーンは組織された労働にコントロールされ、その二つは共通の利益に基づき消費者の利益に対抗していた。そのため、政府に対する反対政党が存在していても、有効には機能できなかった。

一九二〇年代には、イギリスの二つの資本家の集団が力を合わせて、労働者階級の犠牲の下に政府機関をコントロールした。これと同様、一九三〇年代以降には、資本家と労働組合が力を合わせてともに利益をもつ生産組織を支援し、それ以外のコミュニティの成員たちの犠牲の下に政府機関を支配した。この間、誰と誰が同盟しその特性は何であったかは変化したが、いずれにせよ、政治的諸権利は決定過程に影響を及ぼさなかった。なぜなら死活的な決定は、選挙民の投票によっても、また選挙民の見解を代表すると想定される下院議員の集団的意思によっても、下されていなかったからである。そうではなくて、組織された資本と組織された労働の利害を代弁する政党マシーンの間の交渉過程によって、死活的な決定が下されたのであった。[5]

政党マシーンが主導権を握り、それが経済利益に支配されていることは、この二十年間のイギリス民主主義のはっきりとした特徴であった。政党マシーンは各選挙区に対して議員候補者を指名する過程を通じて主導権を発揮し、その政党の候補が当選することが有望な選挙区では、稀な場合を除き、立候補者は選挙区の党員代表が選ぶのではなく、政党中央のマシーンが指名してきた。政党マシーンの主導権が、際立って有効に発揮されたのは下院議員の候補者の指名決定においてであり、個々の議員は院内幹事長《チーフ・ウィップ》の指揮命令に服せ、という強い圧力にさらされることになる。

この過程には二重の意味がある。第一に議員は、候補者個人の能力や識見によってではなく、また選挙区の選択によってでもなく、政党の代行者でありその候補者として指名される。議会で行使される議員の議決権は、近年では非常に稀になった例外を除くと、議員個人の良心に基づいて行使されるのではなく、また選挙区有権者の意志を想定してそれに服した形で行使されるのでもない。議員は所属する政党の決定に従うのであった(11)。

これは周知の事実であった。よく知られている例を二つとりあげよう。第一の例は、一九三五年に王立委員会が委員の過半数をもって甜菜補助金の廃止を勧告した件である。この王立委員会報告に対して、もし自由な秘密投票がなされれば、有権者の過半数が、また議員の過半数が、そして保守党議員の過半数が、賛成したに違いないと信じるべき根拠がある。ところが農業団体の経済権力が保守党の政党マシーンに働きかけ、この報告内容を票決することを阻止した。また、たとえ票決に付されたとしても、彼らは否決するだけの票数をそろえるほど強力であった。

第二の例は、現在の家族年金・給付金の国家システムの導入をめぐるものである。ここでもし自由な秘密投票がなされれば、有権者の過半数が、また議員の過半数が、そして労働党議員の過半数が、導入に賛成するに違いないと信じるべき根拠がある。ところが労働組合の経済権力は労働党の政党マシーンに働きかけ、その提案に拒否権を発動し、政府が家族年金を採用することを阻止した。

現存する民主主義諸制度のもとでは、組織されない過半数の意志は無能力であって、経済権力の支配に抗して、その意見を表出できない。多くの民主主義国家では、選挙民は政党によって代表されると称されているが、政党の態度と政策は選挙民の意見にはわずかな程度しか影響されず、政治資金の大部分を供給する既得権をもった利益集団によって大きく影響されていると今日広く信じられ、また、さもありなんと考えられている。言いかえると、死活的な国家政策は、かつてマルクスが主張したように、投票用紙を民主主義的に数えることよりも、対抗する経済利益間の不断の闘争によって決着している。ただし、その闘争はマルクスの予見とは全く違った形態となっている。

以上の検討から、現在の民主主義が患っている第一の最も基本的な病気の原因について診断を下すことができる。前大戦前のドイツと日本では、民主主義の制度枠組みも政治的諸権利の付与も、軍事権力の圧倒的な力の前に、それらは幻想となり、ほとんど無に帰してしまった。これと同様に、いくつかの民主主義が最も発達した国家においてさえも、過去五十年のうちに、経済権力の圧倒的な力の前に、民主主義の制度枠組みと政治的諸権利の付与も徐々に空洞化して意味を失ってしまった(12)。

政治家と政治思想家の多くは、民主主義に対する脅威は、もっぱら物理的暴力に由来するという伝統的な考えにとらわれ、ギャングやファシストの悪辣な邪悪さを非難するだけにとどまり、そして、大衆がせっかく与えられた政治的諸権利を擁護するために立ち上がらないことに驚愕した。大衆は、狼狽し、いわば指導者を欠いた状態にあり、民主主義が患っていた病気の原因は診断できなかったが、その症状は即座に感じ取った。そして、たとえ民主主義の制度枠組みと政治的諸権利を得たとしても、それは自動的に権力の獲得にはつながらないことを十分に感得していた。組織された経済権力が勝利したとき、十九世紀の自由民主主義の基礎は崩壊した。たとえ政治的諸権利をもったとしても、国民生活に死活的な争点の決定に影響を及ぼせない限り、それは無意味である、とみなすようになった。二十世紀の民主主義はこれから基礎を築かねばならないのである。

官僚制の拡大は、民主主義的諸権利の現実感が低下した第二の原因であり、そして経済権力の台頭と同系列の原因である。官僚制の拡大は、行政に新しい機能が負荷された兆候であり、またその帰結でもあった。したがって、官僚制の拡大を嘆き悲しんでも非難しても不毛である。というのも、二十世紀の政府は、新たな経済的機能を備えることを放棄できないし、また、巨大で複雑な行政マシーンを抜きにして運営できないからである。その一方で、新たな行政の肥大化によって生じた深刻な問題を無視してしまうのもまた不毛である。ドイツの社会学者マックス・ヴェーバーは、早くも一九〇六年に

「新しい束縛」(13)について書いていたが、しかしこれがイギリスではじめて注目されたのは、二十年以上後のことであった。

問題は二重である。第一に、議会下院の議員は、自身が審議しなければならない高度に技術的な法案を、もはや判断力があることを前提に論じたり批判したりすることはできないし、行政過程を官僚制の外側からリモートコントロールすることさえもできない。大臣たちは以前のいかなる時期よりも、常勤職の公務員に依存している。大臣たちは、例外的に有能か、例外的に勤勉でないかぎり、大臣自身の名のもとに行われ、形式的な責任を負っている諸業務について、ほとんど何も知らないのである。そして環境の力に強いられて、官僚と専門家たちが公共的な管理者となり、大臣と議会議員の役割を大幅に代替している。

第二の問題は、第一から発展した論理的帰結である。一般有権者は、統治者の一人であると同時に被統治者の一人であるというシステムに生きていると感じることが、以前とは全く異なりできなくなった。統治者と被統治者が同一の集団であることは、民主主義を独裁から区分する基準の一つであるが、それが空疎な作り話と受け取られるようになった。というのも一般有権者にとって、統治の過程は、ますます接近が困難になり、理解不能になっているからである。資産保有者たちが政治的諸権利を支配階級であることの特権であり、また支配の道具として重視していた、かつての民主主義は死んだ。大衆が政治的諸権利に目覚め、支配階級としての責任を自覚するような新しい民主主義は、未だに生まれていない。現在の民主主義の危機は、二つの階の中途に宙吊りになった状態と表現できる。すなわち、一階の時代遅れになった伝統の網の目に足をからめとられ、そのため二階へ脱出できない状態なのである。

## 新しい民主主義

上述の検討を経て、われわれは新しい民主主義の誕生の基本条件を検討する地点に立ち至った。われわれは今、新しい民主主義への道を手探り状態で探している。次の三点が基本条件である。

(1)「平等」と「自由」という民主主義の理想について、主に経済的な次元から再解釈をなしとげなければならない。

(2)〔十九世紀以前の〕自由民主主義が、軍事権力との闘争に勝って、政治的諸権利を有効にしたように、新しい民主主義は経済権力との闘争に勝って、政治的諸権利を有効にしなければならない。

(3)新しい民主主義は、民主主義の構成員の間で、国家から共通の利益を引き出すことにとどまってはならない。国家に対する共通の義務の観念を、とくに新しい民主主義をともに運用するという責任感を、涵養しなければならない。

(1)十九世紀の世界観において、平等と自由の諸権利が政治世界では有効であったが、それとは別に独立した経済世界があり、そこでは諸権利は強者の権利以外は一切承認されていなかった。この世界観は崩壊した。新しい民主主義の課題とは、政治的諸権利を経済世界においても有効にすることである。

「平等」については、理論的には多くの進歩があり、実践的にも若干の発展があった。マルクスははるか以前に、政治的平等、すなわち投票権の平等と裁判を受ける権利の平等は、社会的経済的な不平等の前にはほとんど意味がない、という点を明記していた。ようやく近年になって、これが真実であることは広く承認された。経済的な不平等の除去は、完全に実現することは空想的《ユートピアン》な夢とみなされるが、今日民主主義的な理想として一般に承認されている。しかし悲しむべき事実がある。この民主主義的な理想は、代議制による統治を確立した国々ではなく、代議制による統治を拒絶した国々において推し進められている事実である。ようやく最近になって、民主主義国家は、このパラドックスが内包している挑戦を取り上げ始めた。民主主義は今から数年のうちに、審判が下されることになろう。その判断基準の一部は、平等という民主主義的な原則を、政治領域から社会経済領域にまで持ち込むことに成功するか否かにかかっている。

「自由」を経済的な次元で再解釈することは、同様に緊急課題であるが、多分「平等」よりもはるかに困難な課題である。自由は民主主義において最も高貴で高遠な理想である。自由は、それぞれの形態のもとで大多数の人々が絶対の善と認めており、自由の喪失は――しばしば必要悪であることは疑いないにもかかわらず――悪であった。今日この言葉には、とりわけ十九世紀の政治的見地が濃厚に投影されている。自由の概念は、今日では、実定法によって定められた市民的・政治的な諸権利を享受することを意味すると広く解されている。そのため日常の活動において経済的に圧迫・統制されても、それは政府の管轄範囲外の事柄であり、自由とは無関係とされる。その結果、「統制が政府によって課される場合には人々はその危険性を鋭く認識するが、数百万人の人々の行動が経済システムによって統制されても、そのシステムの介在によってのみ生活の糧がえられる場合には、その統制の危険を感知しない[14]」。

こうなると政治的な解放だけでなく、より富裕な人々の支配からの経済的な解放の旗印を掲げない限り、自由の概念が大衆にとって至上の重要性をもつことはなくなってしまう。宣伝と広報の最も強力な手段が、経済的に支配を及ぼす諸集団に握られているかぎり、言論や出版の自由でさえも、その重要性の一部を失いかねない。経済的な次元における再解釈が欠けているため、自由の概念も、民主主義の概念同様、自己推進力を失い、生命のない概念となる危険がある。

消極的な自由概念は「どうか私を一人にしてください」と表現されるが、これは安楽な境遇の人々に特徴的なものである。そうした境遇にない人々は、自由への要請を「どうか私にチャンスをください」と表現している。(15)

自由が理想としての意味を回復するには、「社会的経済的なチャンスの最大化」というように再定義することが不可欠である。

旧来の自由観は不完全であったとか、また自由を経済領域に拡張させる必要があるとか、さらに異なる種類の自由はすべて重要であり、同時に維持される必要があるとかの言い方はどれも不十分である。エイブラハム・リンカンがかつて述べているように、「「自由」の定義について羊と狼の意見が一致することはない」(16)。羊と狼による自由の定義は対等であるというのも、二つを同時に適用できるというのも軽率である。われわれは自由をめぐって次のような和解不能な対立に直面している。一方では、自由の伝統的解釈の信奉者たちが自由という用語に排他的な権利の行使という意味を主張している。他方には新しく、したがってほとんど承認されていない「私にチャンスをください」と表現されるような解釈もある。

スタッフォード・クリップス卿[6]は「膨大な数の人民が真の自由を達成する方法は一つしかない。それは社会のあらゆる階級の個人の自由な行動を、大規模な法的介入を行って拘束することによってである(17)」と〔パラドックスを〕語っている。ここには議論を挑発するため「真の」という形容句が用いられており、こうした種類の「自由」が、はたして自由として認められるかというと、そうとは限らないのである。

今日声の最も大きな自由の擁護者たちといえば、〔第一が〕大企業の代表者たちである。彼らは自由の語によって企業活動を国家の介入から守ろうと欲している。〔第二が〕知識階級であり、彼らは自由によって恵まれた経済状態を確保し続けようとしている。そして〔第三が〕各政党の政治家たちであり、彼らは自由をスローガンとして押し出せば、全方位的な喝采を受けられると安心している。この連中の手にかかると、自由は反動のための合言葉に堕落してしまう。「今日、市民的自由の叫びは、下層の敗者からではなく、最上層の勝者の口から聞こえてくる。(18)[7]」

（2）最も緊急に必要なのは、「平等」と「自由」に限らず、民主主義そのものの再解釈である。民主主義は、経済権力の現代における発展という観点から再考を要し、また政治的諸権利は獲得したものの、経済権力には孤立無援のまま服従を強いられていると感じている人々に意味をもつ再解釈が必要である。二十世紀の病理が十九世紀の療法によって治癒されることはない。

近年、アメリカにおいて民主主義に対する最も真剣な再解釈あるいは模様替えが、新たな仕方で実行されている。アメリカでは、経済権力による政治機関の支配が、史上初めて、最も劇的な形で展開された。セオドア・ローズヴェルト、ウッドロウ・ウィルソン、フランクリン・ローズヴェルトは相次いで、「平民《プレイン・マン》」「細民《リトル・マン》」の視点から資本家や大企業を非難した。また三人はともに経済的利益に支配された政党マシーンを攻撃した。ロシアのボルシェヴィキ革命は、資本家の手から「生産手段」の所有と管理を取り上げ、それらを国有化した。また、ファシストと国民社会主義の革命は、労働と資本の組織化された力を破壊し、国家のもとに従属させた。

これらの諸革命は、生産者的な利益を敵に見定めて、「細民」に訴えかけた。アメリカの革新主義者とヨーロッパの革命家は共通に、十九世紀の自由主義の名のもとに、組織化された経済権力が、孤立無援な細民を絞め殺すままに放置したことを最重要点として告発した。

民主主義を信じていなかった者たちは、この運動が各地で広がったのを見て、民主主義は死んだという教訓を得た。その一方、アメリカ合衆国の外側にいた民主主義者たちは、そこから何の教訓も得なかった。というのも彼らは自分の頭を砂のなかに突っ込んで、何が起きているのかを観察しようとはしなかったからである。ヨーロッパでは民主主義を再定義する試みは、未だ始まってはいない。

しかしながら、試みのための地平は開かれている。民主主義とは、政治的諸権利を有する者が、その利益のために、政府の統治権力をコントロールすることを意味する。したがって政治的諸権利は統治権力のコントロールが実現できて、はじめてその重要性を示せる。裏をかえせば、他の組織的権力が統治権力を事実上有効にコントロールしている間は、民主主義は意味を失ってしまう。まず過去数世紀の経験では、組織された軍事権力が統治権力をコントロールした。また最近の半世紀の経験では、組織された経済権力が統治権力をコントロールしていた。したがって民主主義であるためには、軍事権力の保持者が、政治的諸権利を持つ人々が選出した代表者たちのコミュニティに責任を負い、そこからの命令に従う必要があった。これと全く同様に、今日民主主義を有効なものとするには、経済権力の保持者が、選出された代表者たちのコミュニティに責任を負い、そこからの命令に従う必要がある。十九世紀以前に、すでに民主主義国家は軍事権力をコントロール下に置いた。それと同様に、経済権力をコントロール下に置いたならば、民主主義は再生し、政治的諸権利は再び重要性を取り戻すことになるであろう。政治的諸権利を求める戦いは、過去においては、主に軍事権力の恣意的な使用からの解放として戦われた。それが今や経済権力の恣意的な発動に対する解放の戦いとして再開されなくてはならない。民主主義は、軍事権力にとどまらず、経済権力に対しても有効なように、政治的諸権利に基づく統治システムとして再定義されなければならない。民主主義の危機とは、「一方で民主主義の魂である個人の権利主張の承認を堅持しつつ、その他方で民主主義が社会的な利益のために、経済活動に対する政府のコントロールのシステムを発達させることができるのか――それに失敗すると経済の混乱、失業、そして民衆の悲惨がいまや明らかに不可避的に生じる――というジレンマなのである」(19)。

民主主義の危機は経済的危機と深く絡み合っている。そして十九世紀の自由民主主義に対する革命は、レッセ・フェール型の経済に対する革命の一部分である。われわれの政治システムの再建と、経済システムの再建とは、同じ問題の異なる側面なのである。

(3)われわれは後に、経済的危機が道徳的危機に根ざしていることを検討する〔第五章参照〕。それと同様に、民主主義の危機も道徳的危機に根ざしている。個人の諸権利を承認することを「民主主義の魂」と呼ぶことは歴史的に正当化できるものの、民主主義がもっぱら個人の諸権利という基盤だけに立脚できないことが、近年ますます明らかになっている。というのは、諸権利を平等に分け持っていると承認することは、諸義務もまた平等に分け持っていると真剣に承認することによって均衡させる必要があるからである。

十九世紀の自由民主主義と二十世紀の大衆民主主義を同一視するならば、別の混乱した思考を生み出す。

十九世紀の自由民主主義は、政治参加の諸権利と恩恵《ベネフィッツ》を資産保有者階級に限っていた。このように参政権を限定したにもかかわらず、政治的諸権利が普遍的であるという主張が、当座の間、受け入れられた。その理由は、繁栄の拡大と急速な経済発展によって、特権階級に新たな構成員がたえず流入し、平等とはいえないまでも、参政権が広範囲に拡散していく、という雰囲気を作り出したことによる。

しかしながら、特権階級は、自由民主主義の諸制度が彼らに与えた諸権利と恩恵を正当化し、かつ維持していくために、その制度が要請する公務に奉仕的に活動し、個人的な犠牲を払うことを、強く自覚していた。また、特権階級への新たな参入者に対して、公務への義務を熱心に教育した。無報酬で公務が行われたことは、責任が承認され受け入れられていたことを示す、多くの証の一つであった。強い義務感は、十九世紀の自由主義的伝統の本質的部分であった。この共同体への義務感は、全体として、資産保有者階級を没落させないために長年の慣行となってきた義務感と、微妙に混じり合っていた。こうして自由民主主義は、権利とともに義務を深く意識する支配階級の基本条件を確立した。理論の上から、人間の諸権利を民主主義の普遍的な要石とみなす議論は数多い。しかし実態の上からは、恵まれた生活を送る中産階級が全体として、民主主義を自分たちの出来事と考え、民主主義を作動させる責任をもっていると考えて行動していたことが重要であった。〔十九世紀の中産階級が民主主義に対して負ったような〕本質的な道徳的かつ心理的な条件を、いかにして大衆民主主義においても条件として再生させるかが、二十世紀の課題となる。

人間の権利という政治哲学は、万人が普遍的に政治参加の権利をもつことの理論的基礎をなす。これに対して、統治する者が個人的な犠牲をはらってでも民主主義を作動させる責任があることもまた、人間の権利としての政治参加の権利を補完する原理であり、同様に本質的な政治哲学である。統治者を構成する集団は、普通選挙が実効的に実施されていることによって、全成人に広がりはしたものの、これに相応して統治責任の原則が、広い有権者に受け入れられることはなかった。失敗が何に起因するにせよ、失敗した事実は疑う余地がない。この事実を認識することは、現在における民主主義の危機の深さを理解するうえで決定的である。

現在選挙権を付与されている大部分の人々は、民主主義政府を（たぶん戦時期を例外として）自分のやるべき務めとはみなしていないし、個人的な犠牲を払ってまで運営・維持していかなければならないものとは普通は思っていない。多くの人々は、民主主義政府を給付金や支給品の請求窓口であるか、あるいはうんざりするような決まり事や規則を課してくる事務所のようなものとみなしている。ある文筆家〔D・スピアマン〕は最近「ロンドン市参事会のお偉方ときたら、子供たちに歯磨きを励行させよ、パブは日曜には閉店せよ、などと主張する。まるでこの連中はまるで独裁者から任命された専制支配者のように見える」[20]と書いている。有権者の大部分は、統治する人間たちを「われわれ」とは感じることなく、「彼ら」と感じている。同様に「われわれ」が「彼ら」をコントロールしているとも、「彼ら」は「われわれ」を代表しているとも感じていない。十九世紀の自由民主主義で政治参加の権利を獲得した階級は、「われわれが統治している」ことを実感《リアル》として受け取っており、この事実に従って行動していた。二十世紀の大衆民主主義では、少なくとも平時において、統治する責任をいまだに意識のなかに組み込んではおらず、それを信念と行動の基盤としてはいない。

現代の大衆民主主義は、民主主義制度を作動させる共通の義務意識を作り出すことに失敗した。その原因の多くは、本書がすでにこれまで検討した諸環境に求めることができる。

第一に、平等の概念のなかに、十分な社会的経済的な内容を盛り込むことに失敗している。政治は、個人の生活のなかでは比較的小さな役割しか果たさない。そのため日常生活の眼前に、社会的および経済的不平等がたえず立ち現れるならば、政治的諸権利の平等がどれほど完全であったとしても、人々の意識のなかにほとんど印象を残さない。恩恵が平等に得られていると感じられる場合にのみ、義務を共通に分けもとうという感覚が強まる。

第二に、経済権力は一般投票者たちのコントロールの及ばない方法や経路を通じて、政治的出来事に支配的な影響を及ぼしているため、政治的諸権利は、ほとんどごまかしになってしまったと感じられている。

第三に統治機関の複雑性が増したため、実際上非常に重要な政策争点は不可避的に、専門家以外には理解できないものになり、市民の日常生活に影響する政策のコントロールは官僚と専門家の手に委ねられてしまった。政府の統治過程が統治される者の理解を超えた神秘的な操作から構成されるように見える場合にはとりわけ、統治する者と統治される者とが同一であるという感覚は創出されにくい。

これら三重の失敗に対する対策も、また三重でなければならない。〔第一に〕社会的経済的平等を積極的に前進させ、政治的平等を補完しなければならない。〔第二に〕経済権力の組織的力に抗して、一般市民の意志が実現するようにしなければならない。そして〔第三に〕一般市民をどんどん行政過程、とくに日常生活ならびに利害関係のある領域に参加させなければならない。

この三つはいずれも容易ではない。しかし、それは諸個人に新しい権利を与える方法としてではなく、新しい義務の感覚、つまり民主主義を作動させる義務に火をつける方法として考えたほうが、より容易になる。そうするならば、民主主義は、諸個人にとって自分自身の出来事とみなされるようになり、また、「われわれ」と「彼ら」の対立関係がついに解決されるからである。

ここで強調されるべきは、もはや「人間の権利」ではない。これは、フランス革命のスローガンであった。強調されるべきは、個人の諸権利は集団での諸義務を分け持つことを通じて有効になるという真理であり、このことが新しい革命には含まれている。十九世紀の自由民主主義は、特権階層に限定した形で、この権利と義務の相関バランスを事実上確立させた。二十世紀の大衆民主主義は、それを未だ確立させていない。

民主主義の危機とは、究極的には道徳の危機であり、危機の症状は、経済の次元で顕著に現れている。経済的危機に対する考察を行わない限り、民主主義の危機に対する分析は終わらない。すなわちレッセ・フェール型経済に対する革命が、自由民主主義に対する革命の経済的側面なのである。

しかし、それらを考察するに先立って、次章では、われわれの時代のもう一つの主要な危機に焦点を当てて検討を進める。それは民族的自己決定の危機である。国内政治における民主主義の危機にある意味で相当するものが、国際関係における民族的自己決定の危機なのである。

# 第三章　集団的自己決定の危機

フランス革命の時代を経て、個人と同様に、民族《ネイション》が諸権利の主体であり、とくに自由権の主体である、という考え方が受け入れられるに到った。後にそれは集団的自己決定と呼ばれるようになる。十九世紀を通じて、「抑圧された民衆」の解放が進展し、いたるところで急進的な運動家たちの喝采を浴びた。そして勝利に向かう道のりで、民族的自己決定〔民族自決〕と民主主義とは手を携えて進んだ。[1]

集団には自己決定する権利がある、という考え方は、実際、民主主義思想に内在していると考えられていた。というのは、諸個人は、自身が帰属する政治的単位の争点をめぐって、論議に参加する権利が認められているのであるから、その諸個人は、帰属する政治的単位の形態やその範囲をめぐって、論議に参加する平等な権利があることになるからである。

著名なイギリスの高位聖職者〔ウィリアム・テンプル〕[2]は次のように言う。

人民主権を宣言することによって、はからずも不可避的に、その人民とは何かという問題に逢着することになった。……民主主義思想から純論理的に演繹すれば、人類全体を単位とする人類民主主義《コスモポリタニズム》に行き着くことになるであろう。ただし、実際に民主主義を運用しようとすると、そこからナショナリズムを強める心理的な効果が生じ、政治的単位として民族に収斂せざるをえなかった。(1)

諸個人と諸民族の間のアナロジーは完璧であるかのように見えた。なぜなら、諸個人を構成員とする民主的共同体と、諸民族を構成員とする共同体とは、並行的な論理構成をとる。すなわち、共同体の構成員は、一揃いの不可侵の諸権利をもち、他の構成員はその諸権利を尊重する義務を負う、とどちらも演繹的に考えることができるからである。十九世紀の自由主義哲学は、自由の概念を、個人を主体としてその基本権とみなしたばかりでなく、民族という集団を主体としてその基本権ともみなしたのであった。

一九一九年のパリ講和条約の締結は、民族自決権の歴史の頂点であった。しかし講和後の事態のなかで、その栄光は泥塗《まみ》れになった。民族自決の原則をより広範囲に、あるいはより公平に適用しておけば同条約体制の崩壊は生じなかったであろうなどと信じる人は、知性のある人々の間にはいなくなった。民族自決の原則そのものが、政治的理想郷への絶対に失敗のない早道であると、一九一九年にはウッドロウ・ウィルソンおよび他の指導者たちはそう信じていた。それとは正反対に、民族自決の原則は、いくつもの非常に解決が困難な政治的経済的問題を引き起こしたために、完全に信用を失った。民族自決の危機は、民主主義の危機と並行していた。民族自決は、民主主義とほぼ同時に、不運に見舞われた。その理由は、われわれが十九世紀の政治的諸権利という設定のままで集団的自己決定の原則を二十世紀に持ち越すことに満足したためである。言いかえれば、われわれは集団的自己決定の原則を二十世紀の新たな軍事的経済的な諸問題の文脈に適応させることに失敗したのである。諸民族による自己決定の権利は、他の諸権利と同様、義務の枠組みのなかにはめ込まれなければ、自己破滅的な結果を招くことを理解しなかったのである。

民族的自己決定は今日、新しい光のもとで、その概念を再構成する必要がある。これが現大戦後に形成されてくる新世界の輪郭を描くことに携わる者にとって、最も緊急に必要な課題なのである。

## 集団的自己決定とナショナリティ

検討の第一段階は、民族の権利が本性としてもつ深刻な両義性を明確にすることである。民族には、集団としての主観的意志に基づく権利の主張と、客観的標識に基づくナショナリティとしての事実の認定とがかかわっており、この二つが広く混同されている点にその両義性は起因している。

集団的自己決定を厳密に定義するなら、相当の規模をもった人間集団が、一つの政府を形成しようと願望しているならば、政府の形成が許されるべきである、と規定できる。しかしこの理論命題は、十九世紀に宣言されたときには、〔多くの種類の集団単位のうちから〕一つの「ネイション」〔民族・国民〕が一つの政府を形成する権利をもっている、と表現されることが多かった。集団的自己決定に対して抱かれる信念は、理論上、民主主義の自然な系として演繹され、具体的な政治宣言としては、民主主義とナショナリズムの同盟的結合として表現された。あるいは、広く使われた表現を使えば「ナショナリティの原理」[3]である。集団的自己決定とナショナリズムの同盟的結合は、ネイションを、政府が立脚する自然な集団単位であるかのようにみなし、一九一八年まで政治思想を支配した。

二つの言葉、「ネイション」と「ステイト」は、論理的に定義不能で、変幻自在に意味範囲を変えるため、過去も現在も、思考に大きな混乱を引き起こしている。ステイトとは、それが統治機構を指すにせよ、それが管轄する領土を指すにせよ、政治権力の単位体を意味する。ネイションとは、人間が集団として構成する共同体の一つであり、この言葉の近代の使用例からは、政治的な共同体、または政治的な使命・目的をもった共同体を意味する。いずれにせよ、ネイションといえば、人間の集団を指しているのであって、地理的領域でもなく、統治機構でもない。したがって、分かりやすく表現すれば、ステイトは、「人為的に造られた」、「〔目的を達成するための〕行動の型」であり、ネイションは「自然《ナチュラル》な」、そして「有機的《オーガニック》な」集団という特徴がある。一つのステイトは、国際法に則った形式で起草された一片の文書によって、一夜にして創設され、切り裂かれ、消滅する。一つのネイションは、一人の個人の意志や意志に基づく行動からは独立した〔存在であり、長期にわたる〕過程のなかで成長し、また衰退する。

フランス革命は一つの政治観を誕生させた。そして十九世紀に西ヨーロッパの大部分で支配的となった。このフランス革命が生んだ政治観〔人民主権ないし国民主権〕は、集団的自己決定の仕方を、たんに別の仕方で定義したものとみなされた。それは「政府《ステイト》」と「民族《ネイション》」とが一対一の関係で結合しなければならないということである。つまり、政府は、一つの民族の基礎の上に立脚しなければならず、各民族がそれぞれに政府を形成すべきものとされたのである。(2)〔これは民族に集団的自己決定の権利を付与することであるが、〕このことは、個人に対してと同様に民族に対しても有効な、自己統治の権利の自然な系の一つであるかのように見える。しかし、こうすると非常に解決困難な二律背反《ジレンマ》に陥ってしまう。

まず民族を、人々が自発的な意志に基づいて結成した共同体であると仮定しよう。そして、人々は一つの政府のもとにその意志に基づいて結集し、ナショナリティの原理に基づいて、自分たちを他の世界の人々から区別するものと仮定しよう。そうすると集団的自己決定とナショナリティの原理の間でも、民主主義とナショナリズムの間でも、根本的な一致は達成される。しかしながら民族の「自然な」「有機的な」という集団の質的特徴は否定されてしまう。

次に反対の仮定をしよう。すなわち民族の「自然な」「有機的な」特徴から、民族を個人の意志とは独立した集団であると仮定しよう。すると、ナショナリティの原理は、民主主義とは潜在的に両立不能の状態に陥る。なぜならそうすると、アクトンが述べた

ように、「人民の意志の行使を制限し、〔民族という〕高次の意志に人民の意志を代替させる」からである。(3)

十九世紀の大部分の思想家は、この二律背反のいずれの一方を選択すべきかについて、迷いがなかった。その当時、民族《ネイション》・国民とは、たんに一つの国民になりたいと欲した人々の集団にすぎなかった。ルナンの有名な言葉によれば、国民《ナシオン》の存在とは「日々の人民投票である」。この政治観は典型的な十九世紀合理主義を反映している。ここで一人のフランス人がイタリア人やドイツ人と違っているのは、その人がたんにフランス人でありたいと願っている点のみによっていた。意志に基づく行為によって、今はフランス人である者は、ドイツ人にもイタリア人にも自分を変えることができると考えられた。この理論上の想定は、国際慣行上も十九世紀には珍しいことではなく、すべての政府によって「帰　化《ナチュラリゼーション》」という形で認められていた。西ヨーロッパでは、ユダヤ人の同　化《アシミレーション》が急速に進み、大部分の世俗化した教養あるユダヤ人と非ユダヤ人とによって承認されていた。ユダヤ人たちは、意志に基づく行為によってドイツ人、フランス人、イギリス人になった。

西半球に向かって、イギリス国教会の信仰儀礼に異議を申し立てたイギリス人たちが移民し、また、他のヨーロッパ諸国でも自発的に祖国を脱して移民した。このことによって、新たにアメリカ国民が形成された。これが示すように、ある民族・国民の成員になることは、自発的な意志により忠誠の対象を変えることによって実現できた。ここでは一つの国民が集団的自己決定の単位となることは、民主主義的原則の系であった。

個々人の意志がその者の民族・国民の帰属を決定するという合理的な考え方が、一握りの知識階層以外の人々に、心から信じられていたかどうかは非常に疑わしい。大部分のイギリス人たちは、ギルバート風のミュージカルのバックコーラスの一節、[4]

他の国民に属してみたい
すべての誘惑にもかかわらず
彼はイギリス人のままだった

を口ずさむ。この歌詞は多分、登場人物への二重の諷刺である。第一は、このイギリス人がロシア人やフランス人やプロイセン人になりたがることは変だと諷刺し、第二に、この登場人物が、どの民族に帰属するかは個人の選択によっていると考えていることへの諷刺の意味がある。一般大衆にとって、ある民族を他の民族から区別するものは、身体的形質の違いにせよ、言語・文化・伝統の違いにせよ、個人に関する限り、ある客観的標識であることは明瞭であった。ナショナリティは単に政治的意見の問題でも、自発的な忠誠の問題でもない。〔フランス人が〕王党派から共和派になったり、〔イギリス人が〕自由貿易主義者から保護貿易主義者に変わるのと同じようには、フランス人はイギリス人になることはできないと考えられた。ほとんどの国で、民族の排外主義的な雰囲気が昂進した結果、最も熱心に希望する者に対しても、帰化によって新たに国民の構成員に迎え入れることは困難になった。

いったん客観的標識に基づいて民族が区分されると、今度はナショナリティと集団的自己決定の間にたえず不一致が生じる。ここでフランス人またはイタリア人が、その自発的な意志とは無関係な理由からフランス人またはイタリア人であると仮定する。その仮定からは、フランス民族またはイタリア民族は、民族の構成員たちの主観的意志の総和から生み出されたわけではないこととなる。とすると、フランス政府またはイタリア政府は、その構成員たちが創出し維持したいという主観的意志の総和によって形成され今存在するということの論理的で必然的な系ではなくなってしまう。

こうした不一致が生じる可能性は、一九一九年の講和条約を締結した指導者たちは無視していたようだ。彼らは集団的自己決定の原則とナショナリティの原理の間に走る亀裂に気付かなかったのである。両者の区別すらしていなかった。ウッドロウ・ウィルソン米大統領は、アメリカの前大戦の参戦に先立って、「すべての人民には、どのような主権の下で生きるべきかについて選択する権利がある」(4)と熱心に主張した。ただし、ウィルソンが「講和十四カ条」を発表したときには、自己決定する権利という用語を用いず、客観的標識で識別されるナショナリティという言葉を用いたのであった。

イタリア国境の再調整はナショナリティがはっきり認識できる線に沿ってなされるべきである。……数多くのバルカン国家間の国境線は、歴史的に形成された忠誠とナショナリティの線に沿って、友好的な協議によって決定されるべきである。

講和条約の起草に参画した他の指導者たちも、ウィルソンと同様、二つの原則の間の矛盾を見落とした。講和会議においては、ナショナリティの原理、あるいは集団的自己決定の原則を、戦略的ならびに経済的な理由をもって適用除外にする実務上の可能性についての議論が行われた。しかしそれ以上の骨の折れる議論をすることなしに、ナショナリティと集団的自己決定とは同じことを意味するはずである、と決め付けられた。すなわち、ある人が、ポーランド人または南スラブ人と客観的に区分できる標識をもっていたならば、その人はポーランド国家または南スラブ国家の構成員となることを願望するに違いない、と決め付けられた。

こうした混同は、その後も長く力を持ち続けた。H・A・L・フィッシャーの『ヨーロッパの歴史』は次のように書いていた。

ヨーロッパの新しい政治的な国境線はウィルソン主義に基づき決定された。ヨーロッパ大陸の全人口のわずか三%だけが異民族の支配下に置かれている。民族自決という観点からすれば、それ以前のどのヨーロッパの国境線に比べても、一九一九年に引かれた国境線は満足の行くものである。(5)

集団的自己決定に基づく原則とナショナリティの原理を識別することに失敗したことには、一つの単純な原因がある。西ヨーロッパの国々ならびに西ヨーロッパから派生した文明をもつ海外の大部分の国家においては、二つの原則を区別することは、実際的な重要性を失っていた。十九世紀の政治思想は西欧文明の所産であり、一九一九年には一切の挑戦を受けていなかった。これらの諸国の特徴は、民族意識がすでに存在する統治領域の枠組みとともにあり、またそのなかで成長したことであった。ナショナリズムは、存在する政府に対する忠誠心を意味した。ある人間がフランス人またはオランダ人になりたいと願望したことから、その人間がフランス人またはオランダ人になった、ということは事実ではなかった。ただし、フランス人およびオランダ人は、フランスおよびオランダと呼ばれる独立国家の市民となることを実際に望んでいたということは、全般的にみて正しい。

しかし、ドイツとイタリアについては、歴史的背景が異なっている。ドイツとイタリアでは、ナショナリズムが、ドイツ帝国の成立前、イタリア王国の成立前に、すでに存在し、イタリアとドイツの建国を助けた。一八七〇年と一九一四年の間の時期、両国の国境内に限定すれば、ナショナリズムは、それぞれの政府に対する忠誠とは区別がつかなかった(とはいうものの、それまで西欧で知られていなかった問題、すなわち両国の国境外の他国の領域にもドイツ民族またはイタリア民族が取り残されていたため、彼らの居住領域をドイツ帝国やイタリア王国に併合しようとする未回収地回復運動《イレデンティズム》が生じた)。大部分のドイツ民族またはイタリア民族は、ドイツまたはイタリアの市民権を望んでいた。大西洋を越えたアメリカ合衆国に居住する人々がアメリカの市民権を望んでいたことは、はるかに確かなことであった。このように発展し進歩した人々が居住する世界の各地域においては、ナショナリティを原理としようが、集団的自己決定の原則に従おうが、実質的には同じ結果になった。したがって発展し進歩した地域の思想家たち

——一九一九年のパリ講和条約を結んだ政治指導者たちに影響を与えた——は、それ以外の地域においても、二つの原則が同じであると思い込んでいたのである。

この思い込みは、ベルリンとウィーンよりも東にある世界の状態に対して、西ヨーロッパ全体に横行していた無知の深さを示す徴候であった。東ヨーロッパでもアジアの大部分でも、民族的感情があちこちで亢進していた。たぶん極東を例外として、西ヨーロッパ文明の特徴をなす国民国家《ネイション・ステイツ》は、ほとんど影も形もなかった。

民族的感情は、ある場合には異人《エイリアン》・異族を支配する人々の間の結束を固め、別の場合には、異人・異族の支配を撥ね除けようと戦っている人々を連帯させた。いずれの場合にも、〔貧富の差や身分差など〕社会問題が、民族的感情による問題を複雑にし、これを覆い隠していた。さらにまた別の場合には、民族的な差異は宗教的な差異とからみ合い、二つの差異はほとんど区別がつかなかった。これらのどの地域の民族的感情も、蔓延している範囲は西ヨーロッパに比べて狭く、人口のほんの一部に影響していたに止まる。

ここで仮にポーランド東部のロシア国境周辺に長く住む農民に、自己決定権に関する見解を求めるものと想定してみる。とすると、この農民が多分考えつく願望とは、彼らが長年にわたり使ってきた固有の言語様式を維持することであり、住んでいる村落の慣行を維持することであり、自身の選択にしたがってカトリック教か、またはロシア正教の宗教儀礼を受けることであり、そして、悪い地主を良い地主に取り換えることなどである。さらに、この農民が万が一にも想像力を大胆に発揮する能力があると仮定すると、自分の土地を所有したいと願望することであろう。この農民の想像力のなかに、ポーランド民族国家またはロシア民族国家の構成員になりたいという願望が入り込む余地はない。西ヨーロッパの世界だけに適用可能な政治概念、すなわちナショナリティと集団的な自己決定という二重の原理の結合に基づき、緊密に統合された共同体〔国民国家〕は、ほとんどの西ヨーロッパ以外の地域には適用不能なのである。

一九一九年のパリ講和条約を起草した指導者たちは、条約を締結し終えるまで、問題の複雑さにうすうす気付いているだけであった。異なる人々が入り混じって住んでいるために、東ヨーロッパにおいてナショナリティの原理に基づいて国境線を引くことは非常に困難であることを、この時の指導者たちは十分理解していた。また、ナショナリティの客観的標識はいつも明確に規定されているわけではないため、ウクライナ人はロシア人とは別個の民族であるのか、それともロシア語の一つの方言を話すロシア人なのかを独断的に決定できないことも、またマケドニア語を話すスラブ人は、セルビア人か、ブルガリア人か、それとも他とは民族的に区別されたマケドニア人なのかを独断的に決定できないことも、パリ条約の指導者たちは部分的に理解していた(6)。

ところが指導者たちは、次の事実を全く理解していなかった。それは、民族を区分する客観的標識が完全に明確であったとしても、その標識を保持していることが必ずしも、その保持者の〔意志や願望などの〕心の状態を示す手がかりとはならない、という事実であった。

パリ講和会議の指導者たちと彼らに影響を及ぼした思想的宣伝家たちは、催眠術に掛かったように臆断したのである。まず、ナショナリティの原理と集団的自己決定の原則は、どちらに則ってもその結果に差は生じないと想定した。ついで、この想定が西ヨーロッパでは全体として機能しているのであるから〔それ以外の地域でも機能するものと誤って推論してしまい〕、ポーランド語が母語の人はポーランド国家の市民に、セルビア語が母語の人はセルビア国家の市民に、リトアニア語が母語の人はリトアニア国家の市民になることを願望すると信じ込むことで満足してしまった。

「ナショナリティの区分線」が「明瞭に認識できない」場合、または、その他の理由から当該地域の運命がとくに論争の対象とされる場合に限り、決定の便宜から地域の住民投票が採用された。つまりナショナリティ別に区分するためのより単純な手続きが、何らかの特別な理由から不十分であると考えられた場合にのみ、当該地域の住民の意志を投票によって確かめることがナショナリティの原理を適用する手続きとして必要とされた。

住民投票は十分な公正さのもとに実施され、投票者全員あるいは実質的に全員が、何の干渉や威嚇を受けることなく、その政治的優先順位を記すことが保証された。そうした住民投票の結果は、われわれにとって非常に啓発的である。

西ヨーロッパでは住民投票はシュレスウィヒとザールの二地域で行われた。この二地域では、投票結果と住民の言語統計との間には、有意な差がなかった。ドイツ語、デンマーク語、フランス語の使用者は、それぞれドイツ、デンマーク、フランスの各国家の市民になることを希望した。このことは概略として事実であった。

それ以外の住民投票は、アレンシュタイン〔オルシュティン、現ポーランド〕、マリエンヴェルダー〔マリボルク、現ポーランド〕、上部シレジア〔シロンスク、現ポーランド〕、クラーゲンフルト〔現オーストリア〕で行われたが、その結果は反対の意味で決定的なものであった。(7)

アレンシュタインでは、一九一〇年の国勢調査によると、ポーランド語を母語とする人が四六%であったが、住民投票の結果では二%強がポーランド国家の市民になることを求めた。マリエンヴェルダーでは一五%がポーランド語を母語とし、七・五%がポーランド市民になることを求めた。上部シレジアでは六五%がポーランドを母語とし、四〇％がポーランド市民になることを求めた。クラーゲンフルトでは六八％がスロヴェニア語を母語とするが、四〇％弱がスロヴェニア市民になることを求めた。住民投票の専門家〔S・ウォンボー〕は、これらの結果を検討し、「言語統計はどの国家に共感を寄せるかの指標にはならない。……上部シレジア、アレンシュタイン、クラーゲンフルトのある地域では、住民投票の結果は言語統計から推定されるものとは正反対であった」と分析している。(8)

ここからは一つの決定的な結論を引き出せる。母語がどの言語であるかの統計と特定国家に帰属したい願望の統計の間には、数値はばらばらなのであるが、すべてが一つの方向を向いている。すなわちドイツ語を母語とする人々は、おしなべてドイツ語国家の市民となることを欲する。その一方で、ポーランド語や南スラブ語を母語とする人々のなかで、ポーランド市民や南スラブ国家の市民となることを欲する人々の比率は、ドイツ語国家の市民となることを欲する人々の比率よりも低い(その比率は、住民投票を実施した一つの地域では無視できるほど少なく、投票を実施した全地域をみても、三分の二を越えたところはない)。以上から推論できることは、すでに他の根拠から導き出した結論、すなわちナショナリティと国家帰属に関する意志が一致するという想定は、西ヨーロッパの人々に関してのみ当てはまり、それ以外の人々には当てはまらないという結論と符合する。

この結論が非常に重要な意味をもつことは疑いない。すべての政府は、被統治者の合意のもとに存立している。いかなる政治的単位も、単位を構成する人口の相当部分が、自然発生的な忠誠心を多少とも持たないかぎり、強力ではありえないし、長続きもしないであろう。最も効果的な政治的単位とは、一つの単位を形成することを欲する人々から構成され、それを維持するためには必要な犠牲をはらう覚悟をしている人々によって構成される単位であろう。したがって、集団的自己決定の原則こそが重要であり、今後議論されるべき価値がある。しかし、ある人々が特定の言語を使用していることだけを理由に、特定の政治的単位の市民に含めるべきであるという主張は、ほとんど議論する価値がない。

十九世紀の西ヨーロッパの政治思想は、集団的自己決定とナショナリズムを誤って同一視してしまった。そこで将来、西ヨーロッパの外側において集団的自己決定の原則を適用しようとする場合、その論点をナショナリズムから分離するように注意しなければならない。

以上の考察から、民族には自己決定する権利が承認される、という命題自体が疑問を提起する。ここにいう民族とは誰なのであろうか。こう問いかけるのは、論理的な一般的解答を求めているためではない。個別の場合について事実に基づいた具体的な解答が必要なのである。突き詰めて考えると、最終的に存在している権利とは個人の諸権利のみである。したがって一つの民族には自己決定する権利があると主張することは、具体的な特定の人々を代行してなされているが、その人々が名指された民族の構成員となることを求めているのか、その人々が、どのような種類の権利を求めているのか、をまず確かめなければならない。これは、確認が非常に難しい問題であるが、実務上計り知れない重要性をもつ問題である。

一九一九年のパリ講和条約を起草した指導者たちは、数多くの誤りを犯した。民族なるものがあたかも明確に規定された集団単位として存在するはずであり、かつ明確に定義された諸権利を本来的にもっているはずであるとする信念に取り憑かれていた。また、〔いっさいの代表性をもたないにもかかわらず〕代表を自称する人間集団――大部分は、故郷を離れて海外亡命生活を長年にわたり送っていた人々――をしばしば無批判に、民族的諸権利の代行であるかのように、受け入れてしまった。そして、これら代表を自称する人々が「民族」の名のもとに主張したことが、「民族」と名指しされた人々の実際の願望や利益をどれだけ反映したものなのか、という実務的に確認の難しい問題からは逃げ出したのである。

この過ちは繰り返されてはならない。そのためには次の真実をたえず銘記しておく必要がある。自己決定する権利の主体として、すでに認められた民族や、あらかじめ確定された民族があるわけではない。自己決定の権利は、個々人としての男女の権利の一つであり、その諸権利の一つのなかに、限定された範囲で、民族的な集団を形成する権利が含まれているのである。

現在われわれは、日々の慣習としてルリタニア人[5]の権利や要求なるものについて多くを語るが、このことについて語るのをより少なくし、それに替えて、ルリタニアに住む個々の具体的な人間の権利や要求について、より多く語るとすれば、おそらくこの主題を明晰に思考することに資するであろう。

## 集団的自己決定権の限界

ウィルソン主義者たちが民族の自己決定権とナショナリティを混同したことについては脇に置くとしても、いまやこの時代のすべての観察者にとって、一九一九年の講和形成者たちが、すべての政治問題を解く鍵として、自己決定の原則にあまりにも絶対的な価値を置いたことは明らかである。ウッドロウ・ウィルソンは自己決定を「政治行動における至上の原則」(9)と述べた。そのため、国境を画定する際には自己決定以外にも他の重要な基準があることに留意していた政治家たちは、自己決定以外の基準に従うのには、言い訳が必要であった(10)。

集団的自己決定はたしかに、政治的単位の形態と領域範囲を決定するに際して、考慮すべき重要な原則の一つである。だからといって、自己決定の原則が唯一で至上の基準であって、それに他のすべての考慮が従属すべきである、と考えるのは不当である。個人の権利について考えても、自分が望むことであれば何でもなしうる、という絶対的な権利なるものは民主主義では存在しない。これと同様に、集団的自己決定の権利についても、絶対的な権利は存在しない。

たとえば、イギリスやドイツの中央部に居住する人々が、集団的自己決定の原則に基づいて、その集団には自己統治のための独立した政治体を設立する固有の権利がある、と主張することはできない。同様に、ウェールズ、カタルーニャ、そしてウズベキスタンが、その地域の住民の過半数が独立を望んでいることを根拠として、独立国家を設立する絶対的で固有の権利がある、と主張することも困難である。それらの集団が自己決定するため独立したいとする主張は、イギリス、スペイン、ソヴィエト・ロシアの合理的に解釈された諸利益に対して比較考量される必要がある。なお、すでに独立している国家の場合でも、他国家の合理的に解釈された諸利益は基準として適用される。

集団的自己決定の権利なる概念に与えられる意味は、その集団の外部環境によって不可避的に揺れ動くため、結果として首尾一貫しない。どれだけの人口規模や領土面積ならば国家として独立する権利を行使できるかは、明確な基準を定めることはできない。なぜなら可能かつ合理的なものの限界は、地域と時代によって異なるからである。たとえば古代ギリシャにおいては、十万人の人口があれば、容易に独立したポリスを形成できた。しかし、同じ人口が、現代の国家として独立可能な基準であると主張することは非合理である。そのためどの国家においても、集団的自己決定権の行使を肯定ないし否定するにあたり、その基準は首尾一貫しないものである。

アメリカ植民地に移住した者たちは、一七八七年イギリスに反抗してこの権利を主張し、行使した。ところがその四分の三世紀後、その子孫の一部である北部諸州は、子孫の他の一部である南部諸州がこの権利を行使するのを阻んだ。にもかかわらず、さらにその半世紀後になると、アメリカ合衆国の民主党の大統領ウィルソンが、すでに引用したように「すべての人民には、どのような主権の下で生きるべきかについて選択する権利がある」と主張してやまなかった。それに対してロバート・ランシング〔米国の法律家。ウィルソン政権の国務長官〕は遅まきではあったが、自分の仕えたウィルソン大統領に説得力ある論評をして、有名になった。

ウィルソン大統領が「集団的自己決定」と語る際、どのような単位を考えていたのだろうか。はたして大統領は単位として、人種か、領域的範囲か、それとも社会的共同体か、そのどれを意味しているか明らかでない。実施できる単位が明確に定められないかぎり、自己決定の原則を具体的に適用するのは、平和と安定に危険である。(11)

しかし、こう述べたランシングでさえ、この不確定性はウィルソンの心の性格に由来するのではなく、集団的自己決定という原則そのものに由来することを理解していなかったように思われる。民族自決の原則が一九一九年の講和条約に適用される際に首尾一貫性を欠いたことについては、数々の批判を受けてきた。ただし批判した者のほとんどは、この原則が物事の性格からして首尾一貫して適用することを許さない原則であることを把握できていなかった。

以上の考察から次の問いが生じる。「抑圧された人民たちの解放」は、十九世紀において正しくも進歩的な原則とみなされてきたが、それがなぜ一九一九年以降には時計の針を逆回転させるような、反動的で退歩をもたらす原則とみなされるようになったのであろうか。

最も単純な答えは、ウッドロウ・ウィルソンとその盟友たちが、第一に、民族自決の原則は政治経済環境に応じてたえず再編・修正が求められる変動する原則であるにもかかわらず、そのことを認識しなかったことであり、また、ヴェルサイユ会議はこの原則を拡張したが、その拡張の方向が、二十世紀の政治経済の組織的な趨勢に逆行していたことである。すなわち、民族自決の原則を絶対的で不動の原則として事態に臨み、さらにこの原則の十九世紀に行われた適用を顕著に押し進めて、既存の政治単位〔諸帝国〕の解体を促進し、より小さな国家群を新しく大量に創り出してしまった。ところが二十世紀の軍事的経済的な要因は統合を進めて、世界をより数が少なく、より規模の大きな権力単位群に再編成する方向を指していたのである。

軍事的次元について一九一九年の講和条約の形成者たちは、小国群が民族自決により独立しても、制約を受けない軍事大国には無力であり、軍事的次元で完全に独立することもできないことを認識していた。しかし、彼らは二十世紀の軍事技術の発展のゆくえを洞察するだけの知識を欠いていた。また、彼らが国際連盟規約のなかに定めた安全保障措置は、小国群を侵略から守ることができるかというと、その目的を達するのに不適切であったし、また、手段の準備が不十分であったのである。

そのうえ一九一九年の指導者たちは、経済的次元においても軍事的次元に劣らぬ深刻な事態を招き寄せた。小国群が民族自決により独立しても、制約をうけつけない経済大国には無力であり、経済的次元で完全に独立した国民経済を持つこともできなかった。シュトレーゼマンは晩年に「新しい小国群を大量に創り出すものではない。その国々をヨーロッパの経済システムに適用させる課題を完全に無視したのは誤りであった」[12]と悔んだ。一九一九年の講和形成者たちは、ヨーロッパの経済システムについて全く何も知らなかったし、経済システムに適用させる必要も感じていなかった。この指導者たちは、「国際連盟の全加盟国を通商上平等にとりあつかう」ということを、敬虔に、しかしながらその裏に自己利益を潜ませながら信奉していた。

以上の通り、一九一九年に採用された民族自決の原則は、軍事権力と経済権力の現実とますます両立不能になった。将来の自己決定はこの軍事と経済の二つの権力に対する関係に主な焦点を当てて検討される必要がある。

## 集団的自己決定と軍事権力

民族自決の原則は小さな独立国家をかつてない数に増やし、そうなることを正当化してきたが、それが、軍事技術の発展により小さな独立国家が政治的単位として存続することが疑わしくなったのと同時期である点に、軍事権力との関係における自己決定の危機の核心がある。

小さな独立国家の問題は、ウィーン会議で最初に浮上した。同会議では大国が小国の頭越しに小国に関する議題を決定した。それ以降ウィーン体制――それは国際条約の形には規定されてはいなかったが、運用上は許容できるシステムであった――は「ヨーロッパの協調」を追求した。小国はヨーロッパ全体の外交事項には発言権がないという前提のもとに、自国の内政事項に専念するものとされた。大国相互間で戦争が生じた場合には、小国は中立の立場に立った。十九世紀を通じて、諸国家間の外交慣行と国際法専門家の熱意の結晶として、戦時期の中立に関する実効性のある国際法典が編纂された。そして、〔第一次大戦に到る長い期間、〕ヨーロッパでは地域的に制限された限定戦争が生じたが、中立に関する諸ルールは、概略として許容できる程度には遵守された。この条件によって、ヨーロッパの小国群は、たしかに制限された権利としてではあったものの真の国家的独立を享受することができた。

小国の中立と独立は、名誉と秩序のある外交的立場として守られてきたが、しかし一九一四―一八年の戦争によって最初の深刻な打撃をこうむった。ベルギーとギリシャという二つの小国は、軍事行動によって直接に参戦することを強いられた。他の小国は、大幅な利益供与を約束され、または軍事的経済的な圧力を受けて、参戦に誘導された。また他の小国はその利害が大国群の一方の側の勝利と結びついているために、そちら側に味方して戦い、そちら側の勝利を早めることが、自国の利益に適いかつ敬意をえられると考えた。また、たとえ中立を守っても、小国には経済封鎖の影響が及ぶこととなり、これまでは中立国であれば確保できていた諸権利は、崩壊の瀬戸際まで追い込まれてしまった。たとえ中立を保っていても、交戦国と同じように戦争から甚大な影響を受けることになった。

前大戦中、中立を守り通した小国はかなりの数に達した。一部の小国は主戦場に非常に近かったが、中立を守り、軍事行動による直接的な破壊をある程度回避できた。にもかかわらず、小国の中立とその実質的な独立とが深刻な衝撃を受けたことは疑いを入れなかった。

前大戦の終盤になって、小国の中立と独立の概念はかなりの程度破壊され、修正を余儀なくされていることを、多くの方面の人々が、漠然とであったが認識し始めた。まさにこの時、講和条約の起草者たちは、自己決定権を旗印に掲げ、ますます多くの小国を創り出す道にはっきり踏み出したのである。小国のジレンマは国際連盟の創設が解決策になるものと、一九一九年の指導者たちは想定した。国際連盟規約は、いかなる戦争といえども「連盟全体の利害関係事項」であり〔第十一条〕、いかなる連盟構成国といえども、連盟規約の課す義務に反して戦争行為に出た場合、「当然他の総ての連盟国に対し戦争行為を為したるものと看做す」〔第十六条〕と宣言している。なおイギリス政府は、その覚書に「連盟構成国の相互間においては中立国なるものは存在しない。したがって中立を守る国々の権利なるものも存在しない」(13)と宣言している。小国は中立をいかに厳正に維持しても、もはや独立を保証されなくなったのであり、将来大国間で戦争が勃発した場合に、小国は「侵略の犠牲となった国家」と同盟して「侵略国家」と戦うことが想定された。これが「集団安全保障」として知られるようになるシステムである。

集団安全保障のシステムは、多くの誤った推論を前提としていた。第一に、この安全保障の基礎は世界中が〔全大国を含め〕おしなべて現状維持勢力である必要があるが、これは幻想であった。七つの大国のうち国際連盟に加盟したのは最大でも五カ国であり、しかもその五カ国が連盟に加盟していたのは非常に短い期間にすぎなかった。第二の推論の誤りは、「侵略国」の判断が公正になされ、その判断が道徳的な正当性をもつものと想定したことである。

集団安全保障の第三のより重要な誤謬は、事前の準備期間を考慮しない点にあった。現代戦争は、数カ月さらに数年の準備期間を必要とする。複数の国家群が軍事的に協力して有効に戦争を戦うためには、前もって準備段階から協調した行動を積み重ねていなければならない。ところが集団安全保障は、現に「侵略行為」が発生して戦争状態になった後にようやく、「侵略国」に対する協調した軍事行動がはじまる。侵略を受ける可能性のある国、とくに小国が好戦的国家に近接している場合には、侵略を受けるまで待つというのは不可能であり、安全保障として機能しない。

国際連盟の集団安全保障構想は、絶望的なまでに現実感覚を欠いていたが、それに比べるなら、特定の敵を想定して、フランスの主導権の下にヨーロッパが軍事同盟を結成するとする構想は、そこまでは絶望的ではなかった。ところがこの構想は小国群には受け入れられなかった。

一九二〇年代には、中立は時代遅れであるという考え方が流行し、その内容は正しかった。しかし中立への唯一の代替構想として集団安全保障が提示され、それがあまりに空疎であった結果、中立が時代遅れであるという考え方も信用されなくなった。集団安全保障が信頼性を欠くという認識は、自然な保守主義的心性と結びつき、小国は、十九世紀には中立によって独立を守れたのだから、今でも同様に違いないとする幻影に熱烈に執着した。一九二〇年代には、戦争が起きる見通しは机上の議論にすぎなかった。その時期に、〔永世中立を掲げる〕スイスとその当時軍事的に弱体であったドイツとは、〔集団安全保障によって〕中立から逸脱する事態に巻き込まれることを憂慮して、注意深く国際連盟規約が課す義務から適用除外される取り決めを結んだ。

一九三〇年代になると、戦争が起きる見通しは現実的になった。そこで多くの小国は戦争になったら中立を守るという意図を宣言した。(14) 国際連盟規約に規定された集団安全保障の教義は、すでに破綻していた。その一方で、小国の中立と独立という十九世紀型の構想に復帰することも同様に実行可能ではなかったことが、一九四〇年を体験することによってはっきりする。〔6〕

現代戦争の二つの要因が重なり合って、小国が自己決定の原則に基づいて独立を守る条件を破壊してしまった。

第一の要因とは、大国と小国の間にある軍事力の格差が急速に拡大したことである。かつてはライフル銃が主な攻撃兵器であり、城砦が強固な防衛障壁であった。この時代であれば、小国といえども兵士の士気が高ければ、はるかに強力な大国に相当な抵抗ができた。とくに攻撃側の主戦力が他の場所での戦いに従事している場合は、小国の抵抗が有効になった。これらの条件のため、小国が独立を守ろうと中立政策をとることを、大国の側も尊重する誘因となり、さらに小国群を敵に回すことは差し控える誘因となった。これらの条件は、前大戦が勃発した一九一四年には、過去のものになろうとしていた。ただしその時でさえ、侵攻してきたドイツ軍に向かってベルギー陸軍が戦った勇敢な遅延作戦は、マルヌの会戦をもって終わった一連の作戦の重要な要因となった［7］。

一九四〇年には、小国の抵抗は、侵攻してきた大国の軍隊を、多少困らせる程度の価値しかもたなくなっていた。この時までの軍事技術の発展は著しく、戦争行動は、機械化した兵器群を大量に蓄積して、それを集中的に投入するものとなり、その軍備は、小国の産業能力を遥かに超えた規模になった。侵攻してくるドイツ軍に対して、デンマーク軍は軍事的な抵抗は試みなかった。ノルウェーとオランダとベルギーの場合、外国から緊急援助軍が迅速に到着したが、それでも、ドイツ軍の前進を有意に遅らせることも、またドイツ軍に相当の損害を与えることもできなかった。そのため小国の軍事抵抗は戦争の帰趨に実質的な影響を与えなかった。

以上の検討が示すように、小国が大国Aの攻撃に備えて自国を防衛する際、望みうる唯一の手段は、あらかじめ大国Ｂに対して小国の防衛の一切を委任しておくことに限られる。小国がこのように行動した場合、一方で大国Ａは、当該小国が中立違反であるとして怒りをつのらせる。(15)他方でこの小国は大国Ｂに対して実質的に独立を放棄することになる。なぜなら、小国領土の防衛に責任を負った大国Ｂは小国の政策を実質的にコントロールすることが不可欠であるからである。ソ連政府の機関紙『イズヴェスチア』は一九四〇年四月、「自国領土を保全し続ける能力を保有しない限りは、厳正中立とは幻想でしかない。小国はそのための軍事力をもっていない(16)」と書いている。小国が大国の攻撃に対して自国の独立を守るには、現代の戦争の条件のもとでは、自国の軍事的独立を自ら放棄する以外に方法はない。小国が生き残るためには、〔独立ではなく〕相互依存こそが、逃れる術のない条件となった。

弱小国が、独立した状態を有効に維持できない第二の要因は次の通り。現代戦争の条件が高度に発展したことにより、二つの交戦国に近接した中立国の領土が存在すると、それだけで、交戦国の一方には敵方に利用される困った空間になり、他方には軍事的に活用できる資産になってしまう。そのため中立国が交戦国にいかに受け身になろうとも、実際上は中立ではなくなってしまう。(17)

経済戦争の激化が、多分にこうした結果に寄与した。一九一四年以前、交戦国は、近隣国家が中立を守るかぎり、たとえ侵攻すると何らかの軍事的利益があったとしても、そこに侵攻するのを差し控える傾向があった。近隣国家は物資の供給源や中継ルートとなったからであった。

ドイツ参謀本部は、二十世紀の初頭、ベルギーを通過してフランスに侵攻する計画〔シュリーフェン計画〕を立てたが、オランダはこの計画には含まれていなかった。というのは、ドイツが海外から十分な物資供給を受けるには、中立港ロッテルダムが不可欠であったからである。ところが一九一四―一八年の戦争の間に、全く新しい種類の経済封鎖が実施されたため、ドイツはオランダの中立から経済的利益を引き出せなくなってしまい、その結果、ドイツにとってのオランダの位置は根本的に変わった。ドイツ参謀本部が一九四〇年にフランスに侵攻する計画〔ドイツ西方戦略の「黄色作戦」と「赤色作戦」〕を立てた際には、オランダを作戦地域から除外する誘因は働かなかった。海岸線に位置する西欧諸国は、戦時において、海外からドイツに物資を補給する通路とはなりえなかったのである。

その一方、イギリス軍が制海権を掌握したため、それらの国々はイギリスへの物資の供給源となった。さらに重要なことには、それら諸国はイギリスの海岸線をドイツの攻撃からまもる盾の役割を担った。中立港ロッテルダムはドイツの戦時の物資集散地として役に立たなかった。ただし、もしロッテルダムをドイツ軍が確保できたならば、イギリスを攻撃する基地としては役に立ったであろう。オランダ、ベルギー、ノルウェー、デンマークの諸国が中立をどう考え、また中立に則ってどう行動したかとは全く無関係に、それらの諸国はイギリスの重要な政治軍事資産として機能した。そこでドイツ参謀本部は、それら諸国への作戦を立てたのである。

現大戦は、小国が、独立の外見的形式を備えてはいるものの、その内実は空疎であることを白日のもとに晒した。したがって小国に残された唯一の選択肢とは、いかなる犠牲を払おうとも平和を追求することに限られる。こうなることは政策選択そのものの否定である。この種の平和を追求して、戦争の物理的破壊の恐怖からは免れたとしても、それには必然的に屈辱が伴う。スウェーデンやトルコの現大戦の体験がその屈辱の多くを例示している。小国は交戦国間のバランスをとり、きびしい難局を乗り切る威厳ある中立政策を、もはや採用できなくなった。かといって、集団安全保障という不確定性が非常に高いシステムにも依存できない。将来の敵と将来の同盟者がどの国になるのかは、侵略が起きるまで不明確だからである。

小国は、大国の一つと恒久的な軍事統合体をつくることによってのみ存続できる。この種の新たな統合体の締結諸国には、相互に義務が生じるが、その義務は国際連盟が最も企図していた種類の義務に限定されない。国際連盟は、軍事侵攻など紛争状況が発生した際、それに対応する紛争対処策をとる義務が生じるという、状況即応型の義務と責任を定めた。それに対して新しい統合体は、締結国に恒久的な義務を課す。すなわちこの統合体の締結国は、共通の軍事政策と経済政策を追求する義務を負い、ある形態の共同管理のもとに軍事資源と経済資源をプールしておく義務を負う。

現代の条件下で、合理的な範囲で確実な安全保障としては、ここに述べたもの以外には見出せないことを、これまでの体験が結論として示している。民族的自己決定の権利は、この軍事的な必要性から条件付けられることになる。

## 集団的自己決定と経済権力

一九一九年講和の指導者たちは、現代の軍事技術が発展した結果生じる問題の特性をほとんど理解していなかったが、しかしながら、軍事権力が民族自決権や小国の独立に脅威を及ぼすことは、ある程度理解していた。ところがこれらの指導者たちは、経済権力が及ぼすより新しくより陰険な脅威については、それに気付くことさえなかった。彼らは十九世紀型のレッセ・フェールを深く信奉し、経済を政治から切り離して考える経済観の持ち主であったためである。

国際連盟規約には、いくつかの矛盾があるが、その一つは一方で連盟規約の起草者たちが、一九一四―一八年の経験から、経済権力には防衛用の兵器になる潜在能力がある点には敏感に気付いていながら、他方で経済権力が攻撃用の兵器となるものとは考えが及ばなかったことである。数年後ソヴィエト・ロシアの代表が経済的不可侵の協定案を提案して、この矛盾を正そうとしたが、それは事実上黙殺された。たしかに経済的攻撃を定義するには、軍事的攻撃を定義するよりもはるかに多くの克服困難な作業が含まれる。にもかかわらず、ソ連の提案は理論的に正当であったことは否定できない。

国際連盟規約にはシステムとしての欠陥があった。軍事権力の問題を適切に対処できないことに基づく欠陥であり、それに加えて、経済権力の問題を無視した欠陥である。同様の欠陥は一九一九―二〇年に締結された少数民族の取り扱いに関する諸条約からも見て取れる。C・A・マカートニー[8]は諸条約の起草者について、次のように書いている。

彼らは何が最も本質的であるか、当然にも自分自身の体験を指針として判断した。西ヨーロッパにおいて少数民族の過去一世紀にわたる闘争は本質的に政治的なものであった。……自由主義思想の信奉者は、自然なことに、彼ら自身が主要に経験し

てきた諸問題を最も重視した。(18)

こうして諸国家は、十九世紀の民主主義が大切に育てた政治的諸権利を少数民族に付与する次第となったのである。ところが少数民族保護の諸条約には、就業権や飢餓に陥らない権利は含まれなかった。たしかにジュネーヴ(国際連盟本部)は、たとえば少数民族を土地・建物から強制的に立ち退かせないようにする請願、また土地の所有・貸借について少数民族を差別的に取り扱わないようにする請願などを受け付け、その改善策を議論した。しかし少数民族の扱いに関する是正をジュネーヴから勧告された諸国家は、少数民族保護条約の諸義務を几帳面に遵守しているとの外見をとりながらも、条約が課す義務の網をかいくぐる無数の措置をとって、少数民族を貧窮と絶望に追い込んだ。たとえば少数民族の管理下にある企業や少数民族を雇用する企業を、政府・公的機関の調達契約から排除したり、それら企業には信用供与を拒否したりするなどの単純な措置がとられた。少数民族保護条約は、国際連盟規約と同様、経済権力の抑圧的使用を前に、保護の機能を果たさなかった。一九一九年から一九三九年の間に最も力を発揮したのは経済権力であった。

一九一九年講和の指導者たちが経済的要因を無視するという致命的な過ちを犯したこ

とは、J・M・ケインズ氏の有名な著作『講和の経済的帰結』の主題であった。〔9〕

ロイド＝ジョージ氏〔英首相〕やウィルソン氏〔米大統領〕が、もし仮に、関心を集中すべき最重要課題は、政治的なものでも領土的なものでもなく、金融的なものや経済的なものであることを理解していたとするならば、また、将来の災禍は、国境や主権にあるのではなく、食糧、石炭、交通網にあることを理解していたとすれば、ヨーロッパは全く異なった方向に発展したことであろう。

さらに彼は次のように述べている。

彼らの眼前には、ヨーロッパ人たちが飢餓と崩壊に苦しんでいるという最も基本的な経済問題があった。その問題こそ、四大国の指導者たちの関心を喚起することが不可能な問題なのであった。(19)

歴史を振り返ると、前大戦が終わった時点で、何が聡明な道であったかを見定めるのは難しいことではない。それは現在でも同様である。聡明な道はなにより緊急に必要とされる経済復興に取り組み、直近の実際的な措置をとることであった。それに次いで、それまでの経験の光に照らして、民族独立の要求を、時の至上命令であった経済的相互依存と必要な範囲に妥協させて、それを推し進めることであった。ところが実際には、民族自決の主張を無条件に優先してしまい、その主張を敗戦国の犠牲によって実行できるかぎり満足させ、その経済的な帰結をなすがままに放置したのであった。経済力はますます重要さを増し、無制約に承認された政治的独立と民族自決権に対して革命的な帰結をもたらしていたが、経済力は無視されてしまった。

重要問題を見すごしてしまった病根は容易に診断を下せる。一九一九年講和の指導者たちは過去の世界に生きていたのである。束の間に移り変わる過去の諸条件を、あたかも未来を決定するための前提条件であるかのように想定してしまった。

十九世紀には、経済的相互依存はある程度実在していた。イギリスの通商と金融は圧倒的に優位しており、財の移動と信用供与の自由はイギリスの至上の利益であった。イギリス経済は、国際経済活動の世界標準として広く認められるほどに強力であった。各国間には取引慣行が成立し、それに逸脱して互いに経済的な武器を用いることがない制約条件となっていた。ある種の経済的統一を維持するべきであるとする暗黙の了解があったのである。具体的には、文明国たるものは、金本位制を維持し、安易に平価を切下げず、債務破棄・不履行をしない、と了解されていた。たしかにいたるところで許容限度内の保護関税が課されたが、通常それは最恵国待遇の約款を相互に締結して緩和された。そして、最恵国待遇の約款を実質的に無意味にするような巧妙なごまかしは見つからなかった。輸出入先を国別に割り当てる政策、政府による自国企業への補助金政策などは、まだ初歩的段階にあった。そのため各国がその経済的な潜在力を、国際政治に絶大な影響を及ぼす武器として使用する手法は未発達であり、ほとんど考えられていなかった。この牧歌的とも表現できる安穏な条件の下で、イギリスが優越している状態は、経済的相互依存が実在する最低限度を保証した。その結果、非常に弱体な独立国家であっても、経済的な差別待遇を受ける懸念を全く感じなかった。ヴェルサイユ講和の形成者たちは、これらの諸条件があたかも永続するものであるかのように前提してしまい、そのためいかなる経済的な要因も、民族の独立という無条件に承認された権利を制限することはないと想定したのである。

一九一九年に結ばれた諸条約は、その時にはもはや存在しない経済条件ならびに軍事条件の下においてのみ有効なものであった。二つの世界大戦の間に挟まれた二十年間は、新しい経済的武器がさかんに使用された歴史であり、大国が相互に使い、大国は諸小国に使い、小国も相互に使った。どの国が最初に経済的武器を使ったかをめぐり、果てしない論争が続いたが、何の利益もなかった。問題は道徳的な問題ではなかったからである。現代の産業の諸条件によって経済権力が発展し、国内政治上でも国際政治上でも、経済要因の重要性が驚異的に進展した。政治的次元では政治体が解体し、政治的単位が多元化・多層化したが、それと反比例するように経済的次元では急速に権力の集中が進んだ。アメリカの文筆家〔C・J・H・ヘイズ〕は「同時代のナショナリズムの進化は袋小路に行き当たった。人々は一方で、小さな文化的単位を持つことを熱望し、他方で、より大きな経済的集積をつくることを意図している[20]」と書いている。

民族自決は、その名のもとに民族的熱望を満足させたが、経済問題を深刻化させたことが明らかになった。そして、ヒトラーの強権発動が小国群の政府機構を残酷に粉砕する前にすでに、一九三〇年の大恐慌によって、小国の国民経済構造は空疎になり、機能しないことが明らかになっていた。小さな国家群が多元的に分立しながら、それぞれが独立に経済権力を振るうことは、文明の存立と両立不能になった。

民族自決権が無制約のまま行使されると、長期的には軍事的反響よりも経済的影響の方が深刻である。なぜなら経済は、普通人の日常生活に直接に衝撃を及ぼすからである。世界の形は日々変わっていくのである。最近あるアイルランドの文筆家〔S・オフェイロン〕は、アイルランド青年の言葉を引用している。彼の世界は「一九一六年の世界よりも大きさが縮んでしまった」。繁栄を求める声は広くかつ深くなった。「願望の拡大とともに、この国の影は縮小した。この小国は、もはやこの国の子供たちが教えられてきた期待水準のほんの一部分しか満たせない。[21]」アイルランドの若い世代は「壁に囲まれたケルト国家」に満足できなくなっていた。

政治的権利もまた、千年王国《ミレニウム》の理想郷へ入る鍵を与えることに失敗した。個人を単位とした投票権が、生活賃金を保障する労働の権利を伴っていない場合、ほとんど価値がなかった。これと同様、民族的自己決定の権利は、それが人々の経済的機会を制約する要因となると明らかになった途端に、ほとんど人の心に訴えなくなる。民族の諸権利は、人間の諸権利と同様、それが経済的向上への道を切り開かず、最低限の生活物資を供与できず、街路や野原ですごす人々に最も影響する問題を解決できなければ、全く意味をもたない。

政治的民主主義が、もし今後も生き残るものとするなら、経済用語をもってその概念を再構成しなければならない。これと全く同様に、民族的自己決定という政治的権利もまた経済的相互依存という緊急の必要と両立するように再構成されなければならない。

## 集団的自己決定の将来

患っている病気の本性を診断することによって、民族的自己決定を再定義するための手がかりが得られる。民族的自己決定の再定義は今、民主主義の再定義とともに、最も必要とされている。今危機にある原則とは民族的自己決定の原則であり、それとナショナリティの原理を混同することをまず避けることにしよう。とすると、自己決定の原則とは、集団単位としての政治体を小さい単位に解体することと必ずしも同義ではないことが明らかになる。というのは人間の集団的「決定」は、より大きな集団単位にまとまって決定することも、より小さい集団単位に分かれて決定することも、ともに可能であるからである。一九一九年に民族自決の原則が適用された時は、後者に向かう動き、すなわちより小さな集団に分裂していく反応が症状として現れていた。

個人は、自らが構成員として帰属する集団について、構成員の自由と独立性を尊重する集団を望む。その一方で、大きくかつ強力な集団に属して、その集団を介してより広い共同体において重要な役割を果たし、集団を通じて使命を果たすことに自己実現を見出そうとする。もし帰属集団の活動がとるに足らず、機能を果たさない場合は、個人にとってその集団帰属は無意味となる。そうなると個人は、帰属集団への忠誠心をより大きな集団に向けて転換していく可能性が生じる。たとえその個人が生涯のうちに忠誠の対象とする集団を転換できなくても、子の世代になると、忠誠の転換は容易になるであろう。小さな国民経済の市場や、小さな国家的政治制度、そしてさらに小さな民族文化には、狭さに特有の小競り合いや閉塞感をともなう。それらが、より大きな自由への桎《しっ》梏《こく》として意識されるようになると、一九一九年の理想を体現した小さな独立民族国家群の時代は、余命いくばくもない状態になる。

こうした傾向は現大戦の勃発以降強まった。軍事侵攻によって直接犠牲となった国々、そして非常に不安定な中立政策をかろうじて維持している国々では、軍事的には孤立無援の絶望感が、そして、国民経済に狭く封鎖された閉塞感が強まり、その傾向が拡大した。

一九四〇年十二月、イギリスに亡命したノルウェー政府の外相代理は、ノルウェーと「自由を愛する諸国家」の間の現大戦中の政治的連携について、注目すべきラジオ演説をロンドンから行った。その連携は「大戦後においても継続すべきであり、そして、大戦後に継続される状態の基礎となるであろう。その連携によって、政治的次元では民衆の自由を確保し、専制国家の侵略から国々を防衛する。そして経済的次元では社会保障

を確立し、経済生活を破壊し社会発展を停滞させる金融危機が回避できるであろう」。(22)

一九一九年には、民族自決は、住民たちが投票用紙に記された二者択一の選択肢のいずれかに印を付す作業によってすっきり決着すると考えられていた。ところが、それほど単純な問題ではないことが、各地においてますます認識されている。独立国家を大量に生み出したことは、たしかに当該地域の民衆が一九一九年に願望したことであった。であるからといって、その通りのことを今日の民衆が願望しているとは限らない。現在の軍事的経済的な緊急事態によって、未来の世界で有効に機能する統合が不可欠となったが、それを形成する諸条件とは何であるのか。一方で、人類は各集団に分かれ、各集団に共通の言語と伝統、共通の慣習と生活様式、共通の利害を維持・涵養し、たがいに独立して、絶えず争おうとする強い傾向性をもっている。前者の未来の世界のために統合を達成する条件と、後者の集団の分立と相克の傾向性とをどのように調整するのか。これが今ここで熟考すべき死活的な課題である。

以上から得られる暫定的な結論は明確である。

第一に、民族と政府とが一対一に結びつくべきだという十九世紀的な前提を破棄しなければならない。中央ヨーロッパに起源をもつ、ぎこちないが便利な用語を使うとすると、「文化主体としての民族《カルチュラル・ネイション》」と「統治主体としての民族《ステイト・ネイション》」を区別しなければならない。

人種や言語が多少とも均質性をもつ集団が、共通の伝統によって、また共通の文化を涵養することによって結びついているが、そのことをもって独立した政治単位を設立し維持するための一見自明な根拠と認定することをやめなければならない。

第二に、民族自決の権利は、一九一九年には絶対的な特質をもつと強調されたが、その絶対性を過度に強調するのをやめて、民族自決には制約が必要であるということに力点を移さなければならない。十九世紀には権利を過度に強調したが、それを修正するため、義務の概念を喚起しなければならない。民族自決の権利には、より広い共同体に資するため、たえず共通の軍事的経済的な政策をとり、資源をプールするなど、責任の認識を伴わねばならない。これらの義務は、将来に生じうる不測の事態に仮想的に対応するためのものではなく、日々の諸事件に恒常的に対応していく義務である。これらの結論については、さらに敷衍して検討する必要がある。

民族と政府との一対一の結びつきを切り離すこと、あるいは「文化主体としての民族」と「統治主体としての民族」を区別することは、単純に表現するなら、ある目的についてだけはその集団単位に属して自己決定し、それ以外の目的については別の集団単位に属して自己決定することを意味する。言いかえれば、人々はその目的に応じて自己決定する集団単位を変える「決定」を許容され、また奨励されることである。目的ごとに違う集団に帰属することは、人間性にも、人間の通常の向上心にも反していない。文明化した国々のほとんどすべての人々は、異なる種類の必要を満たすために、さまざまな種類の集団の構成員となっている。そして、教会、スポーツクラブ、園芸協会、労働組合などから課される義務の間を難なく調整して生きている。健全な社会生活とは、忠誠心と利害とが網の目のように織りなされたネットワークのなかに存在する、と言うことができよう。どの一つの機関も、政府も教会も労働組合も、構成員のすべての活動領域に及ぶ全人格的な忠誠心を要求しないところに、健全な社会生活は存在する、と言いかえることもできる。さらに、この忠誠心の対象が、たとえ国家政府に対する忠誠心であっても、こうした調整は明らかに有効に働く。ウェールズ人、カタルーニャ人、ウズベク人の大多数は、ある目的のためにはよきウェールズ人、よきカタルーニャ人、よきウズベク人と自らをみなし、他の目的のためにはよきイギリス市民、よきスペイン市民、よきソヴィエト市民とみなすという問題に十分に満足の行く解決をしている、と多くの理由から判断できる。

　多くの集団単位に分属していながらも、個人の忠誠心がそれら諸単位の間で両立不能に陥らないような集団帰属のシステムを拡張していくことが、集団的自己決定の問題における唯一許容できる解決法である。この解決法のみによって、現在必要とされる複数国家を軍事的経済的に組織化することができ、同時に共通の伝統、言語、慣習に基礎を置いた集団を形成しようとする人間の衝動が満足される。

　この集団帰属のシステムの拡張は現代においては非常に大きな困難が伴う。現代では、国家政府の権力と権威が増大し、ますますあらゆる場所にゆきわたり、ますます有効に生活の各局面に影響している。また、経済、教育そして安全保障に死活的な問題に関する世論の誘導が政府の機能として認められるに到っている。この〔国家政府に求心化する〕傾向がすぐに逆転すると期待するのは早計である。

　ただし国家政府への組織拡大と権限集中の過程は、こうした発展の必然的な結果として、不可避的にそれを補完するような組織分散＝権限委譲の過程を生起させる。というのは、国家政府の活動がますます拡張を重ねて、あらゆるところに行き渡るとそれだけ、行政効率の向上を目的としてますます組織分散＝権力委譲が必要とされてくるからである。この組織拡大＝権限集中と組織分散＝権限委譲の相互作用のもとに、ある人間活動は現在よりも大きな集団によって管理される必要があり、また他の活動は現在より小さな集団によって取り扱われる必要があるという認識のもとに、集団的自己決定をするためどのような集団単位を選ぶべきか、という抜き差しならぬ問題に解決策を探し当てねばならない。マカートニーは次のように書いている。

われわれの時代の困難は、民族国家なる近代の概念から生じている。すなわち一方にはそこに住むすべての国民の政治的理想があり、他方にはその国の多数を占める集団の民族文化的理想がある。この二つを同じものとみなすことに、今日の困難が生じている。二つは根本的に異なっている。この二つの混同を放棄できれば、多数の異なる民族の構成員たちが同じ国のなかでともに調和して生活することができない理由はなくなる。(23)

いったん広い軍事的経済的な枠組みが確立されるならば、その枠のなかで自己決定の原則に基づいて小さな民族単位がいくつ創られようとその数に上限はなくなり、また、その民族単位が果たす機能にも制限はなくなる。自分たちのことは自分たちで決めたい、とする人間集団の自然で消し去ることのできない願望は、この文脈のなかで最大限に視角を広げ、最高の表現が可能になる。

もう一つの強調しなければならない結論は、民族的自己決定における権利の主張は、それと同等に重要である義務の主張と、権利と義務の相関が釣り合うように再定義されなければならないことである。これは民主主義の場合と同様である。一九一九年には、いったん「民族」が民族として認定されると、自己決定権に基づきその民族に独立などの絶対的な権利が付与されるべきものと想定された。そのうえ民族に強大な諸権利を付与することは、民族相互間の義務に関するいかなる重要な議論よりも優先されるものと見なされた。すなわち権利と義務との相関的な釣り合いは無視された。ウッドロウ・ウィルソンの思考と政策は「諸利益間の調和」なる教義を特徴としているが、それを、他の一九一九年の指導者たちが、暗黙の内にか明示的にか、受け入れてしまったことが、民族独立の権利が義務に対して一方的に優先された一因であった。今日では全く理解不能なことであるが、ウィルソンは、民族自決の原則を世界中が承認するならば世界は平和になると考えていた。ウィルソンにとって権利は絶対的なものであった。権利を認め権利に実効力をあたえることを善そのものであると信じていた。したがって権利にともなってそれに相関する義務を引き受けるか否かは、民族の自発性に委ねられた。権利の承認は、それに相関する義務を引き受けることに左右されてはならないと考えていたのである。

権利は、それと相関する義務の枠組みの下に行使されるべきである、という視角のなかに、民族的自己決定による独立の問題を正しく置き戻す必要がある。そのためには、人間の思考様式の革命を必要とするが、これがいかに大変なことであるかを過小評価するのは愚かなことである。

まず小国の立場に注目すると、小国が、権利と相関する義務を認めることは、十九世紀に享受していた大変に恵まれた地位を放棄することになる。十九世紀に小国が軍事的安全保障と引き換えに支払わなければならなかった対価は、中立を守ることだけであった。イギリスの圧倒的な海軍力が、小国の領土と権益を（ときには潤沢な利益をもたらす小国の海外植民地を含め）守っていた。この海軍力に小国は責任をもたず、何らの負担も担っていなかった。

次に大国の立場に注目しよう。大国は、権利と義務とを相関させる枠組みを認めると、他国民の福祉生活に対し直接の軍事的かつ経済的責任――大国はめったに引き受ける用意のなかった責任――を恒久的に分担し続けることになる。

具体的な大国の例としてイギリスに焦点をあてよう。この枠組みを承認することは、いくつかのヨーロッパ諸国とイギリスとが共同して防衛部隊を編成し、また共同経済政策の原則を受け入れること――つまり、フランスやベルギーやドイツの工業やデンマークやオランダの農業の諸利益を、イギリスの工業や農業のそれとともに考慮した政策を共同実施すること――を意味している。大国の軍事安全保障と経済福祉は、小国のそれら以上に、この新しい国際的な義務を受諾することと固く結びついている。

これと同じ原則が、植民地化された人々の民族的な自己決定の権利という難しい問題にも適用できる。一九一九年当時、連合国諸政府は、ヨーロッパについては民族自決権を強調しながら、アジアやアフリカに対してはこの権利を拒否するという一貫性を欠いた姿勢をとったことを非難された。この非難は論理的には反論不能である。ただし、この植民地化された人々の多くは未だ自治能力を発達させていなかったこと、さらには英領インドは多数の人種と多様な宗教から構成されているという特殊な事情があった。以上を別にしても、民族自決の原則によって、現存する軍事的経済的な単位を解体することは、時代に逆行する反動となったことは明らかである。

ヨーロッパにおいては、軍事的経済的目的のために、現状より大きな単位を創りあげ、その一方で他の目的のためには現状を維持するか、現状よりも小さな単位を創り出す必要がある。これに対しアフリカやアジアでは、大陸規模の大きな軍事的経済的な単位を維持しながら(どの大陸でも現存する単位が望ましいというのではないが)、その一方でこれらの単位の下位レベルに、現行を大きく超える組織分散=権力委譲を行い、現地の伝統・法・慣習に根ざした多種多様な行政組織を確立する必要がある。

現地の生活様式を、無思慮ないし迂闊に根こそぎにし、また画一的な行政システムを機械的に置いたことは、直接に経済収奪を意図した政策と並び、植民地の多くを荒廃させ、人口減少をもたらす原因の一つであった。アフリカは広大でかなり均質な大陸であると考えられ、植民統治者たちが地図上に恣意的な国境線を引いて分割した。この考えは改められなければならない。アフリカ大陸は、部族を単位とした自己決定を基礎とした行政システムの寄木細工《パッチワーク》に改められなければならない。こうした意味で、アフリカ熱帯地域が「バルカン化」されるなら、熱烈に願望されていることが達成される。

国際関係の未来においてはなによりも、完全な混沌か、それとも残酷な専制的支配か、という二者択一が避けられたとして、二つの認識の上に発展させなければならない。第一に、軍事的経済的な目的のためには現在の国家よりも大きな単位が必要であり、それ以外の目的のためにはこの大きな単位体を大々的に組織分散＝権力委譲する必要があると認識すること。第二に、民族的自己決定の権利は、軍事的経済的義務を相互に担うという新たな枠組みのなかに位置づけられて、はじめて有効になると認識すること、である。

集団的自己決定の危機は、民主主義の危機と同様、最終的に道徳的問題に帰着する。この危機は軍事的次元で表われるが、とりわけ民主主義の危機と同様に、経済的次元で顕著に表われる。われわれの時代の最も明瞭で最も根深い困難の兆候である経済的危機を解決しない限り、集団的自己決定の危機を解決することはできない。

# 第四章　経済的危機

経済的危機が政治的危機の奥底に横たわっている。満足した大国群は、革命的な新時代の到来に、すでに使い古した政治経済学の思想をもって迎え撃とうとした。その結果、新時代への適応に失敗した。その有り様は、経済的危機の特異な症状のなかに生き生きと現れている。

古典派経済学[1]と今日呼ばれている理論体系は、他の大多数の諸理論と同様、現実の経済に完全に適用されたことはなかった。やがて、古典派経済学の権威が低下しはじめた。様々な思想家たちが登場し、大胆に古典派の教義に挑戦した。にもかかわらず一九一四年に到るまでは、古典派経済学は、正統性のある正典として、広く受け入れられていた。とくにイギリスとアメリカにおいては、いまでさえ各方面からある種の絶対的な妥当性があると認められている。

古典派経済学の影響は長続きしたが、それは自然であった。なぜなら理論教説は、容易に死滅することはなく、理論が生まれ育った諸要件が消え去った後まで、生き延びるのが常であるからである。ましてイギリスとアメリカでは、その理論が全盛を誇った時期はちょうど、経済的繁栄と政治権力とその威信とが、前例のない前進をとげた時期であった。この時代に〔経済学を創始した〕思想家たちが前提とした諸要件は、その特性として変化することを、イギリス人とアメリカ人は特に銘記しておくことが肝要になる。十九世紀イギリス経済の全盛期、ウォルター・バジョット〔エコノミスト誌編集長〕は、次のように指摘していた。かつてイギリスには、

〔古典派〕経済学の諸前提が、未だ存在していなかった時代があった。その時代に、もし経済学の教説通りに行動したとすると、かえって破滅を招いたことであろう。言いかえれば、その時代には、経済学の教説と正反対に行動することが、必要かつ賢明であったのである。これを経済学以前の時代と呼ぶべきであろう。(1)

しかし、古典派経済学を創出した思想家たちは、過去には、自分たちの理論前提が当てはまらない時代がなかったわけではない、と率直に理論の限界を認めていた。ただし

未来については、〔公準とみなした〕仮説群が妥当性を失うときが来ると思い至ることは非常に稀な場合であった。

今日では、諸理論によって多面的に接近することが必要になった。最近、ある思想史研究者〔E・ローゼンシュトック＝ヒューシー〕は「経済学を研究する際には、単一の「イズム」に基づく概念群に探究の道具を限定してはならない(2)」と述べている。新しい時代が、一九一八年以降徐々に形をとり始めた。この時代は、ある側面から見ると重商主義が立脚していた諸前提に後戻りした時代であった。また、他の側面から見るなら、時代をさらに遡ったスコラ哲学の諸前提にまで後戻りしている。

現代世界は、三点において、古典派経済学者の前提したシステムを大きく修正しつつある。第一に、個人の利益追求が経済システムを駆動する推進力であるという仮説が放棄された。現代は、スコラ哲学者と同様、個人の福祉は社会全体の問題であるという前提に向かっている。ただし、重商主義者と同様に、社会を一定領域に居住する集団であるといまだに前提している。

第二に、人間が経済活動する目的として、数量に還元される「富」の概念を放棄し、それに換えて質的概念である「福祉[2]」を重視しようとしている。これによって、スコラ哲学を学んだ者にはよく知られた観点に立ち戻ろうとしている。といっても、現代の社会的基盤はスコラ哲学者のそれとは根本的に異なるのであるが。

第三に、最大の富の追求が経済的に望ましい目標基準として放棄された結果として、現代の思想は生産と消費の関係について新しい構想を志向している。

現代の経済的問題は、一般には、個人主義対集産主義、富対福祉、そして生産対消費の三本の対立軸の周りを回っている。

## 個人主義 対 集産主義

古典派経済学者たちは、諸個人よりなる社会を仮定していた。そして、その個人として、十分に啓蒙され、完全に移動が自由であり、各人自身のために行動し、たがいに対等の交渉能力をもち、そして生産者としても消費者としても等しく経済システムに利害関心を持つ個人を理論前提としていた。この仮定は、これまで近似的にさえも実現されたことはなかった。

ヨーロッパのすべての国家は、中世から多かれ少なかれ固定的な階級構造を継承した。階級〔のあり方と階級間の移動〕は、重要な修正がなされてきたが、かといって、どの国・地域でも完全に階級構造が解体されたというわけではなかった。一方、〔封建制を経ていない〕アメリカ合衆国の社会構造においては、〔ヨーロッパに〕比較すれば階級なき社会であり、個人の平等と移動の自由という目標基準がほぼ近似的に実現している。アメリカは、個人を中心とした経済が最も長期にわたって成功をおさめてきた重要な国家である。

階級という負の遺産は、最初から個人主義の仮説の偽り証明であったが、これは、技術発展の過程がもたらした障害に比べ、ものの数ではなかったのである。

「古典派経済学」が生み出された時代、産業システムは個人企業家、独立した職人、個人商人の社会に基礎を置いていた(3)。この時代に限るならば、個人主義的な理論前提は、経済的実生活との関連を多少とも保っていた。なによりこの時代には必要な資本は工業にも商業にも少なくてすんだため、この社会では、素早く移動でき、市況の変化に短時間のうちに適応できた。レッセ・フェールの前提は、環境変化に対して迅速かつ摩擦なしに適応・調整できることが必要条件であるが、この時代はこれを満たしていた。ところが十九世紀が進むにつれてこの条件は失われ、専門分化が進み、巨象《マンモス》のように巨大化した企業には、膨大な資本が投下され、大量の労働者を雇用する必要が生じた。その結果、変化する需要に応じて、企業組織は迅速かつ摩擦の少ない再編成をできなくなった。このとき経済単位はもはや個人ではなくなり、株式会社、トラスト、銀行会社、労働組合(4)になった。その結果、古典派経済学の理論前提、すなわち対等で、独立し、自由に移動する個人よりなる大きな社会は、ますます事実と異なるものになってしまった。個人は、ますます重要でなくなった。生産と分配を支配する力も、経済「社会」で圧倒的な影響力をふるう力も、高度に組織化された営利企業という団体になり、それらはますます大きくなり、強力になった。一般に「個人企業」と呼ばれるものは、一部の宣伝家がふれ込むように「社会主義」や「世話焼き的な政府からの干渉」に潰されたのではない。競争から独占に向かう資本主義の本性的な傾向によって、破壊されてしまったのである。(5)

一九一四年以前にはすでに、古典派経済学の理論前提は妥当性を失っていた。今日でも一般には個人主義対集産主義と呼ばれている対立軸は、全く違うものに変わってしまった。機知縦横なアメリカの文筆家〔T・W・アーノルド〕〔3〕は「尊敬される人々は、その信条から、社会組織を個人の私有財産という言葉で表現する。ところが個人の私有財産と呼ばれているものは、実のところ私有でも財産でも個人所有でもないのである」(6)と述べている。

有限責任の会社組織を法人と呼ぶ法的擬人化は、便利であるが、しかし、ますます現実に存在するものから遠ざかった。問題はもはや、経済企業は個人が運営すべきか、それとも理事会など複数の構成員からなる機関が運営すべきか(個人主義対集産主義の対となる用語が本来意味した問題である)ではなくなった。非公式な集団的機関が運営すべきか、それともある種の公的な機関が運営すべきか、という問題に変わってしまったのである。

アメリカでは、他のすべての国よりも、個人主義的な表現の仕方が長く生き延びた。その一因は、アメリカ人の間では、(企業活動を経営者個人に)擬人化して物語る習慣が流行し、また、他の要因として、産業組織によって個人がえた巨額の財産を大いに宣伝することがある。このアメリカにおいてさえ、ヘンリー・フォードが、企業を個人に擬人化して物語る特異で最後の代表者となってしまった。対立軸を、個人主義対集産主義と呼ぶのは誤った呼び方になり、そこでの問題は企業をコントロールするのが連邦政府か、それともヘンリー・フォードのような個人か、ではなくなった。それに換わって、企業は、連邦政府に責任を負う団体によってコントロールされるべきか、それともゼネラル・モータース、ベツレヘム・スティール、サザン・ユーティリティのような集団的ではあるが連邦政府には責任を負わない団体によってコントロールされるべきか、が真の問題になったのである。「選択は……競争と独占の間にあるのではない。選択は公的責任のない私的な独占か、それとも公的責任を負った公的な独占かの間にある。[7]」

論争の形が改まり（個人主義対集産主義から、責任なき私的独占対責任ある公的独占へと変わり）、これが認められたことから、その結論に疑問の余地がなくなった。レッセ・フェール型自由主義の全盛期、政府は消極的であり、不正行為と認定されたものを抑制するためだけに、社会に干渉した。個人が経済システムの行動単位であり、また互いに孤立している場合、個人には、社会構造を危険に陥れるような摩擦を引き起こす力はなかった。

ところが、産業と銀行が巨象のように巨大化し、労働団体が高度に組織化される事態に直面すると、政府は消極性を維持できなくなった。また、巨大産業は、政府が消極的であることを本当に望んでいたわけでもなかった。フランクリン・ローズヴェルト米大統領は、「政府がビジネスに干渉することを望まないと言ったその男が、真っ先にワシントンにやってきて、政府に向かって禁止的な高率関税を要求する」(8)と述べたことがある。

鉄道の建設ラッシュの時代（鉄道産業は大規模な資本を必要とし、いったん資本を投下すると、もはや動かせなくなる最初の大規模産業になった）、鉄道利用者の気まぐれから救うため、政府は最初の介入を行ったが、しかし、後になると、高すぎる鉄道料金から鉄道利用者を救うために介入した。また現代のどの政府も当初は、労働組合に対して雇用主を守るために介入したが、しかし、後になると労働組合の権利を守るために介入した。

現代世界の社会経済構造を、国家の枠組みのなかで時に競争し、時に協調する大人数の諸個人の集合と捉えたとしても、正確な構図を描いたことにはならない。国内には多くの大規模で強力な集団があり、その集団は組織的利益を追求しながら、時に競争し、時に協調している。そして政府は、最低限の社会統合を維持することを目指し、たえず社会経済上の能力を強め、権威の範囲をひろげようと努めている。これらを前にして、われわれはもはや、かつての古典派経済学のように、孤立し独立した諸個人を基礎として考えていくことはできなくなった。

現代経済学の主体とは、社会のなかの人間である。その人間とは、権力追求の闘争を行っている多くの組織集団《コレクティヴ・グループ》の構成員である。その組織集団のうち、最も強力で、最も高度に組織され、最も広い基盤を持っているのは政府である。とすれば、争点は、もはや個人主義対集産主義の対立軸によっては構成されない。それに替わって、次の対立軸が争点を構成する。利益集団《インタレスト・グループ》間で権力闘争が展開され、その勝敗の偶然的な帰結によって、すべての構成員の社会的行動に枠がはめられてしまうのか、それとも、コミュニティがその全体の利益に基づき、これら利益集団の活動をコントロールし調整するのか。

## 富対福祉

〔ベンサムのように〕快楽や苦痛を数量的に計測可能であると考えていた時代にあっては、〔リカードら〕古典派経済学者が、数的に計量可能な富の科学を打ち立てたと信じていたとしても驚くにあたらない。

古典派経済学の価格決定メカニズムは次の通り。消費者は〔各人の効用函数をもっていくらなら買うかの〕選好を表出する。生産者は利潤率に基づいていくらで売るかを決定する。この二つはそれぞれ曲線をなすが、価格は、この二つの曲線の交点として決定される。交点の価格は、貨幣量によって正確に計測される。〔市場によって〕自動的に決定されるこの経済システムは、計量可能な富を最大にするように作用する。

こうして「政治経済学」は、物理学や機械工学に類比可能な一つの科学として生み出された。システム外からの一切の影響なしに、原因が結果を産出する。経済システム全体が完全に自己調節的なメカニズムとしてモデル化される。そして、すべての人が、自身の利益を最大にするように行動することが、期せずして社会全体の利益を促進している。これは科学的に自動決定される過程であり、政治権力は一切干渉することがない。すなわち「富の最大の生産は最大の福祉につながることは自明の理である」という証明を必要としない公準として表現できる。個人の心に生まれる利益追求の欲求は、最大の富をもたらす点から考えて、コミュニティ全体にとって善いこととされる。個人の利益追求は、歴史上〔道徳的な悪・罪であったが〕この時はじめて社会的な有用性という審査に合格した。(9)

十九世紀なかば以降は〔都市自治体や公営企業など〕公的経営体が活動することにより、古典派経済学の教説が厳格に適用される事態〔経済は私人と私企業の利益追求に限られること〕はたえず緩和されるようになった。

経済活動の主要目的は、最大限の財をできるだけ安く生産し、できるだけ高く売ることであった。ところが、これに対して社会的な良心が、頑強に抵抗しはじめた。多くの都市自治体は、多くの公共事業を経営しはじめ、多くの公共施設を作った。それらは、社会的に有用と認められていたものの、価格と利潤の基準からは〔採算が見込めない点で古典派経済学から〕正当とは認められなかった。そのため公営企業体の活動について長い論争が続いた。当初は、私企業と公営企業を比較して、いずれが効率的であるかが長らく論争点であったが、その論争点は、「採算のとれない」公企業経営に、都市自治体がどこまで関わる権限を持つかに切り替わった。そうとは気付かれぬ間に、「福祉」という価値基準が「富」という価値基準から区別され、そして「福祉」の方が「富」よりも優先されるようになったのである。

福祉は、富とは異なり、数量化して計量できない。そのため、コミュニティの生産資源を振り向ける対象を定めるに際して、価格と利潤率が唯一の決定変数ではなくなった。また、現代戦争を遂行するためには、コミュニティの全資源が総動員されることになった結果、〔人間が必要とするものは〕多次元にわたることを、人々は心底から感じ取った。前大戦期に国民に対する物資供給を担当した当局者〔A・ソルター〕は、「人々にとって本当に重要な物が何であるかは、もはや購買力が買い向かう商品からは、十分正確に測定できなくなった」(10)といち早く認識していた。これは大変控えめな言葉であった。というのは、購買力はその時、人々の選好を測定する基準としては無意味になっていたからである。「生産の優先順位について原則が定められ、製造と通商の過程は国家的必要に従って動くようになり、もはや商品は購買力をもった者の意志に従って動くのをやめた。」(11)

前大戦は、経済革命を創り出し、その進展を早めた。〔戦争という〕一つの目的価値に向かって、国家全体の資源を最も効果的に総動員することは、個人の利潤追求を動機とした経済と、両立不能であることを決定的に立証した。

不幸にして、この時学ばれた教訓は、戦争の期間中にのみ特殊に該当し、戦時にのみ例外的に妥当すると考えられた。つまり平和の条件として教訓とならないと考えられたのである。

チャーチル氏〔戦争大臣〕は一九一八年十一月十一日〔ドイツとの間で休戦協定が調印された日〕の状況を大変に生々しく描いている。

われわれが配置した〔イギリスの戦争省の〕組織と機関は、驚くほど強力で柔軟性に富んでいた。有能な実業家たちが戦争省に加わり、そのそれぞれが大きな部局の長をすでに一年半も務めており、一種の産業内閣を構成していた。そして彼らは、戦争の命運が変わるたび予想外の変更を強いられることに慣れていた。……彼らにはこの時生産の領域において実際になしえないことはほとんどなかった。たとえば、仮に五十万戸の住宅建設が注文されたとしても、それに応じるのは、これまで実施してきた飛行機十万機、砲二万門、アメリカの中型大砲や二百万トンの弾丸の製造などに比べ、別段困難ではなかった。休戦の日の時計が十一時を打つと、この瞬間からは新しい行動条件が支配することとなった。原価コストの計算――これは軍隊への兵站供給を限定する要因として一度として考えられたことがなかった――が戦闘

が終わった瞬間以降、優先権を主張しはじめた。(12)

革命の流れがせき止められ、「原価コストの計算」を基準とする旧来の経済システムが復活した。この基準は、やがて壊滅的な失敗であったことが明らかになる。失敗は技術的な原因だけから生まれたのではなかった。道徳的な原因にもよっていたのである。前大戦後の時期、ことに〔戦場に動員されていた〕若い世代にとっては、社会的に望ましいこととは原価コストの計算をして「一番儲かる」ことと言われても、受け入れるのが不可能であったのである。

市場価格と比較原価計算は、もはや世界の経済的活力を調整する指標として一般に受け入れられることはなかった。……国際的な通商が発する価格という非人格的な信号が、彼らの生活を統御することにもはや服従しない、と一般の人々は抗議していた。(13)

そして一九三〇年代の経済的危機は、レッセ・フェール型自由主義の最後のよりどころを破壊した。一九三三年三月四日、ローズヴェルト米大統領は就任演説で次のように述べた。

> 人間界の財の交換をつかさどってきた支配者は、その頑迷と無能によって失敗した。そして、その失敗を認めて退場した。……経済を回復させる方策は、たんなる貨幣計算上の利潤よりもより高貴な社会的価値をどこまで選択できるかにかかっている。

経済学理論は、経済的な政策実践よりも、新しい時代精神に適応できなかった。経済活動の目的が、たんに貨幣で計量可能な豊富な財とサーヴィスを産出するだけであるなら、経済学は、未だに数量化された科学としての地位を確保でき、物理学と同様に、精密性と客観性を主張できる。しかし、「富」に換えて「福祉」を基準とすると、経済学は、数量的な科学性を率直に放棄し、それ自身を質的な学問に再編成することになる。こうなってしまった場合には、経済学を科学と呼ぶことは疑問になる。また、さらに悪いことには、こうした再編成は、経済学と他の社会科学の間にある境界線——専門家に特有の世間離れした《アカデミック》精神が大切にする実際には存在しない境界線——を曖昧にする。経済学を科学であるとみなして、その学的純粋さを厳守する姿勢こそが、経済科学の敬虔な信者たちが現実感を失って正統派学説のぼろぼろになった残骸になぜしがみついているかを、疑いなく説明している。今もってイギリスとアメリカでは、価格と利潤に基づくメカニズムが、経済政策の健全さを示す規範として擁護されている。経済政策がこの準則から逸脱した場合、例外的な環境にいやいや押し付けられた悲しむべき例外として取り扱われている。近年では、経済学理論と実務上の経済政策とがしばしば乖離している。政治指導者たちは社会的必要に迫られて、経済教科書のすべての準則に反する政策を余儀なく決定してきた。

経済学理論は、世界が経済不況に見舞われている時に、その解決に何の指導力も示すことができず、よろめき、狼狽し、抗議し続けながらも、実務上の経済政策という列車に乗っていたのである。はるか以前に、利潤原則に取って代わる社会的に望ましい何らかの基準を採用しなければならないと決意すべきであったが、この時にいたってなお、利潤原則を擁護しようと試みていたことの天罰であった。

利潤追求を経済活動の主要な動機の座から引きおろすことは、一部の経済学者には克服しがたい困難と感じられた。利潤追求という動機は、彼らの長い探究の中心的な位置を占めていた。そして、人々は利潤追求という動機を、人間性のなかの中心的で変わることのない事実であるとみなすようになった。ただし、これはジョン・デューイ教授が「まず一時的な社会の趨勢を、人間性という不変の構造に立ち戻って演繹的に解釈する。

ついで今度はそれを、人間性という構造を説明する例示として用いる[14]」と述べた「循環論法の」一例ではないだろうか。

　人間の経済活動は主に利潤追求によって発動されると現在でも考える慣習化したこの思考は、事実によってますます正当化できなくなっている。今日、大部分の人々は、高い利潤率を求めて働くのではなく、固定された俸給や賃金のために働いている。俸給生活者や高額賃金の労働者は、職業の選択の際、報酬額よりも、働き方の条件や作業や特性、仕事にやりがいがあるか、自分の能力を有効に発揮できると感じるか、などを重視している。また、報酬額を職業選択の最重要の要因としている人でも、働く企業の収益に対して直接に関心を持っているかというと、それはほんのわずかである。企業のなかには、利潤率に応じた額のボーナスを支給するところもあるが、こうしたボーナスが報酬総額に占める比率は一般に非常に小さい。もし雇用されている者が、全体として雇用している企業の稼ぐ利潤率に関心をもっているのであれば、全く利潤を上げない政府の公務員になることや、利潤の制限をうける公益事業体で働くことは嫌われるはずであり、最も投機性の高い企業に人気が集まるはずである。ところがこうした兆候は、どのような階層の労働者にも見られない。

　さらに現代のイギリス投資家の間には、高い利潤率や投機的な利潤率の企業をとくに選んで投資する傾向は見られない。投資家の間ではまず固定金利つきの国債・公社債の人気が高く、それ以外では、利潤が長年にわたって非常に安定しており、各年の配当金の支払いが均等に行われるような大企業の株式が過去二十年間最も人気があった。この種の株式の配当は、名目上は収益率に比例するが、実際には利子支払いと性格が近似している。こうしてみると、仮にイギリスの産業全体を、利潤追求を目的としない一連の公共事業体に転換したとしても、雇用されている労働者や投資している投資家の態度には、あらゆる点で顕著な影響を与えないであろう。劇的な転換は、政府の肩にかかる企業の管理運営が重すぎることからだけでも、多分行われないであろうが。

どの財がどこで生産されるべきか、財の生産者たちにどれだけの報酬・賃金が支払われるべきか、その財の消費者たちにはどれだけの金額を支払うべきか、そして最後に国民貯蓄はどの生産分野に投資されるべきであるか。これらを決定するうえで、利潤追求という動機の果たす役割は、現大戦後には漸次減少していくであろう。このことはわれわれがこれまで体験しつつある経済革命の最も確かな教訓の一つである。

価格と利潤とが経済システムの支配的要因として消えてなくなることは、所有の概念が根本的に修正されることを意味する。ここでも経済の実践活動は、経済学理論よりもはるか先を行っていた。これまでの長い時を経るにしたがい、二つの趨勢がますます明らかになった。

第一に社会的良心が、巨大な富の個人所有と富の私的使用とに制限を課すようになった。財産への税——五十年前ならば私有物の没収であるとみなされたに違いない——がいたるところで課されるようになった。多くの国々で大規模所有地が強制的に再分配された。さらにイギリスとアメリカでは、大金持ちはその財産の一部を社会的、慈善的な目的のために寄付する伝統が強化され、広く見られるようになった。

第二に、マルクスが「生産手段」と呼ぶものの所有権が非常に細かく分割され、また所有と管理が分離された。数十万人を数える匿名の株主が、イギリスやアメリカの巨大な製造業を「所有する」といっても、それはソヴィエト・ロシアのプロレタリアートが生産手段を所有するというのと同様に無意味な表現である(15)。

大企業は、私企業ながら「公衆」すなわち消費者に「責任と義務を負う」ものと広く想定され、企業自身もそう言明している。配当の支払いは、一部については法律により、また他の部分については社会慣行により制限されている。あらゆるところで、生産はコミュニティにとって有益な目的から正当化され、最大限の利益追求からは正当化されなくなった。

また賃金の決定についても、基準のなかから価格と利潤を取り去り、それを社会的価値規範に置き換えるという傾向が明らかになっている。たとえば最低賃金説が主張する、合理的な生活の最低水準を基礎として賃金を計算できるという考え方は、賃金は自由な労働市場によって決定するという古典派経済学に対する直接の攻撃である。近年は、賃金率〔単位時間当たりの基準賃金〕は景気の変動につれて上下する(古典派経済学はそれを求める)ことがなくなってきたのも、最低賃金説のもたらした結果の一つである。生計費が実質的に上昇するなら、それに応じて賃金も自動的に上昇しなければならない(この事態は「悪循環」という流行語によって表現されている)と広く想定されるようになった。そして、利潤を良識を超えてある水準以上に上げることは許容されないのと同様、賃金を良識に反して一定水準以下に下げることも許容されない。

同様に、今や失業は主要な社会的災禍と考えられ、雇用を増やしても利潤が上がらないという理由だけで、人々を失業したまま放置することは許されなくなった。といっても一九三五年までは、こうした事態は許されていた。同年イギリス政府は、「大量の人々を就業させることができる大量の職が未発見のまま着手されるのを待っているとするのは誤解である」(16)と述べた。この言葉は、〔新規に雇用しようとしても〕役立つに違いない大量の仕事を発見するのは不可能であると述べたのではなく、利潤を上げるに違いない大量の仕事を発見するのは不可能であると述べている。利潤が上がるか損失をもたらすかを唯一の基準とする雇用の規制方針は消えてなくならねばならない。企業は、現大戦前には「労働者を雇用するか解雇するか」について無制限の権利をもっていたが、現大戦中の規制措置によって、生産の基盤部門では、その企業の権利は廃止されたか、あるいは大幅な制限を受けた。企業の解雇権に対する制限措置は、現大戦が終わった後も、解除されないことは疑いない。労働者全体の「福祉」は、政策目標として、生産者の「富」よりも価値的に優先されるであろう。われわれが生きる経済システムを調整する力は、価格メカニズムの自動調節機能よりもますます倫理の領域に求められている。こうした転換に向かう趨勢は助長され強化されるべきであると、ほとんどすべての人々が合意している。

以上の点からもまた他の側面からも、需要と供給の間で自動調節される世界から離陸して、はるか以前の時代にはよく知られていた観点に立ち戻っていく道が明らかになっている。古典派経済学が前提していた「経済学の脱道徳化《デモラリゼーション》」と呼ばれる趨勢を、われわれは巻き戻している(17)。われわれは、市場の需給関係から価格が決まる、道徳基準とは無縁な価格決定ではなく、かつてのスコラ哲学者がしたように、もう一度「公正な価格を定める」という観点から考えるようになった。言いかえれば、貨幣価値に代えて、それとは異なる種類の社会的価値に置き換える方向に動いている。この価値意識の転換は、実際上も思想上も深遠な革命である。

十六世紀にはじまった近代史が、「マネー・エコノミー〔貨幣という存在が社会的価値を規定する経済〕の進展にともなう社会の個人化[18]」の過程であったとするなら、マネー・エコノミーからの撤退とは、集産主義《コレクティヴィスム》に向かう社会の再統合を意味する。

自由主義社会は、孤立し独立した諸個人からなり、そこでは自己利益の追求が自動的にすべての人間の善につながると信じられていた。こうした自由主義社会は死んだ。この社会においてのみ、古典派経済学の「諸法則」は妥当性をもっていた[19]。

こうした社会およびこれらの諸法則は、生産の拡大を刺激することが進歩の主要条件であった時代に登場し、その時代だからこそ正当化された。こうした時代を「欠乏の経済学」の時代と呼ぶとすると、われわれはこの時代から離陸した。正しいことか悪いことかはともかく、文明化した人間は欠乏の問題を解決した。そして人間の能力を過度に酷使することなしに、自分が必要とし、消費したいと望むものをすべて生産できるようになった。貧困ではなく、失業がわれわれの社会システムの災禍なのである。したがって最も緊急な経済問題は、もはや生産を拡大することではなく、消費をより平等に分配し、生産能力を規則的かつ秩序正しく活用することなのである。不平等と失業——人的資源と物的資源の双方を活用しないこと——こそわれわれの時代の直ちに正されるべき恥辱となった。

この二つの治療法を見出すために、古典派経済学が君臨してきた過去百年間に発展をとげた生産と消費の全関係を徹底的に再検討しなければならない。

## 生産 対 消費

古典派経済学は、なによりも生産を取り上げ、全般的に生産のシステムを重視する学説であった。その学説は、最小のコストで最大の生産をする法則を発見したと主張した。この法則が適用されると、すべてのことが自分で自分の世話をするようになるとされた。分業が人間の経済的必要を満足させる鍵となった。消費者は購買力という武器を使って、何が生産されるべきであり、何が生産されるべきでないかを決定できるとされた。古い格言に「買い手が価格を定める」というものがある。生産者と消費者の間の利害はほぼ均衡しており、最後の決定は消費者がするものと考えられたのである。

ところがこのシステムが実際にできると、その帰結は、予期に反して生産者の手に膨大な権力を与えることとなった。古典派経済学の創始者たちは首尾一貫して、生産者の間のいかなる種類の結びつきも、それが企業家間であれ労働者間であれ非難した。ところが生産者が集団を拡大して活動する趨勢は、きわめて強力であり、食い止めることはできなかった。そして大規模に成長した企業は、膨大な量の物資と労働を支配し、生産者は十九世紀と二十世紀初頭の政府に最も影響力をもち、支配的な力になった。アメリカ合衆国では「大企業家《ビッグ・ビジネス》」が政府諸機関をほとんど完全にコントロールした。ヨーロッパ諸国では「大企業家」が、それまで政府の職と社会的な威信を独占していた土地貴族たちを追放して、それに取って代わった。

ところが消費者たちは、依然として古典派経済学のいう孤立した諸個人であった。消費者には集団としての利益があり、それを一人の消費者が他の消費者たちと共有していることに、ほとんど気付かなかった。消費者は団体を構成して、自分たちの利益を主張することに失敗した。

国家権力を自分たちの利益追求に向けて制御することができたのは、消費者ではなくて生産者であった。イギリスにおいてさえ、長期間にわたり自由貿易を擁護する抵抗運動を展開したのは、輸出業者と海運業者であって、消費者ではなかった。どこの国でも関税をめぐる闘争は、生産者の圧勝に終わった。消費者は、国家政府からの支援を獲得できなかっただけではなかった。生産者たちは、国家政府の支持を調達したことに満足することなく、創り出された好機に乗じ、トラスト、カルテル、独占という手段を通じて、消費者に対してますます確実に安全で圧倒的に有利な地位を築き上げた。たとえば石鹸製造各社がもれなく独占の輪を形成した場合には、消費者にはそれに替わる選択肢が残されていなかった。消費者は、独占の輪に加わった企業の石鹸を買う以外にはなかったのである。

生産者という時、その言葉が資本家、起業的経営者、高給の経営者や重役のみを指す、と考えるのは正しくない。資本家の組織された権力に対してやがて組織された労働の権力が匹敵するに到ったからである。またすでに述べたように、大産業国家では、資本と労働とが消費者に対する共同戦線を張り、生産水準の維持と利潤率の維持に関して利害を共有している。たしかに労働者は生産者であるが、資本家や高給の重役に比べるならば、消費者としての社会的立場により大きな利益を感じている。しかしながら、常雇いで比較的賃金の高い労働者は――労働組合の方針をきめるのはこの類型の労働者である――賃金水準に表示される生産者の利益を、生活費の水準によって表示される消費者の利益よりも重要であると感じている。この事実は過度に一般化できないにしても、たとえば繊維産業の熟練工や鉄道労働者たちにとって、その賃金が上昇すると、それがどれほど生活費に跳ね返るかを想像するのは困難なのである。好況の間は、資本と労働は収益の分配をめぐってあい争うかもしれない。しかしいったん恐慌になると、必要の至上命令にしたがって資本と労働は半ば無意識のうちに肩を寄せ合って協力し、分け合うための何がしかの利潤を残そうとする。分析力の鋭い批評家〔P・ドラッカー〕は次のように述べている。

資本主義システムの全体にとって利益になるものは何であっても、資本と労働の間で分配される国民所得の総計を増加させ、必然的に労働組合主義の社会主義運動の利益となる。システム内からの対抗勢力としての社会主義は褒め称えるべき存在であり、不可避の存在であるが、ただし、それは必然的に資本主義社会システムの基本原則を受け入れている。(20)

過去二十年間の資本主義の弱体化は、労働組合主義の弱体化を伴っていた。一九一四年の戦争は、第二インターナショナルを打倒し、同様に効果的に資本主義システムを打倒した。ソヴィエト・ロシアは、資本家を抑圧することによって開始され、独立していた労働組合を政府機構に従属させることによって終わった。ナチス・ドイツは労働組合の鎮圧によって始まり、資本家を全く同様に取り扱うことで終わった。この二十年間、資本主義と労働組合主義はともに立ち、ともに倒れた。この両者は、生産の利潤を分かち合い、消費者と納税者に対して生産者の利益を代表していた。

前大戦以降、とくに一九三一年以降、イギリスの経済政策がどれほど大きく生産者の利益に支配されていたかは、容易に示すことができる。産業も農業も、ともに労働に対して実質的な譲歩を行った。ただし、産業と農業は、消費者と納税者を犠牲にして政府から補助金と保護政策を勝ち取り、労働への譲歩をはるかに超えるものを獲得した。通商政策においては、ほとんどすべてが産業と農業の妥協によって決定された。その二つのいずれか一方の利害が大きい場合には、大きな利害のある方が優先された。ここでも消費者と国民全体の利害が考慮されることは稀であった。現大戦が始まると、生産者たちが政府機関の枢要部分を掌握していることが――それ以前から明らかであったのであるが――誰の目にも明らかになった。国家政府にとって戦争目的の遂行のためには、生産のコントロールが至上命令になった。これを実現できる唯一の方法として、国家は主要な産業人たちを彼らが生産している軍需物資の「監督官《コントローラー》」に任命した。同様に農業物資のコントロールは「戦時農業委員会」の手にゆだねたが、その委員はほとんどが農業企業家で占められた。

現大戦勃発前の条件を考えると、これほど急速に生産を拡大できる方法は他になかった。ただし、この方法は必然的に生産者を最大限有利にし、生産者に指導的な官職をあたえることになった。現大戦の勃発後、鉄道協定が結ばれたが、そこでは鉄道会社の株主と鉄道労働者の利益が注意深く考慮され、均衡がとられた。ところが、一人の労働党議員が議会で発言したように、「公衆である鉄道利用者たちは、この協定の最も重要な要素をなしている。にもかかわらず、公衆がこの協定に利害関係があることを示唆する文言は一切見当たらない」[21]のであった。

生産者の利益がこれほどまで支配的な影響を及ぼしたことは——この点に光を当てることなしには理解できないほど——近年の経済史の決定的な要因である。一九一四年に勃発した前大戦の際には、交戦国でも中立国でも、広い範囲の商品や工業製品の生産が刺激を受けた。その戦争が終わった後、あらゆるところで生産者同士が激しく競争した。どの国でも生産者は政府の支持を得て、戦時中に拡大した新産業をできるだけ多く維持しようとした。その結果、過剰になったことが明らかな戦時期の生産設備を削減するのが遅れることになった。混乱した考えの霧が晴れると、生産過剰という現象をもたらしている原因は、単に戦時期の拡大とその後始末にだけ帰せられないことが明らかになった。

戦後の危機は、やってきては去り、またやってくる。農業の恐慌と産業の大規模失業はほぼすべての国で風土病のようになった。世界は、いまや明らかに古典派経済学者には全く考えられなかった現象に直面している。慢性的な過剰生産である。過剰生産の効果は累積的に積みあがる。たとえば小麦の過剰生産とは、小麦が売れなくなった小麦の生産者にとって、コーヒーを飲むことも衣類を買うこともできなくなることを意味する。こうなると、コーヒーや衣類も過剰生産になる。このように次々に過剰生産がシステム全体を覆っていく。

## 過剰生産の危機

古典派経済学は過剰生産について、次のような仮定的推論を行ったが、そのどこに欠陥があったのであろうか。すなわち、生産設備が拡張し、諸資源を追加的に使用できると、新しい形態の生産が生み出されることとなり、それが一層多くの財貨を生み出していく。とすると、過剰生産は過渡的な現象として生じるものの、それ以外に問題になることは考えられない。また、そこで一時的に生じた過剰生産も、需給関係の自動的な調節作用が働いて是正されていく、と。

古典派経済学の創始者たちは、どこへでも自由に移動できる小規模の生産者たちの社会を前提した。資本も労働も、無制限の適応力をもった均質な量的集合であると前提した。ところがこうした前提は、アダム・スミスが『諸国民の富』〔一七七六年〕を刊行してから一世紀の間に、次第に妥当性を失っていった。その妥当性は三つの経路を通って消滅した。

第一に、産業には莫大な資本が必要となり、いったん投資された資本の一部は、移動することができなくなった。鉄道や製鉄所を例としよう。鉄道や製鉄所の設備が過剰になると、その鉄道や製鉄所に投下された資本の当該部分は、〔事業をやめても回収できず〕事実上失われてしまう。古典派経済学からは「非経済的」企業と呼ばれるものになってしまったのである。ところが資本家たちは当然、あらゆる手段によってその企業を維持しようとする。

第二に、装置・設備と労働の専門分化が進展したため、古典派経済学が前提するような急速な自由移動は不可能になった。鉄製レールや綿布を製造していた人間も機械も、短期間のうちに蓄音機や絹製ストッキングの生産に切り替えることはできなくなった。

第三に、古典派の前提は、人間本来の保守的性向を軽視していた。銀行家も雇用者たちも労働者も、長年にわたり繁栄して利益を上げてきた企業が、永久に無駄な企業になることがありうるとは、簡単には信じなかった。商売が全く立ち行かなくなっても、一時的な不況や「不公正な」競争のせいにされた。また、やがて消え去るであろう他の偶然的事情のせいにされた。古典派経済学が予定したように、資本と労働を新しい天地に移動・転換するのではなく、失った地位を取り戻すことにその全努力を注いだ。この保守主義は長い繁栄の歴史を誇るイギリスのような国や繊維産業のような業種に特に顕著な特徴であった。またこの傾向は資本側と同様に労働側にも顕著であった。自分の職業を変えたがらず、また住む場所を変えたがらないのは人間の自然な感情である。これら心理的な困難に加え、労働組合の一貫した方針は、労働者の生産部門間の配置転換に対して、できるだけ多くの障害をもうけることであった。同一基準に基づく賃金が普及したことも、この結果をもたらす一因であった[22]。

生産装置である機械は、ますます効率的になると同時に、ますます硬直的になった。その結果、ますます同じ商品が生産されている。そのとき消費者には、何が起こっていたか。消費者の需要はいっそう増大する過程のなかで、ますます多種多様になった。一九三〇年にイギリスの経済学者〔A・ラヴデー〕は以下のように指摘した。

最近の緊張と混乱のなかから、真に重要な事実が台頭してきた。需要の世界において、人々の欲求は、異なった種類の財やサーヴィスに向かうという根本的な変化が生じている。すなわち相対的需要は、食や衣服や住居空間といった一次的な必需品

からシフトして、二次的欲求を満たす多様な財やサーヴィスに向かっている。(23)

これは全く自然な変化である。生産が拡大し、生活水準が上昇する中、消費財は二つの種類に分かれた。「必需品」と「奢侈品」である(この二つの語がそれぞれどの財やサーヴィスを指すかは、国により時代によって異なる)。必需品の消費量は主にその国の人口によって異なり、奢侈品の消費量はその国の購買力によって異なる。ある商品が、いったん必需品のカテゴリーに組み入れられると、その後たとえ生活水準が上昇しても、その商品の消費量には影響しない。イギリスとアメリカでは、生活水準の上昇は、一九三九年に先立つ三十年間、パンの消費量の減少をもたらした。この二カ国では、今後たとえ生活水準が上昇しても、砂糖や綿製下着の消費量が顕著に上昇しなくなる日が近づいているであろう。

一方、奢侈品はその特性として、需要が無限の弾力性を持って伸び縮みする。現在、自動車、缶詰食品、奇抜なデザインの衣類、本、美術品、化粧品または大衆娯楽に対する潜在需要の大きさについては(購買力の不足以外は)限界が視野に入ってこない。近年生活水準が急激に上昇したが、その期間、一方で「主要」産品をつくる業種が不振に陥り(農業が全産業のなかで最も不況に陥った)、他方で奢侈品の取引が繁栄したが、これは驚くに当たらない。必需品の需要が比較的固定しているのに対し、奢侈品の需要は変動が激しく気まぐれなのである。このことが、現在の議論にとって重要な点である。「人口一人当たりの富の増加、人口の年齢別構成や富の分配の変化、余暇時間の増加、そして文化の進歩は、同じ結果すなわち需要の不安定化をもたらす傾向がある。食料、衣服そして最低限の住居を持たなければならないが、いったんこれらが満足された後は、それ以外の需要は任意に選択されるようになる。(24)」

通常の年には、翌年のパン、砂糖、外套などの消費量をかなり正確に予測できよう。ところが、特異なデザインの帽子の流行が来年も続くのかそれとも廃れるのか、シェリー酒がポートワインのブームに取って代わるか、絹製のランプシェードや鋼鉄製家具が大当たりの商品になるのか否か、レコードの売り上げやグレイハウンド犬競走の賭け金総額が前年より増えるか減るかは、近似的な推量すらできない。

一方で生産システムは硬直化し、他方で消費者の需要は激しく変化する。この二つが両立不能なことに根本問題がある。過去二十年間、この問題に解を見出せなかったことに、深刻な経済的不均衡の部分的な原因がある。生産者と消費者の間では、隠されたしかし容赦ない闘争が進行していたが、戦いの武器はすべて生産者側がもっていた。

ビジネス指導者は、ますます高まる需要の流動性と不確実性による危険、そして、科学の発展がもたらす生産技術の急速な変化による危険に対して、耐え抜き、企業の安全を確保することに成功した。彼らは個々の工場の合理化を行っただけでなかった。産業全体を中央集権的にコントロールすることが、ビジネス指導者の手法であった。消費者が任意に選択する需要に対して、供給の独占をもって対抗したのである。(25)

生産者は、消費者に大量の広告を浴びせかけて、需要をコントロールしようとし、消費者に、広告主が売るわずかな種類の商品だけを大量に買わせようと心理誘導しようとした。(26)「広告されている商品を買おう」、「買い物は有名な銘柄《ブランド》を」は、広告代理店には巨利を貪る宣伝文句となり、生産者には消費者の心に好みを組織的に植え付ける手法となった。これらの試みが失敗すると、生産者は売りたい商品について、消費者の歓心を買う方法を駆使しはじめた。たとえば、同じトイレットペーパーや靴磨き粉を買い続けると、折りたたみ式ナイフや毛皮のコートが「ただでもらえる」という類の景品をつける販売促進手法である。高額の商品には分割払いや後払いの制度が、消費者を生産者の意志に従わせる機能をはたした。欲求しないものは買わない、と抵抗する消費者は「販《セー》売抵抗者《ルス・レジスタンス》」という侮辱的な名前を冠せられ、より巧妙な広告によって「打破」すべき対象とされた。

すでに二十年前、R・H・トーニー教授は、「産業が人間のために存在するのではなく、人間がまるで産業のために存在しているかのようである」(27)と驚きをこめて記していた。この観察の正しさを、近年の経済史全体は証明している。

生産と消費を逆立ちさせる態度は、国際的領域において驚くほど極端であった。消費者が熱望する輸入品目を、イギリスの生産者たちは輸出維持のための悲しむべき必要条件として、不承不承許容してきた。イギリスの政治家は臆病にも、デンマーク製のベーコンや日本製の自転車を輸入することは、イギリス人がもっとベーコンを食べられ、もっと自転車に乗れるのであるから、良いことである、と常識に基づいては正当化しなかった。そうではなく、製品を輸入した分、イギリスにとって石炭や鉄鋼を使わなくてすむから良いではないか、と〔生産者の立場から〕議論をしたのである(28)。

一九三〇年から一九三九年までの国際通商交渉は、次の考え方に基づいていた。すなわち、輸出国の生産者は輸入国の消費者の利益のために商品を生産しているとは考えない。消費者は輸入した商品を消費することによって、輸出国の生産者に利益を与えている、と考えるのである。これは厳粛な場で公然と言明されたが、それが逆立ちした考えであることに誰も気付かなかった。たとえば国際連盟総会の席上アンソニー・イーデンは「イギリスは世界の全輸入のうち着実に増大する比率の輸入品を引き受けている」と述べ、「このことは世界貿易を維持する上で少なからぬ貢献となっている」と続けた。(29) ここではイギリス人が、デンマーク製のバターやアルゼンチン製の牛肉を、食べたいから食べていると考えてはいない。そうではなくて、イギリスの輸入とは、デンマークやアルゼンチンの生産者の福祉を思いやるイギリス人の慈悲深い意思の顕われである、と考えている。とするとデンマーク人やアルゼンチン人が、イギリス産石炭で暖をとるのは、彼らのイギリス石炭生産者の福祉に対する慈悲深い意思の顕われ、ということになってしまう。この逆立ちした考え方は国内市場では、すでに破滅的な結果を招いたが、国際市場でも同様であった。つまり、国際貿易は、外国の消費者が消費したいものを、国内の生産者が生産することによって推進されるが、そうとは考えずに、国内生産者が生産し続けたいもの〔が先にあって、その生産物〕を外国の消費者になんとかして消費させることが、貿易を促進することになる、とするのである。

イギリスの個々の消費者には、消費者団体を持たなかったことによって学び損ねた教訓がある。それは、生産者たちが生産物をあまりに熱心に売ろうとするあまりに、権力を消費者の手にわたしてしまい、消費者から逆《さか》ねじを食わされてしまった。この教訓を、いくつかの政府はつい最近になって学んだ。とくにドイツはこの教訓を最大限の綿密さでもって実際に適用した。主な問題とは、シャハト博士が述べるように「世界の国々は、はたして〔ドイツという〕八千万の人々よりなる市場なしで済ますことを望むのか、あるいはなしで済ます地位にあるのか、それともドイツ市場を維持したいと望むのか」(30)であった。

中央ヨーロッパとバルカン諸国は、ドイツ市場なしで済ますわけには最もいかない国々であった。これらの国々が彼らの生産物をドイツで消費されるように促す唯一の方法は、それと交換に、これらの国々が――それを真に望んだか否かにかかわらず――ドイツ企業の生産物を輸入し、消費することであった。多くの国では、外国の消費者に買ってもらうため、生産原価以下の価格で製品を売った。そして比較的容易な方法で説得できる本国の消費者に対して高い価格で売って、外国での損失を埋め合わせた。本国市場では、生産者がその製品を消費者に押し付ける能力によって過剰生産が緩和された。ところが外国市場では、ここに述べたような方便(他にもたくさん例がある)を用いることによって、国際貿易をほぼ完全に壊してしまった。この問題を考える人は誰でも、この異常な破局をもたらした推論には誤謬があるに違いないと気付いていた。ところが問題は解かれていない。そして解決を求める試みはかえって病気を深刻なものにしてきた。

## 便法と療法

誤りの最初は診断の誤りであった。経済学者たちは、過剰生産という問題は、その本性上、一時的な問題以上にはなりえないとする古典派経済学の催眠術にかけられてしまった。そのため長い間、諸症状の奥にある病根について本格的な検討を行ってこなかった。

第一に、いわゆる「過剰生産」の本性が、ほとんど考究されてこなかった。ある時にはゴムが、鯨油が、そして綿糸が、既知の用途によっては吸収される以上に生産されたことが過剰生産の例と表現できる。小麦や綿花が、世界の人口が消費したいと思う以上に栽培されることは十分に考えられる。こうした場合、絶対的な過剰生産が生じたと表現できる。

ただし、過剰生産が発生する通常の形態は、消費者の購買力との相対比較に基づく相対的な過剰生産である。そのため、たとえばラードがシカゴでは過剰生産となり、その一方で、アメリカ南部諸州の分益小作人や東ヨーロッパの農民がラードの欠乏に苦しむ事態は生じる。過剰生産が絶対的であるか相対的であるかを決定できない境界範囲の事例は疑いなく存在する。この問題は別個の現象であり、異なる対処策が必要である。そのうち過去二十年の間に深刻な問題となったのは、相対的な過剰生産であった。

第二のより深刻な誤った診断もまた、古典派経済学にあまりに傾倒しすぎたことから生じた誤診である。つまり、先ほど検討した、生産者の権力と消費者の権力との間の不均衡に起因する慢性的な悪であるとは診断できなかったことであった。

致命的な誤りは、もっぱら生産者の観点に立って問題をとらえたことから生じた。生産者の団体はどこでも完全に政府機関を掌握していた。そのため、支配層の内部では、危機の対処法は、政府が生産者を支援することである、という幅広い合意ができあがった。この考えのもとに、生産諸企業が「自ら立ち直る《ライト・イットセルフ》」ことを政府が支援する、という便法が政策化された。最も生産諸企業に人気があった政策は、生産者に対する補助金(低利の資金貸与を含む)と、価格を上昇させるための生産制限措置の二つであった。

多くの経済学者は、第一の政府による企業への補助金を提唱した。彼らは、どのような商品を生産しようが、それがますます雇用を創り出す限り、生産者たちの得る利潤と支払う賃金が商品を買う購買力を創り出すのであるから、まったく問題ではないとする見解を支持することもあった。ただし、経済実務に通じた人々は、この論法には落とし穴が潜んでいると感じとって、第二の生産制限の方を望んだ。産業カルテルや企業合併などの形での民間主導の生産制限に加えて、諸政府間の国際協定によってスズ、茶、ゴム、銅の生産制限が行われ、小麦と砂糖については輸出制限(多くの場合生産制限と同じであった)が行われた。

政府補助金と生産制限とは、消費者の購買力との相対比較に基づく過剰生産の弊害を、違う形をとって悪化させた。二つの便法は、失敗すべくして失敗した。第一の便法である企業に補助金を出す政策は、過剰生産された商品の山の上に、さらに売れない商品を積み上げさせた。政府が金を出して生産企業を破産させる政策は、ほどなくしてこの上ない愚かさの絶頂に達した。第二の便法である生産制限によって、過去十年間、世界の大部分の文明国家は、実った小麦や綿花を土に埋め、収穫したコーヒーの実を燃やし、搾った牛乳を地面に流した。「価格安定策」という便法(安定とは価格を押し上げる意味に用いられ、押し下げる意味には用いられない)は、二つの世界大戦の戦間期に、人気を博し続けた。この便法が広く実施されたことは、人々を混乱に陥れたが、生産者の利益が圧倒的な影響をもっていたことの顕れであった。(31) この二つの便法も、他の便法と同様に、生産と消費の間の不均衡を解決することはなかった。

この間、消費者の観点に立って問題に接近する試みが始まった。広告、分割払いや後払いの制度など様々に新しい販売手法を工夫したものの、それだけでは生産者が十分な利潤を上げられるほどには、消費者が商品を買う誘因とはならなかった。とすると、消費者に対して他の種類の刺激が必要になるのではないか、と考えられた。

消費者が十分に消費しない理由は、おそらくは、消費者が過剰に貯蓄しているためであると推論された。そこで、倹約が主要な徳目リストから一気にはずされたのである。イギリス中のあらゆる掲示板には、政府の費用によって「雇用を守るために金を使おう」「繁栄のために金を使おう」というスローガンが満ち溢れた。経済学者たちは「過剰生産」を説明する道具として「過少消費」という新しい理論を発明した。そして彼らは、けちけちと貯蓄して投資する性向を直しさえすれば、過剰生産の問題はたちどころに消えてなくなる、と仮定したのである。

過去二十年、経済問題を解決するためのキャンペーンが実施されたが、そのなかで唯一人々の関心を引いたのは金を使えというキャンペーンであった。これは重要な意味をもった。金を使えと政府がキャンペーンを行っても、消費者は十分には金を使わなかったが、やがて、その理由は、貯蓄したいからではなく、使うための金がないためではないか、という意見が台頭した。そして、もしもこの意見の通りならば、経済問題を解く正しい方法とは、明らかに消費者のポケットに金を入れることだとされた。言い換えれば、正しい政策とは、生産者に補助金を出すことではなく、消費者に補助金を出すことである、ということになった。

この政策構想が、ダグラスの社会信用供与計画[4]やタウンゼント計画[5]のような運動の基盤となった。この政策は多くの支持者を集めた。また、世界の各地でこれまでとは異なる種類の資本家に対する新しい非難が呼び起こされた。資本家はもはや労働者の敵ではなかった。むしろ、典型的な消費者である「細民《リトル・マン》」の敵であり、いじめられている小家族の敵として非難の対象となった。これらの運動は、生産者による生産者のための経済システムのコントロールに対する抗議運動となった。たしかに理論的な洗練を欠いていたし、また、課題の半分しか提起していなかった。にもかかわらず、その運動は、生産者は消費者のために存在するのであって、その反対ではない、という原則にしっかりと則っていた。また、現在の生産と消費の不均衡に関しては、消費者を生産者の必要に適応させることによってではなく、生産者を消費者の必要に適応させることによって均衡を回復させることができる、という原則にもしっかりと則っていた。この点に注目するなら社会信用供与計画やタウンゼント計画は、政府の政策——生産諸企業に補助金を出し、また生産制限をして価格を押し上げようとしていた——よりもはるかに危機の本性をついた案であった[6]。

ただし、それらの計画が提唱した政策構想には、たしかに不健全さがあった。それに対して、当時流行していた「過少消費」説に結集した経済学者たちは、消費者に無制限の信用を供与してみても消費の刺激策として有効ではない、と急ぎ明らかにした(32)。

ほぼ同時期に、ソヴィエト・ロシアとナチス・ドイツがこの経済問題に取り組んでいたが、彼らはその解決に成功したと主張し、大いに関心を集めた。ところが、彼らがこれらの成果を得るために用いた手法が民主主義国家に非常な敵意を呼び起こし、そのために、ソヴィエト・ロシアとドイツの政策がもたらす経済的教訓を公平に判断できなくなった。

ソヴィエト体制は、早い時期から計画的生産システムを導入し、一部の人々は、〔五カ年計画などの〕生産計画それ自体が経済的な病気に対する治癒策になると積極的に主張した。しかしながらソヴィエト・ロシアの前例は、西ヨーロッパ諸国に適用するにあたって次の点が忘れられた。ロシアは経済発展の初期段階にあり、未だ開拓・開発されていない広大な領土をもち、人口がなおも急増中であり、生活水準が低く、資源と穀物以外に重要な輸出品はなく、国内市場が——穀物市場でさえ——無限に拡大する可能性があった。これらを考え合わせると、ソヴィエト・ロシアに過剰生産が生じる恐れはほとんど存在しなかった。

その一方、ドイツの前例は他よりも教訓に富んでいる。ドイツは高度に発展し、すでに工業化していた一九三三年以降、計画制が導入されたが、それに先立つ十年間は、外国から巨額の投資がドイツに向けて行われたことに刺激され、すでに過剰生産の症状を顕著に示していた。ドイツで採用されたのは消費の計画であった。

ソヴィエト・ロシアでは、消費を計画する必要はほとんどなかった。なぜなら、そこでは国内のほとんどあらゆる分野で、需要が供給よりもはるかに多かったからである。一方のナチス・ドイツでは、計画された消費が危機解決の鍵になった。一部は民生用の公共事業が行われたが、主たる計画は再軍備の形をとった。膨大な消費プログラムが実施された結果、ドイツ国内の全生産力が活用・吸収され、さらにそのうえに国外の生産力も活用・吸収された。そして今までのところ失業者は、プログラムに必要とされた生産に吸収・活用されて職を得ている。

ソヴィエト・ロシアでもナチス・ドイツでも、価格は生産原価から切り離された。その結果、価格をどう固定すべきか、そして決まった価格との相関において賃金をどう固定すべきかが社会問題となった。この問題の解決の一部は、その国の総生産力のうちどれだけの比率が民間消費に応じる供給に割り当てられるかに影響された。

イギリスにおいては、ドイツと同様、再軍備——最も単純な形態の計画された消費である——により、はじめて失業が根本的に解消した。さらにイギリスも戦時体制に移行して、ロシアとドイツでは何年も前から採用されていた手法が採用されたことにより、問題が完全に解決された。

## 計画的な消費

〔軍備拡大という〕解決策の特徴に対して、公衆の心は曖昧であった。その理由は、この軍備に基づく景気回復は必然的に一時的なものであり、軍備は道徳に反するということが共通に想定されていたからである。これらの結果、議論は、混乱した思考が織り上げた布のようになった。

たしかに軍備は消費するために造られ、新たな価値を何ら生み出さない。軍備はたしかに文明生活を快適にするものの大部分と同様に、「非生産的」であり「余計」である。軍備生産の経済的帰結は、絹の靴下、映画、ベートーヴェンの交響曲の制作の経済的帰結などと全く同様である。いずれの場合にも生産資源が加工されて、社会全体が良かれ悪しかれ、消費したいと思うものを創り出す。軍備を求める社会的な願望が非常に変わりやすいことは事実である。しかし消費者の需要が気まぐれであることは、現代社会と経済システムの問題群の一つである。この気まぐれが幾分誇張された形で軍備について現れているだけである。

軍備の需要は、失業問題の解決に使われたが、その需要の特別な特徴は次の二つである。第一に、軍備は需要に際限がなく、計画的な生産システムだけでなく、計画的な消費システムを要求する。第二に、軍備の消費計画は、価格にも利潤にも無関係に決定される。価格と利潤が考慮されるのは、消費計画を実施する最も有効な方法は何かを決める際に限られる。

しかし、この二つの特徴は軍備の生産にのみ排他的に当てはまる条件ではない。たとえば軍需省[7]が採用した計画的な消費システムは、食料供給という同様に根底的な課題に取り組んだ食糧省[8]のシステムと本質的に異なるところがない。また、船舶輸送省も別の分野で、価格と利潤の観点から離れて、消費者の必要という観点から優先順位を決めて計画を立てた。

やがて軍備に対する需要は消え去るであろうが、その時、経済制度の再建を進めるにあたって、平和時の必要性に応じ、また、大規模な失業に再度見舞われないようにするためには、その最初の条件は、際限なく拡大するような消費計画を作成し、消費には優先順位を付し、これらを満足させるために生産力の容量を全面的に活用することが不可欠である。ここで必要なことは、社会信用供与運動の熱心な提唱者〔A・R・オリージ〕[9]の言葉を借りると「消費を組織的に組み立てることが第一、生産を計画するのは第二、消費のために生産すること」(33)となる。

消費者の選好は気まぐれである。これに即応するために、消費計画をどこまで伸縮自在に組み換えられるかは、経験が進むにつれ明らかになるであろう。初期の計画段階においては、消費者の選択に一定の制限を課すことは不可避であろう。この課題は、近年の文筆家〔G・チャップマン〕が書いているように、「自己規律と選別的消費の習慣に向かって社会を誘導し前進させる」(34)過程によって成し遂げられなければならない。

ともあれ、こうした消費への制限について、ほとんどの人は、現状維持、すなわち一方で社会の一部の人々は、山のような「贅沢品」のなかから一切の制限なしに選択でき、他方でそれ以外の人々は「贅沢品」に全く手が出せない状態よりもましな、より少ない悪であると考えるに違いない。経済再建の第一の根本的課題は、まず計画された消費を先に考え、その条件を満たすように生産計画を立てることである。経済システムは過去一世紀半の全趨勢を逆転させなければならない。すなわち、もう一度生産者を消費者に従属させなければならない。はるか以前、一九一七年にマックス・ヴェーバーは次のように述べていた。[10]「人間の必要は生産メカニズムにおける人間の位置に応じて決まるものではない。」当時人気の高かった「〔職業代表から構成される〕経済議会」が仮に実現されたとしても、「その議員は生産の各職種・各階層だけから選出されるべきではない。大衆の必要を代表するという原則に基づいて選出されるべきである[35]」と。また、ローズヴェルト米大統領は一九三三年にその信念を「われわれは経済思想の根本的な変革の扉の前に立っている。……将来われわれは生産者に関してはより少なく考慮し、消費者に関してはより多く考慮することになろう[36]」と述べている。ここで述べられた根本的な変革こそ、現大戦後に経済再建をなしとげる最初の、かつ最も重要な課題である。

これと全く同じ条件が、国際貿易の復興にも付されている。すべての国が経済政策の主目的を、できるだけ多くを輸出し、できるだけ少なく輸入することに置く限り、国際経済的危機が克服できないことは、今や自明の理である。国際貿易を復活させる方法は、まず何を外国に売りたいかを決め、次いでそれを外国人に買わせるための誘因として外国から何を買わなければならないかを確定することでは決してない。まず何を外国から買いたいかを決め、ついでその代金支払いのためには何を生産しなければならないかを確定することである。一九三四年二月二十一日締結のドイツ・ハンガリー通商協定は、相互に相手国が輸入したいと望む物品の生産を企図した近年で最初の例であろう。とにかく接近方法は正しかった。国際貿易は、まず輸出したい品目を中心軸に据えて、その品目を外国に買わせるための交換条件として輸入を意味づけても成功しない。そうではなくて、輸入したい物品を中心軸に据えて、その輸入の支払手段として輸出を意味づけない限り成功しない。まさしくこの通りのことが、イギリスが再軍備計画を出発させたときに生じた。この計画が外国からの供給に依存していることははっきりしていた。そしてこの輸入を中心軸にした考え方は、再軍備計画が国内取引だけでなく、国際貿易にもプラス要因となったことをよく説明する。もしも戦後の平和時においても同じ成果をあげようとするのであれば、まず消費者の必要に関心を集中しなければならない。そして生産は、国際貿易でも国内経済でも、消費の目的に奉仕させなければならない。

経済再建の第二の根本課題は、われわれの主導する目的を富から福祉に転換し、価格と利潤を生産を決定する要因としては放棄することである。倫理的な価値基準をもたない自動的な価格決定のメカニズムに、消費者は自らの選択を反映させるものとされた。そのプロセスに代えて、社会全体が善とみなす目的に奉仕する価格を意図的に固定し、計画された消費システムを編成しなくてはならない。価格を政策的にコントロールする目標設定については、現大戦より前にすでに、賃貸住宅の家賃や牛乳の価格について、最も必要とする人々に手の届く範囲に収めることで合意されていた。社会的な目標設定は、戦時体制に移行すると、多くの食料品価格にも拡張された。これらの価格決定システムは戦争が終わったら直ちに「自由」価格の世界に逆戻りする、と考えるのは妄想であろう。この価格の機能について、新しい考え方が受け入れられたとすると、関連する諸問題の詳細は、理論的には経済学者が、また実際的には戦後に価格政策をコントロールする実務家が決めていくこととなろう。

もちろん、重要度が低い商品に関しては、相変わらず消費者の選択のために市場で価格を決定することは有用なメカニズムであろう。また利潤率は、たとえ達成すべき利潤以外の目的が先に決められている場合でも、生産方法の選択について比較考量する際の有用な基準である。価格の市場決定と利潤率による判断は、いったん万物の支配者の座から退場したとしても、多くの面で有用性を発揮する下僕となるであろう。

問題の核心に達するには、さらにもう一つのポイントがある。〔貯蓄である。〕仮にたんに消費を拡大し、価格を政策的にコントロールすることだけによって、繁栄を取り戻することができ、万人により良い生活を保障でき、さらには資源と人的資源を完全活用できるとするなら、われわれはすでに千年王国的ユートピアに向かう途上にいるということになる。万一これが本当であるとするならば、社会信用供与計画やタウンゼント計画が描く構想に黙って従えばよいことになる。また、市況を活性化させるため、繁華街の通りに面したすべてのショーウインドウのガラスを叩き割った、と語る男に返す言葉がないことになる。

この種の議論はもちろん誤りを含んでいる。消費を自発的に差し控えるか、または消費を強制的に制限して貯めた貯蓄によらない限り、拡大する生産にも増大する労働にも資金を調達できない。この点で古典派経済学の理論家は健全であったが、「過少消費」学派は大変に目立った誤りを犯した。イギリス金融の実務にあたる当局者たちは、計画的な消費を実際に政策化する段になると即座に、この命題の正しさを認識した。そして大規模な再軍備計画を実施する必要性が明らかになると、「繁栄のために金を使おう」「雇用のために金を使おう」というスローガンは消えてしまった。そして「倹約し貯蓄して投資しよう」というヴィクトリア期の徳目がもう一度名誉回復した。であるからといって「過少消費説」がかき立てた魅惑的な風潮は、すぐさま退潮したわけではなく、完全に消えることもなかった。

現大戦の勃発にイギリス政府は、様々な方面で不意を打たれた。その一つが民生分野の消費を制限して軍事予算に注ぎ込む資金を貯蓄しておく措置に踏み出していなかったことである。この措置は、大戦勃発後に急いで間に合わせ的に実施されたが、ほとんどすべての観点から不十分なものに止まった。こうした措置の必要性について今日では異論を唱える者はいない。ただし貯蓄率を高める措置が再軍備計画について正しかったのと同様、それが戦後の社会再建計画についても正しい、ということがはっきり理解されているとはいえない。社会再建計画も貯蓄のみから資金調達できるのである。計画的な消費とは、われわれが消費したいものをリストアップし、その間に優先順位を付した計画案を描くことだけではすまされない。重要でないものや望まないものの消費を制限して、そこから生じた貯蓄を所要の生産計画の投資に振り向けることを必要としている。言いかえれば、われわれは戦争の必要に立ち向かった真剣さと組織的周到さをもって、平和の必要にも立ち向かわなければならない。

この点が経済問題の十字路である。今日戦争はそれだけで一つの特別なカテゴリーをなす。過去のすべての偉大な文明は、その文明に固有の「非生産的な」大事業があり、それにコミュニティ全体の相当部分の資源と労働を、利潤とは全く無関係に吸収した。ヨーロッパ中世の社会は三階級よりなり、そのうち「働く人々」が他の二つ、「祈る人々」および「戦う人々」を養っていた。そして現代文明だけが、戦争をそれだけで一つのカテゴリーにしている。すなわち戦争は唯一のなんらの利潤ももたらさない大事業であり、社会全体の能力と自己犠牲を一義的かつ無制限に要求することが普遍的に認められている。戦争は、未だに金がかかりすぎるという批判を受けない唯一の国家事業である。戦争になると、それが消費の削減であるにせよ、労働時間の延長であるにせよ、社会全体として（おそらくは戦争開始以前は失業していたか、最低水準の生活をしていた者を例外に）経済的な犠牲を強いることを誰もが了解している。目に見える目的、すなわち戦争に勝つことが、犠牲をはらうに値すると考えられている。戦争に勝つために達成すべき計画が立てられ、人々はそれを実施するために進んで犠牲を払おうとする。この計画が遂行されると多くの帰結がもたらされる。完全雇用が達成され、経済恐慌として知られた悪循環もきっぱり断ち切られる。

戦争のための軍備拡大は、既述の通り、利潤をなんらもたらさない他の種類の生産活動と、その経済的帰結において異なるところがない。たとえば、平和時において、軍備を生産した後その軍備すべてを海に棄てることも、城やピラミッドを建造することも、ケインズ氏が示唆したように、使われなくなった炭鉱に紙幣をいったん埋めて、それをもう一度掘り出すことも、戦争を目的とした軍備拡大と同じ経済的帰結、すなわち利用可能な労働と資源の全面的活用をもたらす。(37)[11]

これらの計画案は、価格と利潤のメカニズムによって支配されない計画的な消費の基準に適合しており、その限りでは完全な答案である。ところが、これらの計画案の底には誤信がある。それは経済的なものではなく、道徳的なものである。これらが目指す目的は達成する価値がないのであり、人々はこの目的達成のために犠牲を払う用意はないであろう。

アメリカの経済恐慌に際し、ラフォレット知事[12]は「近代史において最も無駄で最も不毛な戦争に四百億ドルもの米貨を濫費した」人々は、困窮者救済の公共事業の財政支出には賛成票を投じない(38)、と急所をついた批判をした。

失業問題は戦争時には解決できるが、その理由は、人々が犠牲を払うに値する目的を戦争が提供しているからである。失業問題は平和時には解決できないが、その理由は戦争時と同様に、人々が犠牲を払うに値するだけの平和時の目的を現代文明が承認していないからである(39)。

個人の利潤追求は、十八―十九世紀における経済システムの原動力であったが、しかし、いまやわれわれを失望させている。そしてわれわれは利潤追求に代替する道徳的原動力を、戦争以外には発見できていない。戦争以外のなにものも十分に追求するに値する目的ではない。この経済的危機とは、その本質において道徳の危機なのである。

# 第五章　道徳の危機

現代世界における道徳の危機とは、自由民主主義、民族的自己決定、レッセ・フェール型自由主義の根源にある倫理システムが崩壊したことである。この倫理システムは、諸利益の調和の教義を通じて理性と道徳を和解させることに基礎を置いていた。功利主義者たちは、啓蒙された自己利益を徳《ヴァーチュー》と同一視し、人間にとって最高の義務は、自己自身の利益を正しく理解し、それを着実に追求することであると規定していた。トクヴィルの言葉を借りると「個人の利益が……それ自体で一つの社会理論であると主張する」(1)のである。

自由民主主義は、個々の市民の間に利益の基本的な調和が存在し、市民間に利益の相違が見られた場合には、ギヴ・アンド・テイクの過程によって相互に好都合な点に調整できることを前提とした。民主主義は最良の統治形態とされたが、最良であるとされた理由は、すべての構成員が投票箱を通じて自分自身の利益を表明できるからであった。民族的自己決定は、国際社会の確実な基礎となるとみなされていた。その理由は、各民族は、それぞれ最高の利益を追求することにより、世界全体の利益を追求しているものと想定され、したがって、ナショナリズムは国際主義に到達するための自然な踏み石とみなされた。レッセ・フェール型経済は、諸個人が自己利益を追求することが、あたかもその個人が社会全体の利益増進のためにできるすべてであるかのように想定していた。

このように前提すると、個人もしくは民族が行動の道筋において、自分たちの利益を犠牲にしなければならない事態に立ち到ったとしたら、それは何かの誤りなのであって、次の二つの説明のうちどちらかに該当することになる。一つ目は、犠牲と見えたものは妄想であって、本当は犠牲ではない、という説明である。もう一つは、どこかで道筋の選択を誤った、という説明である。すなわち、私的利益と公的利益とが互いに対立することは決してないし、また、ナショナリズムと国際主義とが互いに対立することも決してない、と想定されていた。

この倫理システムでは、民族社会であれ国際社会であれ、その福祉のために、意図的で熟慮された計画の必要性が否定されていた。この倫理システムの強調すべき特徴は、計画するように命じるような道徳的な目的を追放したところにある。このシステムは

「目的の概念をメカニズムの概念に取って代えた一つの政治理論」(2)なのである。

この理論の源流は、十八世紀合理主義に遡る。その時代の哲学者たちは、物質世界における科学の目覚しい進歩に着想を得て、人間行動と人間関係もまた、科学的メカニズムにコントロールされて秩序正しく前進すると説明した。十九世紀の二人の哲学者ヘーゲルとマルクスはその典型である。ともに目的ではなく過程を強調した。そして、明確な目的を最終到達点とするよりも、無限の進歩を信じる方が、高次の目的を追求している感覚を得られたのである。そのため、進歩に対する信仰が宗教的次元に高まり、その理論は道徳的な壮大さをもったばかりか、実践的にも高度の有効性を持った。人は自分の仕事に取り掛かり、自己の利益を追求したが、強固な信念に励まされることにより、「はるか彼方の神的出来事」——詩人や神学者はかすかなヒントをあたえるが、しかしそれを正確に定義する必要はない——を創造する運動の一端に参加している、と固く信じていたのである。

諸利益が自動的に調和すると信じ、また自己利益の追求を道徳的目的と等視し、さらに自己利益の追求を社会経済システムの原動力とみなすのは、途方もなく巨大なパラドックスである。ところが、これらの考え方は、ほぼ二世紀もの間、英語圏の国々では実際に影響力をもってきた(それ以外の世界ではそれほどでもなかった)。なぜそれが可能になったのであろうか。この謎を解く二つの説明がある。

第一の答えは、自由民主主義やレッセ・フェール型自由主義の哲学的前提に基づくならば、道徳的目的のための自己犠牲は、理論上放棄すべきものとされたが、にもかかわらず、どれほど奇妙に思われようと、自己犠牲を伴う他利的行為が、私的かつ社会的な徳として実生活上慣行であり続け、また、教会で常時説教されていたのである。英語圏の世界――ここでのみ自由民主主義とレッセ・フェール型自由主義が長期にわたり支配的で実際に力をもった――において、〔弱者救済の〕慈善《フィランソロピー》団体と自発的団体が、社会のいたるところにネットワークを発達させた。この〔慈善と贈与の〕ネットワークは、当時隆盛していた古典派経済学からは効用を否定されたのであったが、人々の自己犠牲的な心性を発露する回路となった。のみならず、多くの社会的機能を担うようになり、その後になると、政府による公的な社会福祉事業に引き継がれた（なお英語圏以外の多くの国々では、当初からこれらの機能が公的な社会政策として始まった）。

これらの慈善と贈与の社会事業は当初、古典派経済学の純理論や効用理論と相容れないとして頻繁に攻撃された。この攻撃は、〔古典派理論を前提とすると〕論理的には反駁できない。仮に反論すると、大小様々の慈善活動団体や報酬を受けないボランティアたちの大群が、利他追求と見せかけながら隠された自己利益を追求している、という妄想のような議論になってしまうからである。自己犠牲〔という利他〕の行動様式は、古典派経済理論が擁護できないにもかかわらず、倫理システムを支える柱の一本であったことは疑いない。とすると、個人の禁欲と公共的奉仕というピューリタン的伝統に深く根差した社会慣行は〔古典派経済学からは〕非合理的であるが、利益の調和なる合理主義的道徳観よりも、十九世紀の自由主義的かつレッセ・フェール的な社会を形成するうえで、より重要な役割を果たしていたと論じることができる(3)。

また重要なことに、レッセ・フェールの教義の理論的な説明のなかには、気付かれないままに同じような重大な〔科学主義の〕自己矛盾が紛れ込んでいる(4)。

古典派経済学者は、純粋に科学的な特質を持っていると主張してきたものの、彼らは自由貿易への深い信念を、〔科学的にではなく〕道徳的信条として表白している。ロビンズ教授は古典派経済学を代表する最も著名な現存する経済学者であろう。同教授は「経済学者は目標とする価値それ自体には関心がない」という教えを強調している。ところが、その彼は、計画経済下においては「悪い産業が悪い場所により多く残ってしまうことになろう(5)」と述べている。この引用でロビンズ教授は「悪い」の語を使った。これは明らかに、学の前提となる目的が同教授のなかに存在する証拠である。それは、ロビンズ教授自身が「経済学者は目標とする価値それ自体には関心がない」という経済学観と矛盾している。実際のところ古典派経済学者は、その体系の本質的部分として、無意識のうちに価値判断を下している。それは、経済活動の「正しい」目的とは富の最大化であり、富の最大産出とは両立不能ないかなる措置も「悪い」ということである。レッセ・フェール型システムも、実際には道徳的な目的を完全に追放したわけではなかった。富の最大産出とそのための試された道具である利潤の動機とが、道徳的な至上命令の位置に高められたのである。

利益の調和と利潤の動機を道徳的な目的とすることがなぜあれほど長い間、かくも多くの人々の信念として定着したのか。第二の説明としては、このパラドックスを含む命題が信じられた期間は、歴史の全く例外的な期間であり、とくに利益の調和と利潤の動機が思想と行動を支配していた英語圏では、パラドックスはこの時期の現実の一面を反映していたのである。

市場はどんどん拡大し、利益を生み出す投資によって発展した。その結果一層の生産増大を喚び起こし、それらに基づく利潤が社会の各層に浸透・拡散した。そして、消費の水準を引き上げ、また貯蓄を作り出して将来の有利な投資に振り向けられた。この例外的な時期には、技術の進歩が、需要の拡大と歩調をあわせて進展した。車輪がこのように回転している限り、利益の調和という命題はもっともらしく見えて、維持されたのである。そして、車輪はいつまでも回転し続けるように見えた。車輪が止まってしまう理由はなさそうであった。そして、人類はついに進歩と呼ばれる永久運動する機械の秘密を解き明かした、と固く信じられたのである。

信じられたことは残念ながら事実ではなかった。車輪が回転しはじめたのは、推進力によって駆動されたからであった。この推進力とは十六世紀にはじまったもので、遅かれ早かれ力を失ってしまうものであった。それはフロンティアの拡張と人口の増大による継続的な衝撃力であった。車輪が永久運動するという仮説に、自由民主主義とレッセ・フェール型経済学は立脚していた。ところがフロンティアも人口も、膨張の物理的な限界があった。そして十九世紀末にはともにほとんど限界に到達してしまった。文明世界のフロンティアはもはや前進しなくなった。世界の主要国は、五十年余り先には、その国の総人口が減少に転じる時が来ると予測できるようになった。そして一九一四―一八年の出来事が与えた激震によって、車輪は回転しなくなった。アメリカ合衆国は、世界各所の抑圧された人々にとって親・子・孫の三世代にわたり広大な無主の空間であり、無限の機会を提供する土地であった。それが一九二三年には移民に対して門戸を閉じた。アメリカの移民禁止措置は、他の何にもまして、世界が静止状態になり、既存の型にはまった陳腐な世界になったことを象徴していた(6)。大恐慌の開始によって、終わり

の過程が完了した。「一九三〇年には、それまで民主主義を掲げる西側社会を結束させていた道徳的接着剤が消え失せた。」(7)

個人の利益間の自由な相互作用によって、最大の福祉が達成可能であるとも、民主主義が社会を結束させられるとも、信じる者はいなくなった。自由民主主義とレッセ・フェールの基盤は崩壊した。

かといって、十九世紀の第三の理想に、安全な避難場所を求めることもできない。民族の権利の概念のなかには社会を結束させる力は発見できないし、また、人間の権利の概念ではもはや提示できなくなった共通の道徳目的をそのなかに見出すこともできない。利益の調和から道徳的基盤がはぎ取られると、個人主義は、かつてニーチェが論証したように、道徳的目的をもたない超人の教義に行き着くしかない。同様に、基盤を欠いたナショナリズムは、過去二十年の歴史が証明する通り、道徳的目的をもたない超国家または世界に冠たるドイツ民族という教義に行き着くしかない。利益の調和という信仰が破綻してしまった結果、諸民族の利益間の自由な相互作用によって、国際間の結束を実現しよう、または国際社会を建設しよう、という希望は不毛になった。

十九世紀には「良い」ナショナリズムが国際主義に到達していくための踏み石の機能を果たすとみなされていたが、しかしながら二十世紀には「悪い」ナショナリズムに転換し、「経済ナショナリズム」や人種差別や戦争をさかんに生み出す培養基となってしまった。二十世紀になると「愛国主義《パトリオティズム》だけでは十分ではない」という認識がますます高まった。その理由は愛国主義からは知性的に知ることのできる道徳的目的を導き出せないし、また結束力のある国際社会を創出させることもないからである。諸民族間の利益の調和が国際的な道徳を創出する基盤となる、という教説は全く信頼されなくなった。この信頼の失墜は、諸個人の間の利益の調和が国内社会の道徳を創出する基盤となる、という教説が信頼を失墜させたのと全く同様であった[8]。

## 道徳のジレンマ

現代の哲学者（T・E・ヒューム[1]）は、一つの時代を特徴付ける観念の重要性について巧みに記述している。

> 多くの教説のなかには、教説でありながら特定の時代には教説であるとは認識されず、人間の心に不可欠な範疇と認識されるものがある。人間はそれらをたんなる正しい意見であると見ることはない。というのは、それは人間の心の内側の一部をな

していて、しかも心に深く埋め込まれているので、それらが存在すると意識することは決してない。それらを人間は見るのではなく、それらを通じてそれら以外のものを見る。一つの時代を特徴付けているのは、これらの抽象的な中心概念であって、しかも誰からもそうであるのが当然のことと受け取られている観念なのである。[9]

この「抽象的な中心概念」を根こそぎ除去して、新しい概念と入れ替えることは、思想における根底からの革命である。アメリカの文筆家〔T・W・アーノルド〕は最近、「新しい観念体系を作り上げて、新しい必要性を正当化するには、どのような社会でも苦悩に満ち、ときに暴力紛争が伴う[10]」と述べた。

現在の時点でわれわれは、このような革命の産みの苦しみに立ち会っている。過去二百年間を特徴付けた抽象的観念体系、すなわち、進歩は無限であるとか、道徳は利益と一致するとか、社会は人間間や民族間の自然で普遍的な利益の調和に立脚しているという観念体系を、われわれの意識化された思想は拒絶しはじめた。

たしかに意識的な認識では、もはやこれらの抽象的観念体系を信じてはいないが、無意識的には、これら抽象的観念を依然として自明なものと受け入れ、それらを通じてそれ以外の森羅万象を見ている。こうなると思考は混乱し、そこから発する主張は不明瞭になる。われわれは意味が生命力を失った言葉を、儀礼的に繰り返している。過去二十年間、「軍備の縮小」「貿易障壁の撤廃」などの標語が荘重な呪文として機能し、そのたびによく知られた古風な音調は感情のこだまを喚起したが、行動には何の影響も与えなかった。戦争において、われわれは「民主主義」を擁護するために戦うというが、その一方で「われわれ自身がそのために戦っている民主主義とはいったい何を意味しているのか、不確かになってしまった(11)」。また、諸民族は独立を回復するために戦うというが、その一方では、こうした諸民族の独立は実行不可能になっており、そうすることは破滅的結果を招くことを知っている。われわれは過去のスローガンを訴え続けているものの、その用語が曖昧模糊としていることによって、スローガンを心底では信じていないことを露呈させている。なぜならば、われわれは、もはや信じていない抽象的観念体系を無意識のうちに自明のことと受け入れているからである。では、なぜ過去の抽象的観念体系を自明なこととして受け入れているのか。その理由は、基本前提を欠いたままでは生きてはいられないからである。また、来るべき時代の基本前提を、創造ないし発見するのに必要な勇気と洞察力をもっていないからである。

これが平和の目的についてのわれわれの定義が否定的な形をとっていて、肯定的な形をとっていない理由である。〔構想が否定形なのは〕過去の諸前提に根差しているからであり、〔肯定形でないのは〕未来の前提に根差していないからである。ケインズ氏は二十年以上前に次のように書いた。

十九世紀を前進させた推進諸力は全コースを走り終えて完全に使いつくされた。この世代の経済的な行動目標と理想とは、もはやわれわれを満足させることはない。われわれは新しい道を探し出さなければならない。ということは再び新しい産業を誕生させる不安にさいなまれ、ついには激痛に見舞われるであろうことを意味する。(12)

二十年前の経済世界において真実であったことは、今の政治思想と行動の世界においてより真実となった。

われわれが今そこからちょうど離陸しつつある時代は、特異な特徴をもっていた。それは道徳的目的を退場させたうえで倫理システムを考案したことである。利益は、個人にせよ民族にせよ、それ自体で十分に人間を衝き動かす力をもつ社会的起動因と考えられた。また、進歩は、利益を追求するすべての者の間の自己調節の過程の帰結と考えられた。そして三十年前には共通に、科学こそが、生産方式をたえず改善することによって人類の福祉を自動的に向上させるし、またコミュニケーション手段をたえず改善することによって国際社会の統一と調和を自動的に推進すると考えられていた。ここには道徳上の論点は一切登場しない。今日われわれが到達した地点は次の通りである。自己利益を追求する際の自動調節の過程によって改善がもたらされるとは、もはや誰も信じていない。それに代わって、意志に基づき熟慮した計画によってのみ進歩がもたらされる、と認識している。ところが相変わらず、道徳的目的を無視している。計画はしなければならないが、ではいかなる目標に向かって計画するというのか。

前章末に見たように、また戦争体験が十分に証明しているように、経済問題の解答を得るのに実際上の困難はない。われわれに欠けているのは、そのためにはどうしても人が動かざるをえなくなる道徳的目的である。トーニー教授は二十年前、「最も本質的なことは、……目的観念をしっかりと心に刻んで、その目的観念を他の副次的問題に優先させることである(13)」と書いていた。イギリス下院議員の一人は最近、「最も重要な内的動因がこれからはもはや利潤追求ではないと、仮に政府が決定した――たぶん正しく決定した――とする。すると、利潤追求以外の何事かに置き換えることに、政府は非常に大きな責任を背負うことになる(14)」と述べている。政府には人間の内的動因を廃棄したり創造したりする権原があるのかについては疑問があるが、それを除けばこの言明には異論の余地がない。

経済という名の機械は作働することを拒否している。かつて車輪を回す駆動力であった利潤追求という内的動因は完全に疲弊し、無効状態になっているのに、これに代替する新しい道徳的目的は未だ発見されていないからである。もしこれが発見されたとするならば、民主主義に社会的結束をもたらす新しい源になるであろう。そしてすでに放棄された利益の調和の教義に代替することになるであろう。

目的意識に裏付けられた道徳的目的が緊急かつ広範に必要となっている。そのことは近年の最も謎深い現象、すなわち人々が制約のないより大きな自由を求めるのではなく、より権威主義的な指導者を求めている現象を説明する。独裁の台頭がこの点において、他の点とともに世界的危機の徴候となっている。

ソヴィエト・ロシアの魅力に英国世論、とくに若者の心が引かれているが、これはドイツの青年の心がヒトラーに魅惑され、アメリカ世論がローズヴェルト大統領に魅惑されていることと同様である。この現象は、「自己推進力を失った」イギリス民主主義には欠けている、発展し熟慮された道徳的目的がそこにはあると感じられている点から説明されなければならない。ただしこの感じ方が当たっているか否かは別問題である。

ダンケルク撤退とフランス陥落の後、イギリスのエネルギーが、その信念が、そして主導権が復活したと盛んに言われているが、この主張は全体として正当化できる。ただしイギリスの指導部は、ヒトラー打倒のみを目的とし、ここで復活したイギリスのエネルギーに形をあたえて持続させる勝利以上の目的を、一時的でも否定的でもない形で国民に提示する能力を欠いている。いったんヒトラー打倒という目的が達成されてしまえば、その後には、ダンケルク撤退以前と同様、国民共通の目的を欠いた状態に陥って政策を麻痺させ、勝利したイギリスを解体に導く危険性がある。その解体過程はおそらくゆっくり進行するであろうが、しかし最終的には、敗戦した場合に劣らぬ災禍をもたらすこととなろう。したがって、戦争に勝利した後の数カ月こそ、一九四〇年夏の数カ月と同様、イギリスと世界にとって、死活を分け、のるかそるかの期間となることであろう。われわれが今生きているこの危機の本質的特性は、軍事的でもなく、政治的でもなく、経済的でもない。道徳的なものである。新しい道徳的目的に対する信念こそ、イギリスの政治経済システムを生き返らせるために最も必要とされている。

今過ぎ去ろうとしている時代の哲学は、道徳的目的を過度に軽視したが、その論理的帰結として、知性の優越を過度に信頼した(15)。過去二十年は、偉大な時代が終わった後の悲劇的な余波の時期である。この間にもわれわれは、難問にも必ず解答が存在すると信じ、また、どこかに問題を解く鍵があると信じ続けてきた。そして、いつの日か、知的な応答過程を通じて解が発見され、その解を「専門家たち」が開示してくれると信じた。

さらに真面目な人々は、経済問題にはそれを解く「一本の鍵」があると信じ、創意に富み研究に精励する経済専門家たちが、信用操作とか価格統制とか産業組織化とかの技術を駆使して、それを発見してくれるものといまだに想像している。大臣や政治家たちは、国内政策でも国際関係でも、政策の策定を専門家に頼っている旨を、大げさなジェスチャーによって見せつけている。

潜在意識のなかで、われわれはいまだにジェレミー・ベンサム流の前提に支配されている。すなわち、正しい行動進路が十分な情報のもと公正な考察によって決定されるならば、万人はそれに従って自然かつ不可避的にその行動進路を辿って行くものと前提している。現代の政治討論においては、論敵の意図の誠実さを疑うことは悪い作法であり、してはならないとされている。ということは、論敵が誤っているとすると、それは論敵の依拠する情報自体が誤っているか、論敵は正しい情報を誤解しているか、あるいは頭が混乱しているか、のいずれかである、と前提している。要するに、誤りは知的な誤りであると想定されている。これらはすべて危険な幻想であり、われわれの窮状の真の性格を曖昧にしてしまう。聡明な批評家〔A・R・オリージ〕は書いている。

現代以前の文明は、無知のなかで滅亡した。われわれの現代文明が、仮に滅亡すべき運命にあるとすると、その滅亡のさまは邪悪さによって、現代以前の文明の滅亡から区別されることとなろう。すなわち、われわれの文明は、救済手段を手にしたまま死滅することになるだろう。それだけではなく、エデンの園に過ごした日々以降、全く知られていなかった生活が実現するその前夜に、死滅することになるだろう。(16)

知識ではなく、意志がわれわれを失敗させる。専門家ではなく、指導者がわれわれを裏切る。われわれの文明が今死滅の危機に瀕しているのは、なにかが欠けているからであり、この二百年間、われわれはそれなしで済ませてきた。熟慮に基づき公然と認められた道徳的目的なしにはもはや済ますことはできない。その道徳的目的には、公に認められた共通善のために共通の犠牲を払う要請が含まれる。

この大変に深刻な危機をあえて診断することに踏み出した者は誰でもジレンマに逢着する。それをアメリカの法律家・文筆家〔T・W・アーノルド〕は次のように巧みに描いている。

社会組織について論述しようとする者は誰であれ、社会哲学を構成する必要から逃れられない。なぜかというと、論者の社会哲学は何か、と他者から問われるからであり、それだけではなく、論者自身が、論者が生きている文化に居心地の悪さを痛感しながらも、なおその文化の一部を構成しているからである。そのため、論者は、自分が立脚すべき諸原則を枠組みとして明示しておかないと、他者からの攻撃を退けられない〔し、また論者がその一部となっている文化を相対化することもできない〕。

とはいうものの歴史を顧みると、一つの時代に立ちながら、次の時代の社会哲学とは何かを予見することは不可能であることが理解できる。古代ローマ帝国の誰が、何を根拠に、封建時代の特殊な哲学を予言できたであろうか。中世の黄昏に生きた最も傑出した賢人といえども、商人たちを褒め称え、人間のあくなき利益追求を正義と道徳の基礎とした哲学の台頭を、とうてい予見できなかったに違いない。あの粗野で洗練されない個人主義の哲学から現代の巨大企業が発達してくるとは、いったい誰に予見できたというのか(17)。

こう懐疑するのは十分な根拠がある。ジョルジュ・ソレル〔2〕が言った通り、「リアリティは曖昧さによって保護されている。もし哲学がイカサマや虚偽やつくり話に陥りたくないのなら、哲学は曖昧さを尊重しなければならない(18)」。新しい社会哲学は、「抽象的な中心概念」の集合であり、それを受け入れることが新しい時代の誕生の先触れとなる。この新しい社会哲学を、たんなる偶然の産物と言うことも、また孤独な預言者による唯一無二の想像の産物と言うことも真実ではない。旧時代の焼けるように暑い気候のなかでも、やがて到来する新時代の最初の息吹きは、すでに感じられているに違いない。新しい理念は、必然的に社会的、経済的、軍事的条件ならびに思想の道徳的趨勢と密接な関係にある。これほど多くの人々が、これほど多くの世界の地域で、新しい秩序を建設するため、方向を示されることを心待ちにし、それに貢献しようと熱望している時代は、多分これまでなかった。もちろん新しい信仰、新しい道徳的目的を現実に形成し、それによってわれわれの文明を蘇生させ回復する事業は、偉大な預言者や指導者のためにとっておかれているのかもしれない。ただし、それに到る道程は、とてもゆるやかでほとんど目に見えないような思想と行動の趨勢の構造変化が――その予兆はすでに見えている――切り開いていくであろう。またこの構造変化に一般の合意がどれほどまで影響を及ぼせるのかによって、来るべき革命があからさまな暴力の発動をともなうか、それとも暴力なしに済むか、そのいずれかに決まってくるであろう。とすれば、言葉と行動をもってこの構造変化を促進し、あるいは加速させる者は誰でも――その人が預言者の役割を果たすと自任しなくても、また、未来の時代の社会哲学と道徳的目的についての明確な構想をもっていなくても――それぞれに貢献をなしているといえる。

## 戦争の道徳的機能

戦争は、この構造変化に影響を及ぼす最も力強い手段である。とすると、現在の戦争が社会に果たす道徳的機能の正確な特性を考えておくことは、本研究にとって一つの手引きとなるであろう。

しかし戦争の道徳的機能という論点は、とりわけ英語圏諸国では曖昧であった。というのは、これらの国々の善良な意図の人々は、十九世紀的伝統にどっぷりと浸って、戦争を無意味で目的を欠いたものと見なしてきたからである。一八一五年から一九一四年までの間、たしかに戦争は、文明化した国々が自国事業の活動領域を広げるために戦った帝国主義戦争を例外として、目的を欠いていた。ヨーロッパ諸国が相互に戦うことは愚かなことであった。この間、ヨーロッパ諸国は、アジア・アフリカに絶え間なく膨張していくことによって、一層の繁栄に向かう車輪を回し続けることができ、社会的結束を維持することができたからである。しかし、二十世紀の最初の十年に到って、こうすることはもはや可能でなくなった。

今日、戦争を残酷であり獣的であるとして否定することは正当である。しかしながら、戦争を無意味で目的を欠いたものと描き出すことは完全に誤りである。戦争は現在最も大きな目的を果たしている社会制度である。戦争の果たしている本質的な社会機能を認識し、それに備えることなしには、戦争の廃絶にむかって一歩も前進できないであろう。戦争の代替物を探し当てることを目的とするなら、現在における戦争の機能について明確に認識しておく必要がある。

戦争の二十世紀的機能は、その十九世紀的機能と全く異なっている。十九世紀において文明化した人間が意識していた最大の敵は、物的欠乏であった。したがって戦争の目的は、その当時の偉大な道徳的目的であった富の蓄積を支援することにあった。したがって未発達な人々に対する帝国主義戦争のみが、この目的に真に役立つ戦争であった。ところが一九〇〇年以降、状況は根本的に変化した。そしてある人々は「二十世紀の大戦争は貧困で飢餓に苦しむ国家間の戦いではなく、富裕国間の戦争になった」のであるから、「国家を戦争に駆り立てる経済的至上命令はもはや存在しない」[19]という結論を導き出した。

この結論は的外れである。たしかに二十世紀になると、文明諸国では、もはや物的欠乏という邪悪を強く意識しなくなった。[20]少なくとも最も進んだ諸国にあっては、富は万人に行き渡るだけ存在している。したがって、主な邪悪は、物的欠乏ではなく、富の不均等な分配であり、失業と不平等の二つが最大の敵となった。これらの邪悪は、自由民主主義とレッセ・フェール型資本主義では治癒できないが、しかし大規模戦争は、たとえ短期的な効果としてではあっても解毒剤になる。この条件のもとにイギリスの経済専門家〔G・クローサー〕は「戦争経済には現状を改善する機能は一切ない、と言い切ることは危険である」[21]と論じている。「戦争はやっても割に合わない」という広く知られた言葉があるが、しかし「割に合うこと」が、いつもそして必ず正しいとは信じなくなった人々にとって、この言葉は印象を残さなくなってしまった。

戦争には雇用を作り出す効果があることは、すでに十分語られている。各国の知識層や富裕階級は一九一四―一八年の戦争を紛れもない災禍であったと考え続けたが、非常に多くの人々が、この二十年の間に、前大戦時には安定しかつ収入のよい職が確保されていたと回顧するようになった。現大戦においては広く雇用が確保された半面として、戦後には再び失業の時代に後戻りするのではないか、という深い恐怖心――前大戦期にはほとんど存在しなかった恐怖心である――が広がっている。完全雇用と戦争の関連は、いまや人々に完全に理解されている。この理解がどのような心理的反動を呼び起こすかは、全く予測できない。

また一九一四―一八年の戦争は、ほとんどすべてのヨーロッパ国家で、過去百年のどの事件よりも、目ざわりな経済的不平等および社会的不平等の緩和縮小を成しとげたのである。この体験は現大戦でも繰り返されるであろうし、現に繰り返されつつある。たしかに大規模戦争は蓄積された富を破壊するが、しかし今日、戦争を富の破壊から非難しても無益である。大規模戦争が、失業と不平等の邪悪を緩和縮小する限り、富の破壊が主に考慮されることはない。とすると戦争〔の果たす機能〕に代替するものは、失業と不平等を緩和縮小する機能を、戦争よりも効果的に果たすものでなければならない。

戦争の機能とは、経済に限定されるわけではなく、また経済を主とするものでもない。戦争ははるかに深い人間性の底層や深淵に衝撃を与える。議論の余地のないほどに正確な戦争の観察結果は、めったに書かれることはない。なぜなら正確に戦争を描写することは、型通りの基準からは品性を欠く行為と判断されてしまうからである。それが近年の『ザ・タイムズ』紙の論説欄に現れた。

自分自身に向かって直接に悲劇が襲ってこないかぎり、平和を愛好する一般市民の大多数は、恐怖と試練の瞬間に、個人としては驚くほど幸福なのである。いまこのグレイト・ブリテン島には彼らによって成されなければならない仕事があるので

ある。(22)

一九一四年八月、ヒトラーはひざまずいて「この瞬間に生きる歓びを授け給うた」天に感謝を捧げた。こう告白したことをもってヒトラーに特有の道徳的堕落の徴候とみなすことは馬鹿げている。(23)これと同じ感情ははるか以前から共通に表現されていた。ルパート・ブルック〔3〕はほぼ同じ瞬間に同じ感情を詩に表現し、それは彼の詩集の一節に収められている。

戦争がもたらす感情の高揚とは別に、戦争は意味と目的の感覚を与える。これは近代の平時の生活には欠けていると広く感じられている感覚である。そのため戦争は、社会的一体感を醸成するための最も強力かつ知られた道具となった。世界の発展した国家においては、戦争ないし戦争の準備は、政治・経済機関を動かし続けるのに必要な自己犠牲的精神を、社会のすべての階級に発揮させるほど強力であると認識されている唯一の道徳的目的である。一九三九年以前には、恵まれた国々でさえも、このことはすでに真実になりつつあったとはいえ、急速に収穫を逓減させていく十九世紀の繁栄と安全に頼ることができたために完全に真実とは言えなかった。ところが一九三九年以降は富裕国にとっても、この命題はすでに真実になってしまった。もはや逃げ道はない。〔十九世紀型の」古い平和には戻ろうにも戻れない。古い平和は死んだ。文明を生き延びさせるのに必要な、十分に大きな自己犠牲的精神を人々に喚起させる道徳的目的を発見しない限り、戦争から逃れることはできない。

今日二つの運動が、戦争に取って代わる普遍的原理あるいは道徳的目的を世界に提供すると主張している。キリスト教と共産主義である(24)。

キリスト教は、教義と組織が理想を体現する義務を負った運動体であり、そうしたすべての運動が共有する欠陥を分けもっている。一方で、キリスト教の公式の信仰箇条は、いくつかの重要ではない国を例外として、もはや大衆の合意をえてはいない。またキリスト教会は、たしかに進歩的主張とも結びついたことがあったものの、過去には事実として、また現在も多分、反動的主張と結びついている。これらすべてにもかかわらず、今日の西側文明において「キリスト教的理想」あるいは「キリスト教倫理」と漠然と呼ばれているものが果たしている役割を過小に評価することは誤りである。そこには共通する感情の源があり、たしかに曖昧であり、はっきり表現してはいないものの、人間には共通の価値があり統一体をなしているという感覚を底層で支える役割を果たしている(25)。

世界中が切望している新しいリーダーシップがキリスト教会の内側から現れることも、あながち考えられないことではない。ただし、こう仮説するためには、キリスト教の構造転換が前提となる。言い換えれば、原始キリスト教的な精神の復活が前提となる。これらはそれ自体で一つの革命に匹敵することになろう。「キリスト教への回帰」が問題を解く糸口となると信じる人々は、キリスト教を世界を再建するための土台として使用する前に、まずもってキリスト教を再創造する課題に直面しなければならない。聡明なキリスト教思想家〔J・H・オールダム〕[4]は「もしもキリスト教的精神が現代の事態の推移に支配的な影響を与えようとするなら、それは「未だ考えられたことのない新しい思想」によってのみ可能である。言い換えれば、まだ生まれていないが、誕生を期待されている新鮮な洞察と構想によってのみ可能である」[26]と述べている。

　共産主義もキリスト教と同様、理想を実現しようとする人々がもつ欠陥を分けもっている。その教義は、十九世紀型のマルクス主義の伝統に忠実であり、道徳的な目的よりも物質主義的な過程を強調する大きな欠陥がある。しかし、活動家たちの間に道徳的目的への強い使命感を生み出している。またキリスト教と同様、すべての人々に共通する諸価値を提起している。共産主義は、今われわれがその途上にある革命の重要な要因であり、目前の課題や必要に直接的に関連している。共産主義は多くの国々に熱烈で活力のある信奉者がいる。もしソヴィエト・ロシアがナチス・ドイツとの戦争に主な役割を果たして勝利するなら、その威信は高まることであろう。現大戦において西側の人々とソヴィエト・ロシアとの協力が進むならば、それはキリスト教と共産主義の間の世俗的理想像の対立――それは根本的であるより多分に偶発的副次的対立である――の解消に役立つことになろう。

未来の社会の「抽象的な中心概念」が、キリスト教からも共産主義からも直接に導き出されることはないにしても、おそらくはこの双方から何らかの寄与を受けることになるのではなかろうか。

## 道徳的目的を求めて

来るべき秩序が立脚すべき道徳的基盤とその前提とは何か。現在これを予測しようと試みることは、無意味でありかつ不遜なことと思われるかもしれない。日々押し寄せる課題に専念している場合、または無関心な場合、それに最も多いのは無力感に打ちひしがれている場合であろうが、未来を見ないことに安んじる大勢の人々は、とくにそう思うであろう。しかしながら、文明の未来に積極的な信念や希望を持つならば、人はどうしても、未来の予想に――どれほど見当違いを冒しやすく、また不確定要因が多いと知ってはいても――、思いが向かってしまう。こうした意図から、社会運動であれ宗教信条であれ、現在の世界に広くアピールし、また、文明を生き延びさせるための共通目的の感覚を喚起しようとするときに満たさなければならない諸条件について、概括的な評価を試みることとする。

(1)新たな信念体系は、否定形の言葉ではなく、肯定形の言葉によって語られなければならない。邪悪を回避し制圧しようと表現するのではなく、善を成しとげる努力をしよう、と表現されなければならない。

過去二十年が挫折の時代であったことを象徴する不吉な事実が存在していた。その事実とは、過去二十年の偉大な目標として語られた言葉が過去への回帰か、あるいは、たんなる回避の言葉であったことである。戦争の阻止、軍備の縮小、貿易障壁の撤廃、失業の救済などである。今日においても、ヒトラー打倒という否定形の目的では、戦争目的として不十分であると感じている人々ですら、社会保障にせよ国際的な「安全《セキュリティ》」というにせよ、ヒトラー打倒とほとんど同様の否定的な言葉で、戦争目的を規定している。ローズヴェルト米大統領の「四つの自由」(一九四一年大統領年頭教書で示された「言論・表現の自由」「信教の自由」「欠乏からの自由」「恐怖からの自由」)の宣言には、健全な形の綱領が含まれる。しかし、邪悪からの人類の解放という形ではなく、善行の積極的な追求という形で表現されたならば、もっと良いものになったに違いない。

戦争を阻止するには、新しい秩序を築かなければならない。軍備を縮小するには、各国が共通目的のためにそれぞれの軍備をプールする仕組みを形成しなければならない。貿易障壁を撤廃するには、国際貿易を計画しなければならない。失業を救済するには、緊急で必要な課題解決に向かって人々を組織しなければならない。今保有するものを守ろうとして、あるいは過去に保有していたものを回復しようとして、身を地下壕に潜めているだけでは、必ずや失敗する。肯定的かつ建設的なプログラムを創出することは、有効な道徳的目的の第一の条件である。

(2)特定の階級の最高指導者は、しばしば他の階級から現れた。したがって、どの社会階級から新しい指導者が台頭してくるかを予断して賭けるのは馬鹿げているが、誰が預言者になろうとも、新たな信念は主に「細民《リトル・マン》」に向かって、アピールするものでなければならない。つまり、組織化された生産者よりも、組織されていない消費者たちに向かって、あるいは細々と生き、巨大で非人格化した組織に支配されるコミュニティのなかで無力感を感じる個人に向かって、アピールするものでなければならない。したがって、大企業、労働組合、大政党など大組織からの独立を宣言し、そうした組織が代表する既得権益から社会を解放することを目的としなければならない。巨大組織が隆盛していることは現代社会の支配的な特徴であるが、それは不健全な特徴である。

企業、組合、政党などが自分たちは細民たちの代表であると自任する場合もあるが、これらの大組織は組織としての生命をもち、組織それ自体の利害がある。そのため〔細民である〕個人は、もはや大組織によって代表されていると感じることはない。たしかに組織の必要性は、以前に増して大きくなっている。その半面〔細民の〕世界では何ものも意に介さない気分が広がり、既存組織を打ち壊し、大組織による権利濫用を廃し、もう一度やり直そうというアピールに対して熱心に応じようとしている。

とすると、新たな信念は、「細民」である個人に対して、社会を構成するメンバーであるという感覚を回復させるものでなければならない。そして、その結果として民主主義をもう一度生きた現実にするものでなければならない。

(3)新たな信念は、何よりもまず経済問題を最優先課題として前面に押し出さなければならない。というのは、失業と不平等が、現在の社会秩序に激痛を走らせているが、これは大部分経済問題であるからである。だからといって、新しい信念は、経済用語によって表現しなければならないということを意味するわけではない。経済問題は、すでに論じたように新しい道徳的目的を共通認識とすることを通じてのみ解決できる。ただしこう論じたからといって、経済問題は単に偶発的で補完的な問題であるという議論に賛成しているわけではない。

人はパンのみにて生きるものではない。しかし、パンなくしては生きてはいけない。つまりパンの真の意味は、人間の道徳上の幸福《ウェルフェア》と身心上の福利厚生《ウェルフェア》にとって最初に満たされるべき本質的要素である点にある。

戦争やその他の社会的動乱をもたらす直接の衝動とは、怨望、恐怖、傷ついた誇り、挫折した野心など、心理的であり道徳的なものであるとよく議論されてきた。しかし多くの証拠が物語るように、これら心理的道徳的な衝動は、経済的不均衡の土壌の上に花開くものである。新しい経済秩序の形成が、現大戦後にわれわれが直面する最も緊急の課題であるという見解は、何らのパラドックスも含むわけでなく、一面に偏っているわけでもないのである。

(4)新しい信念は、失業問題に対して、失業をどう防ぐのかではなく、必要をどう創出するのかから接近する。すなわち、人的資源のすべてを活用するほど膨大な必要を創出することを、そして創出した必要を供給するために不可欠な犠牲をはらうことを道徳的な至上命令とする。

失業問題への正面攻撃は、これまですべて失敗した。また失敗に終わる運命にあった。というのは、失業問題の本質は、失業を解消することだけを目的として、とにかく仕事を作り出すこと――これは経済的には容易であるが、実施しても道徳的には意味がない

——にあるのではなく、社会全体が自己犠牲を払うに値すると感じる目的を遂行する仕事を創出する点にあるからである。戦争が失業を解消した事例から明らかに、社会全体がその目的を承認しさえすれば、失業の問題は自動的に解消していく。あるいは労働の移転などの技術的問題に収斂していく。新たな信念は、中世の宗教や今日の戦争と同様に、影響力のある道徳的目的を用意することによって、失業問題を解決しなければならない。

(5)新しい信念は、平等という理想を復活させ、新生させねばならない。平等の理想は、それがどれほど不完全にしか実現されていないとはいえ、キリスト教と共産主義の根底に横たわっている理想であり、それを資本主義システムが意識的に拒絶してきたのである[27]。

現代でも平等の要求がいかに強烈であるかは疑いない。その要求は、個人間、階級間、民族間の平等という形態で現れている。また、近年のすべての革命および大部分の戦争の根底に横たわっている。この要求は、十九世紀の形式的な政治的平等や法的な平等によっては、満足させられることはない。なぜならこの要求はとくに経済的平等の要求であり、経済資源の平等と経済機会の平等を求めているからである。

平等の解決には、純粋に否定的で破壊的なプログラムではなく、なによりも肯定的で建設的な形のプログラムが要請される。意図する目的は平等を積み上げることであって、不平等を破壊することではない。また、平等化のプロセスは漸進的に成し遂げられるものであって、暴力的方法によるべきではないと仮定すると、その第一歩は、生活必需品と呼ばれるものを寛大な基準ですべての人々に分配することである。この領域は人々が最も関心を寄せており、大きな困難なしに達成できるはずである。この生活必需品の分配は、多くの種類の嗜好品目や奢侈品目の分配によって補完することがあってもよいかもしれない。

これらの過程がすべて肯定的で建設的な方法のみで成し遂げられると想定するのは愚かなことである。度外れなほど均衡を欠いた巨大な富はそれ自体で、公共の良心を傷つけている。これを根拠にして、また、実質的必要からも、〔大富裕層以下の富を〕下に向かって平準化することは、〔資産の全くない極貧層を〕上に向かって平準化することと同様に、避けえないことであろう。この場合の犠牲の程度と、犠牲を求められる人々の数は、非常に多くの環境要因に基づいて決める必要があるため、前もって測定できない。しかし、少なくとも最初の段階では、その犠牲の大きさは相当規模になるに違いなく、それを過小評価することは賢明ではない。〔これに伴って、犠牲を強いられる人々が生じるが〕一部の人々は、物質的な犠牲よりも、むしろ主な食料品など物品配給や平準化に伴って不可避的に生じる自由の制限という犠牲に、はるかに閉口させられることになろう。

また、排他的にしか享受できない性質の奢侈品は、上層階級に限定されて消費され、多くの人々には無縁なものであったが、われわれの文明の発達に相当に大きな役割を果たしてきた。平等を達成するためのどのアプローチも、異なる種類の活動に対する報酬をすべて等価にすべきである、とまで主張したものはない。とすると、この奢侈品の生産は、疑いなく永続することになる。ただしそれを享受する個人は、変わっていくことであろう。また趣味的活動は非本質的領域であれば自由に享受できようが、本質的領域においては自由が制限されることもあるであろう。

(6)新しい信念は、十九世紀以来の趨勢を反転させて、権利よりも義務をより強調し、構成員が社会から引き出す便益よりも、社会に対する奉仕をより強調することになる。これまで人間の諸権利が強調されてきたのは、社会構造が過剰に固定されていて、発展と拡大の途上に立ちはだかる様々の人為的障害を打ち倒すことが必要であったからであった。こうした条件はもはや存在しない。現時点において、社会が直面する最も深刻な危険は、個人主義が、人間の諸権利という仮面を被り、社会的な凝集力を解体する点にまで極端に走る危険である。「政府は人間のためにつくられたのであって、政府のために人間がつくられたのではない」というたい文句は、全体主義の専制に抗議するためには正当なものであるが、しかし、社会的義務を拒絶するための口実として使われてはならない。これまで承認されてきた人間の諸権利のうちで、所有権が近年では最も社会を解体させる一つの要因となっていることは疑いない。一部の民主主義者は、言論の自由が民主主義の敵によって民主主義を否定するために用いられる場合、所有権と同様に社会を解体させる要因となるとの見解をもっている。「産業社会は、現在よりもはるかに多くの組織を持たない限り、内部から分裂させようとする勢力に抗して産業社会を維持できない(28)」〔とラッセルは書く〕。〔また、T・N・ホワイトヘッドによれば、〕「現代の産業社会は社会統合力の欠如という危険に晒されている。それを防止する手段が講じられなければ、産業社会のある種の特徴は、社会統合力をますます解体させる(29)。」

社会的凝集力を危険に晒している最も根本的な要因は、一見自動的で、少しの努力もなしに進むように見えた経済的拡張が止まってしまったことであると言えよう。十九世紀を特徴付けていたのはこの経済的拡張であり、それにより利潤追求という動機を道徳的な力と認識することが可能になった。進歩することを無条件に信じることができたため、そこから共通目的という感情が生まれ、これからも有利な条件が拡大していくという見通しが共通に分け持たれていった。課税額の点からも、社会秩序の与える便益に比べて非常に少額であった。十九世紀には、個人に対する社会の要求よりも、社会に対する個人の要求について、はるかに多く考える習慣が定着した。社会の貸借対照表において、権利は義務よりもずっと重要であり、利益を受けることが奉仕することよりもはるかに目立つことであった。

現在はかつてほど繁栄していない時代になったが、その一方、かつての繁栄の日々に抱かれていた観点は維持されているため、社会秩序は破綻に瀕することとなった。もしも社会を解体から守ろうと思えば、今後は当分、社会維持のためにより多くの貢献を成さねばならず、社会からはより少ない便益しか引き出せないことに満足しなければならない。

(7)国内では、個人の権利を義務よりも一方的に重要視する過去の観点が社会問題を混乱させているが、それと同様に国際関係でも、民族という集団に排他的な権利を承認したことが混乱をもたらしている。新しい信念は、この一方的態度を再調整する必要がある。ここでもアプローチは肯定的かつ建設的でなければならない。主権国家の邪悪に悲憤慷慨して時を過ごすより、むしろ国際コミュニティの様々な制度形態を創り上げることが重要である。この課題は、国内において社会的凝集力を築き上げることよりも限りなく困難である。

それは国際コミュニティが拠って立つ国際的忠誠心も国際的意識もほとんど存在して

いないからであり、また、政府はこれまで発明されたうちで最も強力で緊密に組み立てられた組織であり、政府は旧秩序に既得権を持っているからである。

そのためこの課題は、前述した諸原則を基礎とする以外には達成できない。また強力なリーダーシップなくしては達成の見込みはない。現大戦で連合国は、国境を乗り越え、民族的相違を克服し、同盟関係を締結した国家間で新しい協力形態を導入した。これらの戦争における諸体験は、新しい信念が形成される基礎を築いた。とはいうものの新しい信念が、この好機を生かして十分な生命力を発揮できるか否かは、未だに解答がえられていない。国際秩序の名に値するような秩序を将来生み出せるかは、この答えにかかっている。

(8)最後に新しい信念は、自由と権威の間の古典的な論争を再開させ、新しい総合を成しとげねばならない。

多分必要とされるのは、自由を過度に強調する十九世紀の片面性を修正することである。それは権利を過度に強調する十九世紀の片面性を修正する必要に対応している。十九世紀国際秩序において権威は、イギリスの海上覇権とヨーロッパの協調に象徴されていたが、それらの権威が完全に崩壊した国際秩序において、自由の強調を修正する必要があることは明らかに疑いない真理である。

ただし一般論として最重要の課題は、自由と権威の二つの概念を社会的経済的次元で再解釈することである。伝統的な十九世紀システムでは、資本の支配者たちが権威を行使していた。この権威は、資本家と労働組合主義との間のギクシャクした妥協という過渡的段階を経た後、政府の手に移った。権威の政府への移転に対して、それまで権威を行使していた〔資本の〕勢力が自由の剝奪として憤激したのは自然な成り行きであった。これは、近年では自由という言葉が保守的あるいは反動的なスローガンのなかで易々と使われている事情を説明する。

しかし権威が移転したことに、大衆はそれほど怒りを感じてはいない。なぜなら、政府の権威が増大したからといって、それがただちに大衆の自由の剝奪を意味するとは考えていないからである。

現大戦以降のイギリス世論の趨勢は、大変に意味深い動向を示している。一方で政府は個人の自由を侵食するものとして批判されることは非常に少ない（実際のところ政府による個人の自由の侵害は甚大であったのにである）。その他方で、非常事態権限法によって政府に与えられた無制限な権限を十分には行使しなかったとして、政府は世論の批判を浴びたのである。民衆の権威という概念が、民衆の自由と同様に、新しい信念の基調をなすことになろう。

これまで新しい信念と新しい道徳的目的とが満たすべき条件を検討してきた。ただし条件の検討をしたからといって、新しい信念と道徳的目的の誕生を保証することにはならない。両者の間には天と地ほどの違いがある。信念と目的とは、知性を論理的に働かす過程から生み出されるわけではない。知性的論理は、文明が生き延びるべきであると仮定した場合、そのための必要条件を提示する以上のことはできない。

現大戦は、十九世紀の繁栄した日々においてその任務を果たした政治的経済的道徳システムが破綻していたことを最終的に証明した。と同時にこの戦争は、少なくともイギリスの人々と英語圏の世界に対して、新たな道徳的目的を提供したのである。この新しい目的によって国民の意志は復活し、社会の一体感は高まり、相互の義務感は増大した。さらに、危機が重大であったからこそ、健全な実感が育まれ、それとともに人間世界に新たな秩序を創り出す希望と機会が生まれた。

ただし、この道徳的目的は現大戦の所産であった。この目的は、戦争する必要性によって直接に鼓舞され、共通の敵と共通の恐怖という強力な力によって生気を与えられた。戦争が道徳的目的を生み出したという事実を、謙虚に認識することは重要である。戦争が終わった後、この戦時の目的から、新しい原則と新しい社会哲学に基づく平和時にふさわしい新しい世界を創り出すより恒久的な目的が成長してくる保証はない。確言できることは、戦争がわれわれを置いて立ち去る場所は、戦争がわれわれに出会った場所ではないことだけである。

長期的に見れば、現大戦は二つの序曲のいずれかに相当する。過去三百年間ヨーロッパで繁栄していた文明のかなり急速な衰退、おそらくは暴力的な倒壊の序曲に相当するか、あるいは、決定的な転換点と新しい誕生の序曲に相当するかのいずれかである。新しい誕生は、人間の本性《ヒューマン・ネイチャー》に対するわれわれの認識のある部分を再解釈することを意味することになろう。革命は「人間の本性のこれまで無視されていた別の部分を開拓する」[30]という〔E・ローゼンシュトック＝ヒューシーの〕指摘は、真実を衝いているからである。

われわれが通過しようとしている革命が、このような成果を成しとげるか否かは未だ不分明である。ただし、問題の特性を見誤ることには弁解の余地がない。現代の危機は、憲法上の用語でも、たとえ経済上の用語でも、説明できない。ましてや解決できるものではない。根本問題は道徳なのである。

# 第二部　政策的構想案

# 第六章　イギリス本国

第一部での根本的な原理や問題の考察を終えて、第二部では政策上の現実的争点の検討に移る。これまではかなり広い範囲の確実性に到達できる領域であったが、これからはすべて暫定的にしか議論できない領域となる。

われわれは荒海を難航する危機の途上にあるが、[1]その全体構図は明らかであり、一般的な特徴は理解できる。世界全体がわれわれを含め動いており、動く方向は分かっている。その方向にわれわれも動かなければならない。そうしないと溺れてしまう。ただし、動きの速度は測定できない。できることは、どの国々が先を行っているか、どの国々が遅れているかを推定することである。行く先々にはほとんど確実に、まだ気付いていない新たな展開や、進路を変えてしまうような強い力が待ち受けている。

イギリスは現大戦後の世界を秩序付ける指導的な役割を果たす運命にある、とイギリス人が考えるのは自然なことである。イギリスの人々は、現大戦の勃発に衝撃を受け、そこから共通の目的意識と義務感を発達させたが、これと同じ意識を、イギリス人が大戦後の平和時にも維持しなければ、イギリスが指導的役割をはたす、という想定は現実のものにならない。

本章では現大戦後における平和形成の諸課題を、イギリスの政策という特殊な視角から検討する。その際、出発の時点での必要条件を完全に明らかにしておかなければならない。

エリー・アレヴィは、一九一四年に先立つ二十年の間に「イギリス人は、自らの生命力が他国に比べて劣っている、と一層はっきりと確信するようになった(1)」と確信していた。〔その二十年が彼の言葉にあてはまるかはともかく、〕一九三九年に先立つ二十年間──「災禍の歳月」と呼ばれた時期──にはその言葉はとくにあてはまる(2)。

この二十年間、イギリスの統合は解体に向かい、能動性を喪失して、決意が衰弱したと、いまや広く認識されている。それが一九四〇年以降イギリスが生命力の質を目覚しく回復したことに結びつき、復活した生命力は、戦争が終わった後も消えてしまうことはないという希望に、確固とした根拠を与えている。

ここから次の重要な認識が導かれる。イギリス国内の社会政策と国際政策とは切り離することができないのである。ジョン・ワイナント[2]がイギリス駐在アメリカ大使に任命された際、ニューヨークで「民主主義諸国は、社会政策も軍備拡張も準備がないまま不意打ちされた。そして失業問題と安全保障問題の解決に失敗したため、ファシズムとナチズムにつけ込まれた(3)」と述べた。

同じ時期ドイツの新聞も同趣旨の見解を「戦争という国家の巨大な非常事態は、国内の社会政治問題という深刻な謎に正解を見出した人々のみが乗り越えることができるであろう(4)」と述べていたが、これに異論を呈する理由はない。

現大戦が社会的目的と国家的目的が同時に関心対象となる革命戦争であるならば、国内から革命が起きるに違いない。〔社会政策が国際政策と連動する以上〕イギリスが世界の再建に指導的役割を果たしながら、イギリス国内では社会構造を変えず、手つかずのまま維持することは、到底考えられない。イギリスが国際政策を成功させるには、本質的に転換した展望に基づいてはじめて可能になる。新たな展望は、不可避的に国内政策のほとんどあらゆる部門に影響を及ぼすことになろう。言い換えれば、イギリスがヨーロッパや世界で展開する国際政策は、イギリスが国内政策で達成できた実績のその先に生まれ育ち、またそれに大きく左右される。

国内政策を優先すべきことには、もう一つの理由がある。それは戦争が継続している間でも、国内政策ならば重要な第一歩を踏み出せるからである。それに対し国際政策の場合、軍事情勢および連合国との同盟関係にあまりに多くを依存しているため、戦争継続中に戦後政策を具体的に策定することは許されないし、まして戦後の政策を戦時中から適用することはできない。それに対し国内政策においては、戦時中に戦後政策を決定できるし、また決定しておくべきである。そして戦時中であっても戦後政策のうち適用すべきものは遅滞なく適用すべきである。

本書は主に国際問題を取り扱う。したがって国内政策について詳細には検討しない。しかし対外政策を成功させるためには国内政策の変更が必要であり、国内政策を対外政策の先例として応用する場合もあることを考慮して、概括的な構図を略述しておくこととする。

## 公共事業の再編成

広域的な建設計画の必要性は、国内政策の全領域のなかで、最も異論の少ない政策領域であり、したがって着手の容易な政策領域でもある。

過去のほとんどすべての偉大な文明は、それぞれに特徴的な大建造物によって知られている。エジプトはピラミッドを、ギリシャは神殿を、ローマは浴場と水道を、ヨーロッパ中世は城砦と大聖堂を、ルネサンス諸都市は市会議場とギルドホールを、そして十七世紀と十八世紀の君主制は宮殿を建造した。

これら前時代の大公共建造物は、そのどれもが、収益性を基準にしても、また効用を基準にしても、近代の試験に合格することはない。それらの最も有名なものは、神の栄光、国家の栄光、君主の栄光を称えるために建造された。経済的な役割から見ると、たしかに雇用は創出したものの、それらは利潤を生むこともなく、言葉の通常の意味で「役に立つ」こともない。これらは社会ないしその活動を支配する者が、社会の諸資源を捧げるに十分重要であると考えたからこそ、建造されたのである。

ところで十九世紀文明は、未来の世代が歓びをもって熟視するような大規模建造物をほとんど残していないが、それはなぜか、とよく問われてきた。大規模建造物は、必然的に公共事業の産物であるが、レッセ・フェールと私企業の時代にあって、公共事業を有用性が証明された非常に狭い範囲に限定したことが、理由の一つであろう。ただし十九世紀イギリスでは、生産とは無関係に公共事業を行う長年の伝統が、教会や博物館の建築にその跡を残している。さらに現存する文明が末長く継続することを疑わなかったため、建物の耐久性という観点が非常に偏重された。そのことは、経済合理性の観点から最終的に正当化された。その結果ヴィクトリア時代のいくつかの巨大な私有建造物はその堅牢さと大容量とによって軽蔑的評価[3]から名誉回復したものもある。現在のイギリス人の公共事業に対する態度は、経済合理性によって正当化できない以上は、事業の必要性が誰からも認められる範囲内に厳格に制限されるべきである、とするヴィクトリア期の見解から大きく変わってはいない。壮麗さのための壮麗さは、依然として民主主義の精神とは相容れないと考えられている。五百年前までは大聖堂、キリスト教記念碑、司教館[4]など多くの宗教建築がさかんに建造されたが、その工事費が当時のコミュニティの経済資源に占める比率を知った人は、たとえ宗教界の人間であっても衝撃を受けたことであろう。独裁者たちの壮大な建築計画は、あざけりの対象とされるか、または個人の虚栄心を満足させるため民衆を搾取した企てとして非難される。同様の意味からインド人のなかには「エドウィン・ラチェンズ[5]がニューデリーに建てたインド副王政庁群の信じられない虚飾さ加減(5)」に憤慨した人もいたという。

　近年では自動車交通が発展し、道路建設に巨額の資本投下を余儀なくされている。道路は、十九世紀の鉄道建設のように、私企業に委ねるわけには行かなくなっている。

　しかし公共事業は一般的にいって、「経済」への貢献を基準に厳しく制限されてきた。たとえば公費で建てられたイギリスの学校は、ヨーロッパの他の主要国の学校に比べて、安っぽくてけちくさい。別の例を挙げると、数年前チャリング・クロスに新しい橋を架ける計画が提案されたが、費用がかかりすぎるとして否決されてしまった。〔6〕ところがその費用見積もりは、一九四一年の予算に位置付けると、わずか二十四時間の戦費に相当するにすぎなかった。

イギリス政府は、一九二〇年に初めて公共事業を雇用促進の手段として採用することを余儀なくされた。その後の十二年間、失業補助金委員会は断続的に、地方自治体に下水道、上水道、電力供給、道路建設等の計画へ政府補助金の支給を認可してきた。しかしその運用は、投下可能な資本相当額を「正常な市場取引の回路」から逸脱させること(6)が望ましくないと条件を付されたため、たえず制約を受けてきた。

二十世紀になって公共事業が目覚しい発展をとげた理由は、住宅供給を公金の適切な使途であると認めたことに基づいている。住宅供給は、イギリス政府が一九二〇年以降に実施した最も大規模な社会改革であり、多分最も効果的な失業緩和策となった。壮麗な記念碑を建てることは民主主義とは相容れないとしても、多数の人々のためにきちんとした住宅を建てることは民主主義に相応しい。

公的基金を使って多くの人々に低廉な住宅を供給したことは、喝采を浴びた。ただし、それに喝采を送った人々は、その当時、同じ多くの人々に安価なパン、牛乳、肉または衣服を、公金を使って供給することは不適切であると考えていた。新旧の考え方が混在するなか、古い考え方が部分的であれ生き残ったようである。すなわち、住宅建設は、収益性を厳格に考慮することなしに、政府の適切な活動と認めるが、その一方、「民間企業」の優位の旧式な考え方に政府は重要な譲歩を行い、民間建設業者に補助金を与え住宅建設を請け負わせるシステムを採用した。ところがその結果は芳しくなかった。むしろ地方公共団体が直接に住宅供給を行った方が、あらゆる側面で優れていた。戦後には全国のスラム街を一掃し、空襲によって破壊された住宅をすべて建て替える時がやってくる。上述の経験は、この時に採るべき政策の重要な指針である。

イギリスの公共事業の展望は、現在のところ様々の有利な要因があって、大変に明るい。国土全体にわたり抜本的な再編計画を実施する必要性を、世論のほとんどが以下のように承認している。すなわち国土再編計画は、全土のどこでも建設用地の価格と建設作業を統制する権限を持って進める国土計画局と呼ぶべきものの指令に基づく必要性を認めている。今見通せる計画の主な目標は、国土全体によりよい産業配置を実現し、人口をより広く分散させ、一つの大都市圏当たりの人口規模を縮小することにある。たしかに一世紀前には、主要な産業とビジネスの中核が、いくつかの人口密集地域にむやみに集中してしまったが、そのことには自然な理由があった。しかしこの理由は、産業の電化が進み、コミュニケーション網が発展した結果なくなった。

住民の健康に配慮し、実生活上の便利さを達成しようとする議論は、安全保障上の判断[7]とともに、根本的な国土再編計画を後押ししている。明らかに望ましくない現象のうち、最も目立つ例を挙げると、イギリスの総人口の四分の一がチャリング・クロスから半径ほぼ二十マイルに住んでいる。ロンドンの人口の相当部分は田園的環境に近づく手段がない。労働人口の相当部分は、一日のうち一、二時間ないし時によってはそれ以上の時間を乗り物の中で過ごしている。

産業の再配置計画、新しい公共事業と運輸政策、および新しい住宅建設計画は、緊密に結びついており、緊急に必要となっている。政府はこれらの計画策定にただちに着手する主導権を発揮し、実例を示して自ら模範とならなければならない。

戦争の経験によって、中央政府のあらゆる機関を一カ所に集中させておく本質的な必要性はないことが明らかになった。現在政府の各省庁は、〔空襲から疎開して暫定的に〕各地に分散しているが、これを恒久化する見通しもありえる。より劇的な改革案も提示されている。すなわち首都を国土の中心にあたるミッドランドあたりの新しい土地に遷すことによって、手に負えなくなってしまった人口肥大化を緩和・解消することである。ロンドンは、商業・金融の中心地として維持されるが、政府の所在地ではなくなる。首都移転を実施すれば、おのずと今必要とされている行政体系の全面的な再編成の刺激となるであろう。

いずれにせよ、全面再編計画を立案することは、戦後の混乱を回避するためにも死活的に必要である。戦争が終わった途端、ただちに再建を開始せよ、という圧力は抵抗しがたいものとなる。建設の必要は緊急性が高く、かつ建設は、兵士たちが大量に復員してくる決定的な時期に、雇用を創出する有効な手段である。事前に計画を立案しておかない限り、混乱することは必定である。

## 社会ミニマムの構想

政府が住宅建設と公共事業を行うと、直ちに雇用がそこから創出されるが、〔雇用されなかった〕大部分の人々に対しては、政府の便益供与を遅らしているだけの措置に過ぎない。国内政策の分野で、住宅と公共事業だけで再建にともなう需要のすべてがつくせると考えるのは早計である。そこではより根本的な政策転換、すなわち国民経済システムの再編成と生活水準の平等化が必要である。その際、生産者ではなく、消費者を経済システムの中心に固くすえることが肝要になる。すなわち政策の出発点は、生産計画ではなく消費計画である。これが意味することは、生活するための本質的な必要物すべてについて最低基準を導入することである。

この目標達成のための手法には、何ら新しい原則が必要なわけではない。すでに長期間にわたり、無料の医療サーヴィスと無料の教育が、支払能力のないすべての人々に対して実施されてきた。また無料の衛生サーヴィスも大部分の人々に提供されてきた。水道料金の決め方は、各戸の使用量によらず、生活水準にほぼ比例した料金体系に基づくようになってすでに久しい。また、無料ないし廉価な牛乳が、現大戦の開始前、ある基準を満たす人々に供給されていた。さらに学童・生徒には無料の学校給食が提供されてきた。戦争中は、必需食料品の価格は、補助金によって意図的に低水準に抑えられた。

イギリス人全員が一定以上の物質的な生活水準に到達すべきことを、イギリス社会はすでに義務として受け入れている。

栄養摂取の最低水準という概念は、公共政策の目標として、過去数年間に急速に広まり、受け入れられた。その衝撃は二つの方向からやってきた。〔第一は〕経済システムが崩壊した際のありようからであった。かなりの割合の人々が栄養不足に陥っているまさにその時に、政府は農業生産を制限し、あるいは必需食料品の廃棄を誘導したが、一般世論はそこに関心を鋭く集中させ、公徳心を強く揺ぶられて憤激した。

人々から次の問いが湧き上がることは避けられなかった。すなわち、政府は農産物の生産制限や廃棄をわざわざ補助金まで出して奨励するかわりに、それら必需食料品を最も必要としている人々になぜ配ろうとしないのか、と問うたのである。その問いへの端的な答えは、配った農産物に誰も対価を払わないから、というものであったが、この答えは、すでに資本主義の成果なるものに幻滅していた人々を納得させるものではなかった。

第二の衝撃は農業生産者たちからやってきた。彼らは栄養摂取に最低水準を設ける計画が、農産物市場を拡大する有効な手段であると考えた。そして、食料消費を増大させるキャンペーンを強力に後押しした。栄養摂取量の科学研究が、一国単位ではイギリスで、また国際的にはジュネーヴで行われ、健康でよい生活を維持するのに必要な栄養摂取の最低水準が定められた。この研究成果の出版物が世論の関心を広く集めたおかげで、金のない人々に低廉な食料品を供給することは、低廉な住宅を供給することと同様、公金の適切な使用方法である、という意見がイギリスの責任ある人々の間で徐々に形成されていった。

現在の栄養摂取の不足は貧困によるものだけでなく、一部は無知にもよっている。現大戦の開戦以来、食糧省の要請で適切な食物摂取に関する人々への宣伝と啓発が行われてきた。そのなかで、供給不足の食品に替えて、最も適切な代替食品を食べるよう推奨してきた。また、それにとどまらず食糧省は、より健康的な栄養摂取の方針を教育するようになった。この興味深い事例は戦争開始以前には行われなかった価値ある教育活動であり、戦争の刺激によって可能になった活動である。政策を誘発した条件〔戦争による食料不足〕がなくなればそれで教育活動を終わりにするようなことがあってはならない、と世論は合意するに違いない。

貧困に由来する栄養摂取不足はより深刻である。それを是正することは、より困難であり、より議論を呼ぶ性格のものである。

重要な食料品目には最低価格を固定し、政府の補助金によってその食品の十分な供給を確保することが、たとえ理論的には完全から遠い方法ではあったとしても、政策実施上は最も簡便な方法であろう。牛乳の場合、複数の異なる価格を設定すると、欠陥が露呈してうまく行かなかったが、他の食料品目には最適の手法になるかもしれない。配給が必要とされた人々に無料で配給する食料品目は、おそらく他の人々にも必要な食料品目と考えられるであろう。しかし、〔貧困ではなくて無料〕配給を必要としない人々については、その食料を現金払いさせることは不可避であろう。(7)

賃金生活者の家庭で、子供の数がまちまちである問題は、中央政府が家族手当を支給する方式によって公正に解決される。これは大規模で複雑な問題であるので、戦争が生み出した活力と善意が蒸発してしまう前に検討されるべきであろう。

多くの人々は、このようなプログラムを原則的に歓迎する。しかしながら、「そうする財源があるのか」「限られた財源でどれだけ実施できるか」と問いかけられると、にわかに動揺する。この問題に対して予算の数字を使って検討すると、あるいは純粋に財政上の計算によって答えを探そうとすると、誤った思考に巻き込まれることになってしまう。

過去において住宅建設助成金は、建設業界を活況に導いた。これは一九三一年以降、失業問題を最も緩和・救済に導いた最大の要因であったと評価されている。低廉ないし無料の牛乳を配給したことは、牛乳生産者に恒常的な市場を提供した。要約すれば、消費に補助金を出すことは、ほとんどいつも生産を補助する最も健全な方法なのである。同じことは商品が国産品でない場合にも該当する。カナダ・オーストラリア産の小麦、デンマーク産のベーコン、地中海産の柑橘類の消費を刺激することは、これら諸国がそれと交換にイギリス産業の生産物を購入することを意味している。その結果は、イギリスの生産を刺激することになる。われわれが食料品を消費する最低水準を設定し、その条件を満たすことを通じて、われわれがその食料品分の対価を支払えるような繁栄をもたらす手助けをしている。〔消費拡大は財源を増やすが〕そのうえでわれわれが「支払える」か否かを決める限界があるとすると、それはわれわれの物的資源〔の限界〕と人的資源〔の完全雇用〕とが画している。ところが今、人口の相当部分が失業している〔その部分は就業可能であり、限界に達していない〕にもかかわらず、すでに限界に達したかのように言うことは馬鹿げている。なによりも限界に到達するためには――ここが問題の最重要点である――、戦時に行っているように、なんらかの政府機関を置いて、それが数ある必要性の間で優先順位を決定し、それに応えるように資源と人材を配置しなければならない。優先順位は、戦時と同様、消費者の利益の観点から見た社会的な望ましさに従って決定する必要がある。くれぐれも生産者の利潤を最大にすることを基準にして優先順位を定めてはならない。社会ミニマムを政策目標として設定することと、失業問題を解決していくことは、同じ政策過程を違う角度から見たものである。

社会ミニマムが政策目的として受け入れられ、実施された後、それを拡張する二つの方向が考えられる。真っ先に必要とされるのは当然、生活の一次的必要、すなわち、食料、住居、衣服、燃料である。必要の原則をわれわれが受け入れるものと仮定して論を進めよう。これらの一次的必要については、諸資源を限度いっぱいに動員することとなしに、十分な量を供給することができる。〔諸資源に余裕があれば〕なにも社会ミニマムの基準軸をかろうじて生きていける最低線にとどめておく原則上の理由はない。

とすると、社会ミニマムの枠組みのなかに、一次的必要以外のもの、すなわち無料の電気調理器具、補助金によって低廉に価格付けしたラジオや自動車、国立劇場や国立演奏会、休暇旅行などを含むことは非合理な考え方ではない。われわれが到達した時代は、潜在的には豊かな社会なのである。職を失った音楽家を、失業対策用の下手な建設作業員や農場労働者にしてしまうのは、いかにも短慮というべきであろう。音楽家に補助金を出して演奏してもらえれば、良い音楽を視聴する機会のなかった人々が楽しめるではないか。また地域的交通機関の運賃を低廉な均一料金にすることは、住宅難を緩和する一助になるであろう。

われわれにとって経済システムの目的は、人々が直接にか間接にか消費したいと欲しているものを生産することにある。それは利潤が挙がるものを生産することではない。この目的がいったん明確に確立されたならば、それを達成する上で実行可能な社会ミニマムの水準の限界は、様々な点からみて、かなり高く設定できる。

社会ミニマムの概念のもう一つの望ましい方向は、国内領域から国際領域へ拡張することである。現大戦前の平均的なイギリス人の栄養摂取の水準は、いかに不十分とはいえ、大部分のヨーロッパ諸国の水準やイギリス帝国の自治領・植民地の水準と比べて、はるかに高い。イギリス国内のみならず、これらの諸国・諸地域の栄養摂取水準を上昇させることは、たとえイギリスが短期的には犠牲を払ってでも、実現すべき戦争目的の一つであり、同時に戦後再建計画の重要な部分とすべきである。

栄養摂取の問題は際立って重要である。なにより世界大の基盤となるもの〔国際専門機関の設置〕に基づいて解決すべき問題である。地域ごとに適切な農業生産方式、食料の分配システム、食料と他の物資との交換の仕方が異なっており、それらを計画することは巨大な国際問題であり、産業政策と農業政策のなかで異論が多い困難の核心部分を構成している。この問題に接近するには、各地域の栄養摂取の現況、必要に最も有効に対処できる作物の品種と耕作の方法、そして利用可能な供給手法を研究することが手始めとなる。それでも比較的異論の少ない栄養摂取の分野で成し遂げられる成果は、繁栄をより平等に分け持つことを——それは未来の平和を維持するために本質的に重要である——より広汎に押し広めていく先例となることであろう。

## 企業の管理

イギリスが政府・自治体による通商活動を全面的に禁止したことは、少なくとも国営郵便事業が開始されて以降は一時もなかった。しかしイギリスはレッセ・フェールの根強い伝統から、政府・自治体がものやサーヴィスを直接に販売することに対して、強い反発が生じてきた。

社会が組織化され、生活がより複雑になるにつれて、制約を一切受けない私企業では対応できない要求がますます増えていった。その結果、数々の公私を妥協させた対応がなされ、議会の法律によって特殊な権限と義務を有する公益事業会社が誕生し、地方自治体が運営する公営企業が設置され、さらに近年では中央政府の各部門に直接責任を負っている準公共的な委員会から公社までが存在している。

既存の私企業は、それまで長く名実ともに政府から独立していたが、これら新しい機関の設立とともに、私企業も実際上、政府や自治体の管理下に置かれることが多くなった。イングランド銀行は、実質的には財務省の代行機関として銀行など金融機関の業務を監督している。鉄道会社〔すべてが私営〕は運輸省の直接の管理下に置かれても、その実質的な事業形態は、ほとんど変わらなかった。政府・自治体の通商活動をめぐり異議が申し立てられてきたが、その議論はこうして便宜的に棚上げにされてきた。種々の企業を「国有化」することは人気のある政治的要求であったが、〔実際の経営実態から判断すると、〕その大部分が余計で無意味なスローガンであったことが理解できる。

急速かつ自然に政府・自治体の管理下に事実上置かれるようになった企業体は、独占企業であった。独占である理由は、必要な資本を確保するため（〔電気・ガス・水道などの〕公営企業、交通機関）か、あるいはそれ以外の理由から独占が便宜であるため（銀行、放送）である。それらの理由をこえて政府・自治体が企業を監督下に置くことが加速しているる理由は、いまや実質的にあらゆる重要な業種で独占形態をとるようになったためである。生産者たちは、いたるところで、競争から自社を守り、自社の利益を追求するために結合している。

現大戦は、前大戦と同様に、企業間が結合する過程と、企業を政府・自治体の管理下におく過程を、ともに促進した。現在ではイギリスの製造業のすべての重要な業種には、軍需省からか食糧省からの監督官が派遣されている。監督官の機能とは、当該企業の生産活動を社会全体の必要を満たすよう決定させることであり、生産者の利益のためだけに決定させないことである。こうした統制は戦後においても継続させる必要がある。その統制の仕方としては、産業の業種ごとに半民半官の委員会ないし団体を組織し、日々の業務は各企業の自主的決定によって行うが、その委員会ないし団体が、より大きな政策的争点に関しては国に対して責任を負うことによって、おそらく達成できるであろう。(8)

将来の政府が企業を統制する場合、二つ使命をはたすように政策設計されなければならない。第一は社会全体の利益を擁護することである。とくに社会の弱い構成員を擁護することである。歴史上イギリス政府は、長期間にわたり、産業政策に完全に無関心な態度をとったこともなく、また不偏中立の立場をとったこともなかった。十九世紀以前、政府の介入は、主に二つの目的のうちの一つに向けられた。一つ目は外国企業からの競争圧力に対する国内産業の保護であり、二つ目は企業に安価な労働力を供給することであった。産業革命の初期には、労働者の団結を禁止して雇用者を援助した。そして一八四〇年以降にはそれと反対方向に転じた。政府は雇用者に対して労働者を保護することを必要とみなした。ところが一九四〇年になると情勢は再度反対方向に変化した。大産業組織が強力に成長したため、政府の介入が社会のそれ以外の部分の人々を保護するために必要になるほどであった(9)。

雇用者と労働者は今や、ともにそれぞれの利益を守るために高度に組織化されている。そして、両者の間の相違を妥協によって調整する傾向がある。この両者の妥協は、組織されていない人々の集まりである消費者と、その数が増えながら同様に組織されない人々の集合に過ぎない失業者とを不利にする方向でなされている。生産の二つの大きな機能とは、主として消費者の必要とするものを生産することであり、もう一つはそれに付随して労働者に職を提供することである。将来の政府の介入は、なにより消費者の利益と職の創出という二つの利益を守ることを目指すべきである。

政府が統制によって果たすべき第二の目的は、価格、賃金、資本の収益率をめぐる一連の問題群の調整である。それは同一の問題の諸側面間の調整であると言いかえることもできる。レッセ・フェール型システムのもとでは、この三つの要因は市場の自動調整メカニズムに委ねられていた。ところが、そのメカニズムは独占の発達と政府の介入によって回復しがたく崩壊した。すなわち独占の発達により、価格と賃金は団体交渉や圧力によって固定化された。また、通貨政策、金融政策、資本市場への政府の介入により、資本の利潤追求による自動調整メカニズムは破壊された。相互に依存しあう価格、賃金、資本の収益率の三つの要因を、誰かが一体のものとして対処しなければならないが、今その使命を唯一果たせるのは政府の権威以外にない。戦争中、政府は価格、賃金、資本の収益率の三要因を事実上統制している。しかし、担当する政府諸機関は欠陥だらけである。しかも、各機関はその間の連絡調整を欠く完璧な縦割りであり、それを乗り越える一つに体系化された政策概念は影も形もない。すでに多く論じられてきたインフレと「悪循環」という危険は、政策の欠如の結果である。産業統制の正しい手法は、試行錯誤の過程を経て鍛えあげられることが、疑いなく必要であり、望ましいことである。ただし、この政策はたんに戦時の目的のみに応じて創られて、戦後になると廃止されるような、荒っぽい応急措置であってはならない。これは銘記されるべきである。

レッセ・フェールの崩壊以降、われわれは経済政策の長い空白時代を生きている。価格と賃金と資本の収益率の三要因は、自由市場の本質である「適者生存」という自動的に働く規律から解き放たれ、三要因のそれぞれが、関連性を持たない異なる外部刺激に反応している。その結果、経済構造は全体として混沌として災禍に陥っている。とするならば、これら三つの要因を一つに関連付けて計画的に管理することが、現代の産業文明にとって恒久的な必要条件である。

では、そのための管理機関にはどのような特性が必要とされるかを検討しよう。その形態として明らかに適切なものと提案されているのは、労働者、経営者、政府の三者の代表よりなるものである。(10)

しかし、これには二つの重要な留保を付す必要がある。第一に、政府代表の職権は、仲介＝調停機能に限定されてはならない。政府代表は、なにより公共利益の擁護者なのである。したがって、政府代表の職権として、〔雇用者と労働者の合意を覆すことができる〕最終手段としての発言権をもつべきである。経験が教えるところでは、いかなる企業ないし業種においても、雇用者と労働者とは、商品の価格を維持し、または上昇させることとに共通利益があり、また新規参入の制限や新規雇用を制限することに、共通の利益がある。これらは社会の他のメンバーの利益に反することがある。

第二に、「労働者」と「雇用者」の二項対立は、レッセ・フェール型資本主義の遺産にすぎない。この二項対立は時代遅れであり、現在の産業組織をもはや適切にとらえる基礎とはならない。「雇用者」という言葉は、別個の二つのカテゴリーを一括して指している。一つのカテゴリーはビジネスを「運用」する取締役やマネージャーなど「経営する者」であり、もう一つのカテゴリーは株主や債券の保有者など「投資する者」である。この二つのカテゴリーは、かつては一致するものと考えられていたが、しかし、今の実態ではほとんど一致することはない。企業のすべての職員は、労働者であれ、事務員であれ、マネージャーであれ、企業の事業を通じて公共利益を推進するのであるから、公共目的の奉仕者という共通の地位にあるという概念に基づいて、将来の企業管理をする必要がある。これを共通了解として、たびたび提起される「労働者」を「経営に参加させる」ことは、この概念に基づいて実現されなければならない。

雇用者の二つのカテゴリーのうち、「雇用者＝投資者」は、「雇用者＝経営者」よりもはるかに時代遅れになった。現代イギリス企業の大部分は、膨大な数の匿名の個人投資家や大企業に株式の形で「所有」され、またその大企業も同様の形態で「所有」されている。〔雇用と投資の分離した企業の社長など〕特定の「雇用者」が、彼らがコントロールする企業に投資された資本の利益を代表する適格な人物であるという考え方は、多くの場合純然たる虚構であり、しかもしばしば不正直な虚構となっている。したがって、今日ではその貯蓄が直接にか間接にか当該企業に投下されている「細民」の利益の観点からも、また当該企業の生産物を消費する消費者の利益の観点からも、政府による企業の管理は必要である。

将来において、政府が企業に対してどれほど投資をすべきかという問題は、政府の管理が、生産のどの業種のどの企業にどの程度まで拡大されるべきかという問題と密接に関連している。

巨大企業の活動規模は、政府機関に匹敵している。また、その健全な運営は、社会の良好な生活にとって不可欠である。このような巨大企業に対して、政府が一定の管理を行う必要があることは当然のことであり、その是非を真剣に議論するまでもない。

政府が巨大企業の諸活動を管理するとは、収益率に上限を定めることを意味する。政府が企業の収益率を制限する強制的な措置をとることは、それに伴って政府が管理する企業に、許容した上限までは収益率を保証しているという結果をもたらす。戦時における企業統制を例とすると、政府は、鉄道会社を含む諸企業が「合理的な」収益率を上げること——概ね戦前の数年間の利潤率の平均と同じ値である——を一般原則として管理してきたようである。

この事例に見られるように、政府が企業を管理することによって、投下された資本は固定された収益率を生み、安全を保証されたシステムに必然的に移行することとなる。その企業群は、投資家からは確実で手堅い投資先と評価されるが、それと引き換えに、目覚しい高収益率を上げる希望は放棄することになる。こうした基幹企業群はすでに「安全第一」の経営方針をとり、証券取引業者から一般投資家向けに適した投資先として長く推奨されてきたのである。とすれば政府による企業管理が、〔民間投資の引上げのような〕副反応をもたらすとは考えにくい。

〔政府管理システムでは、企業は高い収益率の追求を放棄するが〕高収益率を目指す投機的な思惑が、新しい生産方式の発達や新しい市場の開拓をもたらす刺激誘因とは必ずしもならないとする主張があるが、かなり疑問である。この刺激誘因にならないという主張に肯定的に答えるのは相当に躊躇われる。

たしかに重要な製造業は、非常に保守的な経営方針をとる企業も、ほとんど高収益率を追求しない企業も、技術開発と市場調査に多額の資金を投じている。各企業には技術開発に携わる技術者たちや開発方針の決定に携わる責任者たちがいる。彼らが、仕事の成功によって得られる金銭上の利得への思惑が主な刺激誘因になって、仕事に精励しているると考えるのは馬鹿げている。その一方で、各企業では多くの発明がなされて特許をとっているが、そのなかには新しい発明が現在の収益源を脅かす可能性があるとの懸念から、意図的に日の目をみないままにされているものもある。

人間性は多面的なのである。新奇な着想や新しい発明による技術開発を刺激するあらゆる機会を逃してはならない。確実で手堅い投資も、目覚しい高収益率への思惑も、ともに果たすべき役割がある。したがって、両者のバランスを失わないことが肝要である。(11)

以下の二つは、ともに十分に論証できる。一つ目は、基幹的企業はその重要性と独占型の組織形態から、確実で手堅い企業という地位を確立し、収益率の制限を受け入れ、政府の管理下に入ったことは正当かつ必要であったことである。もう一つは、高い見返りを狙った投機的な投資も際限なく高い収益率を狙った経営も、新しくかつ未開拓な生産領域のためには存在理由があり、それを変えないまま維持する必要がある点である。後者の生産領域では、今や安定した企業からは姿を消した旧タイプの「企業家精神《エントレプレナール》」を持つ人々、すなわち冒険的精神から起業する人々が活躍できる余地が広い。そういったヴェンチャー起業が成功した後、新しい生産活動が十年、二十年の年月をへて基幹産業として安定し、さらには独占企業と化して政府の管理を受けるに到る道筋をたどるかもしれない。そうした事実があるにせよ、短期間のうちに非常に高い収益率を上げようと狙う起業家タイプの資本家の台頭を阻むことにはならない。

混合経済という概念が未来に向けた構想の鍵となる。混合経済とは、一方で、必須の産業やサーヴィスについては、自主的・自律的に構成された企業が、政府の管理下に置かれて、高い資本利得を追求するのではなく、投資された資本の配当や利子を支払う。その他方で、奢侈産業、趣味的サーヴィス、そして新しい生産領域においては、多かれ少なかれ自由な市場環境の下で活動を続ける。

必須のカテゴリーにおいては、消費者は、価格上昇による搾取から免れることができる。その替わりに、ある程度の製品の均一化・規格化を甘受させられる。といっても消費者はすでに、企業の独占によって製品の均一化・規格化を押し付けられているのである。

「奢侈＝趣味」のカテゴリーにおいては、消費者は購入拒否という武器によって身を守ることができる。また、非常に幅広い選択肢のなかから選択することができる。この〔「必須」対「奢侈＝趣味」の〕二項対立は、いつの間にか歴史のなかで出来上がってきたものである。現大戦がもたらした必須があり、来るべき戦後の平和がもたらす必須があるであろう。そのたびに新しい必須の原則を導入して広い業種を必須のカテゴリーに繰り入れるよりも、すでに「必須」の地位を確立した産業やサーヴィスについて、より広い定義をすることの方が有益である。というのも、すでに必須とされている主な産業である公共サーヴィスや類似の事業の組織形態は、他の大部分もしくはすべての「基幹産業」に拡張して適用できるからである。

〔「必須」と「奢侈＝趣味」の〕二つのカテゴリーに区分される企業が並存していることから問題は生じ、また、将来も問題は生じ続けるであろう。だからといって、これらの問題が解決できないと考える理由は存在しない。

## 農業の考慮事項

農業は、現大戦後イギリスが直面することになる最も深刻な問題である。イギリスは農業について全く例外的な位置にある。全人口のわずか七％が農業によって生計を立てているにすぎない(この比率はいずれの主要国よりもはるかに低い)。イギリスが世界の覇権を維持し、相対的に繁栄していた最盛期は、同時にイギリス農業が最も無視された時代であった。イギリスの経済システムと外交政策は、これまでのところ、大量の食糧を輸入することを前提にして組み立てられていた。ところがイギリス農業の将来を合理的に考察するためには、どうしてもイギリス国内の経済政策一般と外交政策の枠組みのなかで考える以外にないのである。

農業政策を政策枠組みに位置付けるにあたって、まず二つの一般的な考慮事項に留意しなければならない。

第一に、農産物市場は、工業製品の市場やサーヴィスの市場よりは弾力性が低い。低開発な社会であればそれだけ、消費全体に占める農産物の割合は大きくなる。発展した社会であればそれだけ、有効購買力のうち農産物に割り当てる割合は減少する傾向がある。したがって生活水準が上昇する時代(とくにそれに対応して人口が増大しない時代)には、農業の重要性は相対的に減少していく。これは過去三十年間、文明化した世界を通じて生じてきたことである。この時期を通じて、農産物価格は全商品の平均価格に比べて急速に下落した。この価格低下は、世界の農産物の生産量の伸び率を、他の生産物の生産量の伸び率と同じにしようとする、誤った考えから引き起こされた。

第二に、農業生産者一人当たりの生産額は、他の領域における生産者一人当たりの生産額に比べてどの国でも有意に低い(ヨーロッパでは六〇%―一〇〇%低い)。この格差が最も大きいのは、たとえば南西ヨーロッパのように、小規模農民が穀物栽培をする場合である。反対に格差が小さいのは、草原で最小限の労働によって穀物栽培をする場合か、ミルク、バター、ベーコンなどを高度に集中生産し、相対的に裕福な市場に向ける酪農の場合である。農業においても技術的改善は行われたが、それにもかかわらず、一人当たりの農業生産額が、他の分野の一人当たりの生産額と同じ水準に――同じ価格の価値を産出するという意味において――「効率を高める」ことは、予想されうる将来生じる見通しはない。

概括的に言えば、農業から工業への労働力の移動は国民生産を上昇させ、生活水準の向上を達成した。もし工業から農業に労働力を移動させると、反対の帰結を招く。十九世紀の偉大な繁栄の大波のなかで獅子の分け前を獲得した国々では、工業に就労する人の割合が一挙に増大した。チャーチル氏はかつてイギリスを次のように評した。

わが国は、製造業に全く桁外れに依存し、それと反対に単純な農業に依存しなくなった。こうしなかったならば、わが国の人口は今日のようにかくも膨大な数に達することはなかったであろう。またわが国が世界において地位を築き上げることもできなかったであろう。(12)

イギリス以外の多くの国々も、近年熱心に工業化を推進してきた。これらは時に曲解と誤解によって非難の的となっているが、同様の野望に鼓舞されてきた。ヒトラーは、一方で、ドイツに工業生産を集中させ、他方で、フランスや他の従属国に対しては「大地に戻れ」というスローガンを唱えている。彼は何をやっているのか百も承知なのである。

本書のかなり前の章〔第四章〕ですでに、生産を最大にすることを、経済政策の唯一の目標とする見方から離れた。農業の状況の基底的要因は必ずしも決定的ではないが、ただし状況に底流するリアリティとしてそれらは無視できない。「生産性が低い」――労働者一人当たりより少ない生産額しか産出しない――農業という生産形態を国内で意図的に維持する政策は、外国から「本来財」を輸入して、その対価を他のより高い生産性の財を輸出して支払うのではなく、それに替えて、国内でより低い生産性の「代替財」を生産することと、軌を一にしている。

こうした〔合理性から外れた〕選択は、何かしらの特別の考慮によってのみ正当化できる。ではどのような考慮事項がイギリスの農業政策を支配しているのかを明確にする必要がある。イギリスの農業生産の水準を定めている議論は、二つのカテゴリーに分けることができる。一つ目は対外政策と軍事的安全保障に関連するものであり、もう一つは国内の社会政策に関連するものである。

戦略的な見地から食料品の国内生産を増大せよ、という議論は一九一四年以来、頻繁かつ説得的になされてきたし、また今日でも有力である。ただし、その議論は注意深く検討する必要がある。戦争時の必要を、政策の恒久的な基礎にすることは誤っているかもしれないからである。

近代史を通じた経験によれば、戦争を遂行する能力、あるいは大国の地位を維持する能力の物質的条件とは、大規模な工業生産と大規模な工業熟練労働人口である。このことは、議論の余地なく明らかである。もしイギリスが国内市場のみを対象にした工業生産力しか持たなかったとしたのなら、決して大国となることはできなかったし、今日大国の地位を維持できていないに違いない。イギリス国土は大きくない。イギリスの国際的地位は、一大輸出大国であることによって獲得でき、それによってのみ維持できている。そしてイギリスが広範囲な国外市場を確保できているのは、同様にイギリスが広範囲な食料の輸入大国であることに拠っている。輸出と輸入は等式の両辺である。一辺から数を差し引くのならば、他辺からも差し引かねばならない。イギリスの商業的海運の衰退——貿易衰退の不可避的な徴候である——を食い止めることの重要性は強調するまでもない。

イギリスのように面積が小さく、人口密度の高い島国では、ひとたび戦争になったなら、その限度一杯の輸入をする必要がある。もし輸入する能力が妨げられたならば、敗北せざるをえない運命にある。食料を輸入に依存する悪は、弾薬を輸入に依存する悪と同じ程度に悪い。したがって、イギリス国内における食料の増産は、戦略的にも他の理由からも望ましいことである。ただし、その一方、国内の食料増産が、平和時の食料輸入の甚大な削減によって成しとげられるとすれば、その結果は戦略的にも対外政策一般からも破滅的になることであろう。この点をイギリスの農業政策の健全さを考えるうえで、他の要因よりも優先して考慮すべきである。とすると農業政策の目標は、戦争など緊急事に限って農業生産量を最大化できるように〔平時には耕作可能地の潜在能力を維持〕しておくことであり、平時から農業生産量を最大に維持することではない。後者の目標では輸出産業など他の生産形態を犠牲にしてしまうからである。

　また戦後の国際的な再建計画に関しても、イギリスの農業政策や貿易市場との関係を無視することは許されない。もしイギリスがヨーロッパと世界で支配的な役割を果たそうとするなら、イギリスの対外協力関係は、軍事的政治的な役割を発揮することには限定されない。いかなる国際システムも、異なる諸国間の経済利益をぴったりと調和させない限り、有効なものになりえない。かつて国際会議でかわされた議論に困惑させられたことは、すべてのイギリス人の記憶に新しい。その会議の席上、イギリスの政治家と外交官たちは、諸外国がその市場からイギリス産の工業製品を締め出すためにとった工業製品の輸入割当制度を邪悪であると非難したが、それと同時に、外国産食料品をイギリス市場から締め出すためにイギリスが設定した農業製品の輸入割当制度を、正当で罪がないと擁護していたのであった。輸入割当制度は今後も形をかえながら続いていくであろう。たとえ、主に農業にその繁栄を依存している国々の利益などは実質的に考慮しなくとも、イギリスは偉大な工業国であり通商国であるという地位を維持できると考える愚かな傲慢さをくり返してはならない。

戦後の国際問題においてイギリスが関わる最も明瞭な関係を、三つ取り上げる。〔カナダ・オーストラリアなど〕イギリス連邦の諸国・地域との関係、アメリカとの関係、そしてヨーロッパ諸国との関係である。三つの関係ともに農業政策と密接に関連している。このうち一つの関係だけを考慮して農業政策を決定してはならない。そうしてしまうと、イギリスと他の諸関係にかかわる死活的利益について熟考することなしに、早計に判断してしまうことになるからである。

イギリス経済に占める農業の位置付けを、世論がさかんに議論しているものの、実体のない議論が多く、そのために評価が非常に困難になっている。たとえば、近年ある下院議員は、「人類が使用する土地のうちで最も生産性が高いものは、すなわち、小麦を育てることである」と述べた。[13] ここで「生産性」という言葉は「人々に聖書の一節を想起させ」、おそらくどのように合理的に反証しても、それを受け付けない神秘的な宗教感覚に基づいて用いられている。農業を「自然の」営みとし、工業生活の「人工的な環境」と対比する感傷的な自然観は、現代の機械化された農業の経営形態と何の関係もない。イギリス農業が、工業化以前の伝統を維持し、十九世紀の工業主義の害悪を幾分かは免れたことは明らかである。とくに鉱工業経営者は労働者の身体的道徳的な責任を拒絶したが、農業経営者はそうではなかった。しかしイギリス農業には家父長主義的体質があった。それは急速に消え去ろうとしているが、また農業は農業なりに弊害を助長させていたのである。

経済システムを再編計画する際、巨大に集積した都市を各地に分散させ、労働者各層に高い健康水準と社会的快適さをもたらし、都市街区と田園地帯とのバランスを確立することが、一義的に重要な要因である。この意味から、システム再編成は産業地帯を田園化し、農業地帯を工業化するための絶好の機会となる。工業と農業とは国民生産の相互に関連した部分として再組織化される必要がある。工業と農業を対立するライヴァルとして扱ってはならず、一方を犠牲にして他方を肥大化させようとしてはならない。過去二十年間イギリス農業の未来をあたかも孤立した問題であるかのように扱って、くり返し農業に打撃を与えてきた。農業は社会経済政策の全般的枠組みのなかにおいてのみ適切に考察することができる。

農業には、鉱業を例外として、他の産業業種から区別される一つの要因がある。すなわち千差万別な自然条件に大きく依存していることであり、そのために特別な取り扱いが要請される。農業に全国一律の政策は——全土一斉に同一の規制を行い、全国共通に同一の農業補助金を与えることなど——自然条件の多様性を考慮できないため、無駄が多く、無効であることも多い。

たとえば〔土地が肥沃ではない〕イースト・アングリア地方では、小麦と甜菜の栽培が土壌を肥沃にし農業を繁栄させるということが確証された事実であると仮定しよう。とすると、小麦と甜菜の栽培に農業助成金をだす政策は、イースト・アングリア地方の農民の助成に関しては説得力ある政策となろう。しかし同じ農業助成をウエスト・ミッドランド地方の農民に与えることは政策として意味をなさない。そこは自然条件が異なり、有り余るほど小麦と甜菜が栽培されており、助成金なしでも、あるいは低い助成金でも十分に利益を出せるであろう。

全国一律の政策を追求しても、適切な一般解は見出せない。各地域の条件に適応した地域別の政策管理システムが必要である。国土全体を通した農業政策は、たとえ立案は中央でなされても、実際の行政は地域別になされる枠組みのもとに生産が計画されなければならない。

以上のすべての要因は、イギリス農業を考えるにあたって考慮しなければならず、かつ相互にバランスをとる必要のある要因である。どのような労働力と資源とが農業において使用されようとも、達成可能な最大限の収量は獲得すべきことは明らかに重要である。それと同様に土壌の肥沃度と土地の潜在能力を維持するために必要とされるあらゆる手段をとることも重要である。イギリス農業の生産性を向上させるためのあらゆる措置と研究が奨励されるべきである。

しかしながら農業政策は、農業的利益のほか、農業以外の利益も考慮したうえで政策枠組みのなかに位置付けられなければならない。農業的利益はイギリスの唯一の考慮事項ではなく、まして至上の考慮事項ではないからである。以上の諸原則を勘案すると、農業政策の目指すべき方向は概略以下の七点に要約できる。

(1)農業従事者数を増加させる試みはなすべきではない(ただし女性の農業従事者を増やすことは望ましいかもしれない)。農具・農業機械等の改善、研究と農業教育、人口一人当たりの生産性を下げている非効率な農家に対し直接罰金を科すことなど、あらゆる努力をするべきである。

(2)食料の生産が増加した場合、その増分は国内の消費増加(もし必要なら政府補助金により低価格ないし無料配布などを実施する)によって吸収すべきである。国内生産の増分に見合う輸入の縮小を行ってはならない。

(3)購買力の上昇に応じて価格が調整されるならば、市場が急速に拡大していく食料(たとえば乳製品や野菜)などの生産増加を目標とすべきである。通常時であれば市場がほとんど飽和に近づいた食料(たとえば穀物や砂糖)は増産を目標とすべきではない。

(4)輸送と貯蔵が容易で国内に大量に貯蔵可能な食料(穀物や砂糖)の生産から、輸送や貯蔵が容易でない食料(乳製品、野菜、果物)の生産へ目標を移行させるべきである。

(5)農作物の耕作に適した土地の確保に全力をあげ、その一方で耕作に高いコストのかかる土地は植林用、都市用、工業用地用に転用していくべきである。それには農業と都市計画と工場立地の各担当省庁の協力が必要となる。

(6)法律上の土地所有権は、製造業による土地所有と同様、重要な問題ではない。ただし、一定の専門能力が農業用の土地所有者にも求められるべきである。その資格をもたないものに、農業用地の管理や耕作を認めるべきではない。

(7)政府に全国農業委員会のような委員会を設置し、同委員会の下に地域別の委員会をつくり、地域別の農業委員会には農業経営者、農業労働者および消費者の利益が対等に代表されるようにすべきである。

## 民主主義統治の形態

政治の形態は、〔緊急事態への〕対応に必要となった諸条件のなかから生まれ育つ。不意に生じる事態の正体の特性は、いつも不明なままであり、政治の形態が、その事態の生じる前からすでに案出されていたということはめったにない。

経済的諸力は、これまでのところ民主主義の権威を撥ね除けている。むしろ経済的諸力の方が民主主義をコントロールしている。すでに述べたように、民主主義が生き残るかどうかは、民主主義が経済的諸力をコントロールする能力があるかどうか、さらには、人間が共通の権利を持つことの論理的な帰結として、人間が共通の義務を負っているという感覚を回復できるかどうか、にかかっている。ここに述べたような変化とは、心性の変化や諸力間の関係変化を表現したものであり、政治体制の変化ではない。にもかかわらず、政治体制の型も、一部は変化している。その変化は、現在の趨勢から次のような方向を向いている。

近年の最も重要な統治構造《コンスティチューショナル》の変化は、ほとんどすべての国で、行政機関の力が伸長し、立法議会の力が減殺される過程であった。さらにはその趨勢は伸長して、立法議会が全面的にか事実上か消滅し、民主主義が放棄されてしまった国々がある。行政の長として特有の人物が台頭して、もはや「同輩中の第一人者」ではなく、全同僚に対して超越した地位を確立したことは、この変化を強めている。指導者個人の重要性が高まっているのは、独裁政治の国家に限られたことではない。

ブライスは『アメリカン・コモンウェルス』のなかに一章を設け、「何ゆえ偉大な人間は大統領に選ばれないのか」[8]と題した。その時代〔十九世紀後半〕のアメリカ政治を考えたとしても、この章題は、おそらく過度な一般化であろう。ただしアメリカ政治制度に対する鋭い観察眼をもってしてはじめて喝破できたものであろう。セオドア・ローズヴェルト、ウッドロウ・ウィルソン、フランクリン・ローズヴェルトは同時代の傑出した人物であったが、彼らの時代であったなら、何人もこうした題は付さなかったことであろう。

イギリス民主主義は、危機の瞬間の一九一六年と一九四〇年に、いずれも強烈な個性の持ち主を指導者に選んだ〔ロイド＝ジョージとチャーチル〕。フランスでは一九一七年には一人の偉大な指導者〔クレマンソー〕を見出せた。一九四〇年には指導者の発見に失敗したが、それは、フランスが敗戦する原因、あるいは敗北する一つの徴候であったと表現できる。

イギリスで近年、最も尖鋭化した政治的論争、なかでも大多数の人々の関心を寄せた論争は、誰が首相にふさわしいか、誰が首相になるべきでないかをめぐる論戦であった。現大戦の第二年目の体験は、首相個人の問題が争点にならない限り、下院の議論を白熱させるのは難しいことを教えている。現在のイギリスの先見の明のある人々は、現大戦の終結後、下院の政党別議席構成がどうなるのかよりも、どの具体的個人がイギリスの政策を指揮するのかにより大きな関心を寄せている。近い将来イギリスの有権者――アメリカの有権者も同様である――が成しうる選択とは、ライヴァルの指導者間から誰を選択するのかであり、それ以外には考えられない。政策はますます指導者によって表象されるようになり、政党によっては表象されなくなった。

このように行政および行政の長が際立つようになったのには多くの原因がある。その原因のいくつかは経済諸力の特性と直接に関連している。すなわち、経済諸力を有効にコントロールすることが、今や民主主義の重大な使命になった。経済諸力のコントロールの実施は複雑な作業であり、イギリス下院やアメリカ連邦議会のような代議制の会議体には不向きである。一九三七―三八年のイギリス議会会期中、下院の法案審議時間は四八七時間であったが、そのうち二〇九時間は「工業と農業に関する経済機関」の関連法案の審議に宛てられた。[14] こうした法案は高度に技術的であった。たとえ、専門的知識をもたない一般人の公開の集会が討議したところで、実は挙がらない。経済諸力をコントロールするためには、不断に規制の対象とするなど様々な行政の諸活動が不可欠である。議会がなしうる最善の行動といっても、議会の意志を漠然とした言葉を用いた法令によって公示することに限られるのであり、その議会の意図を実行に移すためには、大幅な権限を行政に移譲することである。

この行政への権限移譲は、近年正反対の方向からの抗議を呼び起こしている。一方は理論志向の民主主義者による異議申し立て〔行政に対する議会の優位の主張〕であり、他方は、この権限移譲の手法によって行政から課されるコントロール自体を嫌う利益団体からの抗議であった。しかし、これ以外には、民主主義がその権威を経済システムに及ぼす方法はない。

戦争が勃発して、経済システムのコントロールが緊急課題となった時、イギリス議会は非常事態権限法を一九四〇年五月二十二日に制定し、議会の権限のほぼすべてを、実質的に行政に移譲した。この法律によって議会は、連合王国の統治下にある全臣民に対して、身体と労役と財産を、政府の完全な自由裁量に委ねるよう要請している。バーナード・ショウ氏が適切に表現したように、イギリス議会は一つの法案をわずか二時間半の審議にかけるだけで、ソヴィエト・ロシアが二十三年間かけても達成に失敗した生産手段の国有化を、成しとげてしまった。イギリス議会は権限移譲すると決意を示したが、それと同様に、もしもイギリスの行政が移譲された権限を実際使用すると固く決意していたとするならば、ショウの発言は適切であるばかりか、真実となっていたことであろう。

戦争という危機において必要となった事態は、戦争後の危機においても同様に必要とされるに違いない。戦後期に直面する非常に複雑な問題に対して、イギリスでも他の国々でも、議会はその権限を行政にますます移譲することによって対処する以外に方法がない。

立法議会は経済システムをコントロールするには不適切であるが、その理由は、対処の手法が高度に複雑化したことに加えて、それとは別に、より重要な理由がある。選挙で議員を選ぶ議会には、いくつもの強力な経済的利益が代表を議員として送り込んでいる。現代ではそれに加えて経済的利益は、高度に組織化された政党マシーン――それは経済的利益から政治資金の支援を受けている――を通じて議会をコントロールしている。

十九世紀の自由民主主義の理論では、各人の利益と全体の利益とが最終的に一致すると前提し、代議制議会における諸利益間の相互作用は、社会全体に善をもたらすと考えられた。この十九世紀型の仮説は、かつて真実らしさを保っていたが、経済的組織が強力に成長した結果、仮説から真実らしさが奪われてしまった。経験の教えるところでは、弱者や組織されていない人々の利益をいつも犠牲にすることによって、強力で組織化された諸勢力の間の利害の相違を、たくみに調整してきた。たとえば製造業の諸企業はよく組織化されており、消費者たちは組織されていない。そこで諸企業の間では、製品価格を上昇させる願望を共有することによって消費者の利益を犠牲にして、企業間の食うか食われるかの競争関係を忘れてきた。失業者たちが政治的に組織されていない間は、そして彼らが政党に政治献金をしないうちは、代議制議会は失業問題に救済の扉を開こうとはしない。

行政もまた、それが作用する官僚機構を通じて、経済諸勢力からの影響を免れていないことは事実である。しかし、この影響は直接的なものではなく、継続的なものでもない。また大規模な民主主義国家では、たしかに官僚制はそれ自体である種の専門家的利益を構成するなど、多くの欠陥がある。しかし全体として見るならば公務員たちは、あい争う経済的利益に向かって相対的に距離を置いた態度で接し、相対的に公正である。経済政策を社会全体の善に導く決定は、現在のところ、経済的な既得権益に支配された代議制の会議体よりは、公務員が構成する委員会から出されることが多いようである。

〔首相や大統領など〕行政の長は、この重要な点において独特の地位を占めている。彼らは一般公務員とは異なり、政治家としてすべての政治活動の背後にある諸勢力間の団体の利害の交錯を詳しく知っている。諸利害の交錯は、現実離れした夢想の提唱者以外は無視できない。

しかしながら行政の長は、一般公務員と同様、経済諸利害の交錯から相対的に距離を置いて接する。すでに政治の世界で最高の地位に達した行政の長は、もはや将来の昇進を望むことはなく、政党内の強力な諸勢力におもねる必要がない。もし行政の長が個性豊かな人物であり、民衆に人気があるのであれば、おそらくは彼が所属政党を必要とする以上に、所属政党が彼を必要とする。彼は政党マシーンによって支配されるよりは、政党マシーンをある程度支配できる。

もちろんこの理想が実際にそのまま実現するとは限らない。ふんだんに金を使える諸勢力・団体は巧言を弄し、ある種の社会的利益の提供を餌にして行政の長に言い寄ってくるが、こうした誘惑に全く引っかからない行政の長は稀なのである。

ともあれ現代民主主義は、行政の長の効率的な働きに依存する傾向がますます強まっている。すなわち諸利害の交錯状況は、代議制議会のなかに表出されるが、行政の長が十分に強力であれば、その動きに超然とした姿勢で臨めるし、もし必要とあればその動きを支配することもできる。この観点から意味深いのは、最近の民主主義国家では、偉大な指導者たちは、彼らが代表すべき政党や政党マシーンとしばしば衝突している現象である。アメリカではセオドア・ローズヴェルト、ウッドロウ・ウィルソンが、イギリスではロイド＝ジョージが、所属政党を分裂ないし解体した。ウインストン・チャーチル氏は、所属する保守党にとってたえず悪い党員であった。フランクリン・ローズヴェルト大統領は、〔大学教授からなるブレイン・トラストを組織化する一方、〕民主党マシーンを個人的権威によって掌握した。なお一九四〇年の共和党大会は一般国民に集票できる魅力ある大統領候補を発見するため、古参の共和党幹部を排して、共和党に入党したてで政党員としての活動歴のない人間《アウトサイダー》〔実業家ウェンデル・ウィルキー〕を大統領候補に選んだ。これらは時代を表わしている。政党活動の主舞台は代議制議会であるが、現代民主主義において成功したリーダーシップの一つの特徴は、政党システムに公然と反抗することであった。

現代メディアの広報や広告の手法が、議会から行政への権力の移行を助長している。その過程はイギリスでは、〔発行部数が非常に大きな〕タブロイド各紙の発展によって始まった。行政とその長は、その政策に新聞の支持を得ることが、議会下院の支持を得ることと同様、重要であると感じるようになった。その一方、新聞は、世論を公表するフォーラムとして、また世論の創造主体としての役割を担うようになった。その結果、タブロイド各紙は、議会を経由することなしに、行政に直接に影響を及ぼすことになった。

さらにラジオ放送の発明が、この過程を一層加速した。ラジオは行政、とくに行政の長にとって、議会を迂回して直接に世論に影響する手段となり、壇上から演説するよりも限りなく効果的に影響を及ぼした。行政の長がラジオを通じて人々に巧みに語りかけることは、議会で雄弁に演説することよりも、はるかに重要な資産になった。

さらに科学は、現代の世論創出の方法だけでなく、世論を測定する手法も生み出した。「麦わら投票」〔非公式投票による世論調査〕または「世論調査」はアメリカで最初に行われたが、いまではイギリスでも広く行われ、政治やビジネス諸組織が世論を測定するための便利な手段となっている。

一九四〇年八月、イギリス下院で興味深い討議が行われた。[9]情報省が世論調査の手法を採用した事実が暴露されたのである。議会の討論で情報大臣は「世論を発見する科学的手法」であり、イギリス下院は〔総選挙を頻繁に実施できない〕戦時では世論を代表できないため、世論調査はとくに戦時に用いられる措置であるとして擁護した。(15)

この情報大臣ダフ・クーパー[10]の答弁は本当のことを言いすぎていると、明敏な何人かの下院議員は感じ取り、不安になった。もし仮に、世論調査が「科学的手法」であるとすると、戦時ではなく平時にあっても、議会の声を民衆の声に代替させる粗野な間に合わせの方法よりも、世論調査がすぐれた手法になると考えられるからである(16)。

世論調査が民衆の意志を測定する公式の手法として採用されることは決して生じないにしても、しかし世論調査は、議会という機関が提供する情報よりも、多くの意味からはるかに信頼性が高く、はるかに精密な世論の確認手段である。その世論調査は疑いなく行政の手中に収められている。

現代の趨勢として、行政が有権者に直接にアピールし、有権者はその意志を行政に直接に働きかける。行政と有権者が、代議制議会の頭越しに対話する方向に向いている。その趨勢は代議制議会から行政への権力の移転――これは他の要因によって始動したのであるが――を加速している。アメリカでは大統領府が連邦議会よりも重要度を増す方向に向かっている。この趨勢に対して周期的に鋭い反動がみられるが、しかし、この趨勢はアメリカが世界情勢に関心を深めるにつれて強まっていくものと考えられる。過去数年の経験によると、連邦議会の持つ憲法上の権力は、危機の時代における有効な対外政策の障害となっている。アメリカ人たちは、遅かれ早かれ不可避的に国際政策を必要とし、要請することになろう。政治技術に熟達したアメリカ大統領にとっては、世論を味方につけ、連邦議会の動きを封じる方が、憲法を改正するよりもおそらくは容易であろう。こうして連邦議会の権力と威信とは、気付かれることのないまま凋落していくことになろう。

イギリス下院はすでに内閣に対して、またより一層首相に対して権限を失っていた。五十年前には、イギリス統治構造の重心を下院以外のどこかに求めることは馬鹿げたことであった。(17)二十世紀の後半になると、二十世紀版ウォルター・バジョット[11]が現れて、下院の最も重要な機能とは、人民による首相の選出を代行するために選挙人団を構成することと記すかもしれない。現在における下院の活動の最も意味のある部分は、行政の統治機能に直接に関連した部分である。下院の実効性は、政府の行動や構成を批判する時に最も有効である。そして法律を制定する時や政策の採用を迫る時に、最も無効である。

以上の考察から、今後イギリスの統治構造がはたしてどのような方向に変化していくのかを検討してみよう。その際、アメリカとスイスの憲法構造が、行政の強い継続性を保障しており、その結果として行政府に強い潜在能力を付与している点を観察することに意味があるであろう。アメリカでは、大統領と副大統領(大統領が各省長官を任命する)が、またスイスでは連邦参事会(最高機関である)の閣僚たちが、ともに四年任期で選挙される。議会の定例の会期中、審議や質問によって無制限の批判を受けるが、しかし議会の不信任決議によって解任されることはない。

それとは反対の〔行政の継続性が弱い〕極が、フランス第三共和制[12]の例に現れる。その立法議会は、行政に対するコントロール力が強く、首相や閣僚に対する不信任決議権をいつでも行使できる。〔この行政の継続性の強弱を対立軸として、〕イギリスの統治構造がそのどちらに変化すべきかを考えると、〔行政の継続性の極の方向であることに〕疑いはない。

イギリス議会の最も望ましい改革の方向は、一方では、委員会システムを重視して審議時間を拡張し、他方では、全体会〔全院会議〕の一般討議に充てる時間を削減することである。これまでもイギリス議会の最も意義のある立法審議は、その大部分が小規模の委員会によってなされてきた。少人数の常設委員会が、対外政策、防衛問題、植民地問題、保険行政、地方行政などに取り組むならば、下院議員集団とそれぞれ担当する官庁の上級公務員との間の緊密な関係を促進するであろう。また対外政策や防衛政策などに関しては、緊急事態の際に、たびたび全体会での一般討議を繰り返さなければならないという深刻な不都合を回避する一助となるであろう。

民衆から選出された代議制議会から、民衆に責任を負う行政指導部への権力の移行は、憲法の枠内で行われた場合、ただちに民主主義の衰退ととらえるべきではない。この権力の移行は、現代民主主義の形態と性格の変化を表現している。言い換えれば、次の二つの極の間で、それをいかに妥協させて組み合わせるかという争点の一部なのであり、いかなる民主主義であっても不可避的に直面する問題である。

第一の極は、すべての範囲の公務員を民衆の選挙によって選出するもので、「直接」民主主義に最も近似した実行可能な現代の政治形態である。

第二は、「人民投票」民主主義と呼ばれているもので、一人の指導者を民衆が投票によって選び、その指導者は統治の業務に責任を負う行政幹部を任命する形になる。

もちろんどちらの極も、純粋な形で実現された場合には民主主義を破壊してしまうことであろうが、二つの極は、作動可能な制度として政治体制のなかに組み込まれている。アメリカ合衆国憲法は両方の極を含んでいる。一方で、大統領はきわめて強力な憲法的権限があり、主要な省庁の上級幹部は大統領の個人的意志によって任命され、大統領のみに責任を負うが、これは「人民投票」原理の勝利を意味している。(18) もう一方で、過剰ともいえるほど多くの公的業務や公的職種が選挙によって選出される国はアメリカ以外にはない。この公職の選挙による選出システムは多くのアメリカの観察者が弱点と見なしており、近年では一部については制限された。

イギリスでは政府の検察官・司法官と裁判官、および一般公務員は、選挙以外の方法で選ばれており、長らくイギリス民主主義の支柱と見なされてきた。代議制を作動させせる選挙に関しても、この二十五年間、あまりに頻繁に選挙過程に訴えた結果、かえって人々の政治的信頼を弱めてしまった。一九一四年以前までは、下院の野党第一党が政府に挑戦する場合、「ならば解散して国民に信を問おうではないか」が常套の合言葉であった。ところが一九一八年以降、この挑戦の合言葉は稀にしか聞かれなくなり、その言葉で政府が迫られることも稀になった。近年では、重要決定の瞬間に総選挙を行わなかったために民主主義が価値を落とす事例よりも、不適切なタイミングで選挙を行って民主主義の信用を失墜させた事例の方が容易に想起できる。ドイツのワイマール共和制は、ヒトラーによって粉砕される前に、一九三二年に選挙を過剰に繰り返したことによって死んでしまった。

議会から行政への権力移動は、イギリスの政治生活を再活性化するために非常に重要な課題を提起している。地方政府の改革である。

統治過程が複雑化し、権限が中央に集中しているため、地方分権による権限委譲が緊急に必要になっている。ことに戦時の窮状から明白に必要な分権には、十二名の地方監察官を設置して対応した。しかし問題を解決するという点では、進展はほとんどみられない。というのも中央省庁から次々と地方に委譲された権限と、地方自治体の選挙で選ばれた時代遅れの指導部との間で調整がつかないのである。これは、しばしば考えられるように、原則の問題ではない。民主主義は、選挙の回数を多くすればそれだけ民主主義化するのではない。また選挙で選出された者の数を多くすれば、それだけ民主主義化するわけでもない。

アメリカ合衆国の経験は、地方政治の手法として投票箱にあまりに頼りすぎることの危険性を教えている。近年いくつかのアメリカの重要都市の市政府では、選挙によらず指名をうけた「委員会」に行政権限が委譲されたが、その結果は明らかに市民に広い満足を与えた。

イギリスの地方政治には、それほど劇的な変化は求められていない。ただし、選挙によって選出される会議体の数はすでに相当数が削減されている。この過程は将来の改革によって一層推し進められるであろう。問われているのは理論上の問題であるよりも、実践的な機能である。地方レベルの選挙が、有権者の大多数から無関心な冷淡で迎えられるところでは、あるいは選挙の結果として地方政治の決定が、少数の組織化された集団――それが政党利益の代表であれ、より敬意に値しない利益集団の代表であれ――の手に握られているところでは、民主主義は選挙を続けることによって、かえって威信も実際の機能も低下する。

その一方、戦時においてイギリス人の一般民衆によって組織された民間防衛隊やその他の諸団体による活動には、目を見張るものがあった。公務へ献身的に参加するだけでなく、リーダーシップの創意と能力の巨大な貯水池が存在していたことが明らかになった。これらイギリス民衆の能力を、平時の地方政治の諸制度は、それまで一度も引き出したことはなかったのである。とすれば、イギリス地方政治の課題は、これら自発的な奉仕活動やボランティアの団体に、地方行政システムのなかで実際に果たすべき役割を与えることによって、政治資源として活用し、地域へのパトリオティズムを喚起することである。[13]

市民が地方行政の諸業務に参加して協働することの方が、地方選挙で何回も投票することよりも、真の自己統治の形であり、民主主義の本質を最もよく表現している。ここでは、参加活動を行う市民の法的資格が、はたして下院に責任を負う大臣から任命された官僚の指示を受けるものか、それとも地方議会によって任命され、かつそれに責任を負う自治体職員の指示を受けるものか、という中央と地方の差は、全く問題とならない。

民主主義が真に意味をもち、有効に機能する決定的要因は、民衆の権威を政府の意思決定に直接反映させるため設けられた制度的回路の多さには存しない。民衆の最大多数者のなかに、自分が、そして同胞である民衆が、統治者であって同時に被統治者であり、また政府の運営は自分たちのなす活動の一部であり、同時に自分たちの責任の一部である、という生き生きした感情を創り出すことに存する。

こうした〔代議制を相対化させる〕政治の変化は、民主主義の本質に影響を与えることはない。以上に述べた大部分は、〔アメリカやスイスなど〕他の民主主義国における経験から学んだものである。今日のイギリス民主主義の最も深刻な危険は、十九世紀から継承した民主主義的諸制度を、神聖不可侵のものとみなす保守主義にある。そして民主主義を二十世紀の現実として運用しようとする限り、それら既存の諸制度の変化は不可避である。にもかかわらず、その保守主義はその変化を認めることができないのである。

# 第七章　イギリスと世界

未来の行動の計画枠組みを、国際関係において創り上げることは難しい。その困難さは、おそらくナポレオン戦争の末期、戦後の行動の計画枠組みを構築しようとした者〔オーストリア宰相メッテルニヒ〕が直面した非常に高い不確定性を歴史の前例として取り上げると最もよく理解することができる。

一八一四年、すでにナポレオン没落は明らかであった。それにもかかわらず、民主主義とナショナリズムの大波が、フランス革命とナポレオン戦争から推進力をえて、勝ち誇るようにヨーロッパ全域を覆い尽くすであろうこと、そして、古い十八世紀型の秩序を回復させて大波の防波堤にしようとしたところで、みじめに失敗するであろうことは、メッテルニヒほどの聡明な観察者であればおそらく予見できたであろう。また、彼は、機械が将来果たす重要性をおそらくは過小評価していたであろうが、機械が大いに使われるようになり、工業が一大発展をとげることも予想できたであろう。

しかし、メッテルニヒの明敏さをもってしても、想像すらできなかったことがあった。すなわち、十九世紀が史上空前の人口増大と物質的繁栄をもたらすこと、またイギリスが地球上のすみずみまで影響をおよぼす覇権国家となること、ドイツとイタリアが強力で統一された国民国家として台頭すること、などである。

また一八一四年のメッテルニヒは、一方の民主主義とナショナリズムの思想と、他方のハプスブルク帝国の存続とが両立不能であると明断に判断していたが、まさかそのハプスブルク帝国がもう百年間生き残る能力があるとは、到底信じられなかったであろう。最も慧眼の認識者であれば、時代を底流する趨勢のいくつかを正確に見極め、それを将来に延長することはできたであろう。しかしその彼でも細部まで捉えきることはできない。

具体的な諸問題に向き合う政策を構想するには、時代を底流する長期的な趨勢と、日々の状況という細部との両面を理解することが必要である。そして、戦後世界の諸問題を議論すると、二つの極論的な立場からしばしば二者択一の選択を迫られる。一方の極をなす立場は、まず、いくつかの大きな一般原則を選び出し、それに照らして将来の世界秩序の骨格を構想し、平和が到来したならば、その骨格にジグソーパズルの一片一片に相当する細部をスムースに都合よく当てはめていけるとする。他方の極をなす立場は、なにより戦争がどのような環境のもとで終わるのか予見できない以上、将来の平和の条件を予想することは不毛であり、かつ危険であるとする。

この二つの立場はいずれもここで選択する必要はないし、いずれか一方を選択すると結果は悲惨なものになってしまう。

本書のこれまでの各章は、基本問題を一般論から診断してきた。それが正しいとすると、そこから未来の政策について重要な結論を引き出すことができる。もちろん結論といってもそれらは暫定的なものである。新しい展開が生起すれば、それに応じてその暫定的結論の多くを調整する必要が生じる。このことは終始銘記されるべきである。

われわれは、未来の計画を立案すること自体に至上の重要性があると認識しているものの、かといって、現在大いに喧伝されている既成の世界組織システムを安易に受け入れることのないよう、是非とも警戒しておく必要がある。

人気を博している接近方法の一つに次のようなものがある。世界全体ないしヨーロッパ大陸全体について憲法的な統治枠組み——連邦構想、国際連盟の改訂版、「ヨーロッパ合衆国」など——の草案作成にただちに取りかかり、戦争が終わったらあらかじめ合意した通り、それらの設立に着手することを主張している。

人類全体をどう統治するかという問題は、何世紀にもわたり人間の英知と経験を撥ね除け続けてきた。それを、一群の熱心ではあるが単純な人間が、白紙の上に設計図を書き上げることによって解決できると考えている。ここには一種の純真素朴な知的傲岸さがある。ヨーロッパ連邦統合[1]のような運動の推進者たちは、根本的な改革が必要であるとして世論の関心を喚起させる点では意味があるが、その点を除けば有害な影響を与えている。なぜなら彼らは問題をあまりにも大雑把に単純化し、また彼らが解決策を書こうとする問題の歴史的背景や経済的組織化について辛抱強く謙虚に研究する必要性を曖昧にしてしまうからである。

別の例として、国際連盟を復活させ、その改定版を創出しようとするプロジェクトが存在する。このプロジェクトには、かつて存在した機関、過去には一定の人気を博した機関の上に新機関を樹立するという他にはない利点がある。しかし、国際連盟は挫折の伝統に根ざした組織であり、より致命的なことには、特定の大国の利益と密接にむすびついた機関であった。さらに、国際連盟のイデオロギーは、十九世紀の政治的伝統から派生したものであり、それが現代の問題を解くには不十分であることを本書はこれまで明らかにしてきた。

たしかに「国際連盟」という名称とそれに伴っている善意は、新しい秩序を設立する際に有用かもしれない。国際連盟のいわゆる専門機関は何らかの形で存続し、おそらくは国際労働機関（ＩＬＯ）に付属する形になるかもしれない。

ただし国際連盟の復活を構想する人々のなかには、基本的に従来の形態を踏襲し、いくつかの修正を施して「強化する」と主張する人々がいる。彼らは、ヨーロッパ連邦統合の提唱者たちと同様の批判を免れない。フランス革命とアメリカ独立戦争の理想は現代の統治の問題解決のために不十分であり、部分的には無効でさえある。

現在の危険は実際のところ一九一九年とその後にもある程度起きたものと同様である。真の危険とは、法律的な議論——主権、連盟規約、連邦制のいずれであれ——に熱中するあまり、軍事と経済における国家間協力や相互依存という現実的に必要であり、かつ未来がかかっている課題から世論の関心を逸らしてしまうことである。

エドマンド・バークの有名な言葉によれば、憲法とは「体形に合わせて裁った法衣である」(1)。新しい秩序が未だ政治体としての輪郭を整え始めていない時に、その政治体に着せる法衣である憲法を入念に仕立て上げるのは、なんとも時期尚早にすぎる。

ウエストミンスター憲章が礎石となって、その上にイギリス連邦が立ち上げられたのではなかった。同憲章は、憲章の成立よりもはるかに以前から形成されていた諸関係の一部を文書として確定したものであった。公式文書の形に謳うことが構成国に便利だと考えられたから、憲章の文が書き上げられたのである。

はるかに多様な国々からなる新しい連邦は、非常に複雑に編み上げられた関係のネットワークのなかから立ち上げられてくる。その関係は、高度に変幻自在であり、過度の画一性は生命力を失わせる。そして実践が重ねられた後、いつの日か、きっと精確な法的規約を文章にすることが可能になり、それが構成国にとって便宜となることであろう。ただし現在の段階においては、相互依存の推進は現実政策上の課題であって、憲法上の問題ではない。したがって、巧妙な文章力をもつ憲法学者からなる委員会が、メンバーの誰もが満足が行き、誰の利益にも抵触しないような文案を作成することで問題を解決できると考えることは、たとえ人気のある方法であったとしても、危険な幻想を世に撒き散らすことになる。今われわれが放棄を要請されているのは主権とよばれる神話的な属性ではない。放棄を要請されているのは、他の諸国家の必要と利益を一切省みることなく、手前勝手に軍事的経済的政策を立ててしまう国家の習慣なのである。

〔未来秩序の構想に際して本来は最後の仕上げになすべき〕憲法構造の起草に最初に着手するのは、間違った側から第一歩を踏み出してしまうことを意味する。われわれは、国家間の相互依存が増大している現実があり、それが今後も促進される必要があると認識している。だからといって直ちに、ライオン〔イギリスの象徴〕やあるいは鷲〔アメリカ合衆国の象徴)までもが、羊(中小国の比喩)と対等の立場に甘んじるユートピアを心に描く境地に立ち至ったと考える必要はない。権力を有する国から対外政策が消えてなくなることはない(権力を有しない国々にとっての対外政策はこれまで一貫して幻想の類にすぎなかった)。過去にもそうであったのと同様に、新しい世界においても権力のリアリティを考慮することが必要である。

われわれの考察の出発点は、現大戦が終わった時点に生起してくると予想される国際情勢である。そしてわれわれがとくにイギリスの政策に関心を寄せる以上、国際情勢におけるイギリスの位置から考察を出発させることにしよう。

## 過去の誤算

現大戦が終わった時、イギリスの国際的地位は、十九世紀の意気揚々たる時代からすっかり変わってしまっていることを明確に理解しておくことはきわめて重要である。一九一九年から一九三九年までの時代に多くの危難が生じたが、その責任はイギリスの国際的地位の変化に対する認識の欠如に帰せられる。この時期のイギリス対外政策の混乱は、国際関係におけるイギリスの権力と威信が衰退したことの結果であって、その原因ではなかった。混乱が生じた理由は、イギリスの政治家と一般世論が、国際状況のなかで地位が低下した事実を自覚せず、それを直視しなかったことによる。

近代史を顧みるとイギリスは国際関係上特異な地位にあったが、それは一つの核心的事実に基づいている。たしかにその地位の一部は、イギリスの人々の技術力と発明能力に拠っていた。また一部は一八〇〇年以前にすでに相対的に政治発展が高い段階に達していたことに拠っていた。しかし何よりも、天然資源に恵まれていたことに拠り、巨大な産業発展の過程のなかで、イギリスは、それ以外の世界にはるかに先んじて産業発展の過程を出発させ、十九世紀は人類史上最も目覚しい世紀になった。十九世紀の中葉を通じて、イギリスはすべての重要な工業製品の世界に対する主要な供給国であり、またそれと交換に、他の世界から食料、原材料、いくつかの特殊な奢侈品を輸入していた(2)。その結果、イギリスは生活水準の目覚しい向上を、それ以外の世界に先駆けて成しとげた。そして、イギリスの経済的必要に非常に適合した軍事力の形態を発達させて、圧倒的な優位を確立することができた。すなわち、世界第一位で、十九世紀末までは唯一であった大規模で機械化された海軍力であった。イギリスは二国海軍標準主義[2]を取ってきたが、この政策とそれが意味するすべての強固な基盤となったのは、世界第一位のイギリスの輸出総額が、第二位と第三位の大国の輸出額の総和を上回ることが、一八七〇年代という近年にまで続いてきた事実であった。これほどの経済的軍事的格差を、長続きさせることはできない。天然資源と人的能力はイギリスの独占物ではなかった。イギリスがたどった発展の道を、より広い領土とより大きな人口に恵まれた他の国々もイギリスに続くことができた。一九一三年には、イギリスとドイツとアメリカの三国は輸出大国としてほぼ肩を並べた。ドイツの同年の総生産はイギリスとほぼ同額となり、アメリカの総生産はイギリスの二倍になっていた。

この変化はすぐに国際情勢に反映した。ボーア戦争によってイギリスは、史上例のない敗北感を束の間味わったが、すぐに忘れた。しかしながら、ボーア戦争は、イギリスがそれまで考えられていたほどには、無敵でもなければ、全く脆弱性がないわけではないことをイギリス以外の世界に印象付けた。ヨーロッパ政治の勢力配置は急速に再編された。イギリスの優越性に対するドイツの脅威は、明白になり攻撃的になった。ドイツの海軍建造計画は、イギリスに建艦を加速させることを強い、さらに、イギリス艦隊を北海に集中させることを強要した。その結果、世界権力としてのイギリスに深刻な問題をもたらした。イギリスの対抗策は、フランスを防衛体勢の一環に組み込むことであったが、これはかえってイギリスの弱点を露呈させ、防衛政策の基盤全体をそうと意識しないまま修正する結果になった。

セオドア・ローズヴェルトはその華々しい経歴を通じて、アメリカ合衆国をヨーロッパに近づける動きを促進した。アメリカはイギリスと伝統を共有していた。また、ドイツは、自由ならびに束縛からの解放を志向する十九世紀型の生活様式――アメリカとともにイギリスもこの伝統に属した――に対する攻撃の急先鋒であった。それらの事実などから、イギリス、ドイツ、アメリカの世界権力の三者関係のなかで、アメリカは最終的にはイギリスに近づき、ドイツからは遠ざかった。

一九一四年以前に、すでにイギリスの工業力の特有の優越的地位は失われていたが、多くの隣接する分野――とくに金融と海運――では、至上的地位はほぼ手付かずのまま維持されていた。ところがそれらは前大戦によってその基盤が崩れ、その結果としてイギリスの世界権力の地位を弱体化させた。イギリスはもはや世界で最大の工業大国でもなく、輸出大国でもなかった。とはいえ、十九世紀の間に行った膨大な海外投資によって、世界最大の債権大国であった。

しかしながら、前大戦時に、その海外資産のかなりの部分を戦費調達のためアメリカに売却した。たしかに残った海外資産からの収入は、相当額に上った。海外資産からの収入は、十九世紀の繁栄の日々においては、海外に再投資されていたが、二つの世界大戦の間の時期には輸入が輸出を上回るようになり、その収入は輸入超過分の支払いに充てられるようになった。

海運においてもイギリスは、依然として主導的立場にあったが、しかし、イギリス海運業が、かつていくつかの小国とともに世界の海運を事実上独占してきた圧倒的優越は、すでに遠い過去のことになっていた。

イギリス経済力の衰退は、軍事力の相対的弱体化に影を落とした。一九一八年以降は、二国海軍標準主義の復活は考えられることさえなかった。イギリスと日本の海軍力の差は、ほんの少しだけイギリスが優位していたが、極東戦域の海軍力に限ると日本がイギリスに優位していた。またイギリスは空軍力に関しては、他のヨーロッパ諸国と真剣に競争しようとは試みなかった。

以上に述べた条件は、二つの大戦の間のイギリスの対外政策が、目的と手段を適合させることに失敗して、大変にみじめで不満足な結果に終わったことを説明する。世論が期待した対外政策、そして大臣たちもそう期待するように世論を煽った対外政策とは、イギリスが世界中のほとんどどこの地域でも軍事行動をとることができ、相手方を強制できる軍事能力と即応能力をもっている場合にのみ有効な対外政策であった。ところがイギリスには一九一九年以降、こうした対外政策を可能にする唯一の条件、他国と較べて十分で安心できる軍事的優越性をもっていたことは一瞬たりともなかった。実行した政策と動員できる資源の間に不一致があったが、その根底にはイギリス人の伝統的なものの見方の特徴があった。イギリス人は十九世紀の間ほぼ一貫して、追求の努力をしないまま優越的地位を享受していたが、そうすることはもはやできなくなったにもかかわらず、それを頑として認めようとはしなかった。この見通しは、様々な意味から称賛に値するが、しかしながら危険でもあった。イギリス人が、この気楽な幻想に浸り続けることは、衰退が相対的なものであって、絶対的凋落ではなかったことから容易になった。生活水準は〔二つの大戦の間でも〕向上し続けていた。イギリス経済の基本構造は変わっていなかった。たしかに失業問題はあったが、失業者は政治的影響力を持たず、多くの場合、副次的な出来事として取り扱われた。イギリスは、繁栄という物差しで計ったならば、未だに上昇中であるように思われていたのである。ライヴァルであったドイツは、前大戦で敗北し、その国際的地位は譲歩を余儀なくされ、その回復のために思い切った再出発をした。その一方、イギリスは前大戦に勝利したのであり、これまでより強くなり難攻不落になったに違いないし、何か特別な努力は必要ないと信じ込み、気楽な幻想のなかに安易に逆戻りしたのである。イギリスの国際的地位には一切変化がないと思い込み、一九一八年の勝利によって地位が強化されたとさえ気楽に信じ込んだ。そして、突然の懸念に襲われた場合にも、国際連盟は云々、英米協調は云々という、内容の空疎な長い熱弁の前に沈黙させられたのである。

イギリス人の抱いた幻想は、大西洋の反対側であるアメリカでも、イギリスと同様に、国際情勢に現れた根本的な構造変化を認識することに失敗してしまったことによって、強められてしまった。前大戦の終わった時点で、世界の覇権がロンドンからワシントンに移ったことは、多方面で当然の事実とみなされていた。マックス・ヴェーバーは一九一八年十一月、アメリカに世界の至上権があることは「古代世界におけるポエニ戦争後のローマの至上権と同様に不可避である(3)」と記していた。

しかし覇権の移行は、急激には生じなかったし、簡単には効果が現れなかった。というのは、世界において軍事的経済的に優越しているという特権を、イギリスの方から放棄しようとしなかったし、アメリカの方では引き受けようとはしなかったからである。大西洋の両岸ではともに、二つの大戦の間の二十年間、変化した状況に対して必要であった適応に失敗したのである。

ワシントン会議は、イギリスとアメリカの両国が、会議の後、世界の覇権に関して対等な同盟者となるという暗黙の前提のもとに議事が進められた。しかし国家間のいかなる政治同盟も、名称を除いて、対等であることはない(このことは、外見上対等を偽装することがたえず厳格に追求される理由を説明する)。そしてワシントンでもそれ以降のどこの会議でも、いずれがいかにリーダーシップを発揮するかに関する取決めもなされなかった。その取決めなしには有効な協働行動は不可能なのである。その結果、ジュネーヴでもそれ以外の会議でも、イギリスはアメリカの戦力を自国の思うままに動かせない限りは、一貫して追求できないような政策を主張し、あるいは主導権を発揮すべきでないような政策に乗り出すようになった。その一方、アメリカの人々は、世界のリーダーシップをとる役割を引き受けなかったどころか、もっぱら狭く解釈されたアメリカの利益擁護に政策を限定してしまった。二つの世界大戦の間の時期は、イギリスはその昔日の機能を果たす能力がなくなり、アメリカは主導権を引き受ける意志がなかったために、国際的リーダーシップの空白の時代となったのである。

以上の事実を認識しなかったことからいくつかの誤解が生じた。そのうち最も興味深くかつ誤解を明瞭に現した事件が極東で生じた。一九三一年以降、イギリスは単独で日本の力を制約する能力がなくなった。その一方アメリカはリーダーシップを発揮する心理状態にはなかった。アメリカは、イギリスが極東に投じた金融的利益の方がアメリカよりも大きい、という無意味な議論を持ち出して、いかなる具体的な行動もとらなかった。一九三二年にはアメリカはイギリスに同情と支持を表明しながら、行動する約束をしたかしないか不分明な外交を行い、しきりにイギリスに行動するように促した。ところがイギリスが極東で動かなかったために、アメリカはイギリスに不信感を抱いた。一九三七年には〔立場が入れ替わり〕イギリス外交当局が巧妙に先手をうって、アメリカが主導するいかなる行動にもイギリスは参加する用意があると声明を出した。ところがアメリカは、五年前イギリスが示したのと同様、無為無策のまま推移した。一九三六年以降、アメリカ人たちは、イギリスがヨーロッパ大陸の動乱に有効に介入しないことに非難を強めた。ところがイギリスを非難する行為とは裏腹に、当のアメリカ政府の側には何らの行動をとる準備もなかったのである。

現大戦が勃発した後、イギリスの多くの人々は、アメリカ人をどう理解したらよいのか苦しんだ。というのもアメリカ人たちは、一方で情熱を込めてイギリス人が戦争に奮闘する様子を激励しながら、その他方でアメリカ自身は同様の情熱をもって、この戦争に決して巻き込まれてはならないと決意していたからである。アメリカ人たちが、過去二十年間の国際関係に対してとった態度の心理的な根底には、次のような深い確信があった。すなわち強力な先導を必要とする場合には、かならずイギリスに先導する権利と義務があるが、その権利義務は記憶できないほど昔からのしきたりとなっている。そして、イギリスがやっている行動を正しいと考えるなら、イギリスを激励して支持するのが、良きアメリカ人のなすべき使命である、と信じていたのであった。

この二十年を通して、イギリスとアメリカは一貫して、ともにそれぞれの十九世紀的な伝統に基づいた政治経済政策を追求しようとした。ただしそれぞれの政策はそれぞれの力と釣り合いを欠いていた。[3] その必然的な結果が混乱と相互認識の錯誤であった。アメリカにはリーダーシップの責任があるが、しかしその観念は未だに根付き始めていない。

## イギリスの地位変化

現大戦後のイギリスの国際政策を立案するうえで、この戦争がもたらすイギリスの国際的地位の変化を、明確に理解しておくこと以上に重要なことはない。

地位変化に伴う再調整のなかで主に必要なのは、心理面での再調整である。戦争が終わった時、戦争に勝利した――それは非常に心地よい議論であるが――のであるから、イギリスの軍事的経済的な力が高まったに違いないと思い込んでしまう誤りを再び繰り返すおそれはほとんどないであろう。たとえ勝利の喜びに短期間は浸ったとしても、その背後で、イギリスの自信は、健全な衝撃というべきものを受けているに違いない。

前大戦が終わった一九一八年には、イギリスの海軍力が敵を打倒する重要な要因であったと感じることは理にかなっていた。フランスの陸軍力も同様に計り知れない役割を果たし、以後のドイツとの戦争においても同様の役割を期待された。たしかにアメリカの金、物量、兵力のおかげで、前大戦の後半の戦局は実質的に容易になり、おそらくはそのおかげで勝利を早めることができた。ただしアメリカの参戦は、それなしには最終的に勝利できなかったであろうと想定するだけの十分な根拠はなかった。アメリカ人たちが、無責任に軽い気持ちからアメリカの参戦が勝利を勝ち獲ったと自慢話をすると、イギリス人は憤激するよりは、むしろお笑い種にした。

今やすべてが変わってしまった。フランスの陸海軍が信頼にたる恒久的なイギリス防衛の補助部隊になるという前提——それはイギリスの力の相対的な衰退を、イギリス人の目から覆い隠すための便利な前提であった——は崩壊した。

イギリスが最も必要不可欠とした諸物資を、アメリカが供与しなければ[4]、現在の戦争においてイギリス単独ではドイツを打倒できない、ということは明瞭であるし、それをイギリス人はすでに率直に認めるようになった。アメリカの力で勝利が実現したとすると、多大な心理的帰結が生じるであろうが、その性格と広がりを予測するのは時期尚早である。

いずれにせよ以上の変化の結果として、アメリカと非ヨーロッパ世界に対するイギリスと西ヨーロッパ全体の弱体化が、少なくとも一時的には——恒久的弱体化ではないかもしれないが——生じることは避けられない。われわれの将来は、イギリスが国内的に道徳的目的を回復し、社会全体の生活を再編成し、国の生産力を増大させられるかに、大きくかかっている。またイギリスの対外政策が、次章以降に論じるような路線に基づき成功するか、それによりヨーロッパに許容できる範囲内の経済再建をもたらすことができるかにも、大きくかかっている。

いかなる未来を予測しても、ヨーロッパないしヨーロッパの一国が、世界において議論の余地のない中心の地位を維持し続けることは想像できない。この予測の唯一の例外は、ドイツがアメリカとイギリスに完全に勝利する場合である。二十世紀の世界は、その重力中心を大西洋の対岸であるアメリカに置くか、あるいはいくつもの重力中心をもつことになろう。そして、十九世紀とは異なり、世界の唯一の重力中心はヨーロッパにはなく、とくにロンドンにあることはない。イギリスの地位の革命的な変化は、イギリスは世界の唯一の偉大な中心ではなくなり、二つか三つあるいはより多くの世界権力の一つとなると表現できる。

この変化には、経済的な徴候や意味が伴うことになる。そのうち最も重要なのは、世界はもはや経済と金融の中心をもつことはないという点である。

十九世紀が相対的に自由貿易的であり、単一の国際的な通貨標準をもっていたことは、国際貿易の非常に大きな部分がロンドンで交渉され決済されていた事実によっていたが、このことは未だ十分理解されているとはいえない。「管理された」貿易とか、「管理された」通貨とかが近年議論される際には時として、十九世紀型の貿易や十九世紀型の通貨には管理の必要がなかった、ないし管理は不必要であるばかりか望ましくない、という意味合いで議論される。これは幻想である。十九世紀の国際貿易はイギリス商人によって「管理」されていた。イギリス商人は世界の商品の大きな部分について、最も素早く売買の相手を見つけ、最も円滑に交渉を進めたのであった。またロンドンのシティが国際通貨を「管理」していた。シティは手形割引を行い、資金の貸付や商品前渡し・代金後払いを行い、通貨交換比率を調整し、金《ゴールド》の現送を必要最小限に抑える機能を果たしていた。一九一四年にロンドンはこの役割を果たさなくなり、再度復活することなく、今だに回復できていない。ロンドン商人とシティとが国際貿易で果たしてきた通商と金融の役割に取って代わる秩序立った方法は発見されていないし、それに代替する方法を発見する必要性さえ認識されていない。これらの事実が、それ以降引き続いて生じた経済と金融の無秩序状態の原因であった。すでに二十年を経て、国際貿易と国際金融が新しい基礎のうえに再編成されるべき時である。十九世紀の前例は、もはや顧みる価値はなく、人を誤りへと導く。自由貿易への復帰とか、金本位制の回復とかいう怠惰な夢を見て、思慮はあまりに長く混迷の時をすごしてきた。

地位変化のもう一つの側面であり、イギリスにとって特有の難題——それが難題である点はイギリスに限らない——であるのは、イギリスの債権国としての地位が、根底から変化する事態が差し迫っていることである。十九世紀の繁栄のなかでイギリスは、債務国に借款を提供してその発展を促すことによって、世界のほとんどあらゆるところに自国のための市場を創り出していった。さらにイギリスは一九一四年以前にあっては、通常借款から得た利子を本国に送金することなく、その債務国かあるいは他の国々に再投資した。その結果、海外投資の全過程は累積的に膨張した。言いかえればイギリスの資本収支の黒字は、支払勘定には入らず、イギリスの輸入はイギリスの輸出やイギリス海運やその他のサーヴィス収入によってまかなわれた。

しかるに既述したように、イギリスの国際収支は一九一四—一八年の戦争によって二つの点で変わってしまった。第一に、イギリスは海外、とくにアメリカからの輸入額の支払いのため、海外投資の相当部分を売却せざるをえなくなった。一九一八年以降は、イギリスが海外投資から得られる利子収入は、一九一四年以前の額には遠く及ばなかった。

第二にイギリスが残りの海外投資から得る利子収入は、一九一八年以降、貿易収支における輸入超過分の支払いに不可欠になった。いまやイギリスの輸入と輸出や海運その他のサーヴィスとの間には巨額のギャップが生じた。海外投資からの利子収入はこのギャップを埋めるために使われ、少額でそれも年々の少なくなっていく額を除いて、もはや海外に再投資することはできなくなった。

こうしてみると、現大戦後のイギリスの経済的地位がこうむる変化は、甚大なものになるであろう。イギリスは戦争終結時点で、最も高利率の海外投資の相当部分を、直接にか間接にか手放していることであろう。その結果、年間二億ポンド――一九三八年の推定額である――であったものが、たとえば年間五千万ポンド程度の収入しか得ることができなくなる。さらにこの収入は、戦争中に契約した債務支払いによってさらに減額されることになり、イギリスは戦争が終わった時には、債権国ではなく、債務国に転落することさえ考えられる。仮にこの極端な予測が実現しなくても、イギリスは戦後国際収支をバランスさせるために、戦前に比べて輸入を相当に減らすか、あるいは輸出を相当に増やすかしなければならなくなる。

一定量の輸入の削減であれば、一九三八年の生活水準を維持することと両立不能ではないかもしれない。しかし、貿易を減少させることは、イギリス海運業とその収入への打撃となって跳ね返る。そのため、収支の帳尻を合わせる問題を悪化させることになる。したがって、輸入削減が相当に大きくなった場合にも、繁栄の一般的な水準に影響を与えないなどということは信じられない。したがって、ここで生活水準の維持を前提すると、戦後のイギリスは輸出を増大させねばならないという難問に直面する。それが難問なのは、戦後において他のヨーロッパの国々も、それ以外の国々も、すでに生産の施設・装備を備えていて、かつてはイギリスから輸入していた商品の多くを生産できるようになっているからである。この難問から逃れる道は二つしかない。第一に、イギリスが生産の新しい分野を発展させて、もう一度生産の世界で最前線に立つことである。そうしたならば、イギリスは繁栄を取り戻すことが可能になる。第二に、世界のいたるところで生活水準を向上させ、したがって消費水準を大幅に向上させることである。そうなったなら、十九世紀の生活向上をもたらした市場の連鎖的な拡大過程がもう一度実現して、イギリスは繁栄を取り戻すことができる。

これは二つのことを事実上意味する。第一にイギリスは以前よりも多く生産しなければならない。現在の生活水準を維持し、より決定的には増進しようとするなら、それは必須条件である。第二に、他の諸国の生活水準の上昇は、すなわちイギリスにとって直接の利益になると考えなければならない。

イギリスのこうした地位変化は、イギリスとの貿易が経済に重要な要素である国家のすべてに——それは世界の大部分である——必ずや衝撃を呼び起こすであろう。近年のイギリスと他国との通商協定において、貿易バランスは、イギリスが「赤字」で他国が「黒字」であることがしばしば当然視された。これはイギリスが最大の債権国であり、海運その他のサーヴィスの供給者であることを自然に反映した結果であった。現大戦前の十年間、たしかにいくつかの国々は、自国の生産物の輸出先としてイギリス市場を維持する唯一の方法は、より多くのイギリス製品を輸入することであると理解しはじめていた。しかしながら他の国々にとって、イギリスの輸出業者から買う総額よりも、相当に大きく上回る額はイギリスの輸入業者には売ることができないことを意味するのであり、この新しい状況に再適応するための経済的心理的な緊張は、必ずや相当に厳しくなる。(4)

他国の中の最大国アメリカでは、その緊張が最たるものになろう。アメリカは、すべての合理的な予測によれば、最大の債権国であり世界で最重要の金融センターの地位をイギリスから交替することになる。この地位は、十九世紀のイギリスがそうして維持したように、世界中が生産した商品に対して巨大かつ拡大する市場を開放することによってのみ維持することができる。この必要条件に、アメリカの人々が相当に速やかに適応すること以外には、戦後に待ち受けている経済的大混乱を避ける方途は見当たらない。

アメリカの国民経済は自然に根差した自給自足性の度合いが高く、その結果これまでのところ対外貿易は相対的に重要でなかった。このアメリカが〔イギリスに代わって就く国際的な地位に〕適応するには、アメリカの伝統を根底から修正し、深く根付いた外国への偏見を棄て、なによりもアメリカ内部の地域的利益を克服する必要がある。それに伴うアメリカの摩擦・緊張は大変なものとなることを認識しておかねばならない。

## アメリカの役割

すべての国がイギリスの地位変化から影響をこうむるが、そのなかでアメリカが最も大きな影響をこうむる。イギリスも地位変化に伴う調整に直面するが、アメリカが直面する調整の問題はイギリスのそれに匹敵し、それと同様に困難かつ微妙である。イギリスの問題とアメリカの問題は相互に関連しており、それぞれが時には同じ状況の反対の側面を構成していることもある。

一方ではある方面に、英米両国間で現大戦中に培われた緊密な協力関係や共通の利益や政策が、戦争終結後においても無傷のまま継続すると憶測する危険な傾向が見られる。

他方では別の方面に、現大戦開始以前の英米関係とほとんど同じ状態に戻るだろうと憶測する危険な傾向が見られる。」こうした二つの予測はともに実現しそうにない。というのは戦争中は危険を共有し、共通の努力をしたことによって一時的に抑制されていたライヴァル意識と羨望心が、戦争が終わると再び表面化するからである。といっても全体的構図は、両国が通り抜けたすさまじい戦争体験と英米関係における心理的経済的な心性の変化によって、再構成されているであろう。古い問題のいくつかは消え、新しい問題が浮上しているであろう。両国が直面することになる新しい地位に再調整する問題は、英米関係という具体的な形をとって立ち現れる。イギリスの世界の大国としての地位は、一九一九年以来イギリスとアメリカの関係の特性に大部分依存してきた。イギリスの英米関係への依存は、現大戦の終結後にもっと明白になるであろう。

実際的にも潜在的にもアメリカは、現大戦の結果、世界最強の大国として台頭することは疑いない。アメリカ生産管理局長官は最近、かつてのイギリスの海軍二国標準主義をおそらくは意識して「アメリカの生産額は世界の他のどの二国の総和よりも大きくすることができる(5)」と述べた。この主張はおそらく誇張されたものではない。疑問が残るのは、アメリカの世界を指導する能力があるのかではなくて、指導する用意(意志)があるのかである。これまでのところアメリカ人は、アメリカが到達した地位に伴う責任を、人道主義的秩序における責任を例外として、引き受ける気が明らかになかった。その困難は純粋に心理的次元に限定されない。大西洋の両岸のイギリスとアメリカで多くの議論が行われたが、その基底には明示的にせよ黙示的にせよ、アメリカは二十世紀世界のリーダーシップを果たす役割――イギリスが十九世紀世界のリーダーシップを果たしたように――を運命付けられていると前提していた。ところがこの前提は正当な批判基準に全く基づいてはいないのであり、慎重に検討しておく必要がある。

一世紀前、イギリスは何人も挑戦できない世界の至上権を確立した。その時イギリスはすでに三百年間にわたる航海活動の伝統を持ち、世界の五大陸には支配する海外領土を領有していた。また製造業は未曽有の発展をとげる初期段階にあり、イギリス本国は現代文明の必要を満たすという見地からは〔好都合に〕自給自足性の度合いが低かった。さらに政治的に成熟した統治階級があり、人口は急速に増大しつつあり、土地保有階級は静的で農業的利益に強く固執しなかった。これらの要因は相互に関連しながらイギリスの発展を条件付け、イギリス権力の特性となった。

以上に列記したイギリス覇権の条件はどれ一つとして、今日のアメリカに該当しない。アメリカは広大で陸続きの大陸であって、非常に自給自足性の度合いが高い。(6) そして大陸国家であり、孤立主義的で、とくに反ヨーロッパ的伝統が強く、強固な憲法構造によって政府の迅速な行動が妨げられている。また人口はほぼ定常的であり、強力な農業的利益がある。工業はこれからの発展に莫大な潜在力を有しているものの、現代の産業社会が世界のどこでも直面している問題に悩まされている。

以上の要因は、アメリカの世界的リーダーシップの将来と条件に深く関係している。アメリカは、はたして他を圧倒する強力な海軍力を創出し維持する願望を持ち続け、それを活用して世界の警察官の役割を果たすであろうか。アメリカ人が今後定常的に海外に出続けて、世界の低開発地域の発展や統治に役割を果たす用意があるだろうか、またそれを望むであろうか。アメリカが活発な対外政策を展開できるように、アメリカ憲法は明文のうえで改正されるか、憲法の実質的な運用を変更できるであろうか。アメリカはその他の世界からの商品に対して国内市場を開放することができるであろうか。その結果として国際通商の一大中心となるであろうか。アメリカの金融業者とアメリカ政府は世界金融の流動性を維持して円滑に動かすため、長期または短期の貸付を行って、世界の銀行となることに満足するであろうか。

これらの問いに確信をもってイエスと答えられる人は少ない。ましてやすべての問いにイエスと答えられる人はほとんどいない。もしイエスと答えられないものとすると、二十世紀におけるアメリカの世界的リーダーシップは、十九世紀のイギリスの世界的リーダーシップと比較可能なものであると結論するのは早計軽率のそしりを免れない。

歴史は、たんに俳優を交代させて、同じ戯曲を上演する劇場であることに決して満足しない。アメリカのリーダーシップは、イギリスとは違った形で、それ自身に特有の展開を見せるであろう。

対外政策の二つの本質的問題が、現大戦後のアメリカの人々の前に立ちふさがる。問題の第一は政治的で、アメリカ人たちが果たして西半球の外側で政治的軍事的な義務を恒常的に引き受けるであろうか、である。問題の第二は経済的で、アメリカ人たちは果たして、アメリカを世界の通商と金融の中心とするのに十分なほどに、アメリカ市場を対外貿易に自由に開放するであろうか、である。この二つの問題に解答するのは難しく、〔未来の問題は本来的に〕推測するしかなく、戦争が終結する前に生じるかもしれない偶発的な出来事によって、答えが大きく左右される。とくにアメリカが軍事作戦に直接参加した際に何が起きるかを含めて、その偶発性に左右される。ともあれ、アメリカがこれにどう解答するかは、イギリスの世界における将来の政策と地位に大きく影響する。そのために必要な考察を試みる必要がある。

政治的な問題に答える前に、二つの補足的な事前説明をしておく必要がある。アメリカ政治には、イギリス政治の二つの特徴的体質が一層拡大された形で現れている。

第一に、一方では理想主義的な生真面目さが表面に現れるが、他方で鋭く抜け目ない慎重さが心底に潜んでいる。したがって理想主義者の主張には耳を傾け、喝采し、精神的にも物質的にも支援を惜しまない。しかしながら、実際の態度決定に当たっては、その表面的な言動から第三者が期待したものとは異なり、慎重さの方がはるかに大きな役割を果たす。それがどれほど突飛な主張であろうが、その提示の仕方が十分に魅力的でありさえすれば、友好的雰囲気のなかで聴いてもらうことはできる。こうした特質はアメリカの方がイギリスよりも弱点であると同時に強さの源泉にもなっている。最近人気を博している構想の一つに、イギリス本国と一部の英国自治領を、アメリカ連邦制の一部に編入する、ないしは他の広範な国々と連合国を編成する、というものがあるが、こういった類の構想を見聞きした人々は、是非とも本気と受け取らないようにすべきである。

第二に、アメリカ世論はイギリス世論よりも格段に海外の政治的な諸条件、とくにヨーロッパの事情に無知である。そのためアメリカ世論には、〔特定の地域につき〕特定の主張を申し立てる人がたえず現れて、それに欺かれやすい危険がたえずある。また、〔ヨーロッパから〕数千マイル離れた地に住んでいるアメリカ人たちは、遠く離れた場の紛争を、誠心誠意の善意と常識を通じて、正義と公正にかなうよう解決でき、かつ秩序維持ができるはずであると考え、それと同時に、善意に基づき解決案を提示する労をとった自分たちは、何らかの履行義務を負うことは一切ないと考える傾向がある。したがってアメリカの対外政策は、イギリスの対外政策と同様、外部の目からはしばしば極めて無責任にみえる。大義は支援され、解決策は提唱されるとしても、それだけで、大規模な武力による強制なしには、結局のところ大義も解決策も支えることはできない。アメリカ世論が支援と解決策を提唱することは、そのための武力行使に賛成していることを意味しない。

今後に待ち構える最大の危機は次の点である。すなわち、アメリカは現大戦後の講和条約の枠組みをその影響下で形成し、その枠組みがアメリカの軍事力によってのみ維持できることを特徴としながら、しかしアメリカの軍事力は実際にはその維持のためには使用されないという事態である。

さらなる危機が、アメリカとヨーロッパとが遠く離れていることから生じる可能性がある。それはアメリカとヨーロッパとの間で、物質的な条件と思想傾向が同時並行的に発展せず、両者の歩調がそろわないことである。一九一九年にウッドロウ・ウィルソン米大統領がヨーロッパに持ち込んだ影響は、結局のところ反動的なものであった。というのは、ウィルソンがヨーロッパに持ち込んだその当時のアメリカの政治哲学は、ヨーロッパにとって五十年前のものであり、その時代の実情にはもはやそぐわなかったからである。世界はそれ以来小さくなり、大陸間の距離は接近した。しかし、北アメリカは、ヨーロッパ全体に吹き荒れた革命の嵐を感じることはなかったし、革命の意味の一部をも実感することはなかった。アメリカ世論は、未だに自由民主主義、民族的自己決定、経済的レッセ・フェールという十九世紀の言葉によってそれ自身を表現する傾向が強い。アメリカ国内では、新しい政治行動が起きており、流通している政治的語彙よりも、はるかに先行している。国際関係でも、ローズヴェルト大統領のリーダーシップが同じ結果をもたらすかもしれない。

ほとんどすべてのアメリカ人は、ヨーロッパが大きく統合することを熱望し、そうしようとしないヨーロッパに驚きと憤懣を表明している。それと同時に、指導的なアメリカ人たちが、民族解放とか民族的自己決定など十九世紀型のスローガンを、不用意かつ合理的理由なしに繰り返しているが、これはヨーロッパを大きく統合させる機会を意図的に台無しにしているかのように見える。

問題の要点は、アメリカ政府やアメリカ世論が、どのような国際的解決策を支持するかにはない。その解決策をアメリカが本当に強制して管理するという〔履行証明を付した〕誓約《コミットメント》をするか否かなのである。アメリカは、協議するとあまりにも頻繁に約束し、それをあまりにも頻繁に反故にするので、約束することには実質的価値がなかった。

したがって、〔関与するとの履行証明付きの〕厳格な誓約をし、共同の準備的措置に参加して、はじめて十分な意味をもつ。アメリカの誓約は、ヨーロッパよりも極東の方が実施できる機会が多いと考えられるが、それでも非常な問題をはらむことが予想される。アメリカは、孤立主義から決別をとげる力強い動きがあった。そして、この〔孤立主義から転換した〕効果が、戦後に予想される反動によって、完全に元に戻ってはしまわないであろうことは、事実であろう。ただし、この転換の効果は、アメリカの利益圏の拡大、ないし活動領域の拡大として現れる可能性が高い。アメリカにとって、それ以外の国々にまで関与することの誓約――それはアメリカ憲法の要請に抵触する疑いがある――とはならないであろう。

アメリカが国際問題全体により積極的に参加する最も有望な徴候は、外国の領土、とくにイギリス領土に軍事基地を設置していることである。この動きが広がり、それを戦後にも維持し続けることになれば、アメリカはそれらの軍事基地を防衛するために軍事力を行使する意志の証として考えられるであろうし、また、イギリスとアメリカの利益が「混成」している状態がある程度恒久化している証とも考えられるであろう。

イギリスその他への基地建設の動きを拡大する動きは、将来の未確定な状況下で軍事力を行使するとアメリカから政治的誓約を求めることよりも、はるかに有望である。というのは、たとえ政治的誓約が得られたところで、状況の不確定性や条件付けによってそれを無意味にし、無効にする言い抜けを計算した約束に終わる危険があるからである。現大戦は、前大戦に続いて、ほとんどのヨーロッパ人と多くのアメリカ人に対して、アメリカなど西半球は、これ以降ヨーロッパの主要な動乱に不可避的に巻き込まれることを見せ付けた。この事実がより広く認識されるにつれて、アメリカは最強の大国としての役割を速やかにかつ熱心に果たし、その軍事力の強化に努めるように促されている。十九世紀のイギリスは、その最強の大国の役割を、ヨーロッパ大陸に確定的かつ恒久的に関与する誓約と解釈し、それを非常に強い抵抗感とともに引き受けた。これと同じ抵抗感がアメリカで高まることになるであろう。

問題の第二、すなわちアメリカ市場が国際貿易に向けて開け放たれるかという問題も、第一と同様に困難に満ち、おそらくより根本的な問題である。というのはアメリカの西半球の外側での政策は、相当部分がアメリカの通商的利益および金融的利益によって決定されるに違いないからである。アメリカのジレンマは単純明快である。

「武器貸与」法[5]の諸条項は、輸出市場を求める国家アメリカが直面する当惑を生き生きと表現しているが、しかしここには、やがてアメリカが輸出代金の支払いを受ける手段となる外国からの輸入品目については、一切何も語っていない。戦争が終わった後も、アメリカの寛大な伝統に基づき、アメリカ政府とアメリカの博愛主義者たちは、ヨーロッパやその他の国々が救済や経済再建のために必要とする物資のアメリカからの輸出に融資し、融資の返済については厳格な条件を付さないようにすることであろう。しかしながら、〔一方的に輸出だけして輸入せず、〕輸出代金の支払いを繰り延べすることは、無限にいつまでも続けることはできず、いつかアメリカはジレンマに直面する。それはいくつもの形で現れる。そのうち最も単純な形は、外国に対して債権を有するアメリカの人々――アメリカ政府を含む――の利益と、アメリカに債務を返済するため外国がアメリカに流入させる大量の輸入品から保護を求めるアメリカの人々の利害との間で、どちらを優先させるべきか、という問題である。

またジレンマは別の形でも現れる。たとえばアメリカの輸出業者が南アメリカの大国に工業製品を売るとしよう。南アメリカにとっては、その支払手段はアメリカへの輸出であるが、はたしてアメリカの輸入業者が南アメリカの国々から農産物を買うか、という問題が生じる。また、たとえばアメリカの輸出業者がヨーロッパに綿花やタバコなどの農産物を売りたいと考えたとしよう。その場合にはたして、アメリカの輸入業者がヨーロッパの工業製品を買うか、という問題もある。要するに、アメリカは、農産物の輸出にも、工業製品の輸出にも、同等に利害を有しているが、これによってアメリカは独特の当惑すべき位置にある。

アメリカ国内で抗争しあう諸利益間のバランスに、ほとんどすべてのことが依存している。とすれば、どの局外者も、起こりそうな帰結についてあえて判断するような危険を冒そうとは思わないであろう。ここでは四点にわたり、アメリカの経済政策の将来に役割をはたす重要な要因——ただし必ずしも決定的な要因というわけではない——を指摘するにとどめることにしたい。

(1)アメリカは世界最大の輸出国であるが、対外貿易が国富形成に寄与する割合や、貿易に依存する人口の割合は、イギリスその他の多くの国々と比べて非常に低い。したがって対外貿易に主に関係する人々の影響力は相対的に小さい。

(2)金融上の利益、とくに対外投資に関係する集団は疑いの目で見られている。そのため金融に関連する集団は、間接的手段によってのみ影響力を行使できる。

(3)アメリカ憲法の運用は、他のすべての対外政策と同じように、積極的な経済政策を極端に困難にする。[7] たとえば連邦上院における農業関係議員は、農業者の実勢よりも過剰代表されているために、アルゼンチンからの農産物の輸入を阻止する程度には強力である。だが、農業支持勢力はヨーロッパへの農産物の輸出を増やせるように工業支持勢力を妥協に追い込む程度の力を持っているわけではない。

（4）憲法上の統治機構を横に置くと、それ以外の側面でのアメリカの伝統は、高率関税を支持する一方で、レッセ・フェールを尊重する有様は、まるで迷信の崇拝の域に達している。内政上は、神聖化された原則から大きく離反している。また国際関係上は、迷信崇拝は衰えを知らず、たとえば、最恵国待遇という時代遅れの原則を狂信的かつ目的意識を欠いたままで信奉し、コーデル・ハルが締結した通商協定[6]を、事実上貿易相手国が唯一ないし主要な供給者である商品に限定してしまった。

積極的な経済政策の前に立ちふさがるこれらのハンディキャップは、強力で決然としたリーダーシップによって克服されるかもしれない。しかしアメリカの指導者がこの分野で直面する諸争点は、アメリカ自身にとってはもちろんのこと、イギリスにも他の世界にも重大な関係がある。

## イギリスの役割

英米関係は、イギリスの戦後政策の主要問題であるが、現在の時点で何らかの結論に導くことはできない。なぜなら、あまりにも多くが、イギリスのコントロールから離れた要因に依存しているからである。

しかしながら、大西洋の両岸において、調整の基底的な条件や心理的困難さに対する理解が進めばそれだけ、危険な羨望心や摩擦が再発してしまう危険性は減っていく。この事情はイギリスと他の英語圏の諸国との関係においても概ね真実である。

一世紀の四分の一の間に起きた二度目の大戦に際しては、英国自治領のなかに自発的に母国を支援する気持ちが呼び起こされ、彼らもヨーロッパの運命に無関心ではいられないという強力な証になった。とはいうものの、その戦略的な関心は、英国自治領のうち少なくともカナダ・オーストラリア・ニュージーランドの三つでは、アメリカ合衆国との関係強化に向かうであろう。またその三つの金融的な関心も同じアメリカの方向を向いているようである。

イギリスと自治領との間の戦時の金融協定については、公式にはほとんど議論の対象にはなっていない。カナダについては、戦後はイギリスに対する債権国に浮上するかもしれないが、アメリカに対しては疑いなく債務国にとどまるであろう。また、金《ゴールド》に対する共通の関心からアメリカと南アフリカとの間で新しい結びつきが生まれるかもしれない。イギリスが昔日のように大規模な借款や投資をこれら自治領に再び行うことは、おそらくなさそうである。

イギリスが聡明な政策を追求できるならば、イギリスは、これら自治領に向かってイギリスの往時と同じ規模の市場――アメリカも他の国も喜んで提供することのない市場である――を提供することができる。これらの自治領の側は、母国との貿易バランスが圧倒的な「黒字」であった時代は過去のものとなったことは認識される必要がある。

戦後におけるイギリスと自治領との関係は、イギリスとアメリカとの関係に比べ、難しい問題ではない。その理由は、双方に必要とされる再調整が根本的なものでなく、また、相互の理解が緊密で、より深く伝統に根ざしているからである。ただしこの二つの問題は、軍事的経済的な力のバランスが変化したことから生じ、相互の感情と伝統の糸が絡み合うことによって複雑になるが、基本的には同種の問題である。さらに二つの問題が相互に作用しあう。というのは、この二つはともに、同じ問題――英語圏の世界をいかに組織化するか――の二つの側面を構成しているにすぎないからである。この英語圏世界の組織化という問題を解く第一歩は、決して憲法の起草から着手されてはならず、軍事的経済的、そして心理的再調整から着手されなければならないことを銘記することが重要である。

英語圏世界を超えた領域では、イギリス対外政策のとるべき進路は、より大きな確信をもって図示できる。たしかに極東は例外であって、イギリスの役割は全体として補助的なものにとどまらざるをえない。極東ではアメリカがその全力を傾けない限り、イギリスは有効に行動することはできない。したがって極東に関しては、潔くワシントンにイニシアティヴを委ねて、アメリカに期待してよかろう。

しかし極東以外の場所では、アメリカが提案するものをただ待っているという態度では、イギリスにとって政治的にも経済的にも致命的になることであろう。ヨーロッパとアフリカの大部分、それから、中東で、もしもイギリスが賢明な進路をとり、使命感――これのみがイギリスを衰退から救出する――を回復するなら、リーダーシップの役割を確立でき、かつ優位を保ちえる。それをイギリスがどこまで達成できるかは、ここでもまた、イギリス以外の英語圏の世界からどれだけ大きな精神的物質的な支援を受けられるかに影響されることは疑いない。しかしなにより明確で決定的なイギリスの政策が、アメリカやこれらの自治領との積極的協力を一層、あるいは同じ程度に確かなものとするであろう。アメリカ人の心には、未だにイギリスの指導を待つ伝統が深く根付いている。またその他の英語圏諸国では、どこでもイギリスの強力な指導を歓迎し、怒りを招くことはないであろう。

ヨーロッパ大陸諸国にも同様のことが当てはまる。アメリカは、ヨーロッパ大陸に対してあらゆる偏見を抱き、人道主義的な秩序への責任を除いて、とくにこの地域に責任を負うことに大変強く抵抗している。アメリカ人にはヨーロッパは、未だ危険地帯なのである。したがってイギリスがヨーロッパ問題をどう運用処理するのかに、イギリスの将来の力と威信は最も本質的に関わっている。

# 第八章　イギリスとヨーロッパ

イギリスは戦後ヨーロッパにおいて積極的な役割を果たすよう準備すべきであると前章の末尾に記したが、これは論議の的となるであろう。そこで本章はこの点を検討する。現大戦が終わった後に、イギリス世論の大勢は——前もってどこまで精確に予測できるかはともかく——積極的に関与するのは世界の最小限の領域に限定すべきであるという考え方になるであろうことは、当然の成り行きと考えられている。

この考え方によれば、イギリスはヨーロッパ大陸の問題からは手を引いて、積極的には関与しないことになるであろうし、その反面で、イギリス帝国植民地、イギリス連邦諸国、そしてアメリカ合衆国との間の協働に基礎を置いた、より限定された世界秩序の設立を追求することになる。それによって、イギリスは、世界大国の地位は維持するが、ヨーロッパ大国ではなくなることになる。英語圏の国々であれば、共通の政治的伝統と政治思想に依拠できる。そうなれば、より幅の広い国々を集めた統合体よりもはるかに緊密度の高い真の結束——形式的な結束とは反対に——を創り出せるし、この英語圏の諸国間の統合体[1]は、イギリスとアメリカの間の暗黙ないし公然の海軍同盟によって結合を固め、防衛すると論じられるであろう。

こうした構想は、光栄ある孤立の現代版である。この現代版では、イギリスとアメリカが政策を緊密に一体化する重要性を、ヴィクトリア時代の人々が必要だと考えていた以上に強調している。

この構想には否定的側面があるが、同時にそれがその強い魅力でもある。すなわち、ヨーロッパ大陸に対するイギリスのいかなる直接的な関与をも拒絶することであり、この構想の変わることのない問題なのである。

## 「光栄ある孤立」なのか

この〔イギリスと英語圏を結びつけて「光栄ある孤立」を求める〕構想は、戦後多くの支持者を糾合することであろう。その感情の根深さと議論の力強さを最小に見積もろうとするのは軽率である。

それに対して、現代の発明、とくに軍用航空機と長距離砲が発展した結果、イギリスはもはや一九一四年以前のような大陸から離れた島国ではなくなり、ヨーロッパ大陸の本質的な一部となったと主張されることもよくある。ただし、これは度を越した単純化である。

イギリスの歴史を顧みると、イギリスにはヨーロッパ大陸からの軍事侵攻の危険から完全に免れた良き時代は存在しなかったことが分かる。イギリス人は、一九一四年また一九四〇―四一年の時点で、ヨーロッパ大陸から侵攻される恐怖心を抱いたが、同様に、一八〇三年、一八五九年にも、同じ恐怖心を心底から感じていた。蒸気機関の発明は、そのほぼ百年後の航空機の発明とまったく同様に、イギリスの島国性を終わらせる前兆とみなされていたのである(1)。だが、こうした恐怖心はこれまでのところ実態を伴わないものであった。

一九一四―一八年の戦争では、数世紀ぶりに敵国からの攻撃によって、イギリス本土でイギリス人が殺戮された。これは注目に値する事実とはみなされたが、しかし、その後のイギリス人たちのヨーロッパ大陸に対する態度には影響を与えなかった。現大戦でも同様にイギリス人たちのイギリス本土で敵に殺戮される事態がはるかに大きな規模で起きているが、これがイギリス人にどれほど強い影響を与えるか、またイギリス人の視点を根本的に転換させるかは、今のところ推測の域を出ない。ただし、そのような結果になると期待するのは聡明な行為とは呼べない。もしも、この島への侵攻作戦が部分的にさえ成功しないままに、この戦争が終わったと仮定してみよう。とすると戦後のイギリス人は、イギリスは安全な島国であるという感覚を、たとえ幻想であろうとも、弱めるどころか、むしろ強めることになるであろう。

さらに、現大戦への反動として、やがてはヨーロッパ大陸全体に対する嫌悪感が、終戦直後ではないにしても生じることは、ほぼ間違いない。また、全くもって手に負えない現実〔ヨーロッパ大陸〕との無用な接触からイギリスを切り離したいという方向に、一般民衆の心が傾くことはほぼ確実であろう。ヨーロッパの様々な国からの大量の亡命者＝難民がイギリスに滞在し、それぞれに異なりしばしば相互に矛盾する計画や野心を訴えて、口々にイギリスに支援せよと主張する事態が、イギリスの人々の心を、さらにヨーロッパを嫌悪し、そこから切り離す方向に傾かせるかもしれない。イギリス諸島はヨーロッパとは別の何物かであって、ヨーロッパ大陸の伝統からは異質であるとする心性は根深く、長年にわたり培われた習慣である。また同じ種類の感情的反動が、英連邦自治領やアメリカではイギリスよりも尖鋭な形で生じると予想されるが、それによって、イギリスをヨーロッパ大陸から切り離そうとするイギリス人の感情が一層強まるかもしれない。さらにイギリスがヨーロッパから距離を置くことが、海外の英語圏世界にとってはイギリスに接近協力するための条件であると、かなりもっともらしく力説されるであろう。そしてイギリスは、英語圏世界とヨーロッパ大陸のいずれを選択するのか、これは二者択一の選択である、と迫られることであろう。

この〔ヨーロッパ大陸からは切り離し、英語圏諸国に接近する〕運動は将来強い力をおそらく発揮するであろう。この点を考えると、ヨーロッパに対するイギリスの関係の問題全体を、徹底して再検討しておくことが、どうしても必要である。イギリスをヨーロッパから切り離すことは、イギリスにとって実行が困難な――十九世紀よりも現在の方がより困難になっている――政策である。とすると、状況をできるだけ明晰な言葉で、イギリスと海外の英語圏の双方の世論によく理解してもらうことが、この上なく重要である。

事実、イギリスの死活的利益に対する一切の偏見を抜きにして判断すると、イギリスはヨーロッパ大陸から完全に手を引いてしまうことはできず、また、戦後のヨーロッパ秩序の再編成にあたってイギリスが果たすべく期待されている役割を拒絶することもできない。こう言うのには納得するに足る十分な理由がある。それには軍事的理由と経済的理由がある。

## バランス・オブ・パワー

イギリスの島嶼群はヨーロッパの西境に位置している。その軍事状況を根底から変えた要因は、よく言われているように、現代兵器の発達によってイギリスの脆弱性が増大したことにあるのではない。攻撃兵器の発達と同様に防御兵器も急速に発達するため、イギリスの兵器への脆弱性という問題は未だ決着を見ていない。そうではなく、ヨーロッパにおける状況変化は、パワーを構成する単位体の規模が拡大したことに基づく。これまでの章で述べてきたように、軍事的要因および経済的要因――経済的要因に軍事力がますます依存度を高めている――によって、小国はもちろん中規模サイズであっても、独立国という存在自体が時代遅れになっている。国際政治の主体として有効とみなされる国家の規模は、着実に大きくなっているからである。今日のヨーロッパ大陸には、もはや三つないし四つの重要で強力な国家を収容するだけの空間的余裕がなくなってしまった。かつては、ほぼ対等な力をもつ三つないし四つの強国が闘争＝競争《ライヴァルリー》を展開していた。であるからこそ、イギリスはバランス・オブ・パワー政策を通じて安全を確保できたのであった。

近年になってもなお、バランス・オブ・パワーについてナンセンスな議論が行われている。バランス・オブ・パワーに道徳的な非難の烙印を押そうと意図することから生じる混乱があるが、それは、バランス・オブ・パワーをいついかなる条件のもとでも適用できる政策であるとする臆断から生じる混乱と比べるならば深刻ではない。

イギリスは、自国の安全を一貫して追求している以上、ヨーロッパを自分の思うがままに捨て去り、英語圏の国々が支配する非ヨーロッパ的世界秩序に逃げ込むことは、もはやできなくなった。その主たる軍事的理由は、ヨーロッパのバランス・オブ・パワーが絶望的に崩壊してしまったことにある。

よく知られたこの戦略概念〔バランス・オブ・パワー〕の近年の歴史は顧みるに値する。この三世紀間、イギリスのヨーロッパ政策は、要約するとヨーロッパ大陸と付かず離れずの距離をとり、同時に、ヨーロッパが一つの強国の支配のもとに置かれることを阻止することに目標を置いてきた。以前に幾度も行っていたように、イギリスは一八一五年のウィーン条約の交渉過程とその講和後の外交において、バランス・オブ・パワー政策を通じて、目指していた状態を達成した。フランスが新たな攻撃を行って支配を拡大させないほどには、オーストリア、プロイセン、ロシアが十分に強力であるように、イギリスは関与した。と同様に、この三つの大国の勢力が強くなりすぎてフランスが完全に無力になってしまわないように、バランスを破壊しないようにイギリスは注意を払った。したがってウィーン会議では、イギリスは、まずはフランスに対する比較的寛大な取り扱いを要求し、その後には、神聖同盟の構成国がヨーロッパを独裁的に支配するような動きに対して反対したのである。

このようにヨーロッパ大陸の抗争する大国群の間でのバランス・オブ・パワー状態を維持することによって、イギリスは一八一五年以降の十九世紀を通じ、ヨーロッパ大陸から深刻な脅威を受けるのを避けることができた。また、ヨーロッパ全域に及ぶ戦争が勃発することを防ぐことにもなった。これは、もちろんイギリスが自己本位に行った政策であった。ただし、イギリスに対しては、もっぱら自国の利益のために、ヨーロッパを恒常的に分裂状態に置いたという非難が広く知られている。仮にヨーロッパ諸国家間において統一状態を望んだことが一時でもあったという明らかな証拠があったとするならば、イギリスに対するこの非難は、はるかに説得力があったことであろう。

このバランス・オブ・パワーの時代は、一九〇三年の英仏協商の締結によって終わった。バランス・オブ・パワー政策の本質的前提は、イギリスの政策姿勢とは無関係に、ヨーロッパ大陸のライヴァル大国の間に、それなりに釣り合いのとれたバランス状態があることであった。これを前提としてはじめて、イギリスは、ある時には一方に、また別の時には他方に加重することによって、バランスが大きく崩れるのを防ぐことができた。そして同時に、そのいずれの側に対しても、〔同盟条約を締結して〕恒常的な支援の約束をしないままでいられたのである。すなわち、互いに抗争しあうヨーロッパ大陸諸国に距離を置いた、超然的な不偏性こそ、バランス・オブ・パワー政策の本質部分であった。

ところが十九世紀が終わるまでに、この政策を可能にし、また成功させていた政治情勢は急速に消えていった。そしてバランスについてのラテン語の「何はともあれ、まず何者かと結べ」という格言が有効になる条件が失われてしまった。ドイツは、よく組織され、かつ高度に工業化され、しかもオーストリア＝ハンガリーを従順な同盟者としていた。そのドイツは、フランスとロシアからなるライヴァル国家群にとって、競争者以上の存在になってしまった。その結果イギリスには、抗争する国家群の双方に基本的には超然として距離を置きつつ、弱い側に少しばかりの肩入れをするバランス調整が意味をなさなくなった。あまりに強力なドイツに対して、イギリスは〔反ドイツ側に〕その全体重をかけなければならなくなった。つまりイギリスは〔超然とした立場から〕闘技アリーナに入場し、抗争しあう一方の側の構成メンバーになることを余儀なくされたのである。この理由から英仏協商は平和を保障するものではなく、戦争の前兆となった。言いかえると、英仏協商はイギリスが十九世紀に実践してきたバランス・オブ・パワー政策を終わらせたのである。バランス・オブ・パワー政策が崩壊した理由は、その本質的前提である、まずまず対等に近い力のバランス状態が、ヨーロッパ大陸の国家群の間にはもはや存在しなくなったためであった。

一九一九年以降、イギリスとしては、なかば無意識のうちに、すでに無効になっていたバランス・オブ・パワー政策を復活させようと試みた。フランスとイギリスはともに、国際連盟という名の漠然たる理想に具体的な形を与えて、それぞれの伝統的な政策が必要とするものに適応させようとした。フランスにとって国際連盟とは、ドイツ包囲網を形成して、ヴェルサイユという軛《くびき》にドイツをつなぎとめるヨーロッパ同盟国群（それに加えて無関係ないくつかの非ヨーロッパ諸国が付属していた）の別名であった。イギリスにとって国際連盟とは、死んでしまったバランス・オブ・パワー政策の生命蘇生装置と意味づけられていた。一方にドイツを置き、他方にフランスとその衛星国家群を置くと、それがバランス・オブ・パワー状態を近似的に再構成するのではないか、と想定した。そうなるとイギリスはまた、十九世紀に演じた超然的な不偏の地位を回復して、バランスの調整者の役割を再演できるのではないか、とも期待したのである。ロカルノ条約はこの構想の最高潮であり、両大戦間期の他のどのイギリス対外政策の成果も受けなかったほどに熱狂的に歓迎された。

ところがフランスもイギリスも失敗した。両国の失敗は同じ理由に基づいていた。フランスとその小衛星国群がドイツに対する有効な対抗力を構成するという前提――この前提に基づいてフランスもイギリスも政策を立てた――は全くの幻想であった。フランスと同盟諸国は、ドイツの有効な包囲網を維持するほどの力を持ち合わせなかった。イギリスは、もはや十九世紀のバランス・オブ・パワー政策を追求して成功させようにも、ヨーロッパ大陸諸国の間では前提条件である対等に近い力のバランスがそもそも達成不能になっていた。ロカルノ条約の締結後、イギリスはその体重をフランス側にますます加重する羽目に陥った。そして一九三四年以降は、英仏協商の政策に公然と立ち帰った。最終的にこの英仏同盟はまたイギリスの手のなかでプッツリ切れた。もはやフランスは軍事大国の役割に耐えなかったのである。

この戦争が終わった後、これらの過去の体験からイギリスが教訓を得ようとするなら、過去を明解に理解すべきことが至上命令となる。イギリス史のいかなる時代にも、ヨーロッパ大陸の政治状況に全く無関心であり得たような時代はなかった。イギリスがヨーロッパへの無関心に最も近づいた時期は、いわゆる「光栄ある孤立」の時代であるが、それはイギリスがバランス・オブ・パワー政策を成功裏に実行できた時期であった。それが実行できた理由は、抗争しあうヨーロッパ大陸列強が多少なりとも実際にバランスしていたことによった。この条件はもはや存在しないし、今判断できる限りでは今後とも再現されることはなさそうである。一九一九年のイギリスの政策は、ドイツの力はフランスとフランスが率いる弱小国群の結合した力によってバランスさせることができるという想定に基づいていた。しかしこの想定は誤っていた。イギリスが誤った想定をしたのは、十九世紀のバランス・オブ・パワーを蘇生させたいという希望が生み出した願望的思考の所産であった。一九一九年以降、ヨーロッパ大陸でバランスが回復する可能性はなかった。誤った想定に立脚したイギリスの政策は、結局災禍に終わったのである。では現大戦が終わった後、今は機能していないバランス・オブ・パワーが蘇生する可能性は全くないのであろうか。イギリスは十九世紀のように、ヨーロッパ大陸に対して超然とした政策姿勢で臨み、努力することなしに安全を確保できないものであろうか。これこそがイギリスの孤立主義者たちの夢である。また一般世論の議論には、この問題に関して一九一九年以降と同じように願望的思考が相変わらず横行している。議論の出発点とする前提は、ドイツを分割し、あるいは強制的に軍備を廃止することによって、恒久的に弱体化させる、という考え方である。これがどれほど望ましいか、また実行可能な政策であるかは第九章で検討する。本章はしばらくの間、次の点のみに注意を喚起しておく。すなわち、ドイツを恒久的に弱体化させる——それが望ましいか否かは別にして——とは、一撃の下に効果が得られる性格の事柄ではなく、弱体化を継続するために恒常的に大規模な軍事力を行使し続ける必要がある、という点である。

ドイツの弱体化政策と古いタイプのバランス・オブ・パワー政策とは、ほとんど類似点がない。バランス・オブ・パワー政策の場合は、ヨーロッパ大陸に複数の独立した、多少とも力の均衡した国家群が共存することを意味していた。しかし、ドイツの存在から生じる基本的論点は全く同じである。問題は、現大戦後のヨーロッパ大陸には、一つないし複数の軍事大国の組合せが存在するのか、そしてそれが以下の二つのうちいずれかを実施する強力さと意志を持つのか、ということである。一つは、ドイツを罰し分割して隷属状態に恒久的に置く強力さと意志を持つか、もう一つは強力で独立したドイツに対してバランスする力として活動する強力さと意志を持つか、ということである。

もしこの答えが肯定的であるならば、イギリスは、栄光と安楽に満ちた十九世紀のヨーロッパからの孤立に、もう一度立ち戻ってもよいことになる。しかし答えが否定的ならば、イギリスは自国の安全のために、戦後の出発点から、ヨーロッパ大陸の国際関係において、積極的な役割を果たす責任を負わなくてはならない。

イギリスの恒常的で積極的なヨーロッパ大陸への関与なしにヨーロッパ大陸にドイツ

の脅威に均衡する好都合な対抗勢力を創り出す見通しは、以下三つの仮説的想定のうち一つか一つ以上が実現することに依存している。順次検討する。

(a)フランスが強大な軍事大国としての地位を回復する。

(b)多数の小国が、国際連盟ないしヨーロッパ地域の連邦または地域同盟など何らかの適切な機関を通じて連合体を形成し、それが十分に強固かつ強力になって、〔ドイツとの〕バランスを維持し、それを強化する。

(c)ソヴィエト・ロシアがヨーロッパ諸民族の集団的枠組みに復帰し、一九一四年以前によく知られていた形態のバランスを再構築する。

(a)フランスが再び大国の地位を回復することは、多くのイギリス人が抱いている希望であることは理解できる。しかしこの希望を、政策を健全に発展させる基盤となるものと前提する前に、冷静かつ批判的な検討が必要である。

一九四〇年六月、フランスが崩壊した時には、どれほど予期されにくかったとしても、この崩壊は一件の孤立した不可解な事故として生じたのではなかった。四分の三世紀にわたって展開してきた累積的過程の頂点として生じたのであった。

一八七〇年、ヨーロッパ大陸の軍事的覇権はパリからベルリンに移った。一九一七年、イギリスとアメリカからの軍事支援がフランスの崩壊を間一髪で救った。一九四〇年、ドイツに対するフランスの相対的衰退はあまりに進んでいて、もはや手のほどこしようがなかった。

この衰退の要因は、フランスの工業用資源の相対的不足、また人口の増加政策の失敗、さらには政治的・経済的な生活に効率的な大組織を導入しなかった個人主義的伝統が執拗に継続したことによっている。ただし、これらは、ここで考慮する必要はない。これらの個別的要因にどれほどの重要度があろうとも、全過程はあまりに根深く、あまりに根本的であるため、その過程が短期間のうちに逆転するという希望は正当化できない(2)。

フランスは戦争に敗れ、信頼を失墜させ、フランス自体が分裂している。そのフランスが一世代のうちに、強力さと統一を回復し、ドイツの力を制約するという決意を固めると考えるのは無分別の極みである。また万一フランスがはるかに強力に再生したと仮定してみても、復活したドイツの攻撃性の防波堤になると想定できる理由は一切ない。

近年の諸事件から、フランスには反英感情が根深い特質となっていることが明らかになった。この反英感情は、英仏協商の時期には一貫して相当部分が水面下に沈んでいたし、イギリスが現大戦で勝利したとすれば、もう一度水面下に沈むことになろう。ただし反英感情を無視することは、もう一つの希望的観測であり、過ちをくり返すことになる。

また、一九四〇年六月のフランス降伏によってイギリス人の感情に刻み込まれたフランス不信の強さを過小評価することも賢明ではない。戦後イギリスがフランスと友好関係を樹立するのは、長い年月がかかり、必須ではあるが骨の折れる課題であろう。とすると、復活した英仏同盟を戦後のイギリス対外政策の主要な柱とみなすことは、無責任な愚か者の所業と言わねばならない。

軍事的状況をありのままに考察すると、現大戦の終結後、ドイツの西側国境からイギリス海峡を経て大西洋に到るヨーロッパ大陸には、力の真空状態と呼ぶべきものが生まれると考えた方が賢明である。仮にイギリスがヨーロッパ大陸がどうなろうと関与しない方針を決めたと仮定するならば、この大陸に生じた力の真空は、結局のところドイツの力――たとえドイツが戦後の諸措置によって一時的には弱体化されようと、また軍事力が破壊されようとも――によって埋められることになるであろう。

(b)小国よりなる一つの集団ないし多数の集団群が、弱体化したドイツを抑制し、ドイツに対抗してバランスを保つという仮説的意味あいは、国際連盟の概念ないしフランスの国際連盟に対する解釈のなかに、大きく組み込まれていた。そして、この構想自体が根本的に誤っていた。その理由は、すでに前章で詳細に検討したように、軍事的経済的な諸条件が変動して、小国にとって独立国という実態がすでに破壊されてしまったことによっている。そして、新たな条件のもとで小国群は、一つの軍事大国との間で、十分慎重に組織化され、恒常的な実践を積み重ねる軍事的経済的な協力関係を樹立することを通じてのみ、有効な役割を演じることができる。小国がいくら数多く集まって協力関係を樹立したとしても、その連合体の中核となって力を有効に発揮させる大国を欠いている限り、同様の成果は達成できない。ところが大部分の小国は、大国のリーダーシップを受け入れたがらないし、さらに、小国間の協力がより一層難しいことは、広く知れ渡っている。中欧や南東欧諸国の過去二十年の体験、および近年のスカンジナヴィア諸国の体験は、この事情の好例である。より説得力があり、心に銘記しておくべき重要な教訓は、ドイツの対抗力として小国を結束させて利用しようと試みたものの、不毛に終わった事例を措いて他にない。

この条件分析は、一般論として通用する。しかし、西ヨーロッパの高度に発展した小国と、東ヨーロッパのあまり発展していない小国との間では、いくつかの点で事情が異なる。西ヨーロッパの小国においては、国際連盟の曖昧な構想、すなわち、国際連盟を公正な平和の保障とみなす構想を忠実に尊重する態度が広く見られた。その一方、国際連盟を、フランスのリーダーシップの下でドイツに対抗する防衛同盟とみなすより明確な構想を、きっぱり拒絶していた。これら西ヨーロッパ小国の世論は、もちろん現大戦の勃発によって、大きく変化した可能性がある。その結果、それらの国々が、イギリスの積極的なリーダーシップの下での防衛同盟の恒久的な構成国になる方向に傾斜したと推測できないことはない。ただし、もしイギリスがリーダーシップを発揮しないのであれば、ドイツが復活し、ヨーロッパの大西洋海岸に向かって前進することに対してこれらの諸国が抵抗する中核を欠くことになってしまうことが当然考えられる。

東ヨーロッパの小国が結束してドイツへの対抗力となると考えることは、はるかに誇大な妄想である。一九一九年のパリ講和条約のなかでもこれほど空疎な部分は、ほかにはなかったのである。ドイツは、再度軍事力を強化し始めた決定的な時期以降、ポーランド人やスロヴァキア人をチェコ人に、ハンガリー人をルーマニア人に、ブルガリア人をギリシャ人に、クロアチア人をセルビア人に、難なく敵対させることができた。頑固一徹に希望的な観測をする者であるか、東ヨーロッパ事情に完全に無知な者だけが、経験的な教訓に耳を傾けない。これは最近の歴史に限らない。東ヨーロッパの国々は、隣国への積もる恨みをはらすためであれば、たやすく強国を自国の後ろ盾として使おうとする。過去の経験がくり返されないと考える合理的な理由は一切ない。

さらに東ヨーロッパには、ドイツの他にもう一つの大陸大国が存在することから特別な問題が生じる。一九一九年には、ドイツとロシアの間に緩衝地帯をつくるという希望のため、小国のいくつかは、富国強兵に邁進するように支援され、またそう奨励された。これが悪名高い防疫線政策[2]である。この知性の欠片もない政策は、結果として当然に予期されえたように、ドイツとロシアの間に強い共感の絆を創り出してしまった。もしもこの政策に立ち戻るなら、不可避的にドイツとロシアの接近という同じ結果を引き出すことになろう。もしこの地域において、ロシアもドイツもともに嫌悪感を催すような取り決めを、地域外の国が、その力で長期間にわたり維持できると考えるとするならば、それは愚かしい思い上がりである。

東ヨーロッパの国々が、ドイツの支配からの解放を望むならば、これらの諸国がソヴィエト・ロシアと緊密かつ積極的に協力すること、そして東ヨーロッパを将来組織化する際、決定的な発言権をソヴィエト・ロシアのために確保しておくことが重要となる。この課題は、民族的自己決定の権利を必ずそれに伴う諸義務、すなわち軍事的経済的な相互依存を進める必要があるという義務と調和させなければならないという課題と同じものである。われわれは今後いたるところでこの課題に直面することとなろう。それとは反対に、東ヨーロッパ諸国を、ロシアとは無関係なまま、ドイツに対する防壁として組織化しようとしても、それは致命的な失敗になるであろう。(3) もしその政策をとると、ロシアと敵対することになり、その結果としてロシア・ドイツ同盟を再度創り出すことになる。そして緊張の第一撃を受けると東ヨーロッパ諸国は崩壊し、ロシアとドイツにも、またおそらく世界の平和にも破滅的な結果をもたらすであろう。

(c)検討が必要な第三の仮説は、ソヴィエト・ロシアをドイツの対抗勢力として利用するならば、ヨーロッパにおけるバランス・オブ・パワーは、イギリスが恒常的に介入をしないでも、都合よく回復する、というものである。ドイツを打倒する最終局面において、ロシアが大きくかつ決定的な役割を果たした——実際にそうなるかもしれない——と感じられる時、この仮説に浸りたい誘惑がとくに強くなることであろう。ソヴィエト・ロシアは、近代革命の誕生の地ではないが、少なくとも最初に革命を実験している地として、相当の威信を有している。またソヴィエト・ロシアはほとんど無尽蔵の天然資源に恵まれた地でもある。一方で一九四一年六月の独ソ開戦以前には、ソ連の軍事能力を過小評価する傾向があったが、他方で戦争の最終局面ではソヴィエト・ロシアの能力を過大評価する危険が生じるかもしれない。これから五十年後にはロシアが一大工業国となっているかもしれない。しかし現在のところ、西側諸国を基準とすると、ロシアの工業発展には未だ限界がある。ロシアは西側の用語でいう熟練した人的資源が相対的に弱体である。またロシアの軍事力が、現在のロシア領の外側、過去のロシア帝国の外側で継続的な軍事行動を行う能力があるか否かは、今後の立証に待つ必要がある。ここで戦後イギリスがヨーロッパ大陸から撤退したとして、イギリスであればヨーロッパから調達できたほどの支持をソヴィエト・ロシアが得て、ドイツを従属させるか、あるいは、ドイツの力に対抗してバランスをとるだけ十分に恒常的に強力になることは、到底予測することができない。

別の問題として、ロシア自身がそうした役割を引き受ける用意があるのは、イギリスにとって非常に都合がよいが、そのように判断する理由は存在しない。歴史的な前例を引くには細心の注意が必要である。それでも過去二世紀間のロシア・ドイツ関係史を検討すると、今日の非常に大きな変化のなかでさえも、定常不変とみなせる特徴がいくつか観察できる。それは、ロシアとドイツの間には共通の利害と相対立する利害とがあり、その二つが交互に入れ替わりながら表面化することである。ドイツとロシアは、東ヨーロッパに支配的な影響を及ぼす点ではライヴァルとして対立する。しかし、第三の強国が東ヨーロッパで指導的役割を発揮しようと試みた場合、それを排除しようとする点で、両国の利害は共通しているため協力しあう。これを考慮すれば、イギリスは、東ヨーロッパへの直接介入を思いとどまるべきである。またロシアが、一部の小国を除いてヨーロッパからの支持を得られない場合、それをドイツに接近する基盤とみなす可能性がある点は、一つの警告としての意味がある。

ロシアは、イギリス同様、純然たるヨーロッパ国家ではない。したがって、ロシアの政策はヨーロッパの要因だけから決定されるわけではない。これはもう一つの重要な要素であるにもかかわらず、しばしば見逃されている。

戦後の西ヨーロッパにおいて、イギリスが新しい秩序形成に責任を分担しようとするならば、戦後の東ヨーロッパにおいては、ロシアから誠意ある協力を引き出せるだけの合理的見通しを立てることができる。ところが、イギリスがヨーロッパから完全に手を引くとするならば、ロシアがドイツの番犬として行動し続けて、その結果、ロシアがヨーロッパ大陸でバランス・オブ・パワーを再建し、恒久的な平和の時代の先導者となる、と想定することはすべて危険な見込み違いとなってしまうであろう。

(a)(b)(c)の三つの仮説は共通に、ヨーロッパのバランス・オブ・パワーの生命を蘇生させるという信念を擁護するために立てられたものだが、以上の検討の通り、三つはすべて事実的な根拠を欠いている。とすると、イギリスは、バランス・オブ・パワー政策がすでに破綻しており再生することはない、という事実を直視する勇気を持たなければならない。現況は、十九世紀の大部分の時期を通じて存在した過去とは大きく異なり、大陸の軍事大国が相互に有効にバランスを保ってはいない。フランスと小国家群が、古風な軍事同盟によるにせよ、新奇に考案された集団安全保障の機構によるにせよ、ドイツに対し有効に均衡できる、という一九二〇年代の幻想を抱くことはできない。ソヴィエト・ロシアからは東ヨーロッパにおいて新しい秩序を構築する積極的な役割を期待できる。しかし、ドイツに対する均衡を維持するすべての負担を、ロシアが負うものとは期待できない。ドイツとロシア以外の大国は、ヨーロッパ大陸の構図には登場しない。ここからイギリスが影響力と力を引き上げてしまえば、ヒトラーの新秩序と本質的に同じものが、違う形をとって再び登場し、ロシア国境の西側の全ヨーロッパは、遅かれ早かれ一点に集中した強大な権力をもつ一つの軍事・経済単位として合体させられることになろう。たとえイギリスが海外の英語圏の人々と、大陸を単位とした統合体と同程度に緊密な単位体を形成できたとしても――この仮説的想定はほとんど実現しそうにない――、ヨーロッパ大陸に近接し、そこからの脅威に晒されるイギリスの位置からすれば、間違いなく防衛不能である。

イギリスは、良かれ悪しかれ、ヨーロッパ情勢の軍事的な必然性に巻き込まれる。とすれば、イギリスの権力維持を願うイギリス人は誰もが、イギリスはヨーロッパ大陸への関与責任が不可避であることを受け入れなければならない。反対にヨーロッパ大陸の責任から逃れようとイギリスが試みるならば、ヨーロッパ大陸諸国の大部分を、反イギリス勢力の側に結束させることになろう。これは歴史に起こり得なかった事態である。イギリスは自国の安全保障を確保するために、ヨーロッパから超然とした姿勢でいることはできないし、海外の英語圏の人々の統合体に逃避することもできない。またアメリカの利害は、イギリスの存続と安全に結びついている。そのためアメリカの利害は、ヨーロッパにおけるイギリス権力の維持を求めるイギリスの利害と一致することになる。

## 経済的要因

前節で見たとおり、軍事的要因は、イギリスがヨーロッパから孤立する政策を妨げている。それでは、経済的要因はどうであろうか。現在の時点〔本書が書かれた一九四一―四二年初頭〕で、どの国々と貿易するかは、近代史のどの時代よりもはるかに圧倒的に政治的軍事的要因によって決定されている。この趨勢が逆転する見通しはほとんどない。イギリスが今日、ヨーロッパ大陸から孤立している事実は、ヨーロッパとの貿易が関心の外側にあることを意味している。なお十九世紀においてイギリスは〔光栄ある孤立の政策のもとでも〕ヨーロッパと貿易し続けていたのであり、今日の孤立とは意味合いが全く異なっている。大規模で強力な政治経済単位〔ナチ帝国〕がヨーロッパ大陸に成立し、そこからイギリスは排除されている。たしかにこの政治経済単位は、完全な自給自足体制を構築できてはいないものの、一九三九年以前には、ヨーロッパ大陸にイギリスから輸入する慣行であった多くの商品や工業製品なしにやっていける形勢にある。

イギリスがヨーロッパ情勢に積極的な参加をしないでやっていくことが可能かという問題は、経済的次元においては、イギリスが以前にもっていたヨーロッパ市場の大半を失っても、やっていくことが可能かという問題となる。

この問題に答えるのは難しくはない。すでに分析したように、自給自足的体制を物量面で達成しようとするいかなるアプローチも、必ず生活水準の低下というコストが伴う。イギリスが大国の地位を維持しようとするのであれば、工業生産高を維持しなければならない。イギリスの「見えざる輸出」である貿易外収支は顕著に縮小して、ほとんど回復する見込みはない。とすると、イギリスにとって輸出の維持が決定的な意味をもつ。

イギリスの輸出先としてヨーロッパ（ロシアを含む）の全輸出に占める割合は、一九一三年は三四％であったが、前大戦後には三〇％に減り、それが一九三一年には三四％に回復したが、一九三八年には再び三〇・五%に減った。イギリスの再輸出先としてのヨーロッパは、一九一三年には五一%であったが、一九三八年には五九%であり、重要な中継貿易の成果であった。ところがイギリスは、ヨーロッパ大陸にイギリス抜きに創られる巨大単位から完全に排除されることになる。

世界各地の輸出先を見ると、近年のイギリスの貿易の減少は、今後も永続的に続くものと考えなければならないであろう。南北アメリカ向け輸出は、一九一三年に一六%であったが、一九三八年にはわずか一二%に縮小した。アジア向け輸出は、一九一三年に八・七%(インド、英領アジア、極東ロシアを除く)であったが、一九三八年にはわずか四・四%に縮小した。インド・ビルマ向けは一九一三年には一三・三%であったが、一九三八年にはわずか七・七%に減った。極東とラテンアメリカでは、イギリス貿易が一貫して減少し続けていることは考慮されるべきである。

世界各地におけるイギリスの貿易減少を、ヨーロッパとの貿易拡大によって補完することに死活的重要性があることは、議論する余地がないほど明白である。

イギリス帝国領がイギリスの輸出先としてほとんど無限に拡大する、という多分に誇張された希望が抱かれている。一九一三年にイギリス自治領向け輸出は一七・五%、植民地・保護領(インドを除く)は六・二%であったが、一九三八年にはそれぞれ二九・八%、一二・二%に増えた。(4)これら有望な貿易統計は、ある方面で人気のある見解を支援するために引用されてきた。すなわちイギリスの将来はヨーロッパに背を向けて、海外の帝国領土との経済関係の緊密化を基礎として、繁栄を指向するという見解である。一九一九年以来のヨーロッパからの孤立を唱導する動きは、イギリス自治領と緊密な貿易関係を発展させる要求とたえず連動してきた。

ただしイギリスと帝国領との貿易は大変有望であるという仮説は、残念ながら、事実をより詳細に検討すると裏付けがえられず破綻する。なにより引用されたパーセントの数値自体が誤解を招きやすい。というのは、この時期はイギリスの輸出が縮小した時期にあたっていたため、イギリスの帝国領向けの輸出の絶対量の増加は、その相対的なパーセントの増加ほどには、印象的な数値ではなかった点が隠されているからである。ただしこれは小さな問題である。より大きな問題は、他の証拠から判断して、帝国領の市場の拡大が、他の地域の市場の縮小を補完できるという仮説が大変に疑わしい点にある。それは、一九三二年のオタワ会議〔3〕がこの問題を検証する以前から疑問視されていた。同会議へのイギリス代表団は、この仮説が事実に合致してはいないのではないかと疑っていた。〔同代表国を率いた〕ボールドウィン氏は「イギリス本国は高度に工業化されているので、工業生産物に十分な市場を見つけることが、本国の人々の生存にとって死活的な意味をもつ」と述べた。そしてイギリス本国の輸出の半分以上は、実際〔帝国外の〕外国が輸入していると説明を続けたのであった。(5) とするとイギリス自治領と植民地〔の本国からの輸入の増分〕を合算しても、外国向けの輸出が減った分を埋めることのできる合理的な見通しがあったのであろうか。イギリス本国と自治領との貿易動向を仔細に検討すると、自治領は、インドや他の諸国がたどった道、すなわちイギリスとの貿易が遺憾にも減少する道をたどり始めたことが明らかになる。イギリス本国の自治領向けの輸出品を「消費財」(大部分繊維製品)と生産財(鉄、鉄鋼、機械)とに区分すると、消費財は減少しており、生産財の割合は増えている。言いかえると、イギリス自治領は、諸外国と同様に、イギリスから主として生産手段を輸入し始めており、過去には輸入品の所要部分をなした消費財を、将来には自国で生産してイギリスから輸入しなくてもいい方向に向かっている。いつの日かイギリス領植民地もまた同じ道をたどるかもしれない。

自治領は無限に拡大する市場であるという仮説は、一九三二年以前には根拠が怪しげな仮説といえる状態にあったが、オタワ会議の結論によって、この仮説を信じ続ける可能性は全くなくなった。優れたイギリス連邦史家〔W・K・ハンコック〕は、その出版物の一篇に「イギリス帝国は自給自足経済にはならない、一九三二—三八年」と、大変に印象深い題を付した。(6) イギリス帝国は全体として自給自足的な貿易市場を構成するという期待が、本国にとっても各自治領にとっても急速に崩壊したことを、その著者は資料を駆使して立証した。

ニュージーランド人たちは、一九三四年の時点ですでに「イギリス本国はどこにも底がみえないほど深い市場である、という伝統的見解を放棄しなければならない」と気づいていた。また、オーストラリアの羊毛貿易商は、イギリス帝国の境界内部に閉じ込められてはならないとして、「イギリス市場だけでなく外国市場と結びつかなければ、産品の半分を海に投げ棄てなければならなくなってしまう。オーストラリアのさして重要でない物産に対して、イギリス本国が優先的に市場開放するという餌に釣られてイギリスと交渉してきたが、その結果として、羊毛貿易という圧倒的に重要な分野で、外国との互恵主義というオーストラリア存続に本質的な基盤が盗み取られている」と述べている。この「外国との互恵主義」の必要性と自治領の工業発展によって、イギリスの輸出にとって帝国市場は無尽蔵であるという見解は幻想になってしまった。帝国関税という経済帝国主義はオタワ会議で最高潮に達したが、同会議後には急速に退潮していった。貿易統計から明らかなように、オタワ会議後には、イギリスのスカンジナヴィア諸国・バルト三国との貿易は、自治領との貿易よりも急速に増大した。また、カナダのアメリカとの貿易、ならびにオーストラリアの日本との貿易は、自治領のイギリスとの貿易よりも急速に発展した。「われわれは経済史の転期にさしかかっている」と、一九三七年に将来のオーストラリア首相ロバート・メンジーズは述べ、「帝国領内を優先する貿易と関税の諸措置を最大にするよう厳格に主張すると、貿易の復活を通じて世界的な協調を目指す一大運動に、帝国各地域がそれぞれにとって適切な役割を果たせなくなってしまう」と続けた。一九三八年十一月、イギリスとカナダとオーストラリアはアメリカと通商協定を結んだ。この協定によって、狭い意味のオタワ協定の時代は終わった。W・K・ハンコック氏は「イギリス連邦の国々は一九三八年までに、イギリス帝国を相手とする貿易政策のパターンを脱して、より広い世界秩序を目指して形成し調整する新しい試みを始めた」と要約している。

イギリスには優先的に接近できる無限の市場があるので、ヨーロッパ市場を無視することができるという見解には根本的な誤りがある。この政策は帝国全体の観点から見て、実行不能であり望ましくない。さらにヨーロッパの観点から見て、いっそう望ましくない。オタワ会議が目指した限定的な措置〔二国間の最恵国待遇〕でさえ、ヨーロッパにおけるイギリスの立場を顕著に損なった。オタワ会議における合意事項により、ドイツにはイギリス自治領の市場に新しい障壁が設けられ、ヨーロッパのいくつかの中小諸国にはイギリス市場に新しい障壁が設けられた。ドイツはこの障壁を利用して、ドイツ自身の貿易グループを形成した。この貿易グループは意識的かつ明白にイギリス帝国のライヴァルとして企図されたものであった。そして現大戦の開戦以降、その企図はドイツが支配する大陸大のヨーロッパ秩序という壮大な構想に発展した。どのような順序でこうした悪循環が生まれたにせよ、閉鎖的なシステムを形成するのは経済的にも政治的にも不健全である。十九世紀のように、ドイツがイギリス自治領との貿易を増やし、イギリスが東ヨーロッパや南東ヨーロッパとの貿易を増やしていれば、情勢ははるかに良かったに違いない。同様の原則は現大戦後においても当てはまる。

イギリスにとって、ヨーロッパを棄ててもっぱら帝国自治領・植民地との経済関係に集中することは、もっぱらヨーロッパ市場に集中してその他の市場を棄てることと同様、致命的である。現大戦が終わった後、廃墟となり解体されたヨーロッパは、世界の他のいかなる市場よりも、イギリスの貿易の発展により開かれた機会を提供するであろう(7)。

イギリスがバランスのとれた経済政策を実施するには、ヨーロッパとの利害関係を維持して発展させ、この目的と両立不能ないかなる政策も避ける必要がある。

## ヨーロッパにおけるイギリスの役割

既述の通り、軍事的要因からも経済的要因からも、光栄ある孤立の政策原則は遵守不能なものであり、イギリスはヨーロッパにおいて積極的役割を演じることを強いられている。しかしこの役割には限界が付されている。それをわれわれは受け入れて、承認する必要がある。その限界は次の三つの主な要因から生じる。

(a)イギリスのヨーロッパに対する義務と、イギリスのより重要な海外の英語圏世界との関係とを調整する必要性。

(b)ソヴィエト・ロシアの見解と利害関係は東ヨーロッパに優先的比重を置くにちがいないが、その点でソヴィエト・ロシアと緊密に協力する必要性。

(c)動員可能な力の限界。

(a)ヨーロッパからの孤立を拒絶することは容認できる政策であるが、しかしだからといって、その反対極となる異端的な政策、すなわちイギリスがもっぱらヨーロッパの支配的な大国となる半面として、ヨーロッパ外の利益〔英米関係・帝国自治領・植民地〕を二義的な地位に落とそうとする極端な政策に走るべきではない。こうした進路をとろうと公然と提唱されることはあまりないが、たとえば、過去二十年間に一部の有力者が唱導してきた親フランス政策は、この極端を暗々裏に含意している。さらにこの政策は、世界を地域ブロックないし大陸別に分割する構想に形を変えて、時々に現れるが、この構想ではヨーロッパ・ブロックの主役はイギリスに割り当てられている。しかし、イギリスのヨーロッパにおける役割を考える際、ヨーロッパという地域グループの構想そのものが不十分であり、不適切である。これを示すのは難しいことではない。ヨーロッパでの大国としてのイギリスの地位は、ほぼ完全に海外〔ヨーロッパ外〕での大国の位置に依存しているからである。海外の諸国家の善意と協力はイギリス人にとって本質的に重要であって、そのためイギリスのヨーロッパ政策は海外の諸国家の姿勢からますます影響されるに違いない。その海外の諸国家はヨーロッパに居場所がないのであるから、イギリスはヨーロッパ国家と結合してもヨーロッパでの役割を果たすことができないのである。

であるからイギリスはヨーロッパから孤立できないのと同様、ヨーロッパに埋没することもできない。イギリスの役割とは、ヨーロッパにおける「西欧文明」とヨーロッパ以外の大陸を新しい故郷とした「西欧文明」の間の架け橋の役割を果たすことである。

(b)ヨーロッパにおけるイギリスの役割の第二の限界は、イギリスの政策をソヴィエト・ロシアの政策と調整する必要性から生まれる。ソヴィエト・ロシアとの軍事協力は戦争に勝つために測りしれない価値があり、またそれと同様に、戦後の平和を確立する上でも非常に貴重である。ロシアが戦後のヨーロッパ秩序において果たす将来の役割について、詳細に検討するには未だ時期尚早である。ただしイギリス・ロシア間の同盟関係は、用語上も内容上も一方的〔にイギリス優位〕にはなりえないことは至上命題として認識すべきである。第一に、両国が提携するには、将来のヨーロッパの秩序形成について、両国の見解と政策を共通の展望に向けて修正することが不可避になるであろう。第二に、西ヨーロッパに関してはイギリスの見解や利害関係が優先して重視されるであろうが、それと同様に、東ヨーロッパに関してはロシアの見解と利害関係が優先して重視されることになるであろう。

一九一九年の講和条約は、東ヨーロッパに関して深刻な弱点を抱えていた。それは同条約がドイツとロシアが不参加のまま締結され、両国の利害関心と感情を無視したために、両国が同条約に敵意を抱く結果を招いたことである。この壊滅的な体験を心に銘記するならば、現大戦後に、イギリスとアメリカがソヴィエト・ロシアの願望と政策を十分考慮しないまま、東ヨーロッパ問題を解決しようと試みることは到底考えられない。

(c)第三の限界は、すでに(a)(b)で部分的には暗黙のうちに前提としてきたが、活用可能な権力の限界である。権力の限界は時間の次元と空間領域の次元とで作用する。「秩序」と呼べるものはいかなる秩序であっても、それを樹立する領域において、恒久的かつ事実上完全に独占的な権力が存在することが、本質的条件である。

アメリカとイギリスとソヴィエト・ロシアが、現大戦が終わった時、世界のかなりの領域とくにヨーロッパにおいて、圧倒的な権力をもち、それがほとんど独占的権力になることは、容易であり、正当化できる予測である。しかし、この三カ国が長期にわたって広い領域に圧倒的な権力を維持する能力と意志をもつものと、最も慎重に検討することなしに前提するならば、それは極端に愚かしい。

はたしてアメリカは西半球という空間領域に対するのと同じ熱意をもって、ヨーロッパに対しても権力を行使すると考えられるであろうか。はたしてイギリスは西ヨーロッパに対するのと同様に、東ヨーロッパに対して権力を行使する用意があると考えられるであろうか。たしかにイギリスとアメリカは、現大戦の終結直後であれば、自分たちが樹立した秩序を維持するために権力を行使するであろうが、はたして、戦後二十年間の平和が続いたあとに、その秩序を維持するために権力を行使する意志と能力があると考えられるであろうか。ここで米英が年月の経過とともに秩序維持のための警戒を緩めるとすると、この場合、米英よりも戦後秩序に満足する理由が少ない他の大国ははたして戦後秩序を維持する役割を米英から肩代わりすると考えられるであろうか。

これらの仮定は、すべての経験の教訓とは正反対であり、したがって、現段階でこの仮定のうえに計画を立てるならば、それはあきらかに軽率である。

この側面からみて一九一九年のパリ講和会議は、〔現大戦後に倣うべき〕前例ではなく、こうあってはならないという警告なのである。一九一八年までドイツに反対する国々は、世界規模の大連合の形をとり、現大戦後に構成されることが予想されるいかなる連合よりも包括的であった。ロシアとドイツは崩壊し、一時的に無力になっていた。日本は手に負えない存在であったが、英米から不興を招くことを避けようとしていたため、まだ説得する余地があった。パリ講和会議に集まった戦勝国は、世界規模の影響をあたえる条約を結ぶ権限があると考えていたが、それは全く理由がないわけではなかった。参加した国々は、条約締結によって生じるコストを全く考えなかった。イギリスとアメリカは、フランスに対して小さな譲歩をしたことを例外に、条約内容の一切を決定したが、しかし、一度も熟慮の時間をとらず、将来の年月のなかで、米英に黙従することを当然と見なされていた人々が、やがてその取り決めに反旗を翻すようになったときに、いま作成している取り決めを維持していく意志と能力が自分たちにはあるのかを自問自答しなかった。

現大戦後のどの講和交渉でも、すべての決定段階で、以上に述べた問題を自問すべきであり、謙虚に自答すべきである。楽観主義に安易に惑溺してはならない。英語圏の諸国家が今後長い年月にわたって、世界のすべての地域にわたり権力行使する責任を継続的に引き受けないものと仮定しよう。その場合、英語圏諸国に替わってその責任を引き受けようとする他の国家が現れると想定するのは、危険な幻想である。英語圏諸国が、行動する用意のある領域の境界外において、秩序を打ち立てる計画を出して指導権をとるとすれば、それはきわめて軽率である。行動する用意のある領域が限られているのであれば、将来の秩序を形成し維持する範囲もそこに限られるべきである。一九一九年の講和形成者たちが陥った致命的な誇大妄想は、万難を排して回避しなければならない。

われわれは、イギリスが将来のヨーロッパに秩序を打ち立てる問題に、暫定的かつ経験主義的に接近しなければならない。大国に対して、とくにイギリスとアメリカに対して課されている要請、すなわち自国領域を超えた外側で恒常的な軍事的経済的な責任を引き受けるという要請は、それ自体が革命的なものである。この要請をあまりに強めると、耐えきれないものになってしまう。したがって義務を負う領域の境界線は、理論に基づいて、すなわち、精確な地理学上の区分に基づいて決めてはならない。義務を負う領域は、活動が発展するに従い経験主義に基づいて、有効な協力を調達できる権力とそれを行使する意志を基礎として決めなければならない。

いかなるヨーロッパ秩序であっても権力に依存しているのは当然であるが、その秩序の継続性は、その秩序が樹立された時にそれを支えた権力の量に依存しているのではない。いかなる秩序もその十五年後から二十年後に挑戦され試練を受ける可能性が最も高いが、秩序の継続性は、そのときに利用可能な権力の量に依存している。このことは記憶すべき重要な点である。その挑戦や試練には次世代が合理的に対応できるだろうとする主張があるが、次世代に対するこれ以上の無理難題の押し付けはありえない。

統一的なヨーロッパ秩序や世界秩序を打ち立てると提唱するのではなく、国際関係というジャングルをつつましく清掃していると考える方が賢明であろう。つまり清掃可能な範囲内で、必要とあらば擁護する準備のある政治的協力と国際秩序の構想を応用する試みであると考える方がよい。

この条件下では、現在の段階では、将来のあるべきヨーロッパについて大まかに素描する以上のことは不可能である。しかし全情勢は一つの中心的問題に支配されている。

ドイツである。ヨーロッパ問題とは、せんじ詰めればドイツ問題である。そこで第九章では、この根本的問題を単独に取り上げて検討し、第十章でより広いヨーロッパ再建の問題に進むこととする。

# 第九章　イギリスとドイツ

厳然たる事実がわれわれに対峙している。それは、ヨーロッパ大陸の中央部に、高い才能に恵まれ、高度に組織化され、強い自意識をもった約八千万人の人々が強固なブロックを組んで居住しており、しかも、その大多数の人々が強烈かつ不撓不屈な願いをもって、一つの国家として統一されたいと望んでいるという事実である。

既述のように、ヨーロッパ大陸のどの集団も、またどの複数の集団の力を合わせても、ドイツの力にはバランスできない。この事態に対して、イギリスは今自らの責任をとり、ドイツがヨーロッパを一方的意志に基づき単独で支配することは許さないと主張し、自らの決意を軍事行動によって実践している。

したがってこの戦争が終わった後、イギリスがドイツに対して平和共存する手段を考案できるのならば、ヨーロッパの平和は将来の一定期間にわたり確保できると考えられる。また反対に共存手段を考案できないなら、ヨーロッパとその一部であるイギリス自身も、最終的に回復不能な災禍に陥ることになってしまうと考えられる。

イギリス人の大多数は、ドイツ問題にアプローチする際、すっかり落ち着きを失い、さらには悔恨の表情を顕しさえする。そのイギリス人たちは、ドイツ問題が死活的な重要さをもち、かつ極端に複雑であることをよく承知している。過去二十年の失敗が骨身にこたえているのである。つまり、イギリスはドイツに対し、和解政策をとれば成功したかもしれなかった時に強制を課してしまった。そして、強制する以外はもはやなす術がなくなった時になって、今度は和解政策を試みてしまった。この過ちにすっかり絶望し、同じ過ちをさらにもう一度くり返してしまうのではないかと極度に恐れている。

イギリス人たちは、一九一九年にドイツに対して怨恨＝憤激の感情から行動してしまったことを道徳的に正しくなかったと判断している。その一方で、わずか二十年の（ドイツが二度大戦を起こした）体験からすれば、われわれの怨恨＝憤激は正当化できるとする結論もむげに退けられないとも感じている。

ドイツ人は現在も過去も一貫して、改善の見込みが全くない邪悪な存在であると主張する者があり、また文明社会は、大戦終結後、期間を定めることなく、ドイツ人を犯罪者ないし精神異常者として取り扱うべきだという主張まで現れている。イギリス人は、そう主張する人間の姿勢を、キリスト教の教えにも人道主義の精神にも極悪なまでに反していると考え、また、そういう姿勢をとると、終わりのない抑圧と騒擾《そうじょう》との悪循環に陥り、将来に何の希望も見出せなくなると感じて、ひどく困惑している。その一方で、イギリス人たちがドイツとの和解を唱導する人々の主張に耳を傾けてみると、彼らの議論があまりに単純素朴なこと、ならびに経験から学ばないことに、厭わしい気分が込み上げて非難しがちになる。つまり、この人々は、みたところ解決不能な問題に直面して、納得のいく解答を探し求めながら、空しく答えが見つからない状態にある。倦み疲れて忍耐が限界に達した時、またドイツの行動に対して義憤にかられた時などには、誘惑が高まり、次のような道が安全であると信じたくなってしまう。すなわち、ヨーロッパと世界の未来秩序を構想する場合、ドイツから善意や協力を得ようとする試みはやめておき、ドイツを恒久的に弱体化しておこう、そうすれば〔ドイツからの敵意は避けられないが〕弱体化したドイツならばその悪意も無視できるはずである、と。

こうした無謀かつ短絡的なシニシズムの風潮が、戦争終結直後には、大いに流行してしまう危険がある。一部の煽動的な論者は、このシニシズムをもっともらしく理論化することで、シニシズムを永続化する宗教上の罪業を犯しているのである。

## ドイツ人邪悪説

ドイツ人は邪悪であり、その本性は改善しがたい。こういう命題が、しばしば学術を装った怪しげな機関によって主張されているが、しかし本当は学術的に根拠のある主張では決してない。こうした命題は、感情的な反動作用から生み出される。たとえば敵に対して、「神を棄てた道徳的邪悪」とレッテルを貼りたい感情作用が生じ、とくに敵を劣等者や社会から締め出された賤民と烙印を押すことを正当化したい感情が生じることは、歴史のあらゆる時代を通じて、よく見聞きされてきた。言いかえれば、ある人々を邪悪と断じることは、特定の政策目的をもった宣伝活動なのである。こうした類の煽動をする者の一部には、意識的にか無意識にか、他にあまり公言したくない動機があることが多い。

国際関係において他国に対する憎悪を煽り立てることは、多くの国の保守主義者が国内の潜在的な革命的情勢を緩和させる手段とみなしてきた。国内社会の邪悪な現象は、外国の悪意が生じさせているものと大衆の心理を誘導できるならば、国内で生じている危険な緊張を逸らすことができる。ジンゴイズム[1]は、とくに社会的な不満を紛らわす手

段として、また社会の進歩を遅らせる障壁として煽り立てられてきた。(1)

ドイツ人は生来邪悪であるという説を、民衆がどの程度信じるか、あるいは信じないかは、現大戦後のイギリス政府の対ドイツ政策を左右することは疑いない。見識ある批評家は、ドイツ人を邪悪と決め付けることは、偏見の産物であって客観的ではないことを明快に理解するであろう。ただし、このドイツ人邪悪説の歴史的背景を調査することは重要である。公正な論者であれば認めるような真実が、ドイツ人邪悪説に、はたしてどこまで含まれているかを検討してみよう。

ドイツ人邪悪説の主張内容を詳しく見ると、多様な特徴をもったいくつもの諸説に分かれている。ドイツ邪悪説の起源を歴史から探し出そうと試みて、〔第一に、〕ある論者は〔古代ローマの〕タキトゥスの記述に遡っている。

また〔第二に、〕他の論者たちは、フリードリッヒ大王を邪悪なドイツ人の始祖とする。そして、それがプロイセンに限られた特性であるとして、その理論を精緻化するためプロイセン人の起源は、ドイツ人でもなく、チュートン人でもないとする。(2)

〔第三に、〕その他の論者は、ビスマルクから出発することで十分であると考えている。

ドイツ人邪悪説の起源をタキトゥスの『ゲルマニア』に遡る説は、おそらく深刻に考える必要はない。というのは古代ゲルマン人の血統は、ヨーロッパのほとんどの国に流れ込んでいるからである。なおタキトゥスは、古代ブリトン人に格段に高評価を下しているわけでもない。タキトゥスに遡るこの種の議論は、この説を発明したらしいベニト・ムッソリーニと、ムッソリーニと同程度の歴史的識見しかもたない歴史家に任せておくのが相応しい(2)。

他方、ビスマルクから出発する第三の説は、説明として不十分である。なぜなら、わずか七十年の歴史を証拠として一民族を救い難いなどと決め付けるのは、軽率のそしりをまぬがれないからである。

真剣な形でドイツ人を告発する議論は、プロイセン人と他のドイツ人を人種上から区別する馬鹿げたことは試みず、フリードリッヒ大王がプロイセン人の生活に、またその後にはドイツ人の生活に、暴力と攻撃性という要素を持ち込んだが、それが深くドイツ人の国民性として根を下ろし、それを根絶することは、予想しうる将来においては合理的に考えると望み得ないという要旨である。

現代ドイツ人の生活のなかに、「プロイセン的」伝統が存在することは、進んで承認されなければならない。ただし残虐性、攻撃性、そして不愉快にも「軍国主義」と呼ばれるものは、ドイツだけでなく、それ以外の多くの大国にも歴史上現れてきた。ただし、これらの特質は、ドイツだけが呈したのではないにしても、近年の危機の歴史のなかで、とくにドイツから大変に顕著に現れ出た事実を否定することも、また馬鹿げている。

しかし、ドイツ人の国民性やプロイセン人的性格などの形で、俗受けする一般化を性急にすることは、問題を明らかにするよりは、分からなくしてしまう。ドイツ問題を歴史的に検討すると、最も重要な点は、根絶する望みがないと想定されている国民性——それがドイツ的であれプロイセン的であれ——にあるのではなく、ドイツが民族的に統一した時点、および力が最高潮に達した時点が、非常に遅れて到来したという歴史的事実にある。

ルネサンスと宗教改革が花開いた時、イギリスとフランスはすでに強力で統一された国民であり、すでに凝集性の高い国民的伝統を形成しており、そのなかに、新しい要素を吸収することができた。一方のドイツでは、〔ルネサンスと宗教改革の〕新しい影響を完全には吸収することができず、大部分はドイツをむしろ分裂させた。

十八世紀にはフランスが最強のヨーロッパ大国であり、啓蒙の普遍主義的伝統と自然法と人間の権利の本拠地となった。フランスはヨーロッパ中に十八世紀型の合理主義と十八世紀型の普遍主義の衝撃を及ぼし、それに対抗し反発するなかから生まれたドイツの疾風怒濤《シュトルム・ウント・ドランク》時代のロマン主義的歴史主義によって、ドイツのナショナリズムが形成された。

十九世紀にはイギリスが強大な世界権力であった。そして世界中に経済的普遍主義を提唱した。〔この世紀の後半〕ドイツはようやく国民的統一をなしとげ、またドイツ経済はイギリスとの競争関係のなかで日の当たる場所を探し求めることを強いられた。イギリスのレッセ・フェール型普遍主義に抗して、ドイツは、独占と政府に保護された工業と通商によって経済発展したのである。

ドイツのこうした過去の遺産により、現代ドイツの政治発展には、二つの特徴的な反発が刻印されている。一つ目が個人主義に対する反発であり、もう一つが国際主義に対する反発である。人間社会の基礎は、個人としての人間の諸権利にあり、かつレッセ・フェール仮説に基づく独立した個人を単位とする経済世界にある、と十九世紀の自由主義の原理は要約できる。しかし、この原理が、ドイツ人の生活と思想の基礎として本当に受け入れられたことはなかった。

二十世紀世界になると、個人主義は十分ではないことが徐々に明らかになった。そして個人の権利とともに義務もまた秩序ある社会に必要な前提であると主張されるようになった。また、レッセ・フェール型自由主義の原理は有効でなくなり始めた。その理由は、個人がもはや経済システムの基本単位を構成しなくなったからである。現代の社会的政治的問題は大衆や集団の問題であって、個人の問題ではなくなった。

ドイツは十九世紀型の諸原理を決して共有していなかった。二十世紀になると、そのドイツにおいて、十九世紀型の信念に挑戦する最も強力な提唱者たちが現れる。その一人ソースティン・ヴェブレンはドイツ帝国の最も尖鋭な批判者であるが、一九一五年に次のように書いている。「機敏に媚び屈従する精神は、プロイセン型の行政的効率性が依拠している精神であるが、それは自由人の人間的尊厳に相応しくない。」しかし、ヴェブレンはそれに加えて「〔この精神が〕ドイツ国家にとって、そしておそらくは一つの経済体を構成しているドイツ民族全体にとって、明らかに力の源泉になっている」(3)と述べている。

今日われわれイギリス人は、ドイツの伝統がイギリスの自由の概念に対する許容できない挑戦である、と一層強硬な見解をとるようになった。しかしこの挑戦は、必然的に現代の大衆民主主義に内在するものであり、このことを否定するのは馬鹿げている。さらに、こうした挑戦は、〔ドイツ人という〕ひとつの人種の特徴として指摘される強情さとか邪悪さをはるかに超えた歴史の所産であり、このことを否定するのは一層馬鹿げている。問題はドイツに限った問題でもなく、ドイツの特殊な問題でもない。これは個人と社会との関係についての普遍的な問題であり、現世代に解決が期待されている問題である。

〔国際主義批判に焦点を移すと、〕個人主義への反発と同様、ドイツは歴史的な要因から、時代の普遍主義や国際主義の潮流に反発・対抗しながら国家的発展をとげてきた。フランスとイギリスは、歴史を振り返ると様々な時代で、指導的な大国であると世界中から承認されていた。そしてその時代に、フランスとイギリスはともに、強い世界市民主義《コスモポリタニズム》や国際主義の伝統が発展し、国民の思想と文化に深く根付いてきた。

ドイツはこうした時代を体験していない。少なくとも中世——近代的な形の国民意識が未だ目覚めてはいなかった時代である——以降には体験していない。概略的に述べると、国際主義は、〔第一に、〕国際社会において指導的役割を果たす非常に強大な大国にとっては魅力がある。また、〔第二に、〕国防上の防波堤の機能を、国際主義のなかに見出す小国にも魅力がある。(4)

ドイツは第一の分類に入るほど強力であったことはなかった。ただしドイツ人は、中央ヨーロッパや西ヨーロッパの諸民族のなかで最も人口が多く、最も組織化され、産業的な才能に最も恵まれた人々である。そのためにドイツ人たちは、世界の指導者ではないにしても、ヨーロッパ大陸の指導者であると自任するだけの資格があったのである。

「包囲」政策はドイツ人に現実の苦痛をもたらした。この政策はドイツ人の目から見ると、ドイツから正当な地位を奪うために、より弱小なヨーロッパ諸国を〔仏・英が〕背後から支援した政策であった。とくに一九一九年以降、国際主義というスローガンが、国際連盟その他で用いられたが、それはドイツの主張を妨害するものであった。その結果、ドイツはいっそう国際主義一般への疑念を高進させた。イギリスに居住するドイツ人は、前大戦が勃発する少し前に「「国際的」という言葉は他国民をわれわれよりも有利な地位に置くための概念であると理解するようになった」と書いている。(5)

ドイツの議論に反駁する多くの文章が書かれ、多くの言葉が費やされた。しかしこれらは議論として役立たなかった。というのも、議論の前提が異なっていたり、前提自体が異論の多いものであったからであり、また、ドイツ人たちに理解されるように真剣に議論をしていなかったからである。ドイツ問題を解決しようとするなら、せめて国際政治に関心を寄せている大多数のドイツ知識人たちの精神状態――ナチズム狂信者の精神状態ではなく――を理解しなければならない。そして彼らの精神状態を、ドイツ国民性の生得的特徴として邪道に陥っていると解釈して満足するのではなく、その精神状態が育つにいたった歴史的条件に遡って考えなければならない。

われわれはドイツの国民的伝統のなかの暗い影は十分に意識しているが、その一方でドイツが成しとげた積極的な成果については同じ程度に考慮しないまま、近代史におけるドイツの地位に評価を下すことは不公平である。たとえば一方でフリードリッヒ大王の侵略については長々と述べ立てて、他方でナポレオンの侵略を打倒した際のプロイセンの名誉ある役割を無視するのは公平でない。ビスマルクを変わることなき冷徹さの見本としてたびたび描きながら、ビスマルクの業績には、一八六六年のオーストリアとのサドワの戦い〔ケーニヒグレーツの戦い〕の後で締結されたプラハ条約[3]が含まれていることは忘れてはならない。この条約は、現代において勝者が敗者に課した最も賢明な講和条約であり、その評価はフェリーニヒング講和条約[4]に匹敵するものである。またドイツ人たちは、現代社会主義の教義と組織を形成する上で、主要な貢献をしてきた。政府が管理する社会福祉事業の現代の制度は、そのほとんどがドイツが創始したものである。労働者の事故、疾病、障害に対する強制保険制度も、養老年金制度も、ビスマルクによってドイツで導入されたが、その時まで他の文明諸国はどこも、その制度を一つも聞いたことさえなかった。イギリスでも同様の制度が徐々に採用されていくが、それは初期のフェビアン主義者がドイツをモデルに研究して、それを普及させたことに大きくよっている。

ドイツ人の芸術、科学、文学における偉大な業績は、本論の目的とは無関係かもしれない。ただしドイツ人たちが十九世紀後半の産業的な条件のもとで展開した大規模に組織化する驚くべき能力について、現代世界における貢献の価値と重要性は否定しようがない。十九世紀にドイツ人が勝ち得た、忍耐強く、倹約し、刻苦勉励するという評価を、覆すような出来事は何も起こっていない。現代の世界は、能力と資源にそれほど恵まれてはいない。したがって、そのなかから、多くの深刻な欠陥とともに多くの価値ある特性を持っている国民を、改善の余地が見込めない悪い国民として、軽率に棄て去ることはできない。後世の歴史の審判が、近代ドイツの多彩さを一色に、しかも黒一色に塗りつぶすことはありえない。前大戦後の数年間ドイツの人々を緻密に研究した学者〔J・H・モーガン〕の冷静な要約は、今日も読む価値がある。

彼らは愛すべき国民ではない。彼らはたんなる事実にメランコリーな誇りをもちさえする。しかし彼らはそのすべての欠陥にかかわらず、間違いなく偉大な人々である。彼らは将来のヨーロッパにとって無視してよい存在であることは決してない。(6)

## ドイツを抑圧する

ドイツ人の邪悪さは改善する余地がないという仮説は、それを掲げることによって次のような対ドイツ政策を正当化しようとしている。以下そうした政策に焦点を当てる。

一九一九年、ドイツを抑圧する主な政策は、武装解除、軍事占領、そしてドイツ人が多数を占める地域をドイツ以外の国に割譲させることであった。ドイツ抑圧政策の支持者たちは、一九一九年と同種の政策をより強化した形で現在の大戦後にも採用すべきであると主張する。さらにドイツを二つ以上の独立国家に分割することによってそれらの政策を補完するべきであると主張している。なおヴェルサイユ体制においては、ドイツ語を話すオーストリア領をドイツ帝国に併合することは禁止したものの、ドイツを二つかそれ以上の独立国に分割する案は採用されなかった。しかも現在、いかなるドイツ抑圧措置を採るにせよ、それは恒久的に維持されるか、少なくとも期間の定めなしに維持されるべきであると主張されている。この政策は、一見もっともらしいが、しかし、いくつもの反論を提示できる。

第一の反論は、道徳的な理由に基づく異議申し立てである。一つの人種や一つの民族を全体として告発し、その全体に刑罰を科す試みは、これまで長く大部分の進歩的な人々の道徳感情から強く嫌悪されるものであった。今や人種差別は反動的であるばかりか、非科学的であると広くみなされる時代である。とすると英語圏諸国の世論が——英語圏諸国に限定してのことだが——、このような政策を将来の対ドイツ関係の基礎として、どれほどの期間にせよ容認するかは疑わしい。

個人の権利はその個人自身を目的とする存在であることに由来し、その個人が帰属する集団の構成員であることに由来しない。この道徳原則を含む諸原則の名において〔英語圏諸国は〕現在の大戦を戦っている。〔ドイツ人全体に集団帰属を事由として刑罰を科す〕そのような政策は、〔個人に基礎を置く〕原則とあまりに矛盾していることが長期的には明らかになるであろう。

国際関係を叙述するためには、われわれは「ドイツ」という抽象的な用語を使って考えることを余儀なくされ、とくに戦争の時には「ドイツ」に罪があると信じることは容易である。その「ドイツ」〔という抽象名詞〕を罰することは、実際には、個々のドイツ人を罰することを通じてはじめて可能になる。ところが戦後、個々のドイツ人たちとの人的接触を再開すると、集団全体が有罪であると信じることなど到底できなくなってしまう。

もしドイツの権力を恒久的に破壊したいのであれば、唯一の確実な方法は、五千万人のドイツ人を皆殺しにするか、あるいは遠く離れた砂漠や人の住めない無人島に移送して餓死させるか、あるいは全く文明のない状態の生活をさせるしかない。このような方法は政策を有効に実行する唯一の方法であるが、これを実施するのはドイツ弱体化政策の強硬な提唱者であっても、しりごみすることであろう。その事実は、ドイツ弱体化政策が、われわれが正当と考え、平時においてはそこから外れないようにする諸原則とは相容れないことを物語る。

前大戦の直後、ドイツ人たちを空腹状態に置くことは、「ドイツ」を隷従させるより穏健な方法であったが、それは同じ理由から許容されなかった。連合国側は一九一九年三月ドイツ封鎖を解除した。封鎖解除に導いたのは、イギリス人は皆記憶しているように、チャーチル氏の次の演説であった。

ドイツにおけるイギリス占領軍司令官プルーマー卿は、戦争省に電報を送り、それは最高会議に転送された。プルーマー司令官は、人道的理由からばかりか、無秩序の拡大を防止するためにも、困窮したドイツ民衆に食料を供給することを強く要請した。同司令官はイギリス軍を取り巻いているドイツ人の災禍の過酷さが、イギリス軍将兵に及ぼす悪影響を強調した。同司令官および他の情報チャネルを通じて、われわれはイギリス軍兵士たちが、自分用に受け取る食料配給を、周囲のドイツ人女性や子供たちに分け与えていることを知った。また、それによってイギリス軍部隊の身体には〔減量という〕影響が現れていることを知った。(7)

イギリスの政治家と知識人は、抽象的に「ドイツ」と呼ぶものへの激しい復讐心に燃えていた。ところがそれが、個々のドイツ人たちと日々顔を合わせていたイギリスの普通の兵士たちから叱責されたのである。イギリス兵にせよ個々のドイツ人にせよ、共に前大戦の惨禍をこうむったが、ともにそれに対する責任はなかったのである。しかもこの反応は累積的に高まることになる。年月が過ぎ、新しい世代が育ってくる。いわゆる「国民的」犯罪に対する責任を、それが行われた時にはまだ子供であり、あるいは生まれてさえいなかった個々のドイツ人に対して負わせることの不当性に対して、一般市民の良心はますます反発を強めることになった。

仮に抽象的に「ドイツ」と呼び続けることとし、また仮に罪深いドイツなるものへの刑罰を、罪のない個々のドイツ人に科してしまう道徳的な難問を無視することとしよう。それでも前大戦後の体験から判断すると、長い年月にわたってドイツに対してだけは他国とは根本的に異なる政治的態度をとることは、道徳的観点から許容できるであろうか。大変に疑わしい。

一九一八年には反ドイツ感情も反ドイツ人感情も、また「戦争犯罪」に対する感情的な確信も、大部分の連合国で非常に高まっていた。その非難の論調も現在の大戦中に達したレベルより高いものであった。懲罰的講和という概念は、ほとんど普遍的に受け入れられていたのである。ところが休戦協定から数カ月のうちに、人々のなかの道徳的雰囲気は急激に変動しはじめた。〔当初は「ドイツ」のみが憤激の対象であったが〕「ドイツ」以外の軍事主体もまた、非合理で、攻撃的で、残忍な行動をとる点では同罪であったという事実が明らかになってきた。ドイツ以外の軍事主体から生じたすべての争点を考慮すると、その結果、ドイツ以外は道徳的に善であり、ドイツは道徳的に悪である、とみなすことは不可能になった。戦時中においてこそ、ドイツは罪を犯し、連合国側は潔白である、と大雑把かつ安直に思い込むことができたが、この思い込みは、より綿密に事実を追求する平和時の良心には適合しなかった。一九三五年以降、イギリスはドイツに対して軟弱な態度をとるようになったが、それは、ヴェルサイユ講和とその後のドイツの取り扱いに対して、イギリス国内で広がった自責の念の部分的な産物でもあった。

現在の大戦後も同じ処理をすると、とくに、ドイツ人自身がナチ体制の打倒に積極的役割を果たした場合には、多くの理由から前大戦後と同様の反応を招くと予想される。

いま、戦後講和においてドイツを恒久的に劣った地位に追いやろうと狙って宣伝を繰り広げている人々がいるが、その責任は重大である。こうした宣伝の影響下で、戦勝国の道徳感情とは矛盾した内容の講和条件がドイツに押し付けられてしまう深刻な危険がある。そのような講和条件は、ドイツには最大限の苦痛を与えながら、その理由から死文と化してしまう危険がある。

〔戦後ドイツに対して〕恒久的に強制政策をとると、必ず反発を呼び起こすことは、もう一つの議論からも明らかになる。恒久的な強制政策は、道徳上の根本的な悲観主義を前提とする。しかし道徳上の悲観主義が長い期間にわたり人々の心をとらえることはなさそうである。この見解をもつ人々は大部分、前大戦以前か大戦中に精神の形成期を迎えた人々で、すでに中年か老年の域に達している。彼らは、戦争の恐怖やナチ体制に特有の残酷さによって人々の感情が深く動かされている間は、民衆からの支持を受けることが期待できよう。しかしながら、これから台頭してくる世代——現在の戦争に従軍している戦闘員を含む——は、より良い世界を生み出す種子を未来に運ぶという信念を必要としている。この世代に対して、道徳的な悲観主義がどの程度影響を及ぼすかは疑わしい。理想主義は再び勢いを取り戻すに違いない。

ヨーロッパの最大で最強の国民を恒久的に隷属の下におこうとする政策に対して、道徳上の究極的な反論がある。それは、この政策が、和解と同意に基礎をおいた真の平和をもたらす希望を提示していないことである。実際この政策は、そうした平和の可能性を否定している。

現大戦が終わると、ヨーロッパに平和を築くために考えられる道の一つとして、解放されたドイツと和解する必要性が徐々に主張されるようになるであろう。そしてついにはドイツとの和解とは両立しないいかなる政策も追求できなくなるほどに強力になるであろう。若い世代にドイツと和解する試みを思いとどまらせることはできない。〔和解と同意による平和に対して、〕過剰なシニシズムを抱いた場合には、相互の憎悪を恒久化する以外に何の見通しもない。それで失敗するよりも、敵を友に転換する困難で冒険的な課題に挑戦して失敗する方が、長期的には望ましい。和解とは究極的に両立しないいかなる政策も長続きはしない。なぜならその政策は道徳的に許容できないものだからである。和解へのペシミズムに基づく政策は、あまりに長く追求されると、和解する機会を壊してしまう点に危険がある。

次の恒久的な強制政策に対する反論は、実践上のものである。他のヨーロッパ諸国には課さない条件として、ドイツを永続的に無力状態におくだけではなく、ドイツの領土——他国に割譲される国境地帯は別として——を二つかそれ以上の国家に分割すべきだと提案されている。一八七一年にドイツ帝国が形成されて以降、しばしばドイツには分裂的傾向が現れたが、その量的規模と質的強度を測定することは難しい。おそらく諸外国の希望的観測によって分裂的傾向が非常に高いかのように誇張されてきたが、時とともに徐々に低くなってきた。

一八七一年にドイツ統一をさして、「それはわれわれがやったのだ」と、〔独仏講和交渉の当事者であった〕ティエール・フランス大統領は叫んだ。この言葉と同様、一九一八年以降のフランスの政策は、ドイツの統一を強化する役割を果たした。今日では、ドイツを二つかそれ以上の部分に分割しようという外部の試みは、国民的な結束を一層強化する効果をもつに過ぎず、かつてよりも頑強な抵抗を受けることになろう。一九一九年一月、マックス・ヴェーバーは、懲罰的講和は「現在の大騒動とその後の疲労が過ぎ去ったある日、政治的に最も急進的な労働者を排外主義者に変えるであろう」と予言している(8)。この予言はすでに実現したし、将来も再び実現することであろう。言いかえれば、ドイツの政治的分割は力によってのみ実行できるし、強力な軍事力が領土を占領し続ける期間だけは、有効に維持できるであろう。

またドイツの分割政策について、どのように経済的な分割を実施させるのか、全く明らかでない。これまで世界は経済障壁を除去する難事を数々体験してきた。しかし、一つの経済単位であることを望む人々の間に、強制力によって経済障壁を設置して維持することはおそらくは一層の難事に違いなく、ほとんど体験したことがない。ドイツに恒久的な懲罰を科することは、形態がどのようなものであれ、根強い敵意と破壊工作に直面しながら、恒久的な軍事占領と恒久的な監視行政が不可欠になる。ドイツの占領と行政を長期にわたって実施する資源は、ヨーロッパ諸国のなかで唯一イギリスだけが持っている。したがってその負担は主にイギリスが引き受けることになる。この解決案はわざわざ提案しても否決されるだけである。イギリス人たちは、ドイツに対する恒久的な軍事占領も、恒久的な監視行政も、たとえそれらを実施する能力はあったとしても、それらの責任を引き受ける意図がないことは、なによりも確実である。ここでも再び事前に熟慮することによって、一九一九年に犯した誤り――軍事力によって恒常的で継続的な強制をすることによってのみ維持できるような状態を創り出してしまう誤り――から救われることになる。状況が落ち着いた雰囲気になるにつれて道徳的に嫌悪を催させるものと感じられてくる方針に、戦後ただちに乗り出すことは大変に危険である。それと同様に、政策実施に伴うコストを冷静に計算するならば、実施が不可能であることが理解される政策に着手することも危険である。ドイツ分割の政策は、この二つの危険をともにはらんでおり、その点から反論の対象となる。

第三のドイツ分割の政策に対する反論は経済的なものである。現代の経済発展の趨勢は経済単位の解体ではなく統合を至上命令にしている。したがってドイツを分割して経済単位を複数に解体することは、この趨勢と真っ向から対立する。ドイツを分割すると、中央ヨーロッパの経済的一体性を解体することに結びつきかねないが、その事態を有効に回避できるような政策を想定するのは難しい。中央ヨーロッパの経済的解体は全くの後退であり、ヴェルサイユ体制が犯した最悪の大失敗の一つをくり返すことになってしまう。ドイツの生産力なくしては、ヨーロッパは現在の生活水準を維持できないし、まして上昇させることは望みえない。たしかにドイツとの競争がなくなることによって、有力な一部の産業は一時的に有利になるかもしれない。しかしヨーロッパ経済全体としては、ドイツを経済的に弱体化して、しかもなおヨーロッパの繁栄を深刻に後退させないことは可能ではない。西ヨーロッパの小国のうちのどの一つの国も、ドイツ市場を喪失する事態を平静に甘受することはありえない(9)。また中央ヨーロッパと南東ヨーロッパの諸国にとっては、もしもドイツ市場を喪失したならば、経済生活の全体が完全な方向転換、おそらくは壊滅的な方向転換を迫られるであろう。イギリスにとってヨーロッパ貿易への利益関心とは、つねにヨーロッパ貿易の大部分を占めるドイツ貿易への利益関心であった。イギリスと連合国とがナチス・ドイツにこうむった打撃から誤った考え方をして、ドイツの生産力を解体して、ドイツとの貿易を破壊する政策を採用するなら、それはただちに強烈な衝撃となってイギリスと連合国の頭上に降りかかることとなろう。ケインズ氏は一九一九年秋、一つの警告文を書いていたが、ここではそのあまり注目されなかった一節を引用すれば十分であろう。

もしわれわれが意図的に中央ヨーロッパの貧困化を目指すなら、あえて私は予言するが、報復の相互昂進は決して弱まらないであろう。その結果ついには反動的な諸勢力間の最終的な内戦と、絶望に駆られた革命の大動乱が発生する事態に立ち至り、そうなる過程を、なにものも遅らせることはできなくなってしまう。この最終的事態を前にしたならば、先の対ドイツ戦争の恐怖はものの数ではなくなってしまい、たとえ誰が勝者になろうとも、われわれの世代の文明と進歩を破壊しつくすであろう。(10)

この予言が、緩やかに統合された一九二〇年代のヨーロッパで的中したとするならば、同じ動乱が、より緊密に結びついた現代ヨーロッパの経済構造を一撃すると、より大規模に震撼させることになろう。こう書いたからといって、それは戦前のドイツの経済単位が、いかなる観点からも理想的であるとか、望ましいものであったことを意味するわけでもない。私たちは、経済統合の過程が戦争に底流する革命過程の一部であると、率直に受け入れなければならない。経済統合の過程は、長い間を経て発展してきたのであり、戦争の圧力によって促進されてきた。ドイツの経済的一体性を解体することで、これまでの歴史の時計を逆転させてはならない。われわれは、ドイツの経済システムを違う管理形態のもとでより大きな単位に再編成していくことを支援しなければならない。

対ドイツ政策として懲罰政策、ドイツの分割、恒久的な強制政策が提案されているが、それに対する主な反論は次のように要約できる。すなわち、このような政策は長期的に、道徳の上では嫌悪感を催させ、政策実施の上では実行不能であり、経済的には歴史に逆行する。これらの政策は戦争に勝利した直後の陶酔感のなかでは、力によって強制できるであろう。しかし、その政策は恒常的で大規模な力の行使をしない限り維持できないが、イギリスやアメリカはそうする意志をもたないし、それ以外の国や諸国間の同盟にはそうする能力がない。もしこれらの政策を強行すると、中央ヨーロッパに経済的な災禍をもたらし、さらにそれ以外の地域にも損害を与える衝撃を及ぼすことになる。

以上のように反論してきたが、その結果として、より積極的な解決策を見出す必要が生じる。われわれは現在も将来もドイツが強力であることを承認し、それを戦後秩序の構想の基礎とすることになる。そうであるならば、ドイツがヨーロッパを支配するのを受け入れるのか、それともそれを防ごうとイギリスはドイツとの戦争を一世代につき一回戦うのか、という二者択一以外に、強力なドイツを承認しつつその事実と折り合っていく道を見通しをたてて見つけ出さなければならない。

すべての政治問題に解決が保証されているわけではない。なぜなら人間は愚かであるという命題も、人間は邪悪であるという命題も、ともに反証不能だからである。ただし想像しうる解決策の諸要素はわれわれの前にすでに姿を現している。

ドイツのジレンマは、ドイツを破壊し、またドイツを地図上から抹消することによっては解決されない。むしろ、ドイツをより大きな単位——その単位のなかにイギリスも居場所がある——のパートナーとすることによって解決される。ドイツの遅れてやってきたナショナリズムは、国際主義を採用する価値があるとドイツ自身が考えることによってのみ克服できる。

すべての恒久的な政治目的と同様、このような解決は権力と同意の結合によってのみ達成できる。本質的に重要なことは次の二つである。第一に、権力と合意の二つの過程は必ずや並行して追求されなければならない。第二に、強制は、究極的な和解の機会を破壊しない限度内で行使しなければならない。

## 軍事占領の方法

強制は、いかなる革命過程にも必ず内在している。軍事力の行使は、ドイツのヨーロッパ大陸支配の実現を阻止するのにも、また、イギリスの影響をヨーロッパ大陸のどんな土地や領域からも排除しようとするドイツの計画実現を阻止するのにも必要であった。ドイツ軍を打倒すると必ずそれに伴い広範囲を軍事占領することになる。軍事占領とは、軍事作戦と並行して実施され、占領した時から法的権利義務が生じる。[5] したがって軍事占領は、いかなる形であっても休戦が合意される以前の時点から——旧式の休戦協定の調印式が必要とされる場合にはとくに——実施されるべきものである。

ドイツの軍事占領を支持する多くの議論が提起されているが、そのどれもが同じように説得的であるわけではない。

一九一八年以降、連合国側はラインラントを除いて軍事占領しなかった。このためにドイツ人たちに、あたかもドイツ軍は敗北していなかったと偽わることができたし、ドイツ国民にそう信じ込ませることができたと、しばしば主張される。全くナンセンスである。この時のドイツ国民ほど敗北による屈辱感を病的なまでに痛感した人々は、歴史上稀である。ドイツ軍は敗因を、一般市民の士気崩壊に帰して面子を保とうと試みたが、こうしたことは比較的に細事にとどまる。ドイツ人が深い屈辱感を抱いたことは、連合国側がどう行動したところで、避けられる事態ではなかった。しかしながら、一九一八—一九年の冬、仮に占領軍が公正に振る舞い、復讐心に駆られた行動をしていなかったとすれば、計り知れないほど重要な機能を果たせていたに違いない。こう仮定するなら、ドイツに成立した新政府は、当時一般民衆の支持は相当に高かったのであるから、大きな困難なしに治安を維持できたに違いない。不可避的であったとはいえ、エーベルト政権が政権維持のため旧軍に対して助けるよう求めざるを得なくなった時、致命傷となる第一歩が踏み出されてしまった。政府が軍部の権威に依存する体質はドイツの旧秩序下に存在していたのであるが、それが戦後の新体制に持ち越されてしまった。

現大戦が終わった時には、混乱状態は一九一八年よりもはるかに深刻で、一層広範囲に及ぶことであろう。軍事占領は、権威の回復にとって必要であろうし、どうあっても、ドイツの旧秩序から新秩序へと転換する架け橋の役割を果たさなければならない。

ドイツが打倒されたならば、ナチ党——すなわち党指導者たちとその主要な代行者たち——は崩壊のなかで一掃され、その後には力の真空が残される。全体主義の特徴の一つは、中央集権化した政府や党マシーンを太陽系の中心にして、すべての形態の社会活動を惑星軌道上に置くことにある。そのため政府や党が崩壊すると、社会全体に潰滅的な結果をもたらす。さらにナチ体制は、とりわけ対抗勢力の潜在的な指導者たちを根こそぎにすることに成功してきた。〔ドイツ国内には対抗勢力はないが、かといって〕国外に逃れた亡命ドイツ人を核として、その周囲に人を集めて代替政権を作ろうという試みは馬鹿げている。しかし、この状況は、占領権力を規制的なものから建設的なものへと転換し、軍事占領の機能を強制的なものから創造的なものに転換する有望な機会となる。イギリス占領軍は秩序を回復し維持する目的から、ドイツ人に広く歓迎されるであろうことは確実である。占領軍の機能とは、ドイツで設立されるであろう合理的で有効な統治機構――その規模が全国的であれ地方的であれ――を支援することである。

こう言ったからといって、それは民主主義など特定な形態の統治形態を、ドイツに強制したり、要求したりすることを意味しない。外部から憲法を押し付け、あるいは誘導する誤りをくり返してはならない。占領の唯一の目的は、ドイツの人々の希望と傾向に最も適合した統治形態を発展させることを許容し、それを奨励することである。ドイツでは自治共同体《コミュナル》やその他の地方政府の伝統が非常につよい。これらの地方公共団体に対して占領当局は、現地住民の支持を確保すること、また住民を抑圧せずはなはだしい不正を行わないことを条件として指示しさえすればよい。この条件は、市民的権利の必要最小限、合理的な範囲の言論と結社の自由、法の適正手続きの尊重、そして人種差別の撤廃を確保するように法令化されるべきである。仮にドイツ西部を占領する部隊が、主にイギリス軍（およびイギリス連邦自治領およびアメリカからの増援軍）によって構成されるとすると、これらの諸要請を常識的に解釈することに困難はない。仮にロシアがドイツ東部を占領するならば、ロシアの占領軍にもまた同様の自己制約を遵守する旨を希望する根拠となる。

ドイツ国土に諸外国の部隊が駐在する状態は、たんに——最初の数週間を経た後にはとくにそうだが——ドイツを強制する手段だけであってはならず、ヨーロッパの新秩序を樹立する準備作業の一部とみなされなければならず、さらにこの新秩序にはドイツが最終的に参加するよう要請することが決定的に重要である。ドイツ人一般大衆に対しては、占領開始当初から、新秩序は彼らに新しい窮乏と屈辱を与えるものではなく、旧秩序よりも精神的、社会的、物質的に高度な福祉をもたらすということを確信させなければならない。その政策の最初の施策として、軍事占領は、まず食料、衣服、医療品の配給という形の救済措置を伴う必要がある。必需品は深刻な不足のないように配給し、ドイツ外からの物品の輸入よりもドイツ内での配給システムの組織化の方がまずは必要となると予想される。そして何にも増して、交戦状態が終わった後、数カ月間も大陸封鎖を維持してしまった一九一九年の過ちをくり返してはならない。チャーチル氏はその当時次のように書いている。

十一月十一日のドイツ国民は、戦場において敗れただけではなかった。彼らは世界の世論に征服されたのであった。そして彼らの苦い体験［封鎖が継続されたことを指す］によって、彼らの目から見た征服者からは、武力以外の一切の権威ある信任状《クリデンシャル》が剝ぎ取られてしまった[11]。

ドイツを圧倒的な軍事力によって打倒することはもちろん重要である。しかし、ドイツ人に対してわれわれは、軍事力よりむしろ、ヨーロッパを再編成するための権威ある信任状をもっていると、できるだけ早い機会に確信させることもまた重要である。必需品配給システムを占領当局とドイツ人とが協力して構築することは、他の形態の協力関係に向けて道を切り開く第一歩となろう。軍事占領の第一の使命がドイツ国土の秩序維持であるとすると、この使命にはドイツ人の参加を要請できるし、また要請しなければならない。組織された、あるいは組織されていない外部襲撃者の不法の侵入からドイツ領土を守ることは、軍事占領の二義的な機能であるが、これについてもドイツの［警察などの］諸部局に任務に就くよう要請できる。われわれが軍事占領を、古い思考に従って武力による抑圧の次元に限って考えるのではなく、ヨーロッパ秩序の枠組みを創出する作業にドイツ人の協力を求める出発点と考えるならば、正しい第一歩が踏み出されることになる。ここでも、他の側面と同様、ドイツ人の心理的側面において死活的に重要なことは、自分たちは新秩序で役割を果たすべき一部なのであって、新秩序のたんなる被支配者でも犠牲者でもないと心理的に納得させることである。軍事占領は治安の攪乱を抑制するだけに終わるなら、長期的には失敗である。占領がドイツ人に対して秩序を維持することに積極的な動機を与え、それに協力する機会を提供しなければならない。

軍事占領は、ドイツ軍の武装解除を短期間で済むようななんらかの方法で完成させなければならない。武装解除は、旧敵軍を懲罰し破壊するという旧式の考えではなく、新しい見通しに立って、ヨーロッパ再建の出発点にする必要がある。戦争用の装備と兵器は急激に老朽化する。したがって、一つの大戦で残余となった装備と兵器が、次の大戦でふたたび使用されることはほとんどないであろう。一九一八年以降に接収され破壊された旧ドイツ軍の装備と兵器のほとんどは――いくつかの海軍の部隊を除き――現在の戦争で有効な役割を果たしていることはない。実際のところ、前大戦後のドイツには時代遅れないし老朽化した軍事物資が大量の在庫として残ってはいなかったことが、最近の数年間のうちに、最新式の装備と兵器を急速に生産・配備することができた一つの要因であったことが広く認められている。現大戦の終わった後、重要な軍事物資を接収し、破壊することが望ましいであろう。しかし武器引渡しや破壊の過程は、休戦後一年以内になし遂げられることに限定して実施されるべきである。一九一八年以降、連合軍側は、ドイツ軍兵器の厳格な査察を長い期間継続したが、そのことでドイツ側が兵器と装備を綿密かつ有効に隠匿させる結果となり、ドイツと連合国の関係を険悪化させた。このように長期にわたる査察は割に合わないのであって、くり返されてはならない。軍隊の人員を制限することは、その効果がなお一層疑わしい。ヴェルサイユ条約がドイツ軍に課した制限によって、長期的にはかえってドイツ軍が軍事的効率性を高めたことは疑いない。

真に決定的な二つの要因が現代戦争の準備に必要である。工業生産能力(「戦争の潜在能力《ウォー・ポテンシャル》」と軍縮問題の議論で呼ばれている)と資源調達である。軍縮問題と呼ばれてきたものの鍵は、武器の在庫の破壊や制限のうちにはなく、工業生産と資源調達の国際的な組織や管理のうちにある。軍縮問題へのアプローチは、戦争直後に行われる力による強制を通して行われるものもあるが、むしろ国際経済を再建するための全般的な政策を通じて行われるべきである。後者は第十章で検討する。

強制的行動のもう一つの側面、すなわち懲罰を科することは、それが本来もつ意味以上に、世論の関心を刺激してしまい、混乱を招き、過度に感情的にする原因となる。どんな戦争であっても、それが終わった時、勝者の心には、敗者に復讐したいという渇望が自然にわきあがる。ヨーロッパでは、懲罰への渇望心は十九世紀を通じて徐々に高まり、一九一八年にその頂点に達した。ヴェルサイユ条約後の十年間を通じ、この条約のどの部分も、懲罰に関連した条項ほど不毛さが広く非難され、有害な結果が広く認められた部分はなかった。復讐心は人間性に非常に深く根ざしており、また邪悪の力を擬人化してとらえる衝動は非常に強い。そのため、多少違う形をとっても過ちはくり返さないと確信することは不可能である。とは言うものの、復讐への渇望が、これまでも抑制されてきた歴史的事例はときどきはある。そして抑制が利いた場合には、そこで創出された平和は、一般的に最も満足度も継続性も高かった。一八一五年のウィーン条約、一八六六年のプラハ条約、一九〇二年のフェリーニヒング条約は最もよく知られた現代の例である。一九一九年のヴェルサイユ条約は、上述の諸条約とは反対に、避けるべき負の前例であり、警告として役立つ。支払いに一世代を要するような膨大な賠償金額を積み上げる愚は、何人《なんぴと》もくり返してはならない。

現大戦で荒廃したヨーロッパ諸国の再建計画に、ドイツの参加を求めることは十分に理にかなっている。しかしながら、これらの荒廃した諸国は、戦争から平和に移行する困難な転換期に、大量失業の問題を国内再建事業によって緩和させようとするであろう。一九一九年以後のフランスは、ドイツに賠償を科したために、ドイツ人労働者の雇用を増大させる結果になったが、現大戦後にヨーロッパの諸国がかつてのフランス以上に

〔ドイツに賠償を科して、〕ドイツ人の雇用を増大させる選択を望むことはなさそうである。また、これらの諸国が、〔ドイツに賠償を科すと、〕ドイツから大量の商品を輸入しながら、それに見合うだけの輸出をしないことになるが、このような国際貿易の変則的な不均衡を諸国が望むかというと、それも疑わしい。いずれにしても、これらの問題は懲罰の観点から対処すべきことではなく、すべての国が自国の利益のために協力する形の経済再建の観点から対処すべきである。

また一九一九年の体験は、指導者個人に刑罰を科してはならないことを決定的に明らかにした。ヒトラーとムッソリーニとその他のナチズムやファシズムの多くの指導者たちは、ドイツ人やイタリア人の手によって復讐を受けるかもしれない。彼らが国外逃亡した場合、彼らを裁判に訴追すべきではなく、もっぱら審判を歴史に委ねるべきであり、懲罰に処すのではなく、どこか遠く離れた安全な場所に終身隔離をするだけにすべきである。

## 協力による和解

現在の他の政治問題と同様、ドイツとの和解と協力という長期的な問題は、経済と道徳の両方の次元から接近すべきである。近年のドイツの侵略政策は、心理的な動因と経済的な動因とによっていた。たしかに将来の平和は繁栄に依存するが、それは絶対的ではなく、また協力の心理は物的な高い福祉に依存するが、それも絶対的ではない。経済と道徳の相互関係はあまりに本質的であって無視できないので、まずは物質的問題から検討することとする。

ドイツ帝国を構成する領土、それが一九一四年の領土でも、たとえ一九三九年の領土ですら、その領域外との広範な貿易なくしては、ドイツ人が慣れ親しんだ生活水準は維持できず、まして上昇させることはできない。これがドイツの経済状態の支配的要因である。問題は「資源の入手」ではない。ドイツでも他のどの国でも、平和時においては、輸入の支払手段がある限り、資源の入手を拒否されたことはなかった。〔問題はドイツが輸入の支払手段を調達するのに十分に大きな輸出市場を見つけることであったが、〕ドイツは一九一四—一八年の戦争とその後の講和により、輸出市場を奪われてしまった。買う手段のないものは、施しを求めるか、借りるか、盗むしかないが、ドイツは一九二〇—二五年には施しを求め、一九二五—三〇年には借り、一九三〇年以降は盗みに転じた、と言われてきた。この言い方は不適切ではない。ドイツが近隣諸国に軍事的圧力を加えることのできる地位に立った時、ドイツの輸出は回復しはじめ、戦前の水準に達しはしなかっためのものの、それに近づいたのであった。「広域経済圏」の構想とそれを有効にするため用いた軍事的方法は、とにかく一面では、一九一九年以降ドイツを世界貿易から排除しようとした試みに対する一つの解答であった。

現大戦によってヒトラーは「広域経済圏」の構想をさらに数歩進めることができ、これによって、「戦争は他の手段をもってする政治の延長である」という格言を例証した。一九三九年のヨーロッパの国境線は、もはや経済上の境界線ではなくなった。現在の時点でドイツは実質的にヨーロッパの全工業生産を直接にコントロールし、単一の目的に奉仕する単一の経済単位として、それをあらゆる実際上の目的のために運営している。アルザス＝ロレーヌ、ルクセンブルク、ボヘミア、モラヴィア、そしてウッジを中心とする繊維産業を含むポーランドの工業地帯は、様々な見せかけのもとに、すべてドイツ帝国に併合された。

ドイツ軍はベルギー、オランダ、デンマーク、フランスの工業地帯、そして間違いなく北イタリアの工業地帯を占領している。おそらくスウェーデンとスイスを除いて、ロシアより西側のヨーロッパ大陸の重要な工業施設は、ほとんどすべてがベルリンからの指令によって操業している。ドイツ自身がかつてのドイツ帝国の経済単位を実際に放棄してしまった。そうすることによって、ドイツは戦争の緊急の必要に従っただけでなく、もはやあと戻りさせることができない、より根本的な経済的趨勢に順応しているのである。ヒトラーの政策は、ドイツが対外貿易なしには生きていけないこと、およびドイツ人は自給自足的経済が与える生活水準には長期的に満足しないことを端的に認めたことを現している。

この問題にヒトラーが発見した解答は二つの部分に分けられる。第一に、ヒトラーの解答は、武力によって押し付けた一方的なものであり、ドイツ以外のヨーロッパの犠牲においてドイツだけに排他的に利益をもたらしている。第二に、ヒトラーの解答は、ヨーロッパの自給自足の仮説に基づくものであり、それはドイツ自体の自給自足の仮説が維持できなかったのと同様に、長期的には維持できない。このようにヒトラーの新秩序構想を批判することは有効であるが、しかしだからといって、それで将来ヨーロッパを経済的に組織化する際、ドイツの地位に関する問題の答えを見つける必要から逃れることはできない。

現大戦に勝利した者たちが、まずドイツをかつてのドイツ帝国の経済単位を再建し、さらにそれをいくつかの小さな単位に分割したならば、一九一九年と同じ致命的な時代錯誤をくり返すことになってしまう。小さな集団や小さな単位への分割が必要だとしても、経済的にみて自然な単位は、かつてのナショナリティ別の領域区分とは誰が見ても明らかに一致しない。たとえば上部シレジアの工業地帯とアルザス＝ロレーヌの工業地帯は、自然な経済上の単位の例である。この単位をナショナリティの原理に基づいていくつもに分断してしまうのは、不毛である。またドイツ人たちを管理や採掘の仕事に雇用せずに排除してしまうことも、同様に不毛であろう。われわれがこれらの工業地帯をより大きな枠組みのなかに位置付ける必要を認識しない限り、問題は解決不能なままである。現在の戦争が始まる十年前から、ドイツがより多くイギリス自治領と貿易し、イギリスがより多く南東ヨーロッパと貿易していれば、事態ははるかによかったに違いなかった、とすでに認識されている。しかし、「貿易障壁の撤廃」や十九世紀型のレッセ・フェール原理を蘇生させることによっては、多角的で普遍的な世界貿易が実現するとは考えられない。われわれが望む結果は、以下によってのみ勝ち獲ることができる。

〔一つは〕ヒトラーが現に実行しているように、ただしヒトラーとは異なった前提に立脚して異なった目的を実現する企図のもとに、ヨーロッパの経済生活を再編成することである。〔もう一つは〕ヒトラーは実行しようにもその立場に立てなかった問題であり、ヨーロッパの経済生活とその外側の世界の間の新しい連携を熟慮して構築することである。現大戦が終結した時には、これらを、広範囲な規模で徹底的なやり方によって実行できる機会がかならず訪れる。この機会を見逃さないように、運命の瞬間を素早く捕らえなければならない。ヨーロッパ経済単位を何らかの形で創りだすことが、その精確な規模と境界線をどう規定するかはともかくとして、至上命題となっている。もしイギリスが、自身の将来の高い福祉と安全を確立しようと望むなら、またドイツ問題を解決しようと望むのなら、イギリスが新しいヨーロッパの建設を主導しなければならない。

しかし直面する論点は、もっぱら物質的生活に限られるわけではない。ドイツの人々もこの新しいヨーロッパの建設に利害関心を共有するだけでなく、共通の道徳的目的をも共有できるようにすることが重要である。といっても、ドイツ人を鼓舞したいと希望する前に、イギリス人自身がその道徳的目的を獲得しなければならない。この問題は、時にドイツ人の「再教育問題」と呼ばれている。もしわれわれが現代心理科学の成果を応用する重要性に気付いていれば、たしかに「再教育」という呼び方は悪くはない。その成果によれば、懲罰することでも訓導することでもなく、範型を提示し信頼を醸成することがもっとも潜在力の高い教育方法である。したがって、われわれイギリス人自身が同じ課程によって再教育する用意があってはじめて、ドイツ人を「再教育」することができる。

ドイツの人々、とくにドイツ人青年は、ナチズムの教義を徹底的に叩き込まれているので、それが誤っていることを彼らに納得させる特別な方法を講じる必要がある、としばしば提案されている。たしかにナチ体制とファシズム体制は、疑いなくその国民を幼年期から偏狭で強烈な政治宣伝《プロパガンダ》のもとに置いてきた。しかし、この問題に合理的に接近するために、銘記しておくべきいくつかの考慮事項がある。なによりも、ナチズムやファシズムが影響力を行使した期間は極端に短い。突然で強烈な心理的衝撃は共通に、突然で強烈な反作用をともなう。敗戦の体験は通常、このような反作用を呼び起こす。ドイツにおけるホーエンツォレルン帝国へのドイツ人の忠誠心、一九一七年のロシアにおけるツァーリとロシア正教へのロシア人の忠誠心、一九四〇年における第三共和制に対するフランス人の忠誠心は、現在のドイツ人やイタリア人のナチ体制やファシズム体制に対するよりもはるかに深く国民の心に内面化されていたことは、多くの人々が証言することであろう。ところがこれらの先例において国民の忠誠心は、軍事的な敗北の圧力の下に、数週間ないし数日のうちに完全に崩壊し、二度と後戻りしなかった。とすると、現大戦が終わった時、われわれが直面するのは、ナチズムの教義や理想を熱狂的に信じ続けているドイツ人たちではなくて、むしろ敗北と屈辱をもたらしたシステムに対して激しい反作用を起こしながら、道徳的かつ知的に疲労困憊し、混乱状態に陥っているドイツ人たちである可能性が高い。戦争が終わった時のドイツ人の心理状態は、ドイツ以外のヨーロッパ諸国の大部分の人々の心理状態と、今想像されているほどにはかけ離れたものにならないのではなかろうか。戦勝国の人々であっても、戦争直後の一時には勝利感と解放感に浸るであろうが、それも束の間のことで、崩壊してしまった文明をどうしたら再建できるかと心配になり、心を曇らせていることであろう。

戦後のドイツ人の心理状態は、一九一八年の敗戦後に起こったように、多様な形の逸脱集団の餌食になる危険性がある。しかし、これまた一九一八年以後と同様に、品位ある精神文化に接近する機会でもある。こうした精神文化の刺激を与えることによって、戦勝国はドイツの再教育に貢献することができる。あるイギリスの文筆家〔J・W・パークス〕は、別の文脈からではあるが、「異常になった歴史を正常に戻すという問題の一部は、この歴史の犠牲者たちに自己信頼と内面的健全さを回復させることによって成しとげられる[12]」と述べている。これは政治宣伝によって成しとげられることではない。まして や強制力によって成しとげるのは不可能である。

ドイツの諷刺二行対句に次のようなものがある。

お前はおれの　兄弟に　なりたくないって　言うのかい
それじゃお前の　頭をば　ブンなぐらせて　貰おうか

これはナチスの弱小国に対する政策を皮肉るためにしばしば引用されたが、適評といえなくもない。[6] ここで大切なことは、現大戦が終わった時、イギリスの敗戦国ドイツに対する政策が、この諷刺に当てはまらないようにすることである。ヨーロッパの未来は、たんに軍事力によってのみ決定されるわけではない。その未来は、人類の病理に対するすでに知られている治療法のみに頼ることよりも、人類としてともに貢献できる共通目的の意識をもつ人々が進んで規範例となり、努力を積み重ねることによって決定される。国際的にも国内的にも共通目的を発見し、あの――多数の利害は自然かつ自動的に調和するという――破綻したイデオロギーに取って替えることが、われわれの世代にとって基本的な課題である。ドイツ問題とは、ヨーロッパ文明および世界文明のより広い問題の一つの側面にすぎないのである。

ドイツを平和な世界へと復帰させるという問題を検討すればそれだけ、問題をより広い地平に移さない限り解決不能であることが明らかになった。ドイツ人はドイツ人であって、それ以外の何者でもないと前提し続ける限り、ドイツ問題は解決できない。ヨーロッパ問題こそドイツ問題であると前提するならば、ドイツ問題はヨーロッパの枠組みのなかで解決可能になる。その枠組みにおいては、ドイツは単なる政策の客体ではなく、政策を協働して実行するパートナーとなる。「一緒にやる気持ち」にならない集団間の協働の難しさや「協力の心理」を醸成する必要性については、すでに多くが書かれている。「一緒にやる気持ち」も「協力の心理」も固定した属性ではない。人々は、同じ仕事を一緒にすれば、また体験を共有すれば、一緒にやりたくなる関係を築ける。「協力の心理」を醸成する方法は、協力せよと説教することでなく、実際に協力することである。

これは若い世代についてとくに正しい。ドイツ人の若者を良いヨーロッパ人にするには、ドイツとヨーロッパを再編成する役割を、彼らに担わせることである。そうするならドイツ人の若者は自己信頼を回復し、それを高めることができる。ヒトラーは狭小な民族的目的のために奉仕するよう呼びかけて、ドイツ人の若者の心を動かした。とすれば、戦後ヨーロッパの運命をよい方向に転換しようとする者は、想像力を発揮し、ヨーロッパの若者の誰にも等しく説得的な形で、より大きな大義に奉仕するよう呼びかけて、彼らの心を動かさなければならない。

# 第十章　新しいヨーロッパ

現大戦が終わった後、イギリスは、国内的にも国際的にも、大規模な社会的経済的な再建計画を実施しなければならない。イギリスは、アメリカ合衆国との関係を、全面的に変化した諸条件に再適応させなければならない。

イギリスは、ヨーロッパ情勢、とくにドイツ情勢に無関心であることは許されない。ドイツ問題は、ヨーロッパの再建または世界の再建という一般化した問題の一部と位置付けた場合にのみ、解決することができる。

これらを踏まえると、さらに一歩踏み出して、具体的なヨーロッパ計画の概要を、暫定的にせよ、素描できるのではなかろうか。また、新しい秩序の創造に必要な諸機関の輪郭を、漠然とした未だ形を成していないものであるにせよ、構想できるのではなかろうか。

## 講和の手続き

第一の本質的論点は、恒久的な国際秩序を創出するための方策を、交戦状態を終了させるための当面の対策から明確に切り離すことである。

ヴェルサイユ条約は〔冒頭に〕国際連盟規約を掲げた。このことが後年国際連盟の信頼を失墜させたことは、誰もが知る事実である。これは二つの異なる手続き過程を、一つの決定過程にまとめて審議・決定した結果、不可避的に生じた。ここで二つの手続き過程とは、戦争を終結させる過程と、国際社会の永続的な枠組みを構築する過程である。この二つは性格も方法も全く異なる。前者の過程では、勝者は敗者に一方的に命令して調印させるが、それは不可避であり、かつ正当なことである。後者の過程では、勝者が敗者に一方的に命令する状況は背景に退き、勝利国が旧敵国と協働する真の基盤が形成された場合に限り、満足のゆく平和の形成に結びつく〔1〕。後者の側面、すなわち国際社会の基盤構築の方が、前者よりもはるかに重要であり、前者〔戦争終結〕が必要であるからといって、後者〔国際社会の基盤構築〕を犠牲にしてはならない(1)。

二つの手続き過程は、性格が相異している以上、開始時期も交渉時間の長さも別個に設定すべきである。交戦状態を終息させる方策は、迅速であることを要し、荒療治を施し、当座しのぎ的な性格をもつ。その一方、新秩序の枠組みは、きわめて緩慢かつ注意深く構築される必要があり、有益性が感じとれる最終的な形にまとまるまで、相当の時間的な遅れが生じる。むしろ決着を遅らせている間に、多くの好都合な事情が生じてくる。

世界大戦が終結した時には、政治権力の均衡は激しく攪乱されているか、あるいは、人為的で暫定的な均衡が持ちこたえているが、それは長期間にわたっては維持できない状態にある。ヴェルサイユ条約は、ドイツとロシアとが完全な無力に陥っているという仮定――当座は有効であるが、当座しか有効ではない――に立脚していた。その数年後に開かれていたならば、〔ドイツとロシアの力が回復していたので〕恒久性をもつ現実に対して、あれほど大幅な計算違いは引き起こさなかったに違いない。

国内の政治条件も、国際関係と同様、異常な攪乱に晒されている。数カ月ないし数年もの間、敵国に軍事占領された国、分割させられた国、通常の表現の自由がすべて抑圧された国では、現大戦が終わった後はとくに攪乱の度合いが高まっているに違いない。これらの体験をした国々は、敵国から現実に侵略されていない国々の体験に比べて、政治の行動や思想に革命的な変化をもたらすと考えられる。ところがこの革命的変化の性格と規模は、交戦が停止した直後には、まだ誰も観測することができない。また軍事占領された国々の政府は、戦争の大部分の期間、外国の地で亡命政権として過ごしている。この亡命政府が〔戦争終結後、本国に帰還して〕本国の国民から信任を受けるまで、あるいは他の権力体に代わられるまで、相当の年月を要するであろう。戦争がもたらした新しい趨勢や、おそらくは以前には全く知られていなかった趨勢が戦後世界を覆うが、これを研究して評価するには十分な時間が必要になる。そうした時間を経て、ヨーロッパ全体の一致した世論を代表すると主張できる平和の条件をはじめて確定することができる。

第二に、経済諸要因も同じ教訓を指示している。現代戦争を遂行するため、主要な国家群――交戦国であるか否かを問わず――のすべての重要産業の組織構造は、平時の構造からは荒々しく脱臼して歪んでいる。平和が到来した時には、脱臼した産業組織のどの部分が元通りに復元するのか、またどの部分が戦後も歪んだままで恒常的な経済システムとして続いていくのかを戦後の数カ月間のうちに識別するには超人的な聡明さを必要とする。一九一九年の講和交渉は大急ぎで突貫され、経済的大混乱のなかで新しい国境線が画定された。将来の経済的趨勢については何ら検討されずに、経済への考慮なしに引かれた国境線に分割された各国ごとの成り行きにまかされてしまった。これでは各国経済が新しい趨勢への適応に失敗したのも当然であった。この誤りを正当化する唯一の口実となったのは、政治から経済を分離せよ、と教えているレッセ・フェールへの信仰が生き残っていたことだった。現大戦後にも同じ適応の失敗をくり返さないために、まず経済再建の仕事を十分に長い時間をかけて推進し、その後になってはじめて恒久的な協定を結び、固定的な政治形態を創設することが賢明であろう。

第三に、心理的な理由がある。これが新秩序の創設を遅らせることが有益である最も説得的な理由である。全体主義的な類型の現代戦争を遂行するため、戦争に動員された人々の心には異常な精神構造が生み出され、それが必要とされる。この戦争は人々に犠牲を強い、苦難を課すが、その圧力の下に、非常に多くの人々が、通常であれば決して行わないようなことを行い、信じないようなことを信じ、願望しないようなことを願望する。平和時であれば価値があるとされたものが価値を失い、公然と軽蔑される。その結果、人々の精神に両面性が生まれる。

戦争は人間性の最善を顕在化させるのか、それとも最悪を顕在化させるのか、と問われる。その答えは両方である。信じ込みやすさと理想の追求、自己犠牲と復讐心、これらはすべて戦時における精神の高揚に特徴的な心理的徴候である。もっとも対極的な特性が混じり合い、希望と絶望が目まぐるしく入れ替わる。そして、感情の不安定という雰囲気が全般化する。この異常な心理的条件は、現大戦の交戦が停止されてから後も、何カ月間にもわたり続くことであろう。

一九一九年の講和交渉では、一方では愚行と復讐心が、その他方では高潔な理想主義と千年王国到来への手放しの信仰が混合するという戦時の特徴が精確に刻印されていた。(2)現大戦では交戦国の一般市民は、類例のない苦難と不安に苛《さいな》まれており、その精神的ストレスによって、戦争が終わった時には、一九一九年と同様の精神構造、おそらくははるかに極端な形態の集団的ヒステリーが引き起こされる可能性が高い。この予測通りになると仮定すると、世界秩序の問題を包括的に解決する試みは、その時期を遅らせるべきであると判断する最も説得的な理由となる。

チャーチル氏は数年前に「戦争に勝つことのできる者が、良い講和条約を結ぶことはめったにない。良い講和条約を結ぶことのできる者が、戦争に勝つことは決してない」と書いた。(3)〔別の解釈もできる。〕ここで重要な要因は、戦争を戦う者と講和交渉をする者との間の人物適性の相異(疑いなく存在する)であるよりも、異なる時期や異なる条件に応じて、人々の精神状態が相異することなのではなかろうか。イギリス人たちは、彼らが慣れていた平和時の価値を放棄し、全体戦争を準備して実際に戦う心理状態に適応するのに、長い時間がかかった。そのイギリス国民の心理を平和が必要とする条件にもう一度順応させる過程も、また同様に困難で長い時間を要することであろう。論理的に考えれば、依然として戦時心理の虜になっている人々の手によって、今後長きにわたって継続する平和が構築されることはなさそうである。また、有効に戦争を戦うには、その準備期間が必要であるが、それと同様に、有効に平和を樹立するには、その準備期間が必要である。

これを具体的に表現すれば、休戦協定から講和条約締結までの間に、相当の経過期間を置く必要を認めるべきであるということになる。(4) ここで、戦争を終結させる手続き過程に関する伝統的な概念枠組みに、異論を申し立てておきたい。現大戦は、〔講和会議のような〕一件の出来事として終結するのではなく、解体に向かう一連の過程として終わっていくことになるかもしれない。すなわち、統一された軍隊間の戦争から、様々な武装部隊による局地的なバラバラの戦闘に漸次転型していくかもしれない。そうなると休戦協定は、数多くの武装部隊間で結ばれることになる。一九一八年に戦争がもう数週間長く続いていたと仮定すると、休戦協定を結ぶ相手方のドイツ軍はなくなっていたに違いない。またそうなった場合には、連合国側にとって果たして不利に働いたか否かについて、確言することはできない。これらを考慮すると、現大戦の終結が、一つの休戦協定の形になることも、またそれが望ましいと判断することも、ともに疑問符を付すべきである。一つの講和会議を想定することは、一つの休戦協定を想定すること以上に軽率である。

一九一九年には、講和会議とは、特定の時期に特定の場所で開催される単一の歴史的出来事である、という考え方が支配的であった。その時その場所で調印された、一つないし一連の複数の外交文書が以後半世紀間またはその後のいつの時代でも、世界の運命を定める、という考え方であった。したがってこの出来事の上演に必要な幕と段が円滑に展開せず、休戦協定から六カ月以内に終結しない事態には我慢がならないという感情が表出されたのであった。現大戦の終結に際しては、講和条約の締結が一個の出来事とはならず、一連の継続性をもった過程となりそうである。したがって、講和交渉は多くの場所で、異なる条件の下で、様々な方法で行われ、非常に長い期間をかけて行われると認識することが聡明であろう。そしてこの全過程が六年以内に終わると考える議論には、大いに疑ってかかる必要がある。

講和交渉の手続き過程を考えるなら、われわれは敗戦国の完全な軍事的崩壊と完全な行政的解体を予想して準備する必要がある。〔具体的には以下の通り。〕

戦勝国は、敗戦国の全領域を有効に占領管理する態勢を構築すること。

占領地に足を踏み入れたら直ちにヨーロッパ再建に着手すること。まず敗戦国の人々の困窮を緊急救援する直接的措置にはじまり、工業、農業、およびヨーロッパ貿易の全般的回復に進み、さらにヨーロッパと他の地域との経済関係の樹立に進むこと。最後に、この過程が順調に進捗し、また新秩序が形をとり始めた時、諸国民間と諸大陸間の新しい協力関係に政治的な形を与える試みに着手すること。

この課題別の構成は、現代世界の基本的な問題が、何よりも経済的次元に現れることを考慮している。また、政治協定は、経済再建の成功の頂を飾る王冠、ないし〔半球面状建築の頂に載せる〕笠石のような総仕上げとして成されない限り、秩序が長続きする可能性はほとんどないことも考慮している。こうした再建の過程は、必ずやゆっくりしたペースになり、漸進的に進むに違いない。再建の進路は、実践上の必要性に導かれるべきで、抽象的な理論に従ってはならない。そして経済的実践を先行させて漸進的変化の道筋ができれば、それが遅れてやってくる政治的決着の方針を指し示してくれるに違いない。

この〔経済先行＝政治遅行の〕原則は、激しく紛糾する国境線画定問題にとくに適用されなければならない。講和会議には、国境線をいかに画定するかという問題こそが、主要かつ最も注目を浴びる山場であるとみなす伝統があるが、その伝統は意味を失ってしまった。既存の国境線を、特定の原則ないし複数の原則群に基づき、引き直すことによって目的を達成するという伝統的な講和条約の考え方は、ヴェルサイユ会議に適用されて、失敗に終わった。これと同じ過程をくり返すことは——同じ原則に基づくにせよ、違う原則に基づくにせよ——不毛であり、希望がない。

現在最も緊急に必要なのは、国境線の引かれる位置を変えることではなく、国境線の意味を変えることである。したがって国境線の画定は、その重要性からも二義的であり、時期的にも遅らせるべきである。私たちはまず最初に国境線がいかなる意味を持ってくるのかに明確な見解をもって答えるべきである。それに答えられない限り、どれだけ多くの国境線を引くことができるのか、どこに国境線を引くべきなのかをいくら論じても、それだけでは合理的な見解を持つことは不可能なのである。われわれは最初に新しいヨーロッパ全体の輪郭を描かなければならない。数々の国境線で分割された内側にどのような模様を描くかは、その後の作業である。

将来のヨーロッパをどのように分割するのか、早く政治決定せよ、という圧力はおそらく非常に高まるであろうし、また、国境を画定すれば不確定性を下げられる、というもっともらしい根拠から主張されるであろう。しかし不確定性はより少ない悪にすぎず、誤った取り返しのつかない決定をしてしまうよりはましである。もし仮に、確固とした

永続性のある基礎の上で決定を実際になしうるチャンスがあるならば、こうした圧力に抵抗する必要がある。(5)

## ヨーロッパの統合

現大戦の終結時にわれわれが直面する情勢を、細部にわたって予測することはできないが、それがわれわれを困惑させる異常事態であることだけは間違いない。ヨーロッパ大陸全域を軍事的経済的に有効にコントロールする占領は、しばらくの間、二カ国ないし三カ国の大国[2]――そのすべてがヨーロッパ国家であるわけではない――に集中して担われることになろう。数カ月ないし数年のナチ支配から解放された国々において、連合国軍は占領統治を実施するために暫定法令集を制定・布告しなければならない。ただしこの措置をとっても、これらすべての国々では、大混乱が生じるであろう。ナチ支配に通じた者や売国奴の追放、国外難民や国内避難民の帰還、困窮者の緊急救援活動、そして経済生活の再建などに、この期間の管理行政は忙殺されるであろう。

この混乱した条件下で、当該国民の意志が、通常の選挙手続きによって表明できると考えることは、馬鹿げている。時代を画する変動期を生きた大量の同国人の体験から切り離されていた〔亡命し地下活動していた〕集団が〔政治の表舞台に現れたからといって、〕一般民衆の意志を代弁していると考えるのは、非常に危険である。君主制の伝統が継続しているヨーロッパの国々では、統治構造の連続性が、少なくとも部分的に保たれることになろうが、それだからといって、必ずしも政策の連続性が保たれることを意味しない。すべての判断のなかで最も困難なのは、たとえばフランスがナチスから解放されて十二カ月間に出現してくる政権なり人々なりがフランス人全体の名のもとに語る資格があると言えるか、ということである。安易に特定の誰かを頼るのは軽率である。さらに旧敵国となると、混乱は完璧の域に達しているに違いない。

現大戦を終結させる諸条件として、ヨーロッパ大陸全体が国家的権威の一種の大空位時代に陥ることとなり、当該国家の何人といえども、国家を代表して遠大な政策決定を下すだけの、権威的な適格性を持たない。大戦を通じてヨーロッパ各国は、戦争という煮えたぎる魔女の大釜[3]のなかで煮詰められていたのである。この国家的な権威の空白は、地方行政機関によって不完全な形では満たされるが、しかし地方行政は、実際のところ何の信託も受けてはいない。〔国家的権威が空白であり、地方的権威が不完全であるとすると、〕国家よりも広域的なレベルで有効な権威が存在することは、ほぼどこの国であっても、たんに望ましいだけではなく、存在しなければならないものとして承認されることになろう。

一九一八年に戦争が終結した時に採用された諸方策は、ほとんどが国家領域を単位とした計画に限られていた。アーサー・ソルター卿は「(国家を他の国家から分離しようとする)民族の分離主義のすさまじい遠心力」が当時強烈に感じられ、この動きを後押しした感情が壊滅的な帰結をもたらした、と語っている(6)。

現大戦が終結した時に再度これと同じ結果になることは、是非とも避けなければならず、危機的な期間が過ぎるまでの間、分離主義的な遠心力を抑制する必要がある。そのためには、戦後の最初から何らかの形態の暫定的な統治機構や枠組みを創出しておくことが、なくてはならぬ至上命令となる。便宜的な目的から、この統治枠組みを「ヨーロッパ」と呼ぶことが便利であろう。この言葉は、「大陸ブロック」という魅力的であるが、しかし誤った教義を受け入れるために用いるわけではない。またヨーロッパという言葉を、地理的境界の精確さにあまりに焦点を絞って解釈する必要もないであろう。ヨーロッパの地理的範囲をどう定義しても、それでは広すぎるとも、また狭すぎるとも証明できるであろうからである。われわれはヨーロッパという領域を暫定的に、現大戦に参加した国々――自発的に参戦したか、不本意ながら巻き込まれたかを問わない――およ び、直接に戦禍が及んだ空間に限定しておく。

〔「ヨーロッパ」の〕政策的な意味付けは次の通り。

ここで暫定的に「ヨーロッパ」と呼ぶ地域を、人々の困窮を緊急救援する政策を行う空間単位として扱うことから始め、われわれが仮に「ヨーロッパ人」と呼ぶ人々の必要を満たすことから政策を始めることを意味する。ここで仮に「ヨーロッパ人」と呼ぶ人々は、別の意味からはフランス人またはドイツ人またはノルウェー人などである（しばらくの間はフランス人などと呼ぶ緊急性は低い）。

このプログラムは経験主義的、実験主義的な企図に基づく。アメリカの民間団体は次のように発言している。

現大戦にイギリスが勝利すると仮定すると、英米の権力は世界において優越するであろう。この権力は休戦後の時期、再建の真のリーダーシップを発揮するために活用されるべきである。また再建は、直ちに一定の限られた領域から経済的政策協調に基づいて開始されるべきであり、その領域は徐々に拡大されるべきである。(7)

これが正しい方向に前進する出発点であるならば、一九一九年のもう一つの過ちをくり返してしまうことを避けなければならない。その過ちとは、戦時の条件および制度と、平時の条件および制度との間に必要な連続性を無視してしまうことである。

一九一八年に休戦する少し前に、すでに戦後にも協力して経済再建に取り組むための基礎作業はなされていた。「敵の宣伝に関する連合国間会議」はその決議の一つに「今日戦争の強力な手段となっている経済協力は、戦後にも、世界の資源を体系的に組織化する基盤となる」(8)と記していた。

前大戦の最後の日々にイギリス政府は、ヨーロッパで勤務する様々なアメリカ政府関係者の支持を得て、ワシントンのアメリカ政府宛に、戦後再建期における経済協力の維持に関する暫定的提案を送付した。それに対するアメリカ側の返答が、時の商務長官ハーバート・フーヴァーから届いた。それは「断固とした、残酷な拒否であった。あるいは、自己中心的と表現する方が正しい」(9)内容であった。戦争が終わると直ちにアメリカは経済協力代表団をヨーロッパから引き上げて、当時存在した最も重要な国際協力管理の諸機関を解体してしまった。そのタイミングは、まさに国際連盟への熱狂的な支持が最高潮に達した時であり、国際連盟規約の一次草案が広く討議されている最中であった。アメリカの方針のちぐはぐさを、その時誰も指摘しなかったように思われる。

戦争は戦争であり、平和は別物とみなされた。そして戦争の遂行に役立つものは、平和の維持には役立たなくなると憶断されていたのである。回顧してみると、もし戦時に存在していた国際協力の諸機関が戦後にも維持され拡張されたなら、また、もし国際連盟の構想など一切存在しなかったならば、国際秩序はより実質的にはるかに実現に近づいていたに違いない。この体験から判断すると、すでに戦時に創設されていた国際協力管理の形態を機能を損なうことなく平和時にまで持ち越して運営すると固く決意することの方が、国際協力管理の将来の形態を理論の上から明快に議論することよりもはるかに価値が高かったであろうことが容易に理解できる。

この固い決意は、なによりも軍事領域で必要である。前大戦では、複数国家の軍隊が行う軍事作戦では、単一の司令部を設けるという原則が徐々に確立された。しかし、この原則を平時にも恒常化させようとは試みられなかった。戦争中は実現していた指揮命令の統一は、戦争が終わると急速に解体された。ポーランド軍は、連合国から装備と給与を受け取り、連合国の保護のもとに連合国の船舶でポーランドに移送されたが、休戦後わずか六カ月のうちに、そのポーランド軍は、東ガリツィアにおいて連合国最高会議の決定に公然と反抗するようになった。そして、そのすぐ後、ポーランド軍とチェコ軍との間で戦闘が行われた。両軍ともに、連合国の武器と弾薬で戦ったのである。これと同様の無秩序状態が、現大戦が終結した後に再発しないよう、確固とした軍の管理が必要となる。

問題はいかにも困難に見えるが、しかしながら、現大戦の勃発以降、新しい貴重な先例が次々に生まれている。その好例は「複数国間の混成活動」であり、それはアメリカとイギリスの間だけでなく、イギリスと中小国の間でも誕生している。後者の部隊はイギリス本土を作戦基地として、イギリスとアメリカの軍事物資と装備をもち、イギリスの最高指揮のもとにある。現在アメリカ軍の協力はますます効果を現しており、今後はアメリカ軍が直接に参加する方向に向かっている。[4]

もう一つの例は、ロシアが一九三九―四〇年の冬、バルト海の北と南の海岸に海軍基地と空軍基地を要求したが、その要求には説得的な根拠があったことである。より価値のある先例は一九四一年七月三十日のロシア・ポーランド合意である。ポーランド人部隊はロシアの領土内で創設され、ロシア高級司令部の指揮命令下にある。ただし、司令部にはポーランド人代表を置く条件が付されている。

こうした戦時措置は、様々の形態のもとに戦後にも延長されなければならない。イギリス本国の領土に駐留する連合国の軍隊が、その権利と地位を戦後にも維持し続けてはならない合理的な理由はない。また反対にイギリス軍が他の諸国において同様の権利と地位を維持し続けてはならない理由もない。一国がその領土内で他国の軍隊に軍事基地を貸与する原則は、今後多様に拡張される可能性がある。たとえば、イギリスの部隊がドイツを占領する際、ドイツとイギリスの間の国々に基地を置く必要が生じるし、ロシア軍の部隊がドイツを占領する際も同様に、ドイツとロシアの間の国々にロシアが基地を置く必要が生じることは、明らかである。戦争の終結以前にそれらの国々に基地を設置していなかったと仮定した場合の話である。

こうした軍事協力の実践的方法は、国際軍を創設するような形式的な方法よりも、はるかに発展性がある。軍事力の集中が平和を維持する条件の一つであるとすると、現大戦中にすでに連合国間で樹立されている組織の枠組みを戦後にも維持し、さらに構成国を連合国以外の国々に漸次拡大していく道の方が、何か理論的にはより完全なシステムを一から新しく構築しようと試みるよりも、はるかに実現しそうである。

同様に重要で、しかも軍事領域よりも困難でない方法がある。すでに存在する経済協力管理機関を戦後も維持し、発展させる道である。列記してみよう。天然資源の共同貯蔵、国際共同購入、重要な工業生産様式の国際共通の標準化、海運の国際共同管理、共通の必要に対する国際的な融資、通貨交換の国際管理など。これらのための諸組織は、戦争から平和への転換に橋を架けるために、大いに頼りになるに違いない。

たしかに平和の経済問題は戦争の経済問題とは本質的に異なっている。そのため異なった型の機関が必要になることは疑いない。しかし平和の経済組織もまた、戦時中に現存する組織の中から浮上してくるものと考えられる。それは平和の条件が戦争の条件のなかから浮上してくるのと同様である。その過程は、断絶的な切り替えではなく、漸進的な進化の過程であり、再建期の課題となる。再建期には三つのフェーズがある。各フェーズ間は論理的には相互依存しており、時間的には相当程度重なり合っている。第一は緊急救援のフェーズ、第二は再建と復興のフェーズ、第三は将来に対する経済計画のフェーズである。

## 緊急救援と輸送

緊急救援は理論上、最も単純なフェーズである。緊急救援の必要は戦争から直接に生まれ出る。また緊急救援されるべき人々の窮状と緊急性は何人にも否定できない。さらに経済政策ないし経済的動機付けに関して尖鋭な対立を呼び起こさない。緊急救援の資金調達は本来なら困難なはずであるが、しかし部分的には慈善醵金の呼びかけや自己利益への訴えによって克服できる。たとえば、ヨーロッパの数カ国を飢饉や感染症が跳梁するままに放置するならば、周辺の国々にも飢饉や感染症が波及する危険に晒されるし、道徳的な堕落につながりかねない。また、剰余食糧の在庫が積み上がっている海外諸国の利害からすると、どんな緊急救援プログラムであっても、それが食糧の輸出市場を提供することから、緊急救援を推進するように強い圧力をかけるであろう。

緊急救援の費用は、古典派経済学に恭順の意を表する証が求められるため、〔受入国が支払うのは不可能で実際は損金となるが〕「救援借款」の名で呼ばれる措置をとる。これは供給された緊急救援の諸費用に対し、救援受入国があたかも代金支払いをしたかのように形を整える特別枠である。「救援借款」の名で融資され、それを救援受入国は、返還する予定が立たないまま受け入れる。実際、誰も「救援借款」なるものが返還されるとは本気で信じてはいない。賢明であることを望む以上は、その措置を素直に認めることが賢明である。これらの措置は、国際貿易の組織と慣行の外側にあり、特別な取り扱い〔の損金処理〕である。こうした措置は、現大戦の終結後、文明を完全に沈没させないためには、直ちに実施されなければならない。こうした措置から生じる損金は、文明の存続に最大の利害関係をもつ国々が支払わねばならない保険料のプレミアム分とみなすべきである。

緊急救援の活動は、救援の対象を特定国家の国民とはみなさずに、人類の一員または「ヨーロッパ人」として接する原則に立脚している。この原則は優れた出発点である。どのような種類の組織が設立され、救援活動を現地で指揮していくかは、現在のところ予見できない。ただし卓越した影響力を発揮するのは、現在すでに諸物資の主な供給元である国々の代表者たちであり、また、救援を受ける人々に対して国籍別・民族別に差別的な取り扱いをすることは許容できないと考える人々であろう。緊急救援を実施する区域は、実践上の理由から一体的な地域と考えられることになろう。また緊急救援の実施にあたって、緊急救援の優先順位は、人道主義的見地から必要性の高い者を優先し、反対に、たまたま外貨保有高、海運の便など救援資源を多く持つ者の順位は下がることになろう。たとえば長くドイツ占領下にあるドイツ以外の諸国の窮乏はドイツよりも顕著になるであろうから、それらの救援を優先することは完全に合理的なものである。(10) ただし、緊急救援の実施にあたり旧敵国であったことを理由に差別的な取り扱いをしない、という原則を立てる必要がある。感染症が流行し、あるいは流行のおそれがある場合、医薬品類の提供が必要であることは普遍的に承認されるであろう。基本的必要品である食料や衣服の配給についても、実際の事情は違わない。

旧敵国を占領する場合、管理行政機関にかならず救援担当官を置き、基本的に必要な物資の配給を組織化することが重要である。こうした施策をとるなら、占領の重点が再建にあって抑圧にはなく、新秩序の建設にあって旧秩序の破壊にはないことを〔旧敵国の人々に〕示すことができる。旧敵国の人々が自らをヨーロッパ人ないし世界市民と考えるように誘導する方法とは、その人々をヨーロッパ人ないし世界市民として扱うことであり、特定国の国民であることを根拠として差別しない(旧敵国人にとって実際には有利な取り扱いになる)ことである。

激しい交戦が終わって休戦協定が結ばれた後の数週間の間に、人々は物的窮乏や生活困窮に直面するが、その原因は、物資の存在量の不足よりも、むしろ輸送体系や配給機関の解体によっていることが多い。たとえば一九一九年一月、中央ヨーロッパを訪問したアメリカ人は次のように記録している。

ある地区が飢えている一方、他の地区では食料が溢れている。輸出入の禁止措置や鉄道輸送の差し押さえを多数の政府が実施しているため、食料の輸送・配給が滞っている。……彼は一個のジャガイモを市場でも、ウィーンの食卓でも見たことはなかった。ハンガリーでは何百万ブッシェルものジャガイモが得られたのに。……あらゆるところに社会の決定的な分断が生じている。(11)

またロシアで緊急救援活動に従事していたイギリス人(A・R・フライ)は、これより少し後、「飢饉と戦う方法としては、何より輸送を通じた戦いが必要なのであった(がそうはできなかった」[12]と書いている。

現大戦の終結後、港と港湾施設・設備の破壊は、鉄道施設と車両の破壊とともに、物資の迅速な配給の深刻な障害となることであろう。救援の問題は、このように自動的かつ必然的に、輸送の問題にたどりつく。輸送システムの場合には、国際大の組織ないし「ヨーロッパ」大の組織が圧倒的に強い説得力を持つ。

世界の大部分の海上輸送については、戦争中、国際的な管理体制が、いくつかの態様で確立された。戦争終結直後の時期における必要性は、戦時のそれと種類は違っているが、しかしその緊急性は戦時も戦争直後も同様である。そして戦争直後の必要を迅速かつ効率的に満たそうとするなら、戦時と同じ国際管理体制を戦争終結後のしばらくの期間、維持しなければならない。

主なヨーロッパの港湾とヨーロッパ大陸の鉄道、道路、空路での輸送、そして沿岸海運と内陸海運を集権的に管理することは、物資がヨーロッパに到着した後、それを常時、秩序立てて移送・配給するために、非常に重要である。こうした輸送管理システムがヒトラーの新秩序下でどこまで形成されたのかは正確にはわからない。ただし現大戦が終わる前には、相当に構築されるものと予想できる。このヒトラーがつくった既成システムを、戦勝国になった連合国が継承して、われわれの戦後の目的に適応できるであろう。

この交通＝輸送《コミュニケーション》システムほど、旧来の国家単位が耐えがたい障害となって制限を課している分野は他にはない。また「ヨーロッパ」を一体として取り扱う必要性の高い分野も他にはない。さらに、実際的な国際協力が――事前予想された限界内ではあるが――過去においてこれほど満足のゆく結果を残した分野も他にない。それゆえにこれは、成功を確信して、ただちに前進を開始してよい分野の一つであることは明らかである。

ただしここでも、他のすべての分野と同様、抵抗の力が強いことを読み誤らないこと、過小評価しないことが極めて重要である。一九一九年の講和条約の形成者たちは、自分たちが明らかに合理的とみなせる解決策であれば、そしてそれがその分野の中立的な「専門家」たちがこぞって推奨する解決策であれば、関係者はみな自発的に採用すると思い込んだのであった。そうした幻想は、失敗と混乱を生み出す源であった。

前大戦後のヨーロッパにおける鉄道輸送の解体は、鉄道車両の接収やその他の非協力によって引き起こされた。しかしその原因は、鉄道輸送の国際システムが万人のためになるという常識を、知的に理解し損ねていたために生じたのではなかった。それは部分的には実務上の考慮、すなわち、鉄道管理者たちにとって鉄道車両とは、いったん自分たちの管理から離れてしまうと戻ってくる保証は一切ないという体験的知識に基づいていた。また部分的には心理的な実感、すなわち権力行使をする者は、道徳的な満足を得るだけでなく、権力行使によって不当な利得を得られるという実感にもよっていた。

中央集権的な管理が必要であり、かつ効用が高いと広く認められている分野であっても、体制を立ち上げるには外部の権力が必要なのである。いかなる国際システムにとっても必須条件である互恵主義と公正な取扱いを保証するためには、権力が必要である。またそれぞれの単位体が混乱を短期的な利益のために悪用する傾向を抑制するためにも、権力が必要である。

こうして緊急救援と輸送とが必要なことから、自然で不可避的な道筋を経て、ある種の国際的なあるいは「ヨーロッパ」大の管理行政が必要なことに結びつく。この管理行政は、完全に暫定的な基礎の上に、非常に限定された目的のために、しばらくの期間設置されることになる。管理を実施するために必要な権力の大きさは、どう見積もっても非常に小さくてすむであろう。なお、多様な民族が混住して帰属が争われる地域はその例外であるが、いずれにせよ、こうした地域で治安を維持するためには、公正な立場の軍事力を配置する必要がある。旧敵国の軍事占領地域においては、占領軍が権力核としての役割を果たすことになろう。この占領軍は、自身の交通＝輸送を維持するためにどの点から見てもヨーロッパ交通＝輸送システムの運営を保証できるし、必要とあれば管理することもできるであろう。〔占領軍が〕現地の行政や担当官を活用することには何の困難も生じないであろう。中央集権的な管理がいったん成立した後、また、その背後に権力が控えていると広く知られた後は、問題となるのはおもに技術的なものになっていく。貨物は、人々がその到着を待ち望むならば、また人々の手に無事届くように監視する権力があるならば、迅速かつ効率的に運ばれる。

## 再建と公共事業

ヨーロッパの組織化は、ほんの短期間に終わる問題ではなく、また緊急救援および物資配給の輸送手段の枠組みに限定された課題でもない。いったん飢饉と感染症による脅威が後退していくと、通常の生活様式の回復と戦争の災禍からの復興とが主として必要となる。こうしてわれわれは〔第二のフェーズに移行し、〕聞き慣れた「再建」という言葉に一括される問題群に行き当たる。

もちろんそれには、破壊された建築群を建て直すこと、また軍隊に召集されたり弾薬製造など軍需生産のため緊急に必要となった職に動員されたりした人的資源を、平時の生産過程に再び吸収すること、原材料や生産プラントを戦時生産から平時生産に転換することなどが含まれる。

ただし、それらの諸問題に取り組むと同時に、われわれは長期的な経済計画の領域にも足を踏み入れる。ここで再建とは、戦争で破壊された経済構造を再び「通常」の姿に復元することではないし、また、戦争によって作り出された異常な経済構造に多少手を加えて維持することでもない。このうち、前者の再建構想とは、遠い過去に向かって復古することを意味し、後者の再建構想とは近い過去を保守することを意味する。この二つは、ともに一九一八年以降に流行し、ともに破滅的な結果に終わった。現大戦後には、再びこうした類を流行させないため、速やかに課題設定がなされるべきである。「ヨーロッパ救援委員会」と「ヨーロッパ運輸公社」とに並行して「ヨーロッパ再建公共事業公社」が必要となる。その任務は、規模の大きさからも領域的広がりからも、各国政府では手に負えない主要な建設と再建の諸事業に着手・実施することであり、その緊急性は前二者に劣らない。さらに「ヨーロッパ」が全体として統一性をもった経済生活を再建させることを使命とする「ヨーロッパ計画庁」が必要である。

「ヨーロッパ再建公共事業公社」は、はっきり目に見え、明白で、重要な課題に取り組むものであるから、民衆に直接的にアピールすることができる。甚大な戦渦のあったところに大規模な再建事業はある。

第一に、同公社の任務には、「賠償」問題を含める。この問題は、支払われた金を基礎に解決されることはなく、いかなる事業がなされるかを基礎に解決される。とすると、責任があるとされた国家を処罰する目的で賠償金を科すのではなく、戦争に関与したすべてのヨーロッパ諸国が分担して物的再建の事業に取り組むことは、好都合であるばかりか、大変に寛大であると評価されよう。ましてや、再建計画がどれだけ迅速に進むかについては、非ヨーロッパ諸国が自発的に協力し支持してくれるか否かにかかっているのであるから、なおのこと全ヨーロッパの分担が望まれる。全ヨーロッパが共通の課題として取り組む構想は、ヨーロッパの一部の国家群が他の国家群の肩に重荷を負わせる構想よりもはるかに優れており、それを早い段階で打ち出すことの心理的な重要性は、どれほど強調してもしすぎることはない。現大戦に勝利した連合国の人々は、戦後、運命的で取り返しのつかない選択の前に立たされると表現できる。一方の選択肢は復讐――たとえ復讐が正当であるにしても――という短期的な快楽に惑溺することであり、他方は、はるかに長期的で、はるかに長続きする将来の平和を追求することである。二つは明らかに両立不能であり、二者択一の選択である。

第二に、再建とは単に破壊された建造物をもう一度建て直すことだけを意味しない。したがって、「ヨーロッパ再建公共事業公社」は、早い時点から大規模な建設・発展計画に参画していくことが必要不可欠であり、正当なことでもある。この数年の間に、国際公共事業が世論の関心を集め、単に失業の救済策としてだけではなく、国際協力を実践的に促進させる戦争の心理学的代替物として世論に認識されるようになってきた。アメリカの文筆家〔E・ステイリー〕は最近次のように書いた。

世界中のいたるところに、製造して設置しなくてはならない土木機械があり、建設しなくてはならない道路があり、干拓しなくてはならない沼沢地があり、管理しなくてはならない河川があり、水力発電に利用しなくてはならない滝がある。この公共事業を推進しようと人々が力を合わせて努力する活動のなかには、ウィリアム・ジェームズが「戦争の道徳的等価物」〔5〕と呼んだものを発見する最大の機会がある(13)。

国際公共事業を実施することが国際協力を有効に促進するとする信念が広く分け持たれたこと自体が重要である。なぜなら国際協力の本質は、多少の犠牲は払ってでも、協働することに意味があると人々にみなされるような、ただちに参加できる具体的な事業を発見することにあるからである。とすると、現大戦後、国際公共事業の重要で遠大な構想を提示すれば、十分な衝撃と劇的効果を発揮して一般民衆の想像力を捉え、支持される可能性が大いにある。

このような国際公共事業に融資する国際投資基金を創設することに反対する動きはほとんどないに違いない。(14)この基金には、いつの日か自前の資金調達ができる見通しと希望があるが、ただし、当初の活動は政府の補助金に依存することになるであろう。近年、各国政府は雇用と輸出増進のためには補助金をだすことが常態になっている。そこで経済状態の良好な諸政府が国際公共事業——実施される場は自国の外側であるが、しかし自国民の雇用を間接的に作り出す事業——に投資することは、〔政府補助金の原則に対する〕新規の逸脱とはいえない。資金調達に関しては、各国政府に対し一種の国際的な課税をする〔各政府に分担金を割り当てる〕方式よりも、国際的金融機関を基礎として国際投資基金を設ける方式の方が有望である。

## ヨーロッパ計画庁

試案のうち最も野心的な機関は「ヨーロッパ計画庁」である。この「ヨーロッパ計画庁」は、できるだけ早く設立されなければならない。その理由は、再建の短期的な問題から長期的な争点が展開してくるにつれて、他の諸機関の権限をこえた決定を下すことのできる機関が必要となるからである。また、この「ヨーロッパ計画庁」は、さらに発展をとげることによって、将来は「ヨーロッパ」経済政策について至上の決定を行う責任を負った最高機関となるように期待される。

したがって「ヨーロッパ計画庁」は、戦後問題を解決するマスター・キー的存在と認識されなければならない。こうした機関が設立できるなら、そしてそれが有効に機能するならば、ヨーロッパの未来には希望の光が点る。設立できないなら、ヨーロッパの未来には暗雲が垂れこめてほとんど救いがなくなる。

過去二十年、ヨーロッパは経済ナショナリズムが再燃し、各国家が独立した経済的単位を構成し、それぞれが別個に経済政策を追求する以外に近代の条件下では選択肢がなく、その結果不可避的に自国自身を否定してしまう経済政策に帰結してしまった。(15) それに代わる唯一の選択肢は、「ヨーロッパ計画庁」のような決定機関の創設である、と考えられる。

現大戦を戦う双方の体験から判断するならば、一定の条件のもとでは〔「ヨーロッパ計画庁」を創設できると〕楽観することも正当化できる。

一方でヒトラーはその冷酷さを発揮して、ある種の中央集権的なヨーロッパ機関を設立し、ヨーロッパ大陸の結びつきを形成してしまった。その結びつきの一部は、戦後われわれが解体しようと望んだとしても、解体できるものではないであろう。他方で、英語圏諸国とその同盟国は、戦争遂行の必要から、巨大な経済権力を集中し、その権力を行使できる機関を少なくともいくつか設立した。

「ヨーロッパ計画庁」は、実際上は、将来この二つの既存機関――ヒトラー新秩序の中央集権化された経済機関および連合国の戦時管理機関――の後継の位置を占めることになろう。もちろん二つの既存機関は、それぞれに異なる理由から、現在の形のままで「ヨーロッパ計画庁」として採用するのに適してはいない。ただし、一九一九年の時のように、既存機関の基盤上に新機関を設立することの有利さを、無謀かつ気ままな仕方で無駄にさえしなければ、交戦状態が終わる前に、すでに「ヨーロッパ計画庁」の基盤は固められていることになる。われわれはこの基盤の上に同庁を建てなければならない。そして、その設置の過程において、既存の形をおそらく大きく修正しなければならない。「ヨーロッパ計画庁」あるいは他の「ヨーロッパ」諸機関が戦争直後の時期にどのように構成されていようとも、諸機関はいずれも創設時以降、ヨーロッパのどこか一部分の意向を代行する機関であってはならず、一体としての「ヨーロッパ」の利害を代表していなければならないし、人々からそのように実感されなければならない。必要なことは、ヒトラー新秩序の欠陥を浮き彫りにする対抗構想であり、そうすることにより、われわれの諸機関の存在理由が最も明快に定義できる。ヒトラー新秩序とわれわれの対抗構想を比較対照することは、それ自体でヨーロッパ諸国に対するイギリスの宣伝戦――現在は嘆かわしいまでにはっきりと不足している――の基礎となる。ヒトラーがヨーロッパ諸国の支持と共感を勝ちとろうとする企てを誤解すべきでない。ヒトラーは、他のヨーロッパ諸国に向かって、高いコストを交換条件としてではあるが、秩序と安全と統一を提供すると申し出ている。ただし、ヒトラーの構想は、ドイツ人の優越性という教説に基礎を置き、ドイツの排他的利益の確保を狙っている。この両面に対して「ヨーロッパ計画庁」はそれとは異なる対抗的原理に立脚しなければならない。

第一に、「ヨーロッパ計画庁」は、特定民族あるいは特定人種の優越を否定し、諸民族間の平等な協働の原則を、神聖なものとして高く掲げなければならない。これは、「支配民族」としてのドイツ民族が劣等な諸民族を従属させるヒトラーの新秩序構想に対する対抗原理である。

「ヨーロッパ計画庁」が依拠する権力核は、まず英語圏の諸国家およびロシアに求められる。これらの諸国は、その経済力と軍事力とに基づき、「ヨーロッパ計画庁」の決定に、とりあえず設置当初の数年間は、強力な発言力を行使することとなるであろう。しかしながら、これ以外の諸民族ないし諸人種に対して、「劣等民族」・「劣等人種」のレッテル貼りは決して行わないし、また彼らを「ヨーロッパ計画庁」の諸会議体から排除することもない。国際組織を構成する原理は、一つの民族が恒常的かつ先験的に優越するという原理とは両立不能である。

第二に、「ヨーロッパ計画庁」は、最大の権力と資源をもつ国家ないし国家群が有利な地位を排他的に確保することを目的としてはならない。ヒトラーの新秩序構想は、ドイツに最も高い技術の生産様式と最も利潤のあがる産業形態を集中し、より利益のあがらない産業、とくに農業は、衛星国に置くように明らかに企図されている。ヒトラーの計画のある版によると、ドイツ国内においても、戦後に外国人労働力を低級で未熟練で低い賃金の職種に雇う予定であるとされている。またドイツと隣国との財の交換において、ドイツが最大の利益を得るように、通貨交換と価格設定のメカニズムを戦後も操作し続けるものと予定されている。新秩序の主な経済目的と結果とは、ドイツはその力が及ぶ限り、他の諸民族に比べて恒常的に高い生活水準を維持することに置かれている。「ヨーロッパ計画庁」は、創設の時点から国家間に生活水準の格差を設ける原理を否定しなければならない。生活水準は、国際政治における最も重要な争点の一つになり、将来もウッドロウ・ウィルソン大統領が、「誠実性のリトマス試験紙」と呼ぶ役割を果たすことであろう。「ヨーロッパ計画庁」の指導原理は、管理下全域の生活水準を、最高の水準にまで上昇させることである。これこそ最重要事項として、平和秩序を形成するどの過程においても、最初に取り組まれるべき目標である。もし国家間に恒常的な生活水準の格差が誰の目からも明らかに存在しているならば、それらの国家群が真の意味から共同体意識をもつことは不可能になってしまう。移民が、生活水準の低い国から高い国に向かう自然な流れをつくっていて、世界の至る所でその流れを押し止めようとしている時代である。この時代に、能力がほぼ匹敵する国家間に生活水準の顕著な格差を設け、それを恒久化しようとするならば、戦争の脅威もまた永続化してしまうことになる。

## 生産・貿易・金融

「ヨーロッパ計画庁」とその指導下で派生した諸機関は、漸進的で継続的な過程をへて、その機能を全面的に展開されなければならない。この機関の主な機能は、経済生活の三つの領域、(1)生産とマーケティング、(2)国際貿易、(3)国際金融に介入することである。この三つこそ、過去二十年間、錯誤に満ち不適任な主体であった独立した各国家政府が、平和と繁栄に致命的な破壊をもたらした領域である。

（1）生産とマーケティング

生産を国際的に管理するという考え方には何らの新奇性もない。それはすでに長年、広範囲にわたる規模で、特定の業種やいくつもの商品に関して、国際カルテルの形で実施されてきた。とくに農産物は、生産の基本単位である農家が非常に小さく、生産者である農業従事者を国際的に組織化することは困難である。そのため諸政府が介入して、国際小麦会議、国際砂糖協会などを通じて国際的な生産管理を実施してきた。

天然資源については、ゴム・スズの国際管理が生産調整にある程度成功し、単一の責任機関の下に管理されてきた。それ以外にも、茶、コーヒー、銅、アルミニウムについて国際的な生産管理計画が以前より定められ、今も定められている。あらゆる生産形態が独占化していく傾向は明らかであり、自然な成り行きから生産力が集中される傾向と合流し、同じ目標〔生産の国際管理〕に向かった。カナダのインターナショナル・ニッケル会社はニッケルの生産に関する事実上の世界的管理を実施している。すでに一九三九年以前に何らかの形態の生産管理が――政府間か民間かを問わずに――行われてきた商品に限定して「ヨーロッパ計画庁」が管理を始めるなら、これまでの実績からその運用の基盤はすでに固まっている。この商品群に、イギリス政府が直接に生産管理してきた商品の大部分を加えれば、「ヨーロッパ計画庁」の活動領域は完全な形になる。必要なのは新しく生産の国際管理を始めることではない。すでに実施されているさまざまな生産管理を一体的に組織化することである。現在の議論の焦点は、生産の主要な部門に国際管理を行うか否かではない。どのような管理形態を選ぶべきか、そして、いかなる利益のために管理を実施するか、なのである。

現大戦以前の国際管理には二つの深刻な欠陥があった。第一に、これまでは公然と確信をもって、生産者の利益のために生産者自身が管理してきた。これまでに述べてきた〔消費のために〕生産を管理すべきであるという原則とはさかさまなのは致命的である。

第二に、生産管理が特定の業種かあるいは特定の商品の生産様式に基礎を置いて行われてきた。その当然の結果として、異なる商品生産の間の関係を適切にしようとするいかなる試みも行われず、例外はおそらく潜在的な競争関係や利益衝突を回避しようとした場合に限られた。

戦争の開始によって生産の国際管理に新しい手法が導入され、（それ以外に欠陥が残っているにせよ）この二つの欠陥は除去された。戦時下では生産管理は消費者である軍事機構の利益のために行われ、異なる生産部門間の調整もまた、本来なら生産者たちの合意によるべきところを、主要な消費者である軍事機構の命令によって決定されるようになった。同様の手法は、ヒトラーの新秩序下にヨーロッパにおいて導入された国際的な生産管理でも見られたし、また、イギリスとその同盟国の間での合意に基づき形成されたより初歩的な生産の国際管理でも同じように見られた。したがって「ヨーロッパ計画庁」は、まとまりがなく不満足な形の戦前のカルテルや独占などの管理システムの上に、戦時に新たに設けられた国際管理の先例および軍事機構を消費者とする国際生産管理を重ね合わせることになる。これらのすべてを転換して平和時の生産システムに適用させることが「ヨーロッパ計画庁」の最初の仕事になるであろう。

戦後の数カ月間は、交戦時とほぼ同様、必要は非常に高まるであろう。戦後の消費に合わせて生産を転換させることが課題となる。ただし、それは今われわれが体験している戦時に特有な消費に合わせて平時の生産から転換することと、種類は同じである。ただし戦争への転換に比べれば、おそらく戦後の平和への転換の広がり方は恐るべきものではないであろう。

この戦争直後の「ヨーロッパ計画庁」の活動は、その後の時期に延長されていく。なぜなら、戦後の再建と公共事業には天然資源と人的資源を注ぐ必要があるからである。ここから「戦後ブーム」がひき起こされるであろうが、その活況が、経済的な難問に対する永遠の解決策が発見されたという印象を与えて、これ以上組織的かつ協働する努力は必要ではなくなったと人々を錯覚させる。この錯覚は致命的な結果を招きかねない。

狭い意味の再建期は、せいぜいのところ短い休息期間とみなされるべきである。したがって、この再建期を活用して将来の消費を一層拡大し、――拡大した消費を通じて生産の拡大をはかり――再建の直接的衝撃が減衰した後の準備をすべきである。おそらく長期的にはこれが「ヨーロッパ計画庁」の本質的な機能である。また、これはある種の国際社会を創りだす実験と試行の機会であり、究極的な可能性をはらんだ転換点である。次ここで問われるのは、統治構造の問題ではない。厳密にいって経済の問題でもない。次の問いに大部分が帰着する。すなわち、わがイギリスの国境の内側だけではなく、国境の外側の人間たちの生活水準を高めることを、必要な自己犠牲をはらっても成しとげる価値のある至上の道徳的目的として、われわれが進んで受け入れる覚悟があるか否かである。

この時点でも、他の本書のあらゆる考察と同様、精確を期すことはきわめて難しい。なぜなら戦後世界で優勢となる多くの条件がどうなるかも不確定であるし、われわれが「ヨーロッパ」機関と呼ぶものの活動領域についても不確定性が高いからである。

アメリカが「ヨーロッパ」機関と緊密に協働すると期待しても、楽観的に過ぎるということにはならない。ただしアメリカが、全面的に参加すると期待することも、また西半球諸国が「ヨーロッパ」機関の正式な構成国になると期待することも、現段階では性急に過ぎる。「ヨーロッパ」機関とイギリス自治領およびソヴィエト・ロシアとの関係についても同様のことがいえる。これら諸国は、たとえ正式参加が拒否されたとしても、「ヨーロッパ」機関の創設を肯定すること、好意をもつこと、そして緊密に協働することが必須の条件となる。ある限定された目的について共同組織をつくることは容易に想像できることである。そうなればある分野では他の分野よりも協働も完全に近づき、親密な関係が築けることになる。また、ヨーロッパ諸国の海外植民地が「ヨーロッパ」機関の活動範囲に全面的に含まれることも想定できる。この場合には植民地諸地域の行政と運営が国際的な関心の対象となる道が開かれ、さらに、植民地の資源開発や植民地との貿易による相互利益をもっぱら単一国家の問題とみなす立場から脱却する道も開かれるであろう。

(2)国際貿易

(1)で考察した内容は、「ヨーロッパ計画庁」の管轄地域内の国際貿易の問題にも、その地域を越えた外側との貿易問題にも、ともに当てはまる。生産の国際管理は、国際的な財の交換を担当する機関と密接に結びついている。世界のどこでも、とくにヨーロッパでは、とりわけイギリスにあっては、国際貿易は経済的な豊かさの一条件であり、イギリスの生産の相当部分が海外市場に向けたものになっている。

ここに到ってわれわれは心理的に困惑することになる。なぜかというと、一方では、生産については何らかの組織化された集権的な管理が不可避であるという世論の広い合意がある。しかしその他方で、少なくともイギリスとアメリカ合衆国では、国際貿易を管理すること、あるいはそのための組織が必要であり、そうすることが望ましいということについては一般的な世論の合意はないからである。

イギリス人が自由貿易を信奉する背後には、自由貿易が急速な繁栄の拡大をもたらした長い伝統の力があり、また、理論的に正しいとする説得力がある。貿易に制限を課すと生産の最大化を妨げることを、経済学者は理論上簡単に論証でき、また非経済的な動機から人間は行動しないと仮定するなら、実生活上も難なく説明できる。ところが人間は、社会的な福祉に対する考慮を、生産を最大化することよりも優先させると仮定すると、上述の経済学者の論証・説明はほとんど見当外れになってしまう。

こうした事態が、現在国際関係においても個別国家のなかでも生じている。分配の方が生産よりも火急の争点となっている。鉄や鉄鋼、自動車や綿製品の世界生産総量を最大化させることよりも、生産された財をより広く、より均等に分配することの方が重視され、また、それらの生産過程から得られる利益を広く公平に分配することの方が、より重視されるに到っている。世界中の生産諸資源が、立地条件の良い数少ない地域に集中した――障壁・制限を撤廃した近代の諸条件の論理的帰結である――が、これが工業生産財の最大化をもたらした。この工業生産の地域的集中は、富と特権と軍事力の圧倒的な一極集中をもたらしたが、これを世界は全体としてみると容認する用意はない。同様に農業においても、広大な草原地帯に機械化農業を実施すれば、最小のコストで穀物生産高を最大化できることはおそらく事実である。しかし、こうした大農業地帯への農業生産の集中――および農産物に対する貿易障壁の撤廃――の帰結として、世界中で社会的激変が生じることになるであろうが、これを世界は全体としてみると容認する用意はない。レッセ・フェールと自由競争は、強い者をより強くし、弱い者を除去する原理であり、われわれの政策の主な目的とは両立不能であり、将来における紛争回避の唯一の方法とも両立不能である。われわれの政策の目的と紛争回避の手段とは、すなわち、より恵まれた国々とより恵まれない国々との間で生活水準をより均等化すること、そして生産の過程においてより広く分配を実施することであるが、それらと両立不能なのである。(16)

この結論は、ヨーロッパ経済システムを計画する際の重要な視点を提供している。既述の通り、このシステムは、ヒトラーの新秩序と二つの点で対極的な原則に立脚しなければならない。第一に、一国がヨーロッパ全体を軍事的経済的に支配するという教義を原則的に拒絶すること、第二に、生活水準の平等化を目標とすることである。この二つの目的は、ともにレッセ・フェールとは全面的に両立不能である。また軍事的な安全保障の観点からは、ドイツがその手中に漸次集中してきた重工業の事実上の独占を打破することと、国境線を跨《また》いで複数国に広がる工業地帯の形成を促進することを目的としなければならない。また社会福祉向上の観点からは、南東ヨーロッパの生活水準の低い国々に、工業化を推進する施策を導入することが望ましい。これらの目的の例は、いずれも、ヨーロッパ国家間、およびヨーロッパ大陸と海外諸地域との間の貿易の流れを制御し管理する用意のない限り、実現する望みがない。たしかに、財の国際的交換を促進することは、われわれの政策の重要な手段であるが、しかし財の交換にあたっては設定した目標にそったものとなるように、慎重に組織化されなければならない。両大戦間の二十年の経済政策が失敗に終わった理由は、理想を現実に転換することに失敗したからではなく、誤った理想を追求したからであった。貿易問題について先入観を取り払って考えるとすれば、たんなる貿易障壁の撤廃をもって理想とみなす――実行不可能な理想でさえある――ことをやめなければならず、組織された貿易こそわれわれの目的を達成する本質的条件であると認めなければならない。

「ヨーロッパ計画庁」は、すべての主な商品の輸出入を管理する外国為替＝手形交換所《クリアリング・ハウス》を設置しなければならない。設置場所は一カ所であるのが望ましいが、しかしどうしても一カ所にする必要はない。イギリス政府は現大戦において、政府の名の下に貿易を実施するのではなく、便宜上、連合王国商事公社〔6〕を設置して、その名義のもとに貿易を行っている。これと同様に、ヨーロッパ計画庁もまた同庁の活動を代行させるためには、おそらく公的商社を設置することが望ましい。この公的商社を通じて、「ヨーロッパ計画庁」は、ある商品に緊急の需要が生じた場合には、その商品の供給を行う。また供給過剰の商品に対しては、公的商社の働きによって市場を新たに開拓する。この種の活動によってある程度の価格の調整を行うこともできよう。

　この公的商社の狙いは、一般的に言って次の通り。まず、短期的には、ある商品の十分な在庫を確保することによって、その商品価格を安定させる。また、長期的には必要な時には価格操作を武器に使うことで、〔価格を上昇させて〕生産を刺激し、また〔価格を下落させて〕生産を抑制する。価格メカニズムは、今日いつでもどこでも使用されているように将来も使用される。価格は需給関係を表示し、異なる商品間の相対価格を消費者に伝達し、政府の政策の手段となる。これまでのところ、一方で国際的な価格統制は、単一の商品に対して行われてきた。その他方で国内の価格統制は、戦時にあらゆる重要な商品について行われてきた。この二つの価格統制を結びつけて、単一の機関の管理下に置くところに、「ヨーロッパ計画庁」による価格統制の新規性がある。新規とは言っても、現大戦での連合国側への物資の供給が統制価格で行われていることから、〔戦後の〕国際的な価格統制は、ある程度予測されていたことである。価格統制の最重要点は、技術的な難しさを克服しなければならない点にあるのではなく、戦争目的を達成するために創りだされた共通の衝撃と協働の精神を、平和時においても維持する点にある。

(3)国際金融

国際金融の問題は、すべての本質的点において、国内領域で生じる金融の問題に類似している。「この政策を実施するだけの資金は調達できるのか」、「いったい資金調達の限界はどこか」という問いへの答えは、国内金融でも国際金融でも同じである。その答えとは、われわれはおそらく自分たちが考えているよりもかなり多く資金を調達することができるであろうが、しかし実際に試みてみないことには、どこに資金調達の限界があるのか判断できない、というものである。

資金調達の能力の限界は、国際金融の神秘に由来するのではなく、〔第一に〕利用可能な人的資源と物的資源の限界に、〔第二に〕それらの資源を組織して活用しようとするわれわれの意志と力の限界に由来する。とりわけ〔第三に〕、われわれが義務を実行する範囲を、自分の国の人々に限るか、それとも他の国々の人々にまで及ぼす用意があるのか、によって変わってくる。

われわれイギリス人が、ベルギーの労働者やデンマークの農民やノルウェーの漁民たちの福祉や生活水準には、何の義務も責任もないという見解をもつと仮定しよう。すると、その場合には、いかなる金融政策上の創意工夫も生まれず、国際社会を協働させることもできないであろう。ではこれと正反対の見解に立って、責任を引き受けて行動すると仮定してみよう。われわれが金融リスクを背負う事実に正面から立ち向かうならば、困難はあったとしても克服不能ではなくなる。

一九一四年以前に興隆した国際金融システムは、あたかもすべての関係者に利益を与えて、万人を有利にしたかのように語られることが多い。この国際金融システムでは借款が、イギリスと他の国々(とくにフランス)から一方向的かつ恒常的に流れていた。ということは、前に貸した借款は、〔同じ借り手に〕次の借款を供与した時に、はじめて借り手から償還されたのである。この過程が次々に積み重なっていったならば、いつかはその結果として不可避的に債務不履行が発生することになる。言いかえれば、一九一四年以前の国際金融システムは、具体的に表現すると、イギリスやフランスの債権者が、南アメリカやロシアなどに投資しては数百万ポンドを失うことで、維持されていたのである。このシステムがあたかもすべての人々に利益を与えていたかのように見えたのは、たんにこのシステムから利益をえた人々が、そのコストを後の貸し手につけまわしすることに成功していたのを見ていただけのことであった。

一九二四―三〇年の間、ドイツは賠償金を支払った。それを可能にした手法は、何ら新奇な現象ではなかった。この時のドイツと同様に、十九世紀の債務国もまた、短期かつ小規模の債務の借換えをくり返すことによって、債務の支払いが可能になっていたのである。借換えをくり返すという信用維持の手品《コンフィデンス・トリック》が、将来も通用するか否かは確かではない。もし通用しなければ、この国際金融システムのなかで最も特権的な地位にある者が、このシステムを作動させるために熟慮して、犠牲を次々と払っていく義務を負うことになると考えられる。この損金を出す行為は、救援活動への寄付行為と同様、道徳的な義務の履行として意味づけるか、あるいは文明維持のために支払う保険料のプレミアム分として意味づけられることになる。

「ヨーロッパ計画庁」を有効に機能させるには、その一部局として「ヨーロッパ銀行」の設置が必要なことは明らかである。「ヨーロッパ銀行」の機能は、(a)投資、(b)貿易金融、(c)債権の棒引き、(d)通貨管理、の四つにグループ分けできる。

(a)投資

既述の通り、ヨーロッパ再建のために緊急に必要な資金は、国際投資基金によって融資されなければならない。また、戦後に諸産業の事業再開に必要な資金も、民間から調達することはできそうにない。加えて、民間の金融業者が介入することで私的利害が基幹産業をコントロールする事態はいずれにせよ望ましくない。

ここで重要な投資・融資の際の条件を付記しておかなければならない。戦争の体験は、われわれに多くの教訓を与えた。われわれが学んだこと——仮に学んでいないとすると、学ぶべきであったこと——は、借款や投資を金銭の貸借の次元から考えるのは全く不十分であり、融資先・投資先の事業展開の次元で熟慮するべきであった。すなわち投資・融資された金銭が財・サーヴィスに形を変えて供給ないし引き渡され、後日になって相当額の財・サーヴィスが金銭に形を変えて返却される約束であると考えるべきである。「金銭」は次の条件を満たさないかぎり、ヨーロッパ銀行によって、またはそれを介して、工業の振興や農業の機械化のために貸し出されてはならない。第一に、借り手が借りた金銭で購入する財・サーヴィスが、借り手の事業のなかでいかなる性質のものであるかを十分に考慮するという条件である。第二に、より重要な点であるが、借り手が償還・返却の手段とする借り手の事業の生産物の性質とその市場動向を考察するという条件である。消費の動向が、何を生産すべきかを決定する適切な指標の地位を回復し、そして、消費者を発見できる財・サーヴィスを生産することによってのみ、かつての失敗が避けられる、という希望をもつことができる。かつての貸し手は、〔消費者を発見できない事業に投資・融資して〕支払われない債務や支払不能な債務を積み上げる結果を招き、世界を金融上の大混乱に陥れ、戦争に導いてしまったのであった。

こうして金融は、生産の支配者ではなくなり、消費が見込める生産を推進する代行者《エージェント》となる。「ヨーロッパ銀行」の投資政策は、「ヨーロッパ計画庁」の一般経済政策の一部であり、それを実現するための道具なのである。

（b）貿易金融

国際貿易の金融に関する技術的問題は、その大部分が、第一に、「ヨーロッパ計画庁」の管轄地域の範囲がどこまで広がるのかという問題と、第二に、同庁と他の重要な貿易の中心との関係がどのような性格になるかという問題に換言できる。見すえるべき本質的な原理は、すべての交換は究極的には、財・サーヴィスの交換であって、通貨の交換ではないことである。また、すべての貿易は、それが二国間貿易であれ多角的貿易であれ、究極的には物々交換《バーター》の性格を帯びることである。

現大戦前、外国為替の通貨交換レートは激しく乱高下していたが、これは金融に特有な病ではなく、金融政策のみでは治癒不能である。これは、貿易バランスが混乱しているという病の一つの症状であった。したがって、通貨レートを安定させることは、金融を通じてではなく、健全な貿易バランスを再確立することによって達成できる。イーデンの一九四一年五月二十九日のマンション・ハウス演説の言葉を使えば、必要なことは「財とサーヴィスの貿易が本質的な要点となるように、国際的な通貨交換システムを発展させる」ことであった。

この分野の政策の最終的な決定は、外国為替＝手形取引所の働きを通じて、「ヨーロッパ計画庁」が行わなければならない。「ヨーロッパ銀行」の機能は基本的には会計業務である。

(c)債権の棒引き

現大戦が終わった後には、ヨーロッパの全域にわたって、政府・民間を問わず膨大な数の債権の支払い請求権が残されるであろう。しかし債務者には支払いの見込みがほとんどなく、また証書類の信憑性は確認が困難をきわめ、またそれらを公証する可能性も非常に低いことであろう。

そのなかで請求先として最も多い項目は、といっても唯一の項目ではないが、ドイツ政府およびドイツの諸銀行、ドイツの商社その他の機関に対する請求であろう。こうした債権の大部分は、回収不能であるから、速やかに棒引きにすべきである。

債権の回収に伴う多くの他の障害はいったん横に置くこととしよう。なかでも、債権者が一斉に債務の取立てを試みることが引き起こす国際経済システムの崩壊は非常に深刻になるであろう。おそらくは一九一九年以降に生じたドイツからの賠償の取立てから生じた混乱に匹敵することになるであろう。

現大戦後には多くの国で、国債など公的債券の償還額を一律切り下げることが不可避となるであろうが、その場合にもおそらくは、少額の零細な公的債券保有者に対しては例外措置として、償還額の一律切り下げを免除されることになると考えられる。これと同様に、「細民《リトル・マン》」――一般市民および零細中小業者――に対するごく少額の公的債券の償還に限っては、実務上非常に煩雑になったとしても、棒引き措置の例外とする措置が極めて望ましい。

そして「ヨーロッパ銀行」が、例外措置の対象者である少額の請求者たちに対して、支払いの立て替え責任を引き受けることは、同銀行の存在理由を示す点から悪い業務ではないであろう。「ヨーロッパ銀行」は、少額の債券保有者に対して、公的債券発行者に替わって、割賦によって償還金の支払いを代行し、その支払い総額を発行体である各国政府・公共団体やその他公的・半公的機関から徴収すればよい。この事業を実施するならば、多くの国の相当数に上る少額債券保有者にとって、「ヨーロッパ銀行」その他の機関が安定して存続することは、既得権益——それがいかに少額であろうとも——となるであろう。そしてこれらヨーロッパ諸機関にとって支払い代行業務は、些細な負担であるわりには、一般民衆にその存在を印象付けることができるであろう。

同様の観点から、ドイツ人の公的債券の少額保有者にもまた、ドイツ以外の人々と同じように、棒引きの例外を認めることには、本来の不良債権処理上の重要性がわずかであるにもかかわらず、それとは桁違いの非常に大きな心理的価値がある。

(d)通貨管理

国際通貨管理の問題には、先入観に基づく偏見が他の金融問題に比べてもはるかに顕著につきまとっている。一九一四年以前には、国際通貨とは金本位制に基づく存在であり、しかも、金本位制はほとんど誰もが信じて疑わない普遍的承認を与えられた存在であった。このことは、通貨とはそれ自身の法則に従って運動する独立した実体である、という致命的に誤った観念を人々に抱かせることに他のいかなる要因よりも大きく影響した。

今日でも、厳密な形の金本位制に復帰せよ、という時代遅れの信仰心は根深く、そう考える世論の一角からは、われわれを経済的な災禍から救う唯一の金融上の対応策に反対する大合唱が沸きあがっている。この観念からすれば、通貨とは、人間世界の外部からわれわれに押し付けられたものなのであって、われわれの目的や政策を追求するために、われわれによってコントロールされ、修正され、利用される道具としては考えられてはいない。そこで、以下では、現在のところ金本位制に復帰することも、そのような単一の国際通貨本位制に移行することも、実行不可能である二つの理由を短く要約することにする。

第一は、すでに述べたように(17)、十九世紀の金本位制に基づく通貨は、金本位制に基づかない他の通貨と同様、「管理された通貨」なのであった。当時のロンドン市場の大小金融業者は、国際貿易の相当部分に融資し、諸外国に頻繁かつ惜しみない金の貸し手となった。つまり、圧倒的な地位にあったロンドン金融市場の力によって、ロンドンの銀行や手形仲買人たちが国際通貨を「管理」していたのである。金本位制とは、イギリスが金融覇権を確立していることの象徴であり、同時に覇権を確立する手段であった。実際、金本位制とはイギリス・ポンド制と表象しても同じことであった。

ところが一九一四年以降、世界中のどこの金融市場をとっても力が不足し、十九世紀のロンバード・ストリート〔ロンドン金融界〕が果たしたように国際金融を円滑に管理・運用する機能を発揮できなかった。

どの外国に対しても大規模な融資を行う意志と能力があることが国際金融を機能させる本質的条件であった。ところが、いまや世界のどこの金融市場も、一九一四年までにロンドン市場が果たしたような、世界中の貿易に融資し、世界中のどこにも融資できる圧倒的な地位を築けていない。一九二五年には、金本位制を再生させるという、誤った方針ではあったものの勇敢な試みがあった。ところがこの試みは、最大の債権国であるアメリカ合衆国が、最大の債務国であったドイツに無制限の融資を中止したとたんに、破綻してしまった。一九三六年にはイギリス、アメリカ、フランスによる三国通貨協定が結ばれ、一部からは、単一の国際通貨本位制度を復活させる第一歩とみなされた。しかし結果は失敗であった。失敗の理由は、フランスが弱体すぎて、三カ国の一つとなる資格も権利もなかったためではなかった。また、ロンドンとニューヨークの間で権威が分裂したためでもなかった。その理由は、ロンドンもニューヨークも、もはや世界中の貿易に融資できる独占的地位を占めていなかったためなのであった。なにより重要なことに、ロンドンもニューヨークも外国に大規模な融資をする意志も能力もなかった。この条件が満たされない限り、その条件に全面的に依存していた十九世紀システムへの復帰を夢見ても無駄なことであった。

金本位制ないしそれ以外の単一の国際通貨本位制度の復活が実現不能であることには、第二のより根本的な理由がある。それは、そうした存在は、国際貿易上の財とサーヴィスの移動には一切の制約がないことを前提していることであった。二国間の通貨交換レートを安定させるには、両国間の財とサーヴィスがかなり自由に移動することが前提条件となる。この条件を満たすならば、二国間で、価格水準が相異しても、また、労働条件その他の生産要素が相異しても、その差異から生じる圧力を、財とサーヴィスの自由な移動によって減らすことができるからである。

金《ゴールド》に関して愚かしい思いつき話が語られている。現大戦が終わったら、アメリカ・ケンタッキーに貯蔵されている金を、[7] 世界各国の貿易額に応じた比率で分け与えさえすれば、金本位制が復活でき、国際通貨は再び繁栄した波乱のない道を歩むことが期待できるに違いない、という話である。金に目がくらんだ錯覚である。アメリカ合衆国は他の諸国と同じように、生活水準の低い国々から、財や移民を自国内に自由に受け入れていない。そうである限り、〔同じ圧力が生じて、同じ結果を生み続け、〕世界中の金がケンタッキーに集まってくる条件は変わることなく、ますます力を強めながら今後も作用し続けるであろう。

通貨は、それ自体で独立して存在しているのではない。通貨は、商品と商品を交換する手段であり、商品の価値を測る物差しである。その交換を規制する権威は、交換を行う手段である通貨もまた規制する。規制された国際貿易は、規制されていない国際通貨基準と肩を並べて共存することはない。こう述べたからといって、金が〔通貨の価値を測定する〕便利な物差しという有益な目的に役立たないと主張するわけではなく、また、異なる通貨間の安定した関係が重要性をもたないと主張するわけでもない。主張しているのは、通貨の安定は、熟慮された規制によってのみ成しとげられ、その安定は商品交換を規制する機能がもたらすことである。

したがって、「ヨーロッパ銀行」の課題は「ヨーロッパ」通貨システムを管理し、組織化することである。ヨーロッパの諸通貨が一つの「ヨーロッパ銀行」によって管理され、既知の物差しで測った交換レートが固定されているとするならば、この課題からヨーロッパ共通通貨というような野心的なプロジェクトが発展していくのか、それともヨーロッパ各国がそれぞれの通貨を維持するかは、象徴的な観点からは重要性をもつことだが、しかし実際的な観点からは重要ではない。具体的に言いかえると、ヨーロッパ各国が、たとえばフランス国内ではフラン通貨が、オランダ国内ではギルダー通貨が流通していたとしても、フランとギルダーが対イギリス・ポンドとの交換レートの関係で固定されているか、あるいはフランとギルダーの間で交換レートが固定されているのならば、この条件のもとで各国が別々の通貨を保持していても、何の障害も生じない。最も重要なことは、この通貨の交換レートが単一の中央機関(「ヨーロッパ銀行」)によって維持管理されるべき、ということである。そしてこの単一の中央機関は貿易の流れを統制できる権限を最終手段として持たなければならない。というのは通貨間の交換比率を最終的に決めるのは、貿易の流れだからである。

しかしながら、このヨーロッパ大陸の通貨管理の問題は、その先にヨーロッパ通貨とヨーロッパ外の通貨との関係がひかえている。これは、より大きな論争を引き起こすことになろう。ヨーロッパ大陸の通貨は、イギリス・ポンドの媒介を抜きにしては、ヨーロッパ外の通貨との交換基準を定められない。そのためヨーロッパ大陸の各通貨は、イギリス・ポンドと固定した交換レートを定めることになろう。

とすると、ヨーロッパ通貨とヨーロッパ外の通貨の関係において主要な問題となるのは、イギリス・ポンドとアメリカ・ドルとの関係である。ここでも再び問題は、単なる金融・通貨の問題に限定することはできない。この問題は、アメリカ、イギリス、ロシアを含むヨーロッパとの間の貿易関係の問題になる。アメリカが、ドルと金の交換レートを恒久的に固定する政策は、アメリカの国内政策から許容されることはなさそうに思われる。ただしドルと金が固定されるにせよ、されないにせよ、金という要因を介在させても、イギリス・ポンドとアメリカ・ドルの交換レートの決定に際して有益なことはない。ポンドとドルの交換レートという問題には次のことが部分的に影響を与える。〔第一は〕「ヨーロッパ計画庁」その他のヨーロッパの諸機関を設立する際、アメリカがそれにどの程度参加するかである。また〔第二に〕現大戦後のアメリカとイギリスとヨーロッパ大陸との間の貿易関係がどのような性格になるかである。ただしアメリカの将来の政策は、見通しが明らかでないため、これ以上に推論を進めることは困難なのである。

## 新しいヨーロッパ

ヨーロッパの諸機関が相当の期間、暫定的に運用されて、その存在価値と不可欠性を明らかにできたとしよう。その時点ではじめて、われわれはそれらの実績から新しい政治経済秩序と呼ぶべきものを創出できるという希望をもつことができる。暫定的に設置された「ヨーロッパ」の諸機関が、軍事面では、事実として国際的な行政統治を行って秩序維持に成功し、経済面では、国際的な経済管理の確立に成功し、ヨーロッパの人々に向かって繁栄と安定を得る実質的な方策を約束することに成功できたとしよう。そうなってはじめて、ヨーロッパの諸機関は、その存在の正当性の証を立てられ、また、その半面として、それらの撤廃を本気で唱える主張が出てこなくなるであろう。〔ヨーロッパの諸機関が存在することが〕慣習になることとよって、新しく必要な制度・機関がいつの間にか創り出されることになる。

この暫定移行期には、二つの条件がとりわけ必要になる。第一に、イギリスとアメリカが、ソヴィエト・ロシアとともに、それらの圧倒的な軍事力・経済力と資源とをもって新しいヨーロッパ機関を支え、それらをヨーロッパ大陸の全域で有効に機能させなければならない。第二に、ヨーロッパ機関は、その権力を政治目的のために使ってはならない。その権力は、主にヨーロッパ大陸全域で経済的繁栄を回復させ、生活水準を上昇させるために使わなければならない。もしもこの二つの条件が満たされれば、ヨーロッパ大陸の大部分の人々は、これらのヨーロッパ機関が死活にかかわる必要を満たすものであり、その活動のなかにヨーロッパ秩序ないし国際秩序の真の萌芽を宿しているものと、困難なしに納得することができるであろう。

これまで「ヨーロッパ救援委員会」「ヨーロッパ運輸公社」「ヨーロッパ再建公共事業

公社」「ヨーロッパ計画庁」を創設する手続きについては、何も述べてこなかった。もちろん、事前には精確なことは何一つ分からない。これら諸機関のいくつかがあるいはそのすべてが、現大戦の終結と同時か、あるいはその直後に創設されるのであれば、その人事の仕方は――その際実施される他のすべてのことと同様――暫定的で、状況即応的で、多少ともその場しのぎ的になることは必定であろう。こうした瞬間に人事採用するとは、形式的にはその機関に作用する利益集団から人々を大まかに代表させる推量作業にほかならない。諸機関の組織構成も、当然それぞれの機能に応じて変わってくるであろう。「ヨーロッパ救援委員会」については、受益者側の代表を選ぶこととともに救援物資の供給を準備し組織する国々の代表を選ぶことが重要であろう。「ヨーロッパ計画庁」には各国の政府代表とともに、各利害関係団体の代表を組み合わせる方式――これは国際労働機関が巧妙に規定している――が有効であろう。また正規の代表選出方法が実施可能になるまでの暫定移行期間において、できるだけ多様な利益関係団体や多様な当事者集団の代表がヨーロッパ諸機関を構成する様々な方式を試行することが望ましい。

これらのヨーロッパ機関や委員会は、しばらくの間、各国政府でも、各民族でも、各国の人々でもなく、単に「ヨーロッパ」の人々の代表として出発することが適切であろう。この見解が正しいとすれば、各国・各国民が憲法的な手続きを経て連盟ないし連合する方式によるのではなく、人々自身に、とくにすべての国の「細民《リトル・メン》」に直接にアピールすることによって、ヨーロッパ秩序や究極的にはおそらく世界秩序というものが姿を現すと言えよう。(18)

ここまで論じていくと、われわれは、新しい手続きの採用にあたり、半ば意識的に半ば無意識的に、一九一九年の条約の基礎となった哲学から決定的に決別したことを理解できる。一九一九年に人々は、意識的にか無意識のうちにか、国際社会は国家という単位をつなぎ合わせることによって構築するべきである、という見解を受け入れていた。まず各国民国家は、民族自決の原則に基礎を置き、軍隊と経済機構を創り上げ、自国の国家的利益を一義的に優先するように奨励され支援された。次いで、各国家単位は、国家的利益を最大限まで主張することによって、まさにその利益が誘因となって、同じ動機に衝き動かされる他の国家単位と協調するようになると考えられた。〔一九一九年の〕連合国指導者たちは、この哲学に終始一貫して忠実であり、民族自決がもたらす強い遠心的傾向を成すがままに放置して、その力が燃え盛るように煽り立てながらも、その一方で、その危険性は国際連盟なる装置によって打ち消せるものと考えた。連合国の指導者たちは、すべての民族には無条件に独立を認めることを、連合国の最大の戦争目的であると宣言し、ヨーロッパに最大数の独立した民族単位が誕生することを促進した。そうしながら、ちりぢりばらばらになった無数の民族単位は、その民族自身の利益に導かれて、共通の義務を共有した一つの単位に再統合するものと心の底から信じていた。その後の経緯が示したように、これは自己矛盾した政策であり、自らの手で自分を破滅させる政策であった。一九一九年の講和形成者たちが実際に成したことは、その政策の一部分が他の部分を実行不可能にしてしまう条件を創りだしたことである。

現大戦後の講和会議ではこの過程を逆にすることが最良の希望となる。前回は、まず民族自決の無条件な権利を承認し、その後に、独立した民族単位から国際システムを構築しようと試みた。次回は、まず国際秩序の枠組み形成から始めなければならない。その後に、その必要な系として、その国際的枠組みの限定のなかで民族独立を促進して、その発展と維持を追求しなくてはならない。一九一九年の講和は、民族国家形成の観点から計画された。現大戦後には、われわれは、広い枠組みの観点から計画しなければならない。

われわれは現在、近代における最大の革命のなかを進みつつある。ここで一つの〔国家よりもヨーロッパの枠組み形成を優先する〕政策を革命と記述するのは、単に、その政策が立案された時代に相応しいからである。そこで誕生する新しい制度群は、新しく感じられた必要性から生まれ出る新しい忠誠心に立脚することによって、はじめて有効になる。ところが、新しい忠誠心が誕生するためには、新しい制度群を必要とする。〔制度が先か忠誠心が先かという〕このジレンマは、革命の時代においてのみ、そして革命的行動によってのみ解決できる。

本書〔第三章〕に記したように(19)、民族的自己決定の問題を解決する鍵は、民族の権利なるものは存在しないのであって、存在するのは個々人の権利であると想起することであった。いわゆるルリタニア人の権利要求とは、たまたまルリタニア人に生まれた人々の権利要求以上でも以下でもないのである。これが正しいとすると、過去においては、国際秩序を形成するために、まず国民単位の画定から出発するのが正しい道であった、と当然のように前提していたことは誤っていたことになる。国際的統一を促進するための伝統的な特定の構想――国際連盟、ヨーロッパ合衆国、連邦統合など――は、いわば誤った方から出発していたことが立証できる。秩序を解体するナショナリズムの強い力に抵抗して封じ込める強靭さを備えた国際的枠組みを形成しようとするなら、われわれは〔国民単位の画定とは〕異なる原則と異なる基盤の上に国際的枠組みの構築を出発させなければならない。

現大戦が終結した瞬間のヨーロッパは、戦禍によって最も直接的な破壊をこうむった世界の狭い空間であるが、そこに、われわれが暫定的な協働の枠組みを創設できるならば、それを知った人類は徐々に、われわれが築き上げたものを、将来のよき生活にとって不可欠であると認識するようになるかもしれない。そして、いつの日か、この協働の枠組みは、より広い地理的範囲に拡大をとげ、適切な憲法構造をもつことができるかもしれない。この段階に到達したならば、正式の協定、機能の定義、そして憲法的な規則を考慮する時である。協定、定義、規則はこの時になって決定できることになる。それは連盟、同盟、連邦などの先験的《アプリオリ》な概念に基づいて理論的に決定されるのではなく、実際に運用された措置や取決めの帰結と表現様式を、経験的に確定していくことになるであろう。

ヨーロッパにこうした秩序を構築するからといって、それは、決して民族的自己決定の原則からの逸脱ではない。前の章〔第三章〕で考察した原則の応用である。つまり、国際秩序を恒久的に維持しようとするなら、人々がそれぞれの目的に応じて異なるレベルの単位集団に所属する必要がある。そのうちの一つの集団単位である民族は、軍事政策や経済政策を管理・統制する単位としては、明らかに小さすぎる。さらに、より大きなヨーロッパの枠組みや国際的な枠組みがより強靭に構築されるならば、それだけ、その枠組みの下で民族的自己決定もより完全な実現に近づく。

民族が最も確実に結束しているところにこそ、民主主義が最も有効に機能する。また、権威が最も深く根差しているところにこそ、自由が最も開花する。これと同様に、国際秩序が最も強固に確立されているからこそ、民族的自己決定は最も実現に近づく。軍事的経済的権力が集権化され、それが共有されているからこそ、民族的自己決定の原則を制限していた重要な制約条件が取り除かれる。

一九一九年にわれわれは、頑強に抵抗する人々を一つの民族国家に所属させてしまい、また、分離した状態を望んでいる複数の人間集団を、戦略的・経済的な考慮から同じ民族国家に一緒にしてしまった。それらの困惑させられる事態は、〔もしも民族国家間の国境画定の作業に先立って、ヨーロッパ大の枠組みが構築されていたならば〕避けられたであろう。唯一この方式であれば、民族的自己決定と軍事的経済的安全保障を両立させることができる。国際秩序が確立できたところでのみ、独立と自治を求める民族的な熱望や、さらには民族的制度と民族文化の維持・発展を求める民族的な熱望は、十全で無制限な表現様式を獲得できる。

平和の創造にあたって最も深刻に憂慮されるのは、戦争を戦うにあたっての障害と同じものである。自己満足であり、課題の本質を最小化して見積もる深く滲み込んだ心の性向である。イギリスの将来の福祉と威信にとって最も危険なのは、いったんヒトラーが打倒され、ドイツが無力化されたなら、世界の進む進路にはほとんど難所は見当たらず、よく知っている快適な航路を再び航行できると前提する共通の性向である。

二点が緊急に必要である。このイギリスという国が、今後も長く世界のなかで指導的な役割を果たそうとするならば、以下の二点はこの国が必要とすることである。

第一は権力行使である。われわれの精神から是非とも追い払わなければならないのは、安楽の幻想である。すなわち、いったん戦争に勝利したなら、勝利国の間では、手放しの善意と合理的態度が支配し、諸個人も諸民族も共通善に向かって自発的に団結していくだろうという幻想である。権力を持つ者は、外交的説得など他のすべての手段を尽くした後に、最終手段としての軍事力を使う意志を持たない限り、そして、権力者が正しいと判断した決定を仮借なくかつ公正に強制しない限り、平和は長くは維持できない。

第二の、第一よりも重要な要請は、権力を持つ者には、権力行使に伴う道徳的義務があると認識することである。権力者の道徳的義務意識だけが、他者が権力行使を許容する条件なのである。主導権を発揮する意志も、その過程に必然的に伴う犠牲を引き受ける意志も、高い道徳的な目的意識なしには達成できない。

現大戦に勝利した後、イギリスの権力や威信が、無関心や反動の大風に吹き飛ばされないようにしなければならない。また、制御不能な革命の大波に押し流されないようにしなければならない。そのためにイギリス民主主義は、国内政治でも国際政治でも、そうした目的意識によって自らを鼓舞する指導者たちを見出さなければならない。古い世界は死んだ。未来は、過去に決然と背を向け、知性と勇気と想像力をもって新しい世界に立ち向かう人々とともにある。本書はそのようなリーダーシップを望む声の一つである。

# 原注

## 序章

(1) Viscount Halifax, *Speeches on Foreign Policy*, 1934–1939, p. 360.

(2) J. C. Smuts, *The League of Nations: A Practical Suggestion*, p. 18.

(3) この記述が一九三三年〔F・ローズヴェルトが大統領に就任した年〕以降のアメリカについて修正を要することは本書で後述する。

(4) 「高度に専門分化した軍種間の割拠主義が、われわれの予算と人員を〔陸・海・空の三つの軍種に〕実際に分配するに際して決定要因となる。政府の予算編成機関の近くにあって実務慣行を知る者を例外として、割拠主義の悪弊は常人の理解をはるかに超えている。空軍省は、海軍省や陸軍省より優先的に追加的な予算・人員の割り当てを受けることはない。なぜかと問うと、本当の答えは、三つの軍種のなかで、空軍がもっとも新しく創設された戦闘軍種であるからであった。」(A. Salter, *Security: Can We Retrieve It?* p. 183)

(5) J. A. Spender, *The Life of the Right Hon. Sir Henry Campbell-Bannerman*, i, p. 40.

(6) 『ルーブル』誌の引用。M. Werner, *The Military Strength of the Powers*, p. 210.

(7) 全く同じ優位性を、ドイツ工業は十九世紀後半にイギリス工業に対してもっていた。「ドイツには工業施設の設置について、古くからの工業立地や輸送ルートの制約が存在しなかった。したがって、決定権を行使する者たちは、工業を発展させるための立地には、もっぱら機械的な便利さだけを基準にして工場の立地を自由に選定できた。また、旧式の装備・機械はもたず、時代遅れの取引関係にも縛られていなかった。そのために、数年前ないし数十年前には最良であった装備や機械と現在の時点で最良である装備や機械の間で、妥協点を見つけながら操業することに安んじる必要はなかった。その時点で最高の装備や機械を導入し、最も高い生産効率で操業することができた。」(T. Veblen, *Imperial Germany and the Industrial Revolution*, pp. 187–188)

（8）*The Times*（社説）, May 14, 1940.

（9）フランス首相の一九四〇年五月二十一日のフランス上院宛の声明。*The Times*, May 22, 1940 に掲載。

（10）『ドイツ・アルゲマイネ・ザイトゥンク』紙（一九四〇年八月二十四日）は、現大戦の第一年目にイギリスがとったイニシアティヴといえば唯一宣戦布告したことである、と嘲弄的に指摘している。

（11）E. Percy, *Government in Transition*, p. 99.

（12）アメリカにおいてさえ、過去志向の観点が未だ確固と根をおろしていた。一九三七年、有名なアメリカの評論家は「自由主義の課題設定」を発表した。そこで彼は、一八七〇年以降自由主義者があるべき自由主義から脱線しはじめたのであるから、「自由主義の終わりなき使命」を完成させるためには、一八七〇年に回帰することを勧告したのである（W. Lippmann, *The Good Society*, p. 225 and passim）。

（13）League of Nations, *Ninth Assembly*, p. 83.

（14）N. Angell in *The Future of the League of Nations* (Royal Institute of International Affairs,

1936), p. 17.

(15) League of Nations, *Fifth Assembly*, p. 219.

(16) A. Siegfried, *Post-War Britain*, p. 110.

(17) W. K. Hancock, *Survey of British Commonwealth Affairs*, ii, Pt. I, p. 199.

(18) 「専門家」とはアーサー・ソルター卿である。この二冊を取り上げたのは、内容を批判する意図からではない。二冊のタイトルが同時代の雰囲気を非常に正確に読み取り、読者にアピールしたことへの驚嘆を表現するためである。〔前者の邦訳は、『世界経済回復』東京政治経済研究所訳、岩波書店、一九三三年〕

(19) J. S. Mill, *Considerations on Representative Government*, ch. iii.〔J・S・ミル『代議制統治論』関口正司訳、岩波書店、二〇一九年、第三章〕

(20) B. L. Richmond, *The Pattern of Freedom*, p. 68. に引用されたサー・アルフレッド・ホワイトヘッドの言葉。

(21) *International Conciliation*, No. 362 (September 1940), p. 328.

(22) A. G. B. Fisher, *The Clash of Progress and Security*, p. 106.

(23) 平和は政策の直接的な目的ではないし、目的となりえない、という命題は、E. H. Carr, *The Twenty Years' Crisis*, pp. 68–69〔E・H・カー『危機の二十年』原彬久訳、岩波文庫、二〇一一年、一一五頁〕に相当長く論じた。ドロシー・セイヤーは「私たちが平和を追求する仕方は、健康をあれこれ心配する人が心配をしすぎるあまり病気になってしまうのと同様の仕方である」と機知に富んだ表現をしている(*The Spectator*, November 14, 1939, p. 736)。

(24) A. J. Toynbee, *The World After the Peace Conference*, p. 2.

(25) R. Sencourt, *Wincston Churchill*, p. 169 に引用されたウインストン・チャーチルの「英語スピーチ・ユニオン」(一九一九年二月二十三日)の演説。

## 第一章

(1) E. Halévy, *The World Crisis of 1914–1918*, p. 7.

(2) E. Rosenstock-Huessy, *Out of Revolution*, p. 672.

(3) 「一九一四年、イギリスの一致した戦争目的は、ドイツ軍国主義を打ち破ることであった。イギリスは元来以下の諸点を意図してはいなかった。ハプスブルク帝国とオスマン・トルコ帝国の解体、チェコスロバキアの建国、ポーランドの再生、ロシア革命の成立、セルビアの領土を三倍に、また、ルーマニアの領土を二倍にすること、イラク、エストニア、リトアニア、そしてユダヤ人ホームランドを創出すること、ブレンナー回廊南部とチロル南部とトリエステのイタリア帰属などである。以上のすべてとその他諸々が、戦争の結果として生まれ出てしまった。……その一方で、イギリス人が戦争目的とし自分たちに約束したはずのドイツ軍国主義の解体は、実現に失敗した。」(H. N. Fieldhouse, in *Formightly Review*, June 1940, pp. 580–581)

(4) H. Wickham Steed in *Edinburgh Review*, October 1915, p. 246.

(5) F. Williams, *War by Revolution*, p. 111.

(6) *Scritti e Discorsi di Benito Mussolini*, vi, p. 151; vii, p. 230.

## 第二章

(1) A. J. Toynbee, *The World After the Peace Conference*, p. 67.

(2) S. Raushenbush, *The March of Fascism*, p. 242.

(3) R. H. S. Crossman, *Plato To-day*, p. 292.

(4) P. Drucker, *The End of Economic Man*, pp. 118–119.〔P・F・ドラッカー『「経済人」の終わり』上田惇生訳、ダイヤモンド社、二〇〇七年〕

(5) L. Woolf in *Political Quarterly*, October-December 1940, p. 340.

(6) アメリカ合衆国で黒人と近年の移民の選挙権を事実上剝奪していた。資格剝奪の理由は黒人の場合は人種であり、移民の場合は帰化に要する年数であったが、事実上は貧困による資格剝奪と同様に作用した。

(7) H. Delbrück, *Regierung und Volkswille*, p. 133.

(8) 大部分の十九世紀の思想家たち、とくにイギリスの思想家たちは、国家からの給付金を受給する者であっても国家の政策決定に発言権を有するべきである、とする考え方を知ったとしたら驚愕したことであろう。J・S・ミルは、国家から救援金を受け取る者からは「断固として選挙権の資格を剝奪する」と書いている(*Considerations on Representative Government*, ch. viii)〔前掲『代議制統治論』第八章〕。

(9) L. Mumford, *Faith for Living*, p. 18.

(10) P. Drucker, *The End of Economic Man*, p. 29.〔前掲『「経済人」の終わり』〕

(11) こうした事態がもたらす帰結は深刻であり、議員の人間的な質、そして大臣格のポストに出世する人材の質に甚大な影響を与えた。政党本部はなによりも政党の意志統一と政党の規律に従わせることに関心を集中し、そうした観点から立候補者を選択し、また、役職に起用する議員を選別した。その結果、大金持ちであるか、または議員活動をともかく長く務めた経歴をもち、かつ政党本部に恭順に勤め上げた人の方が、強い意志と独立した気質の人よりも、また独創的な考えの人よりも、議員として望ましい質であると考えられた。こうした事態は悪名高い困難の一端を説明する。現大戦中に体験したことであるが、大臣格の役職を担うだけの最低限の能力をもった人材を議会の議員のなかに発見できなかったため、「大企業経営者《ビッグ・ビジネス》」の間に人材を求めなければならなかったのである。というのも大企業経営者の間では、議会のように「不適者生存(the survival of the unfittest)」の法則が作用しなかったからである。〔「不適者生存」は、社会ダーウィン主義の「適者生存」のもじり〕

(12) このような政治潮流をかすかにではあれ認識していたのは、政治のボイコットと経済的手段の活用を訴えたサンディカリストたちが多分最初であろう。

(13) 驚くべき予言であり、章句の全文が引用に値する。「いたるところに、新しい拘束の枠組みが拡大していった。この動きは、技術的「進歩」の速度が低下する時、および利子率が利潤率より重要になる時を待ち構えていたように生じた。そして、未だ「自由」な領域と「自由」な市場と呼ばれていたものの枯渇と結びつき、そして大衆を強制的規格化に従順にしてしまった。それと同時に、経済システムは一層複雑さを増し、従来私企業であったものの一部は国有化され、あるいは市営化された。そして組織がカバーする領域は国家大に拡大した。そのため管理運営に必要とされる事務仕事は増加し、労働の分業が進行し、専門的訓練が広がった。これが意味したのは、官僚という階層《カースト》の誕生であった。」(J. P. Mayer, *Prophet of the Mass Age*, p. 157 に引用されたヴェーバーの文章)

(14) John Dewey, *Freedom and Culture*, p. 167.〔ジョン・デューイ『自由と文化／共同の信仰』河村望訳、人間の科学新社、二〇〇二年〕

(15) C. G. Vickers in *World Order Papers* (Royal Institute of International Affairs), p. 157.

(16) *Speeches and Letters of Abraham Lincoln* (Everyman ed.), p. 220.

(17) Stafford Cripps, *Democracy Up-to-Date*, pp. 32-33.

(18) L. Dennis, *The Dynamics of War and Revolution*, p. 128.「一九四〇年のアメリカでは、金持ちは自由を欲し、貧民はハムエッグを欲した。」(*ibid.*, p. 166)

(19) F. Williams, *War by Revolution*, p. 85.

(20) D. Spearman, *Modern Dictatorship*, p. 182.

## 第三章

(1) William Temple, Archbishop of York, *Thoughts in War-Time*, pp. 112-113.

(2) こうした思考の型が人々にどれほど深く根付いたかは、そこから生じた言語上の混乱を見れば容易に了解できる。英語には政府(state)の語からの派生語がない。〔それにかわって「統治機関による」を意味する形容詞を national の語で表現している。〕たとえば政府の赤字は national debt(国家債務)と、そして鉄道を私企業から政府の所有にすることを nationalise(国有化)と表現する。フランス語でも、英語と同様に、政府(État)の語には形容詞形がない。そして名詞をそのまま使って Biens d'Etat(国家財産)などと表現している(これと並行し Domaines Nationaux(国家財産)という言葉もある)。またぎこちないが便利な étatisme(国家主義)、étatisation(国有化)という Etat から派生した名詞もある。アメリカでは state は合衆国を構成する州の意味のみに使われる。そして nation は合衆国全体を示す場合にのみ使われることが多い。また国際連盟 League of Nations の Nations は用語混同の顕著な例である。

(3) Acton, *History of Freedom*, p. 288. またC・A・マカートニーは「すべての民族が独立国家を形成すべきだと主張することは、真の集団的自己決定を、全く別のことで置きかえるということであり、それは、すべて〔の集団的自己決定〕を民族が決める民族決定主義と呼ぶべきである」と書いている(C. A. Macartney, *National States and National Minorities*, p. 100)。

(4) *Public Papers of Woodrow Wilson: The New Democracy*, ii, p. 187.

(5) H. A. L. Fisher, *A History of Europe*, iii, p. 1161.

(6) かつては言語こそ民族の主要な客観的標識であると自信を持って前提していた。トインビーは、パリ講和会議での共通認識を省みて、「中東欧ではナショナリティの意識が高まるにつれて、伝統的な境界線でも新たな地理的結合でもなく、母語こそがほとんど唯一の愛着の対象となった」と述べている(*The World After the Peace Conference*, p. 18)。またC・A・マカートニーは、シュレーゲルやフィヒテ〔の言語論〕に立ち帰って、言語こそ「民族の成員間の精神的結びつきを構成し、共通の出自を証明する」本質的な〔民族の〕基準であると認識している(*Natonal States and National Minorities*, p. 99)。

(7) なおショプロン〔現在のハンガリー〕における住民投票は、他の住民投票とは明らかに違う諸条件のもとで行われた。そのためその結果は信頼できる指針とはみなしえない。

(8) S. Wambaugh, *Plebiscites since the World War*, i, pp. 202, 493. 本文の数値はこの記念碑的著作から引用した(i, pp. 133–134, 198, 350)。

(9) *Public Papers of Woodrow Wilson: War and Peace*, i, p. 180.

(10) たとえばバルフォア〔第一次大戦期に英外相〕はハウス〔第一次大戦中、ウィルソン大統領の個人代表として諸国との交渉にあたったアメリカ外交官〕に次のように書いている。「強力な国境線は平和に資する。「戦略的必要性」の名のもとに、ナショナリティの〔民族別に国境画定する〕原則に対する重大な侵害がなされたことは事実である。しかし、とくにこの国境画定が国際関係の安定を増し、またこれによって悪影響を被る人口が数的に些細である限り、私はある種のアプリオリな原則を尊重して、戦略的必要性に基づく国境画定を拒否したくはない。」(*Intimate Papers of Colonel House*, ed. C. Seymour, iv, pp. 52–53)

(11) R. Lansing, *The Peace Negotiations: a Personal Narrative*, p. 86.

(12) G. Stresemann, *His Diaries, Letters and Papers*, ed. and transl. E. Sutton, iii, p. 619.

(13) *Memorandum on the Signature of His Majesty's Government in the United Kingdom of the Optional Clause*, Cmd. 3452, p. 10.

(14) この宣言の代表例は、一九三四年十一月二十四日のオランダ外相の下院における演説である。「オランダは、我が伝統である中立政策を絶対に放棄しない。またオランダ以外の防衛のためにオランダの領土を他国の軍隊が使用できる、という考えは誤ったものであると信じる。……オランダは、ヨーロッパの一国ないし数カ国の例にならう意図は一切ない。」この宣言の立場が非現実的であると決定的かつ劇的に証明された後〔中立を宣言した国々にドイツ軍が次々軍事侵攻したことを指す〕の一九四〇年七月になってなお、アイルランドのデ・ヴァレラ首相は、同国政府が「いかなる事態になろうと、中立を堅持し守り抜く決意である」と世界に向けて確言した(*The Times*, July 5.1940)。

(15) 一九四〇年五月十日付で〔ドイツ軍がベルギー・オランダ・ルクセンブルクに侵攻した当日〕、ドイツ政府はオランダ政府ならびにベルギー政府に抗議の文書を送っていた。ドイツ政府が抗議の根拠としたのは、オランダとベルギーがイギリス政府とフランス政府と協調して防衛計画を立てており、中立の地位を失ったというものであった。このドイツの抗議文は、不幸にも事実に相違する。オランダ外務大臣が後になって次のように告白したからである。五月十日の前週、オランダ政府は自国の諜報機関から、ドイツ軍によるオランダ侵攻が「最高度に深刻な警戒を要する」までに差し迫っている、との情報を受け取った。しかし「事態がここに到ったにもかかわらず、オランダ政府はこれを英仏両政府に通告しなかった。オランダ政府は、ドイツ軍の侵攻が絶対に確かになるまで、英仏への通告を待とうとした。オランダは一貫して中立を守ってきたが、秘密裏に中立を侵犯したというドイツの非難に対して根拠を与えないようにしたのである」(E. N. van Kleffens, *The Rape of the Netherlands*, p. 110)。ファン・クレフェンス外相は、〔ドイツ軍が侵攻の目前であるとの情報を得ながら、英・仏には通告せず、援軍要請をしなかった自らと自国政府の過ちを〕告白するに際して、それがオランダ国民に与える印象を明らかに気にかけている。なぜならファン・クレフェンスは続けて以下のように述べるからである。曰く、〔もし仮にこの時点でオランダ政府が英・仏に通告したとしても、フランス軍とイギリス遠征軍からの〕

救援は、いかなる事態〔五月十日のドイツ軍によるオランダ侵攻〕にも間に合わなかったに違いない、と。仮に特別な事情が起きたとするなら、援軍が間に合わなかったとするファン・クレフェンスの言が真実になりえた可能性はなくはないが、しかし、そうであっても、その道徳的な教訓は同じである。

(16) *Izvestia*(leading article), April 11, 1940.

(17) スイスは特殊な地理的位置のおかげで、中立を保ちうる稀な例である。

(18) C. A. Macartney, *National States and National Minorities*, pp. 281–282.

(19) J. M. Keynes, *The Economic Consequences of the Peace*, pp. 134, 211.〔『平和の経済的帰結』(ケインズ全集第二巻)早坂忠訳、東洋経済新報社、一九七七年〕

(20) C. J. H. Hayes in *International Conciliation*, No. 369(April 1941), p. 238.

(21) Sean O'Faolain, *An Irish Adventure*, pp. 304–305.

(22) *The Times*, December 16, 1940.

(23) C. A. Macartney, *National States and National Minorities*, p. 450.

## 第四章

(1) W. Bagehot, *Physics and Politics*(2nd ed.), pp. 11–12.

(2) E. Rosenstock-Huessy, *Out of Revolution*, p. 731. イギリスの経済学者は「シャハト博士の真の偉大さは、経済学にはいつでも正しい理論などほとんど存在しないと理解していたことにある」と述べている(G. Crowther, *Ways and Means of War*, p. 34)。

(3) この命題は、農業とりわけイギリスの農業については、当然当てはまるものではない。初期の古典派経済学者たちは、土地所有者の既得権益を激しく論難して勝利したが、その時代は、イギリス農業の重要性が低下した時期と一致している。

(4) 「クローズド・ショップ」は労働組合が主体となった独占の一形態であった。そのため、十九世紀のレッセ・フェール〔型自由主義〕を信奉する使徒たちは、労働組合——リチャード・コブデンの言葉によれば「野獣のような専制と独占の原理のうえに打ち立てられたもの」——に対して首尾一貫して反対した(John Morley, *Life of Cobden*, i, p. 299)。

(5) 経済学者は、現代の経済危機は「個人企業」がもたらしたのではなく、独占がもたらした、と述べる。ただしその議論は、〔競争から独占に向かう〕傾向性が、本性として備わっている点を無視しているのではなかろうか。〔個人企業主も独占的な大企業の幹部も個人であることは同じであるが〕個人という存在は、〔独立独歩の〕個人に止まることを執拗に拒否する。ここに難しい問題がある。

(6) T. W. Arnold, *The Folklore of Capitalism*, p. 118.〔第四章訳注[3]参照〕

(7) R. H. Tawney, *The Acquisitive Society*, p. 225.

(8) F. D. Roosevelt, *Looking Forward*, p. 25.

(9) 「資本主義者たちの信条は、利潤追求の欲望を肯定的に評価した最初のそして唯一の信条であり、それを自由で平等な理想社会を自動的に実現するための手段と意味づけた。従来の宗教や倫理はいずれも、個人の利潤追求欲を、社会を破壊するものとみるか、せいぜいのところ倫理的に中立なものと意味づけていた。」(P. Drucker, *The End of Economic Man*, p. 35.〔前掲『「経済人」

の終わり』」）この資本主義者の教義におけるパラドキシカルな性格を、われわれようやく認識し始めたところである。

(10) A. Salter, *Security: Can We Retrieve It?* p. 58.

(11) B. Baruch, *Taking the Profits Out of War*, p. 29.

(12) Winston Churchill, *The World Crisis: The Aftermath*, pp. 32–33.

(13) W. K. Hancock, *Survey of British Commonwealth Affairs*, ii, Part I, pp. 269–270.

(14) John Dewey, *Freedom and Culture*, p. 108.〔前掲『自由と文化』〕

(15) 鉄道会社のある幹部は最近イギリス下院で、「未だに私的所有権を信奉している」と述べながら、それに続けて「株主総会を、労働者組織の協力を得た上で、公的にコントロールされる公共事業体の形に転換する」と言った(*Parliamentary Debates: House of Commons*, November 13, 1940, vol. 365, No. 125, cols. 1752, 1758)。とすると「所有権とはコントロールを意味する」というフィクションさえ放擲されている。

(16) *A Better Way to Better Times* (Reprint of Statement issued by His Majesty's Government on Mr. Lloyd George's Proposals), p. 16. このパンフレットの題名「より良い時代へのより良い道」はややアイロニカルに響く。

(17) L. Mumford, *Faith for Living*, p. 110.

(18) M. Beer, *Early British Economists*, p. 74.

(19) 「市場の法則なるものは、厳密な演繹に基づく自明な法則とは異なる。すべての他の経験則と同様、確率的である。どの程度の確率で法則性をもった出来事として実現するかは、その基本的な社会条件がどこまで実現しているか、言いかえるとそこに自由社会があるか否か、どの程度まで自由社会が実現しているのかという歴史的事実に依存している。」(A. Löwe, *Economics and Sociology*, p. 73)

(20) P. Drucker, *The End of Economic Man*, p. 29.〔前掲『「経済人」の終わり』〕

(21) *Parliamentary Debates: House of Commons*, November 13, 1940, vol. 365, No. 125, col. 1745.

(22) 本文に指摘した問題は、E. F. M. Durbin, *The Politics of Democratic Socialism*, p. 91 に議論され解説されている。「競争的資本主義は、古典派経済学の教科書が教えるところでは、自由に生産要素が移動し、市場が需給を自動調節し、競争に完全に反応するものとされる。しかし、その本質的で普遍的な市場の一つである労働市場が梗塞して流動しなくなった。この硬直が続く限り、資本主義は永遠に消えてしまって存在しない。」

(23) A. Loveday, *Britain and World Trade*, p. 86.

(24) *Ibid*., p. 92.

(25) *Ibid*., p. 97.

(26) 「過去において広告は、公衆自身が自分で何を買いたいのかを知っていて、最高の品質のものを最安値で買いたいと希望していることを前提としていた。……現代の広告は過去と正反対のことを前提している。すなわち、消費者は自分で何を買いたいのか正確には分かっていない。……消費者は広告によって、生産者がまさに供給しようとしているものを買うように誘導されるだけではない。消費者は、広告を見なければ買わなかったに違いない多くの商品を、広告によって買うように心理操作される。」(T. N. Whitehead, *Leadership in a Free Society*, 1936, pp. 184, 187)

〔ここで引いているトマス・ノース・ホワイトヘッド(一八九一―一九六九)は、経営学・人間関係論のハーヴァード大教授。哲学者A・N・ホワイトヘッドの子。トリニティ・コレジ(ケンブリッジ大学)で学び、カーと学生生活を共に過ごした。第一次大戦では陸軍に兵役し、戦後は海軍勤務などを経て、一九三一年ハーヴァード大に移った。四〇年にハーヴァード大から研究休暇を得て、戦時下のイギリスに戻り、英外務省とチャーチル首相の臨時アドヴァイザーを勤めた。とくに大戦参戦前のアメリカ合衆国を、いかに親イギリス政策に向けて誘導するかについて提言したことで知られる。一九四三年にハーヴァード大に帰任。本書の執筆中のカーはロンドン中心部のホワイトヘッドに非常に近い空間で生活していた。この引用は、カーがホワイトヘッドと情報交換していたことを推測させる。〕

(27) R. H. Tawney, *The Acquisitive Society*, p. 49.

(28) 重商主義者たちは、「他国に売ることの方が、他国から買うことよりも良いことである」(Hecksher, *Mercantilism*, p. 116)と考えていた。この重商主義の教説は、金塊こそ保有すべき富の最良の形態であるという信念の論理的な系であった。ただし重商主義者たちは、就業者数を増やすために生産を望むという現代的な非合理を主張してはいなかった。

(29) *League of Nations, Eighteenth Assembly*, p. 64.

(30) Address to the Economic Council of German Academy, November 24, 1939. 同様に、国際的な債務国の立場にあって、自国の生産物によってしか債務返済の手段のない国家は、債権国の立場にあって、債務国の生産物を消費する以外に債務返済を受けられない国家よりも、より強い交渉上の立場に立った。

(31) 一九三七年、大英帝国農場主同盟の総会がシドニーで開催され、農産物と畜産品の生産制限と輸出制限を求めて「生産者を統制して資金融資する食品委員会の設置」が提唱された。その決議文を見ると、生産制限が資本にも労働にも利益になるものと記していることは注目に値する。歴史的にみて国際協定として最も早く生産制限を提案したのは、一八九四年にベルリンで開催された国際炭鉱労働者大会の決議であり、「石炭の過剰生産」を防止するための政策を要求している(E. Halévy, *A History of English People in 1895–1905*, i, p. 253)。

(32) 多数の経済学者が、一方で「社会信用供与計画」の甘い単純さに抵抗感を持ちながらも、信用を操作することによって不況が治癒ないし予防可能であると信じて、見解を変えていない。そうした方策が、消費計画ないし消費の管理を欠いたところでこれまで機能した例は存在しない。

(33) A. R. Orage, *Political and Economic Writings*, p. 251.〔第四章訳注[9]参照〕

(34) G. Chapman, *Culture and Survival*, p. 239.

(35) Max Weber, *Gesammelte Politische Schriften*, p. 299.

(36) F. D. Roosevelt, *Looking Forward*, p. 49.

(37) J. M. Keynes, *The General Theory of Employment, Interest and Money*, p. 129.〔ケインズ『雇用、利子および貨幣の一般理論(上)』間宮陽介訳、岩波文庫、二〇〇八年、一七九頁〕。この記述の直前にケインズは、「古典派経済学の原理に立脚するわが政治家諸氏の教養が事態改善への障害になっている場合には、ピラミッドの建設、地震、そして戦争でさえもが、富の増進に一役買うかもしれない」と書いている(『雇用、利子および貨幣の一般理論(上)』間宮陽介訳、岩波文庫、二〇〇八年、一七八頁)。

(38) D. W. Brogan, *The American Political System*, p. 332.

(39) この点に関して、ワイマール共和国期のドイツとナチズム体制期のドイツを比較することが参考になる。一九二〇年代のドイツの失業問題は、外国からの融資によって資金調達した広範囲に及ぶ公共事業によって回避された。外国からの融資が枯渇したとき、公共事業は中止された。その理由は、ブリューニング内閣が、強制貯蓄と消費制限をあえて行ってまで、公共事業を続けようとはしなかったためである。ヒトラー内閣は再軍備を、外国からの融資によることなく、強制貯蓄と消費制限に基づいて資金調達した。しかしそのヒトラーでさえ、再軍備以外の目的に対しては、あえて強制貯蓄と消費制限を大規模に発動しなかったし、そうしようと試みなかった。

## 第五章

(1) J. P. Mayer, *Prophet of the Mass Age*, p. 30 に引用。

(2) R. H. Tawney, *The Acquisitive Society*, p. 11.

(3) 同様の点はより皮肉に満ちた表現を与えられている。「個人主義の最も強固な基盤は、個人の知性でもなく、自己利益の追求以外は省みない専心没入でもない。〔自己利益を他者利益に従属させてしまう〕個人の愚かさと、道徳的な議論に鋭く反応してしまう感受性である。」(J. M. Clark, *The Trend of Economics*, p. 97)

(4) マルクスの理論的説明も古典派経済学と同様である。マルクスは一時期古典派経済学を耽読し、経済過程が自動的なメカニズムをもっていることについて、古典派よりもさらに厳格な〔科学主義的〕見方をしていた。ところがそのマルクスは、資本家たちを道徳的に非難すべき対象と見なし、プロレタリアートの支持者たちは道徳的に称賛に値する対象と見なしていた。

(5) L. Robbins, *An Essay on the Nature and Significance of Economic Science*, p. 24〔ライオネル・ロビンズ『経済学の本質と意義』小峯敦・大槻忠史訳、京都大学学術出版会、二〇一六年〕; *Economic Planning and International Order*, p. 59.

(6) アメリカの文筆家は「一九二三年にアメリカ議会が移民制限法案を可決したことは、ヴェルサイユ条約にもまして、ヨーロッパの民主主義と資本主義の運命を定めた」と記している。L. Dennis, *The Dynamics of War and Revolution*, p. 74.〔デニスについては、第二章訳注[7]を参照〕

(7) L. Mumford, *Faith for Living*, p. 10.

(8) 国際的な利益の調和と想定されていたものが崩壊したことは、E. H. Carr, *The Twenty Year's Crisis*, pp. 65–80〔前掲『危機の二十年』九五—一二三頁〕に詳しく論じてある。

(9) T. E. Hulme, *Speculations*, p. 50.

(10) T. W. Arnold, *The Folklore of Capitalism*, p. 378.〔第四章訳注[3]参照〕

(11) R. H. S. Crossman, *Plato To-day*, p. 292.〔全く同じ文章が第二章六五頁で引用されている〕

(12) J. M. Keynes, *The Economic Consequences of Peace*, p. 238.〔前掲『平和の経済的帰結』〕

(13) R. H. Tawney, *The Acquisitive Society*, p. 97.

(14) *Parliamentary Debates: House of Commons*, August 7, 1940, vol. 364, col. 273.

(15) この知性の優越は、E. H. Carr, *The Twenty Year's Crisis*, p. 35.〔前掲『危機の二十年』六六—六七頁〕にあるコント、バックル、ノーマン・エンジェルの引用が表現している。

(16) A. G. Orage, *Political and Economic Writings*, p. 61. われわれ以外の文明が、はたして無知によって滅亡したのか否かは、確かではない。伝承によると、人間がエデンの園を失ったのは、知識がなかったためではなく、余計な知識を得たためである。

(17) T. W. Arnold, *The Folklore of Capitalism*, p. 332.

(18) G. Sorel, *Les Illusions du Progrès* (4th ed.), p. 2.〔ジョルジュ・ソレル『進歩の幻想』川上源太郎訳、ダイヤモンド社、一九七四年〕

(19) *International Conciliation*, No. 363 (October 1940), p. 349.

(20) 三つの軍事大国、日本、イタリア、ソヴィエト・ロシアでは、生活水準は未だに相対的に低く、欠乏が未だに主たる問題であると意識している。この三カ国はすべてが過去二十年のうちに、一方では十九世紀型の「植民地戦争」には機会さえあれば乗り出し、他方では二十世紀型の大規模戦争には巻き込まれることを極力避けようとした。このことは注目に値する。

(21) G. Crowther, *Ways and Means of War*, p. 11.

(22) *The Times*, October 7, 1940.

(23) Hitler, *Mein Kampf*, p. 177.〔ヒトラー『わが闘争』平野一郎・将積茂訳、角川文庫、一九七三年〕若いドイツ人技師が一九三一年に言った言葉、「戦争になれば、誰かが私の強さと知性を必要とするだろうが、今は誰も私を必要としない」が、S. King-Hall, *Total Victory*, p. 155 に引用されている。

(24) キリスト教以外の諸宗教の生命力は、しばしば過小評価されている。ただし、これらの宗教は、現在のところ、普遍性を本気で主張しているとは考えられない。また、西欧文明に相応の影響力をもっているとも言えない。

(25) 道徳的目的を復活させるに際して、宗教がどのような位置を占めるかについて論争が行われている。ただしそこで使用されている「宗教」の意味を、使用者がことさら意図的に曖昧にすることが、議論を混乱させている。たとえば教育について論者は「われわれの内にある宗教的なるものの核心は、社会を一つに結びつける力である」と書いている(F. Clarke, *Education and Social Change*, p. 70)。仮にこの定義によって宗教を解釈すると、そこから到達する結論は、たとえばローマ教皇やカンタベリー大司教によって解釈された「宗教」から到達する結論と全く異なるものになってしまう。

(26) J. H. Oldham, *Christianity and the Race Problem*, p. 215.

(27)「不平等に基づく資本蓄積の原則は、第一次大戦以前の秩序の死活的部分であった。」J. M. Keynes, *The Economic Consequences of the Peace*, p. 19.〔前掲『平和の経済的帰結』〕

(28) B. Russell, *Icarus, or The Future of Science*, p. 29.

(29) T. N. Whitehead, *Leadership in a Free Society*, p. 231.

(30) E. Resenstock-Huessy, *Out of Revolution*, p. 607.

第六章

(1) E. Halévy, *A History of the English People in 1895–1914*, i, p. x.

(2) A. Cobban, *The Crisis of Civilization*, p. 156.

(3) *The Times*, February 10, 1941.

(4) *The Times*, January 3, 1941 に引用された *Frankfurter Zeitung*.

(5) Negley Farson, *Behind God's Back*, p. 445.

(6) *International Labour Office: Studies and Reports Series*, C, No. 15(*Unemployment and Public Works*), p. 30.

(7) アメリカのいくつかの都市では「食料スタンプ計画」が導入された。その食料スタンプには、一週間につき五十セント分の購入価値が付与されており、救済を必要とする人々に配布された。食料スタンプを配布された人は、登録された供給過剰の食料品目を買うことができた。

(8) 独占が成長したことは、政府による私企業に対する統制を加速させた一要因である。しかし、であるからといって、政府が統制を、独占企業体を基礎として行うべきであるということを必ずしも意味しない。二つ、三つ、あるいはそれ以上の数の自主的に決定をする企業群が、同じ業種の分野を同一の統制措置のもとに構成されてはならないとする理由は見当たらない。そうなれば複数の企業間で市場競争と価格比較という疑いない利点を維持できる。

(9) アメリカにおける反トラスト立法は一八九〇年のシャーマン法に遡る。しかしローズヴェルト大統領が新しい「反トラスト」を推進し始める一九三三年までは、ほぼ無力であった。イギリスでは一九一九年、復興大臣が任命した強力な委員会が製造業界と卸売り業界の結合を監視する政府機関の設立に賛成する報告書を出した。しかしこれに関して政府はいかなる行動もとらなかった。「ビッグ・ビジネス」の利益に対して社会の利益を擁護することに政府が無能力であったことは、現代民主主義が一般の人々の心を不安に陥れる一つの特徴である。

(10) ローズヴェルト米大統領は「生産管理局」を設置した。その職員は、雇用者、労働者、およよび消費に関連した省庁を代表する者であった。大統領が説明するに、「生産の各過程は三つの要素がある。経営、労働そして買い手＝消費者である」（*New York Times*, December 21, 1940）。同様に一九四一年三月、「国防産業調停委員会」は、軍需生産を脅かすおそれのある産業争議を仲介・調停するために設置されたが、そのメンバーは「公益代表」三名（うち一名は議長）、雇用者代表四名、労働者代表四名からなる。ナチス・ドイツの産業管理機関も同様に三者代表の原則をとっている。

（11）自由市場でさえ、近年ではこの二つの間のバランスはとれなくなっている。それでも、確定利子付証券の人気が高まり、高収益への思惑による投資には人気がなくなったと印象深く議論されている（A. G. B. Fisher, *The Clash of Progress and Security*, pp. 161-163）。ケインズは、一九三六年に「政府は投資を組織的に直接行うことにますます大きな責任を取るように」期待する、と記した（J. M. Keynes, *The General Theory of Employment, Interest and Money*, p. 164.〔前掲『雇用、利子および貨幣の一般理論』〕）。

（12）Winston Churchill, *Liberalism and the Social Problem*, p. 195.

（13）*Parliamentary Debates: House of Commons*, March 19, 1941, vol. 370, No. 39, col. 1941.

（14）Stafford Cripps, *Democracy Up-to-Date*, p. 50.

（15）*Parliamentary Debates: House of Commons*, August 1, 1940, vol. 363, col. 1548.

（16）*The New Statesman and Nation*, August 10, 1940 は、「新聞も下院もともに、世論を解釈することに既得権益があると感じており、どちらも他方を既得権益の侵害者とみなしてどうしても片付けてしまわなければならない、と強く感じていた」と記している。

（17）しかし、イギリス下院は、その起源も伝統も、政府の機関ではなく、政府を見張る人民の番犬であったということに留意する必要がある。近年の批評によると、「下院の現在の欠陥の「多く」は、多分下院を、政府を監視する委員会から、大臣会議によって国家を統治していた大陸モデルに従って、主権をもった議員集会に転換しようと試みる近年の「民主主義的」な趨勢に基づいている。」(E. Percy, *Government in Transition*, p. 108)

（18）「大統領制にはボナパルト主義的な人民投票的君主政に特有の雰囲気がある」とブローガン教授は一九三三年に書いた(D. W. Brogan, *The American Political System*, p. 120)。その雰囲気は今日一層顕著に漂っている。

## 第七章

（1）Burke, *Works*(Bohn ed.), vi, p. 146.

（2）ヒトラーの「新秩序」構想とは、イギリスが例外的に恵まれた自然条件のもとで十九世紀に徐々に創り上げたのと同じ地位を、ナチス・ドイツが軍事力によって意識的かつ周到な計画に基づいて短期的に確立しようと企図されたものである。この点に注目することは示唆に富む。二十世紀の条件においては、イギリスもドイツも他のどの強国も、この地位を確立することはできない。

（3）Max Weber, *Gesammelte Politische Schriften*, p. 283.

（4）二国間貿易と多国間貿易の区分をここで論点にする必要はない。たしかに多国間貿易は特別な場合には二国間貿易とは交渉条件が変わることがある。といっても二国間貿易でも多国間貿易でも、将来においては、イギリス以外の国々は全体としてイギリスに輸出するのとほぼ同額を、イギリスから輸入しなければならないという基本的事実に異同はない。

(5) *The Times*, August 5, 1941.

(6) アメリカは、高い自給自足性と高い生活水準とが結合した国の唯一の実例である。高い自給自足性を基準とすると、ソヴィエト・ロシア、インド、中国がアメリカに比肩する重要な国家であるが、そのいずれも生活水準が低い。

(7) アメリカの農業関連人口は総人口の三分の一以下であって、この比率は多分減少している。上院議員は各州から二人選出されるが、四十八州のうち実に三十四州では農業的利益が優勢である。

## 第八章

(1) 一八六〇年に将来のソールズベリー侯爵(十九世紀末から二十世紀初頭の間三度首相になった保守党政治家)は次のように書いていた。「蒸気船の導入によって、イギリスとヨーロッパの人的移動はほとんど無限の増大を見せている。そして、ヨーロッパ大陸の侵略者にイギリス侵攻の輸送手段を与えている。この衝撃を誰もが未だ正確に評価できないでいる。」(Gwendolen Cecil, *Life of Robert Marquis of Salisbury*, i. p. 302)

(2) 最近イギリスで親フランス派として有名な文筆家は次のように記している。「たとえフランス国民が、自由フランスの旗のもとに結集し、彼らの国土とヨーロッパをナチとファシストの呪詛から脱却する役割を果たしたとしても、ヴィシー政権の人々は、恥辱まみれの快楽追求者として、あるいは敵を崇拝した裏切者として記憶されることとなり、多くの人々はヨーロッパの再建にあたってフランスの指導を受け入れないであろう。フランスはまずフランス自身の救済に励み、フランス人自身の魂の救済に専念しなければならない。フランスの光をもって再びヨーロッパを輝かすのはその後にはじめてなしうる仕事である。」(Wickham Steed, in *Free Europe*, November 15, 1940, p. 11)

（3）この政策は、ソヴィエト・ロシアが現大戦に参戦する以前に広く提唱されていた。将来も提唱されることであろう。したがってその危険性はとくに強調されねばならない。

（4）一九二三年の数値は、*The Board of Trade Journal*, February 13, 1930 による。なおアイルランド独立に伴って必要となった補正を施した。

（5）*Imperial Economic Conference at Ottawa, 1932: Appendices to Summary of Proceedings* (Cmd. 4175), p. 122.

（6）W. K. Hancock, *Survey of British Commonwealth Affairs*, ii, Pt. I, pp. 230–267. 本パラグラフのすべての引用は、この篇からのものである。

（7）貿易と類比できる状況がやがて金融に関しても開かれるであろう。イギリスは債権国として力を発揮する体験をヨーロッパに融資・投資することから始めた。そして十九世紀後半にはイギリスは主に南北アメリカと極東に融資・投資した。さらに最近になると主として自治領と帝国植民地に融資・投資している。ただしこの第三の段階は終幕が間近であるかもしれない。カナダは現大戦後、おそらくイギリスの債権国になるであろうし、他の自治領諸国も同じ方向に動くかもしれない。とすると、イギリスは、もう一度ヨーロッパの銀行になる時かもしれない。

## 第九章

(1) 十九世紀末のイギリスの状況は以下のように表現されている。「帝国主義の波はイギリス全土を席巻しつつあった。外国人——ドイツ人、ロシア人、フランス人——に対する憎悪は、国内の敵に対する憎悪をはるかに上回った。人種的憎悪は階級的憎悪を背後に押しやったのである。そのため情勢は労働運動家の煽動にとって不利に働いた。」(E. Halévy, *A History of the English People in 1895–1914*, i, p. 259)

(2) 「チュートン人は、その基本的な本能を変えてしまうことはなかった。彼らは現在でも、タキトゥスが『ゲルマニア』に完璧なまでに描いた人間像と全く同じである」(*Scritti e Discorsi di Benito Mussolini*, i, p. 317)。ムッソリーニがこう宣言したのは、一九一八年五月である。

(3) T. Veblen, *Imperial Germany and the Industrial Revolution*, pp. 67–68.

(4) これと類似した情勢はスラブ人のなかに存在する。汎スラブ主義は、スラブ系諸民族の生来の指導者としてのロシアにとって魅力がある。またスラブ圏の中小の諸民族がロシアの保護を受けようとする場合にも魅力がある。しかしポーランドにはほとんど魅力がない。ポーランドは、スラブ諸民族の間でリーダーシップの発揮を求めるほどには強力ではなく、かといって、汎スラブの傘の下に保護を求めるほど通常は弱くはない。

(5) *The Times*, November 5, 1938.

(6) J. H. Morgan, *The Present State of Germany* (1924), p. 25.

(7) Winston Churchill, *The World Crisis: The Aftermath*, p. 67.

（8）Max Weber, *Gesammelte Politische Schriften*, p. 383.

（9）一九三八年、ドイツはオランダの輸出の一四・九%、ベルギーの輸出の一二・二%、デンマークの輸出の一九・七%、ノルウェーの輸出の一五・三%、スウェーデンの輸出の一八・一%を輸入していた。ドイツはこれら諸国にとって、イギリスに次ぐ輸入国の地位を占めていた。なおドイツはフランスの輸出のわずか六%を輸入しているに過ぎない。

（10）J. M. Keynes, *The Economic Consequences of the Peace*, p. 251.〔前掲『平和の経済的帰結』〕

（11）Winston Churchill, *The World Crisis: The Aftermath*, p. 67.

（12）J. W. Parkes, *The Jewish Question* (Oxford Pamphlet on World Affairs), p. 31.

## 第十章

（1）次の事実が想起される。一九一八年の戦勝国側は〔当初二回の会議開催を企図し、〕まず戦勝国だけで予備会議を開催して講和条約の準備用草案をつくり、その後に戦勝国と敗戦国とで本会議を開催して、最終的な条約草案をつくる予定であった。ところが実際に生じた歴史は、元来は予備会議と位置付けられていた会議体が、最終的な条約案を起草してしまったのである。

（2）一九一九年以降に、多くの国々で政治生活は政治的不安定が見られたが、その激しい流動――少なくともその一部――は、戦争時の心理状態の延長と解釈することもできる。イギリスでは一九一八年には数百万人がラムゼイ・マクドナルドを絶対平和主義者（パシフィスト）と非難して襲撃事件を起こした。ところがイギリス国民は、一九二四年にはそのマクドナルドを首相に選出し、一九三一年には国民の救世主として歓呼の声を浴びせた。またドイツでは、一九一九年には大多数の国民がウィルソン主義的な理想を真剣に受け入れたが、一九三三年には全く同様な真剣さをもってナチスの支持者になった。

(3) Winston Churchill, *My Early Life*, p. 346.〔チャーチル『わが半生』中村祐吉訳、中公クラシックス、二〇一四年〕

(4) デニス・ソラは、フランスが崩壊する前に書いた本のなかで、「ヨーロッパ再編会議」のような会議を提唱し、それを交戦状態が終結した後の五年間設置することを主張している(Denis Saurat, *French War Aims*, p. 23)。

(5) 世論で有力になっている傾向によれば、戦争目的は現在の段階においては、社会的経済的問題に限定して定義されるべきであって、国境問題の観点から定義されるべきではない、という一般的な合意がある。

(6) A. Salter, *Allied Shipping Control*, p. 266.

(7) *The Eighth Fortune Round Table: Peace Aims*(Princeton, February 1941), p. 8.

(8) Campbell Stuart, *Secrets of Crewe House*, p. 183.

(9) A. Zimmern, *The League of Nations and the Rule of Law*, p. 157 には、全経緯について最も便利な説明がなされている。

(10) イギリスの人々は、救援の優先順位が適切に説明されるならば、自己犠牲の模範を示すことを拒否しないであろう。

(11) A. Zimmern, *The League of Nations and the Rule of Law*, p. 159 に引用。

(12) A. Ruth Fry, *A Quaker Adventure*, p. 168.

(13) E. Staley in *International Conciliation*, No. 369 (April 1941), p. 400.

(14) アメリカ復興金融公社の運用実績は研究に値する先例である。

(15) 一九四一年五月二十九日、アンソニー・イーデン氏〔英外相〕はマンション・ハウス演説で講和目的を次のように表明した。「ヨーロッパ中で外国為替が秩序を喪失し、失業、市場、価格の激しい乱高下が覆っている。これが両大戦間の二十年の甚大な困窮をもたらしてきた。これらを他の諸国と協力して防ぐことがわれわれの目的である。」この二十年間の体験に照らすならば、このような目的は何かしらの有効な中央権力を設置することなしには達成しえない。

(16) 一九三一年、ジュネーヴにおけるユーゴスラビア代表の見解はすでにE. H. Carr, *The Twenty Years' Crisis*, p. 74〔前掲『危機の二十年』一二三―一二四頁〕に引用したが、ここで再度引用するのは適切であろう。「経済的要件とは別に政治的・社会的要件もまた存在するというのは、事実である。「物事は自然に正しい状態に戻る」と主張する古い経済学派は、こう述べている。すなわち、もし経済的観点からみて、何事もなされず事態が自然の成り行きに任せて進むなら、経済的均衡はひとりでに生まれるだろう、と。これは多分正しいであろう(私はこの点についてあれこれ議論するつもりはない)。しかしこの経済的均衡はどのようにして生まれるのだろうか。弱者を犠牲にしてである。いまや諸君もご存知の通り、七十年以上にわたってこの経済学説に対する強烈な反発がいよいよ増大してきている。ヨーロッパおよび世界におけるすべての社会主義政党の出現こそ、経済問題に対するこうした見方への反発の表われにほかならないのである。」

(17) 本書三二四―三二五頁。

(18) 大臣や高級官僚は、会社の重役と同様、既得権益を持っており、彼ら自身の重要性を制限しかねない協働や組織的融合には、それがどんな形のものであれ、抵抗する傾向がある。ただしこの抵抗は必ずしも、大臣や高級官僚たちが代表していると称している人々の意思にも利益にも基礎をおくものではないのである。

(19) 本書一二〇―一二二頁。

# 訳　注

## 扉　裏

[1] トクヴィルは二者択一の問いを投げかけている。この引用のあとにトクヴィルは「私はといえば、……長い旅路がいつ果てるのかさえはっきりしない。私は岸に向かって、人を欺くばかりの汽船を次々と乗り継いで行くことに疲れてしまった。それで私はしばしば、われわれがずっと以前から探し求めているしっかりした陸地は、実際に存在しているのか、あるいはわれわれの運命は、むしろ永久に海原をさまよい歩くことにあるのではないか！　と自問自答してみるのである」と続けている(『フランス二月革命の日々　トクヴィル回想録』喜安朗訳、岩波文庫、一九八八年、一一五—一一六頁)。トクヴィルの答えはペシミズムに傾く。カーも、トクヴィルと同様に、「革命」に立ち会い、失望し、「海原をさまよ」ってきた。リアリストとしてのカーであれば、トクヴィルの答えに心を惹かれたであろう。にもかかわらず、トクヴィルの問いをカー自身の問いとしながら、トクヴィルの答えをカーは引用しない。その理由は、本書のカーは理想追求者であって、トクヴィルとは異なり「しっかりした陸地」を探し出そうと試みるからである。

## 覚え書

[1] 「危険かつ予測不能な状況(hazard)」とは、①空爆の被害を受ける物理的危険性と、②予測不能な変動が生じて書かれた内容が無意味になる危険性を、二重に意味している。①について、

平時であれば読書も本の執筆も危険をともなうことはない。しかし、カーは本書をドイツ軍の猛烈な空爆のさなかのロンドン中心部で書いた。本書を手にしたイギリス在住の読者は読書中いつ空爆を受けるか、またどんな災禍が待ち受けているか分からなかった。②について、カーは、現に戦っている大戦の先にある戦後秩序の条件を論じたが、執筆後にどんな不確定性が待ち受けているか予測不能であった。たとえばカーはイギリスの勝利を前提していたが、勝利できない可能性も大きかった。しかもカーが本書の構成を固めた時点では、アメリカとソヴィエト・ロシアは未だ参戦しておらず、はたして米・ソが反ドイツ側に立って参戦するかは不確定であった。執筆の仮説的前提は日々崩れていくことから、大戦後の秩序が拠って立つ条件を書いた本書は、不確定性のリスクを負った知的賭けであった。

[2] 本書の執筆開始は一九四〇年五月中旬から六月と推定できる(「訳者解説」参照)。そして、独ソ戦がはじまる一九四一年六月二十二日までに「構成が固まり、草稿の大半を書き上げていた」。その後検閲を経て、一九四一年九月には印刷に回され、四二年三月に刊行された。アメリカ合衆国が参戦するのは一九四一年十二月である。カーが本書を執筆した十二カ月余りの間、フランス軍は崩壊し、ソヴィエト・ロシアとアメリカはまだ参戦していない。カーの執筆期間のほとんどは、イギリスが単独でナチス・ドイツとの戦争を戦っていた期間に当たる。

## 序　章

[1] 今日、第一次世界大戦と呼ばれる大戦である。本書では一貫してカーは「第一次世界大戦」という言葉を用いていない。またカーの執筆時期(一九四〇年後半—四一年前半)のイギリスでも

広く使われていたわけではない。そのため「一九一四年の戦争」あるいは「前大戦」と訳する。

[2] 英・仏・米において第一次大戦の戦争目的を表現する標語の一つ。「犠牲を厭わず戦った英雄たちを迎え入れるにふさわしい世界」も同様。カーは、英・仏・米など戦勝国が十九世紀的意味での「民主主義」を標語としたことが、かえって戦勝国が第一次大戦後に民主主義の内実を問う課題を軽視する契機となったと述べる。序章訳注[9]参照。

[3] ウッドロウ・ウィルソン(一八五六―一九二四)。学者出身の民主党政治家。ニュージャージー州知事時代と大統領一期目に国内の改革政策を提唱した。一九一七年アメリカの第一次大戦の参戦を決定し、一九一八年には「十四カ条」の戦後構想を明らかにした。そして、戦後の講和会議では国際連盟の提案などに主な役割を果たした。カーがウィルソンを「新秩序の預言者」と形容するのは、改革の提唱者ではあるが、実効性を欠いて混迷したことを表現している。また、カーはウィルソンを、ロイド＝ジョージ、クレマンソーと並べて、第一次大戦後の「講和形成者」と表現し、講和後の不安定なヨーロッパを生み出した責任者としている。

[4] 一九三二年二月―三四年十一月、国際連盟加盟の三十一カ国と米ソが参加し、ジュネーヴで開かれた「軍備削減・制限会議」。調印されたものの、ドイツ、日本が国際連盟などから脱退し、イギリスなどは批准せず、発効しなかった。

[5] フランスがドイツ国境沿いにつくった長大な複合要塞。スイス・バーゼルからルクセンブルクまで四百キロメートルに及ぶ。ところがドイツ軍はマジノ線を迂回して、防御網の薄い北方のアルデンヌ(フランス・ベルギー・ルクセンブルクの国境が接する地域)を奇襲して、フランスに侵攻した。この「マジノ線」を、カーは、固定観念に惑溺して無益に終わった政策という比喩と

して用いている(二六頁、二八頁)。

[6] 原文は冠詞を付さない war であるが、一九三九年九月三日のイギリスとフランスの対ドイツ宣戦布告によってはじまった戦争を指している。カーが本書を執筆するのと同時に進行した戦争であり、執筆の間の戦争はほぼイギリスとドイツの二国間で戦われた。カーは、本書でこの「一九三九年の戦争」を「一九一四年の戦争」に匹敵する「大戦」であると意味づけているが、しかし、この戦争を「第二次世界大戦」と呼んではいない。その当時のイギリスではまだ「第二次世界大戦」の言葉はあまり使われていない。また、アメリカと日本が参戦する前は、「ヨーロッパ大戦ではあっても、「世界」大戦ではない。以上の理由から、カーの執筆と同時進行した war を主に「現大戦」と訳す。

[7] 本書の執筆中、カーは『ザ・タイムズ』紙に勤めていた。同紙が当時もっていた意味と同紙内でのカーの位置ついては、「訳者解説」を参照。

[8] ユースタス・パーシー(一八八七―一九五八)。侯爵家の七男に生まれた英国の政治家・外交官・保守党下院議員。イギリス保守政治の内部に身を置きつつ、その欠陥を醒めた眼で批判した。ボールドウィン内閣の教育大臣や無任所大臣などを務め、無任所大臣の際はジャーナリズムに「思想大臣」と呼ばれた。

[9] この文章でカーは「民主主義が確保された世界」という戦勝国の標語を下敷きにしているが、同時に、第一次大戦は階級を問わず国民全体を兵士として動員し、性別を問わず経済動員した結果、戦後には戦勝国・敗戦国を問わず、政治・経済に参加する民主主義化の要求が全体として高まったことも表現している。ところが戦勝国は、すでに十九世紀に民主主義のある種の形態を確

立してそれを「民主主義」のモデルとみなし、「民主主義が確保された世界」を標語として広く普及させたため、かえって戦後に民主主義を革新する課題を軽視することになったと、カーは主張している。

[10] 一九二四年に国際連盟総会で採択された国際紛争平和的処理議定書。同名で呼ばれる毒ガス等の使用禁止に関する議定書(一九二五年)とは別のものである。侵略戦争を国際犯罪と宣言し、すべての紛争を連盟理事会などの決定により平和的に解決する体制を定めた。平和的処理手続きを精緻化することが、「満足した大国群」を現状維持志向に安住させる機能を果たしたことから、カーはこれを「国際組織上のマジノ線」と形容している。作成に中心的役割を果たしたイギリスが批准しないことなどから発効しなかった。

[11] アリスティード・ブリアン(一八六二―一九三二)。フランスの首相・外相。ドイツとフランスの関係を安定させるためロカルノ条約、ドイツの国際連盟加盟、ケロッグ＝ブリアン条約に尽力。一九二六年ドイツ外相のシュトレーゼマンとともにノーベル平和賞受賞。

[12] 第一次大戦後のドイツ賠償問題に関し、アメリカの銀行家チャールズ・ドーズを長とする委員会が一九二四年に作成した案。賠償支払い条件を緩和しつつ、ドイツの鉄道・工業施設を担保に、アメリカ資本を導入して、ドイツに支払いを行わせ、あわせてドイツ工業の復興を図った。ところが実施後六年でドイツは支払い不能に陥った。後にヤング案によって修正を余儀なくされた。

[13] ジェームズ・アーサー・ソルター(一八八一―一九七五)。イギリスの学者、国際連盟の経済・金融政策の担当官、下院議員、閣僚。ジャン・モネの汎ヨーロッパ運動の盟友であり、ソル

ター自身が欧州統合の提唱者の一人であった。イギリス公務員から職歴を出発させ、海軍省に所属した経歴をもつ。すでに原注(4)に登場するなど、カーは本書でソルターを計四回、いずれも共感を込めて引用している。

[14] イギリス読者は、チャーチル首相の高齢を想起したであろうし(本書刊行の年に六十八歳になる)、チャーチルは読んで憤慨したことであろう。序章に引用されたもう一人のイギリス政治家リチャード・クロスマンは本書刊行の年に三十五歳になる。

[15] 前著『危機の二十年』でカーはアーノルド・トインビーを、ウッドロウ・ウィルソンやセシル卿と並べて、批判の主対象としていた。しかし本書ではここを含めて象徴的な数カ所で、トインビーの著作を肯定的に引用している。トインビーは、『危機の二十年』の出版直後、カー宛の私信で「この本には道徳的観点が欠落し、政治的に行き詰まっている」と批判した。トインビーの引用の仕方が反転していることについては、カーがトインビーの批判を少なくとも部分的には受け入れ、それへの回答を含めて本書を書いた、と解釈することができる。カーのトインビー宛返書(一九三九年十一月二十日)は、ジョナサン・ハスラム『誠実という悪徳――E・H・カー一八九二―一九八二』(角田史幸他訳、現代思潮新社、二〇〇七年、一一三頁、四五五頁)に引用されている。

## 第一章

[1] エリー・アレヴィ(一八七〇―一九三七)。フランスの思想史家。十九世紀イギリス思想史の著作があり、イギリス世論に影響があった。引用文は一九二九年オクスフォード大学のローズ記

念講演録。

[2] オイゲン・ローゼンシュトック＝ヒューシー(一八八八—一九七三)。ドイツの社会哲学者。第一次大戦では長く西部戦線にとどまり、そこでの戦争体験が人間に地球的存在であることを意識させ、宗教・世俗の両面で根本的な意識革命をもたらすことを説いた。

[3] ヘンリー・W・スティード(一八七一—一九五六)。『ザ・タイムズ』紙の欧州特派員。対ドイツ強硬派として知られ、東欧専門家として影響力があった。

[4] 一九四一年六月、ドイツ軍がソ連に侵入し、独ソ戦が始まった。草稿の大半を書き上げたあとで、急遽書き加えられた文章である。

## 第二章

[1] ピーター・F・ドラッカー(一九〇九—二〇〇五)。ウィーン生まれ(両親はユダヤ系)。ハンブルク、フランクフルトで職を得た後、一九三三年イギリス・ロンドンに移住。一九三七年アメリカに生活拠点を移し、四三年アメリカ国籍を取得。後に経営学者として有名になる。一九三九年、全体主義を批判した『「経済人」の終わり』がニューヨークで出版された。序文はH・N・ブレイルズフォード(英国人)が書き、チャーチルが『ザ・タイムズ』紙に書評を書いている。カーは、ドラッカーのこの本の観察と分析を重視している。

[2] 複数選挙区投票制(「プルーラル・ヴォーティング」)とは、イギリス下院議員の選出にあたり、①または②の条件をみたす投票権者が二つ以上の選挙区で投票権を持っていた制度慣行を指す。①居住する選挙区と一定額以上の資産を保有する選挙区が異なる。②居住する選挙区と所属する

大学選挙区が異なる。一九四八年の法改正により廃止された。

[3] 順位指定投票制(「オールタナティヴ・ヴォート」)とは、多数の投票者が、三名以上の候補者の中から一名を選出する選挙方法の一つ。過半数の意志を反映でき、死票が少なく、極端な意見の候補者を排除できるため、イギリスその他の国で選挙改革案として議論された。概要は下記の通り。①各投票者は投票用紙に全候補者の優先順位を記入する。②全投票の優先順位一位者を集計し、過半数を得た者があれば、その者が当選する。③過半数を得た者がない場合、優先順位の最下位者を候補者から除く。最下位者を優先順位一位にした票は、優先順位二位の候補者を一位に繰り上げる。そのうえで、全投票の優先順位最高位者を集計し、過半数を得た者があれば、その者が当選する。④以下同様に、集計のたびごとに最下位の候補者を除外して、残った候補者の間の最高位者を集計する。候補者が二人に絞られた段階で必ず当選者を確定できる(両者同数は例外)。イギリス下院議長の選出などに用いられている。

[4] 議会が各年度ごとに常備軍の合法性を承認する法律。一六八九年の軍律法(Mutiny Act)を起源とする。以後、平時に軍隊をイギリス議会の統制下に置くための法的慣行として定着した。一九一七年以降は陸軍のみならず空軍にも適用され、陸軍・空軍単年度法と名称が改められた。

[5] マシーン政治は元来、アメリカの州や都市レベルで発達した政党の下部組織の活動様式を指した。典型的には新しい移民などに個別に日常利益を配分し、それと交換に、選挙に際し特定政党や特定候補に投票させた。ここでカーが用いる「保守党マシーン」「労働党マシーン」とは、イギリスの二大政党の本部に付属した機関が下院議員の候補を選ぶことなどを指している。

[6] スタッフォード・クリップス卿(一八八九—一九五二)。イギリスの政治家。父は下院議員、

母はベアトリス・ウエッブの姉妹。一九三一年に労働党から下院補選で初当選し、同年秋の総選挙で議席を保持できた三名の労働党候補者一人。キリスト教福音主義とマルクス主義を混合させた構想を提唱した。本書の執筆当時はソ連大使としてスターリンと折衝するほか、「クリップス使節団」(一九四二年三月)の長としてガンジーと交渉した。戦後労働党内閣で大蔵大臣等を務めた。カーが本書において肯定的に引用する数少ないイギリスの下院議員。

[7] ここで引用されているローレンス・デニスは、アメリカ・ファシズムの知的指導者。ハーヴァード大卒で、一時期外交官を務めた。一九三〇年代以降は「アメリカのナンバーワンの知識人ファシスト」(『ライフ』誌、一九四一年一月二〇日)と呼ばれ、その尖鋭なアメリカ批判は、米・英のエリートや知識人に広く読まれた。この「ファシスト」をカーが引用したことを非難した書評が出され(R. West, 'Notes on the Way,' *Time and Tide*, May 9, 1942)、議論を呼んだ。カーは、知的な興味深さ、レトリックの面白さから引用することが多く、本書でのムッソリーニの引用と同様、デニスについても党派的な支持を示すための引用ではない。なお、二〇〇六年になって、デニスは一八九三年、アトランタに黒人の母から生まれ、少年伝道者として育ったが、青年期に出自を隠して白人社会に溶け込み、成人した後白人を装って活動した黒人であったことが判明した(G. Horne, *The Color of Fascism: Lawrence Dennis, Racial Passing, and the Rise of Right-Wing Extremism in the United States*, New York University Press, 2006 に詳しい)。白人エリートによるファシズム・プロパガンダとして読まれていたが、白人に偽装した黒人によるアメリカ社会のイデオロギー批判としての陰影を持っていた。もちろんカーは、デニスの出自を知らないままに、その尖鋭な批判の面白さを感受したわけである。

## 第三章

［1］第三章表題と同様に、原語は self-determination である。本章では national などの形容詞がつくケースもあるが、この語のみで用いられていることが多い。この語は訳し分けが必要になる。自己決定は、個人による自己決定と、集団を単位とした集団的自己決定とに分けられる。ここでの焦点は後者であり、特定の集団単位、たとえば家族、宗教集団、言論・出版に携わる人々の集団、民族・国民などが、集団単位ごとに集合して意志決定することを指す。これを「集団的自己決定」と訳す。

自己決定をなす数多くの集団単位の一つが、民族・国民(ネーション)である。民族・国民の自己決定権は、権利がある根拠を、個人の諸権利から演繹することができる(家族的自己決定、宗教的自己決定などと並列に正当化される自己決定権である)。その権利を「民族的自己決定」権と訳す。

それに対し、一九一八年講和条約が承認した「民族自決」権は、民族的自己決定権のなかでも最も強い形の権利主張であった。すなわち①民族・国民は、他の集団単位に優越した最も重要な集団単位であることを承認し、②集団単位が民族・国民であることを根拠に、政府および政府の排他的な管轄範囲(国土)を集団的に意志決定する権利があることを承認した。①②を満たす権利主張を「民族自決」権と訳す。

［2］ウィリアム・テンプル(一八八一―一九四四)。ヨーク大主教、カンタベリー大主教を務め、青少年教育、労働者の生活改善の運動を行った。

［3］一九一八年講和当時、次の三つをセットにした考え方がとられた。①民族という集団単位が、個人にとって他の集団単位よりも最も重要な集団単位であり、重要な帰属対象である。②個人は原則として、一つの民族に帰属して、それ以外の民族には帰属しない。③個人がどの民族に帰属しているのかを、身体的形質、言語、宗教、文化的伝統など客観的標識によって識別できる。これらが「ナショナリティ」の原理とされた。

［4］十九世紀末葉のイギリスで開花した大衆娯楽の場の一つが「ミュージック・ホール」であった。その舞台ではミュージカルが盛んに上演され、ウィリアム・ギルバート（作詞者）とアーサー・サリヴァン（作曲者）のコンビが数々のヒットを飛ばした。アルコールの入った聴衆たちが、バックコーラスに合わせて歌い、その歌が広く流行した。ギルバートの作詞には笑いと諷刺が溢れ、反上流意識と反知性主義が強く、時代を反映して他民族や他人種に対する偏見と排外主義が散見される。

［5］アンソニー・ホープの冒険小説『ゼンダ城の虜』（一八九四年）の舞台として英語圏で広く知られる。ロマンスと冒険に充ちた架空の王国として描かれる。

［6］ドイツが一九四〇年四月にデンマークとノルウェーを占領し、五月にはオランダ、ベルギー、ルクセンブルクに侵攻したことを指す。

［7］第一次大戦を短期決戦で終わらせようと目論んだドイツ軍は、開戦直後の一九一四年八月三日、マジノ線を迂回して、中立国ベルギーに侵攻した。ベルギー内を速やかに通過してフランスに入り、早期のパリ陥落を目指した。ところがベルギー軍は、ドイツ軍に徹底抗戦し、またベルギー内の橋・鉄道・電信線を破壊した。そのためドイツ軍は、ベルギー内を通過するのが予定よ

りも大幅に遅れ、フランス軍とイギリス遠征軍は、応戦を準備する時間的余裕を得た。これが、一九一四年九月五日―十二日のマルヌ河畔でドイツ軍を撃退する一つの要因となった。

[8] C・A・マカートニー(一八九五―一九七八)。イギリスの中東欧研究者。オーストリアやハンガリーに関する多くの著作がある。第三章原注(3)に言及がある。

[9] ケインズは本書のカーに二重の影響を与えている。第一は、パリ講和会議に対する根底からの批判であり、それはケインズの大蔵省正式代表としての同会議への参加体験が、カーの外務省職員としての体験と共通していたことによって強められた。カーがここで引用したケインズ『平和の経済的帰結』は「パリ〔講和会議〕は悪夢だった。そこでは誰もが病的であった。……その言葉は空しく、何の効力もなく、事の成行きとは無関係であった……」と書いたが(ケインズ全集第二巻、早坂忠訳、東洋経済新報社、一九七七年、三頁)、その雰囲気をカーも共有していた。また、ケインズの「〔ウィルソン大統領の〕思想と気質は、本質的に神学的であって、理知的ではなく、そのような思考、感情、表現法のもつすべての長所とすべての短所とを具えていた。……彼の心の動きは遅鈍で、適応性に欠けていた。彼は、細目的について何の提案も持っていなかっただけでなく、……多くの点で、ヨーロッパについて不案内だった」(同、三三頁)という評価もまた、カーは共有していた。ケインズの第二の影響である国際政治経済学の必要性については、本文および第四章訳注[6]と[11]を参照。

## 第四章

[1] リカードにおいて頂点に達する経済学理論。ここではリカードの経済理論を採用し完成させ

たJ・S・ミルからマーシャルにいたる経済学理論を指す。

[2] カーの同時代では、中等教育でラテン語・ギリシャ語の古典を学び、オクスフォード、ケンブリッジの両大学で高等教育を受けた者の意。カーは、マーチャント・テイラーズ校の生徒時代、ギリシャ語・ラテン語の古典から自らの英訳版を網羅的に作成し、ケンブリッジ大学トリニティ・コレジの学生であった時には、ラテン語の詩でモンタギュー・バトラー賞(トリニティ・コレジ学寮長の名)を受賞した。

[3] サーマン・ウェズリー・アーノルド(一八九一—一九六九)。米ワイオミング州のフロンティア出身の地方政治家・法律家・イェール大教授。一九三八年、F・ローズヴェルト大統領に司法省反トラスト法担当次官補に任命された。反トラスト法の二三〇事案の検察官を務めたことで知られる。

[4] クリフォード・ヒュー・ダグラス(一八七九—一九五二)。イギリスおよび英語圏諸国における「社会信用供与」運動の主導者。技師出身で第一次大戦中、イギリス空軍の兵器廠管理者を務めたため、その後も「ダグラス少佐」と呼ばれる。購買力の不足を是正するため、政府が「国民の配当」として社会の構成員全員に分配供与する政策を提唱した。これは英語圏諸国で広く議論を呼び、カナダ・アルバータ州などに影響し、同州は州立銀行を設立した。

[5] フランシス・タウンゼント(一八六七—一九六〇)。米カリフォルニア州医師。「タウンゼント計画」の一例は高齢者給付金であり、彼は米国の六十歳以上の老人に月額二百ドルを与えて消費させ、経済復興を図るよう訴えて、一九三六年の大統領選挙期に、ニューディール政策に不満を抱く世論、とくに高齢者にアピールした。

[6]「有効需要」すなわち現実に購買力を有する需用の創出策である。ケインズ『雇用、利子および貨幣の一般理論』(上・下)、間宮陽介訳、岩波文庫、二〇〇八年、を参照。

[7] 英国に存在した省庁(一九三九―五九年)。陸・海・空三軍に物資・兵器・装備等を供給した。

[8] 英国に存在した省庁(一九三九―五八年)。現大戦中、事実上国民への食料供給を独占し、多くの品目を統制し、配給制を取った。

[9] アルフレッド・オリージ(一八七三―一九三四)。イギリス・ヨークシャーのノン・コンフォーミストの家系の出身。苦学の末、小学校教員となり、独学でプラトンとニーチェを学ぶ。『新時代』誌の編集者。トマス・ヒューム(第五章訳注[1]参照)らに次々に寄稿させるとともに、自身はB・ラッセルが「ギルド社会主義」と呼んだ社会哲学を発展させた。また、クリフォード・ダグラスの社会信用供与計画の支援者となった。

[10] カーの課題意識は、第一次大戦に敗戦したドイツの政治改革を構想したヴェーバーの課題意識に相当程度共通する。第二次大戦後を構想するカーは、第一次大戦直後のヴェーバーの体験的認識に自分を重ねている。ヴェーバーの引用の意味を明確にするために、一九一八年に書かれた「新秩序ドイツの議会と政府」(中村貞二・山田高生訳、『マックス・ヴェーバー政治論集2』みすず書房、一九八二年所収)より、関連部分を引く。「職業代表団体が同時に議会にたいする選挙団体になるという「職業身分的」基礎に立脚する選挙団体創設の提案が……たびたび行われる……こうした提案は、それ自身すでにナンセンスである」(三五五頁)。「将来の財貨生産の方向は需要に見合うべきであって、現在のように利潤の利害関心に見合うべきではない……この究極の理想を実現するためには、生業の利害関心のシンジケート化と独占化とから出発するわけにはいかな

いのであって、むしろ正反対に、消費者の利害関心の組織化から始めねばならない……とすれば将来の組織は国家的に組織された強制的カルテル・強制的ギルド・強制的労働組合などの方式に従うことはできないのであった、ひとつの巨大な、国家に組織された強制的消費組合の方式に従わざるをえなくなろう。この組織は……生産の方向を需要に対応させつつ組織自体で決定しなければならないだろう。その場合財貨生産の標準を示しつつこれを不断に統制する議会を通すことなしに、「民主的」利害関心、したがって消費者大衆の利害関心がどうして保障されることになるのか、これまた見極めのつかぬ点である」(四三三頁)。

[11] 多くの社会事業は、利用可能な労働と資源の全面的活用に近づく手段であり、有効需要を掘り起こすことになろう。ケインズが示した理論的概要に基づき、カーは本書第二部において、社会給付金の水準引き上げ、食料の配給と低価格化、公営住宅の建設、保健所の設置と医療サーヴィスなどを、情熱を傾けて提唱する。そして、それらの一部は後の『ベヴァリッジ報告書』に採用された内容と同じである。

[12] ロバート・ラフォレット(一八五五―一九二五)。アメリカの政治家。ウィスコンシン州知事(一九〇一―〇六年)として、同州政治の革新主義的改革を実施した。また、政治参加の機会を草の根に広げることを目指した。たとえば政党の選挙候補者を決定するにあたって、党員全体の直接選挙によって決める直接予備選(ダイレクト・プライマリー)の制度を、一九〇三年全米に先駆けて同州で採用した。一九二二年には革新主義政治行動会議を組織し、鉄道・電信など運輸通信手段の公有化などの政策を掲げた。一九二四年には共和党を離党して大統領選挙に出馬し、四二八万票と選挙人票一三票を獲得した。ラフォレットは、カーが本書で提唱する政治参加、地方

分権改革のアメリカにおける引照基準の一つと考えられる(なお、第六章で引用されるワイナントも同様。第六章訳注[2]参照)。

## 第五章

[1] トマス・ヒューム(一八八三—一九一七)。イギリスの詩人・批評家。文芸運動としてのイマジズムを主導して、モダニズムに影響を与えた。またソレル『暴力論』を英訳し、ベルクソンより影響を受けた。一九一四年に兵役に志願して、フランスとベルギーで戦う。A・オリージの編集する『新時代』誌には一九〇九年より寄稿を続けていたが、戦場からも同誌に「戦争ノート」などを掲載し続けた。一九一七年九月末、西フランダースで戦死。享年三十四。

[2] ジョルジュ・ソレル(一八四七—一九二二)。フランス・シェルブール出身の社会思想家。エコール・ポリテクニークを出て土木局に勤めたが、技師引退後、「プルードンの哲学に関する試論」(一八九二年)を発表し、古典派経済学のイデオロギー展開を批判した。また雑誌『新時代』に寄稿している。

[3] ルパート・ブルック(一八八七—一九一五)。イギリスの詩人。ラグビー校からセントジョン・コレジ(ケンブリッジ大学)に進む。詩「兵士」など戦争詩で知られる。第一次大戦で海軍に志願。一九一五年、病院船で死去。享年二十七。夭折した詩才豊かで男前のイギリスの若者の典型と長くみなされた。本章でカーは、同じケンブリッジ大で学び、戦争について詩を書き、一次大戦で夭折した二人のイギリス詩人トマス・ヒューム(本章訳注[1]参照)とルパート・ブルックを対比している。カーよりヒュームは九歳年長、ブルックは五歳年長である。

[4] ジョセフ・ホールズワース・オールダム(一八七四―一九六九)。インドに生まれ、スコットランドで育ち、トリニティ・コレッジ(ケンブリッジ大学)に学んだ。イギリスの全宗教間協力推進運動(エキュメニズム)の主導者で、荒廃したヨーロッパの文化的復興を提唱した。一九三七年、オクスフォード会議を組織し、世界の宗教知識人を集めた。談話会「ムート(アングロサクソンの民会の意)」を継続的に組織し(一九三八―四七)、T・S・エリオット、カール・マンハイムらが出席・議論した。

## 第六章

[1] 原語は traverse. 直訳すると、風向きや水流に逆らってジグザグ航法で進むの意。カーが航海の比喩で第二部を書きはじめているのは、扉裏で引用したトクヴィルがその文章に続けて「われわれの運命は……永久に海原をさまよい歩くことにあるのではないか」と歴史の前途を悲観的に述べていることに対して、それとは違う答えを第二部で提示するというカーの意志の表明と解釈できる。訳注扉裏(五四三頁)参照。

[2] カーは内政と外交の連係を主題として、国内における社会政策を対外的政策に反映させることを提唱する。ここでは、ジョン・ワイナントをこの主題の先駆的事例として引用している。イギリス人にとってワイナントは、アメリカの駐英大使(一九四一年三月―一九四六年四月)として知られる。彼はドイツ軍によるイギリス大空襲(ブリッツ)の最中の一九四一年三月、イギリスに到着し、「ここに着任できて大変うれしい。この瞬間ここをおいて他に来たい場所はない」と述べ、イギリス人の戦いに寄り添った姿勢を印象づけた。またチャーチル首相と信頼関係を築いた。

前任者のジョセフ・ケネディ大使は、ヒトラーの宥和を主張し、チャーチルに反発し、イギリス民主主義の将来を否定的に見ていた。ワイナントはケネディの路線から決別して、新しい目的意識をアメリカの対イギリス政策に持ち込んだ。ワイナントは、大恐慌の時代、ニューハンプシャー州知事（共和党）として、失業対策など社会政策の推進者として名を挙げた。そしてローズヴェルト大統領によって、連邦社会政策の要職に起用され、ついに駐英大使に任命された。

[3] ヴィクトリア期の建築は、イギリス人から一般に「凡庸」や「実用主義」などの低い評価を受けている。たとえば「赤レンガ」建築は、日本人には文明開化の権威を象徴するが、イギリス人には安手の印象を与えて、伝統を感じさせない。

[4] ソールズベリー、ノーヴィッジなどに美しい建物が現存する。ブリストル司教館は一八三一年に焼失。

[5] 一八六九―一九四四。イギリスの建築家。壮大な古典様式を駆使して、大英帝国の威信を表現した。

[6] チャリング・クロスとはトラファルガー広場南側の六差路の交差点。周辺にナショナル・ギャラリー、ホワイトホール官庁街、鉄道ターミナル駅（地下鉄三線と接続）、宮殿に通じる儀式用道路、古書店街などがある。ロンドン市のほぼ中心に位置することからロンドンからの距離を測る基準点とみなされてきた。

[7] 主要な工業施設を全国に分散・配置することによって、ドイツ空爆による打撃や被害を限定する計画。

[8] James Bryce, *The American Commonwealth*, 1888, vol. 1, Ch. 8, 'Why Great Men Are Not

Chosen Presidents' を指す。ジェームズ・ブライス（一八三八―一九二二）はイギリスの歴史家・政治家。同書が刊行された十九世紀後半は、アメリカ大統領の指導力が欠如した時代であり、また、社会が政治家に指導力の発揮を求めない時代でもあった。

［9］情報大臣は、第二次大戦が勃発した後、短期間のうちにハロルド・マクミラン、ジョン・リース、ダフ・クーパーと交代した。カーが情報省に一九三九年九月から四〇年三月まで勤めたことは「訳者解説」を参照。カーが情報省に入ったときはマクミラン大臣、辞表を出した時はリース大臣であった。クーパーは、カーが外務省に入った時は三年先輩の同僚ではあるが、情報省に勤務していた時には上司ではなかったため、検閲の対象とはならなかったと推定される。

［10］ダフ・クーパー（一八九〇―一九五四）。父は王室や貴族の医師、母は子爵の娘。イートン校、オクスフォード大ニューコレジ学寮卒。一九一三年外務省に入る。一九一七年兵役につき、西部戦線で戦う。外務省に復帰後、侯爵の娘と結婚。エジプト課で勤務。一九二四年下院議員。戦争大臣、海軍大臣を歴任したが、三七年のミュンヘン合意に反対して辞任。チャーチルに伴い情報大臣（一九四〇年五月十二日―四一年七月二十日）に任命される。のち駐仏大使。

［11］カーはウォルター・バジョット『イギリス国制論』を前提に議論している。バジョットが、イギリス下院を「実効的部分」であると喝破したのは、『平和の条件』が刊行される七十五年前の一八六七年であった。バジョットの下院論に対するカーの批判的な補足は、本章原注（17）参照。

［12］フランス第三共和制の内閣の平均寿命は約八カ月と短い。その理由の一部は多党制の政党システムに由来する。

［13］郷土や居住地域の生活文化への愛着や、所属する政治共同体への参加などに裏付けられた忠

誠心や帰属感。パトリオティズムを「愛国心」「愛国主義」と訳すことがあるが、国家を忠誠心や帰属感の対象として他の集団的枠組みよりも優先させるイデオロギーを含意するため、パトリオティズムと表記する。

## 第七章

[1] ヨーロッパの連邦型統一を目指す運動体。チャールズ・キンバーらが一九三八年暮に組織し、一九四〇年には連邦統合研究所(W・ベヴァリッジ所長)を置いた。

[2] 世界第一位のイギリス海軍力は、第二位と第三位の二カ国の海軍力の合計を上回る戦力を維持する、という軍備方針。

[3] イギリスの政策目的はその力よりも大きすぎ、アメリカの政策目的はその力よりも小さすぎた、の意。

[4] この記述は、対ドイツ戦争の遂行に際し、イギリスに対してアメリカの物資供与が大きな役割を果たしていても、アメリカの軍事力が直接に戦闘に参加してはいなかった時点のものである。本書覚え書によると、本書は、一九四一年十二月にアメリカが第二次大戦に参戦する三カ月前には執筆が完了していた。なお、イギリスの対ドイツ宣戦布告は一九三九年九月である。

[5] 一九四一年三月に制定されたアメリカの法律。アメリカは第二次大戦への参戦布告を待たず、イギリスなど連合国に武器・食料などを供与できるようになった。

[6] コーデル・ハル(一八七一—一九五五)。アメリカの政治家。南部出身の自由貿易論者。一九三三年から四四年まで国務長官として相互互恵の善隣政策を推進した。

## 第八章

［1］本書の刊行時点で大英帝国は四世紀以上の歴史があった。帝国の伝統的な形態は、母国と海外植民地との間の垂直的な統合である。その一方、独立したアメリカとイギリスの関係は対等で水平的に発展した。さらにその後に独立していく旧植民地・自治領もまた、かつての母国と対等な関係を確立した上で、水平的に統合するコモンウェルス(Commonwealth)構想が発展し、その歴史も、本書刊行時点ですでに八十年近くに達していた。一九三一年にはウェストミンスター憲章に基づき、オーストラリア、ニュージーランド、南アフリカ、カナダ自治政府が母国と英連邦の設立に踏み切り、そこで経済統合が進むならば経済効果が大きいとの期待も根強かった。カーの想定する読者には、英本国のみならず、これら英語圏諸国の人々が含まれていた。そこでは人の移動と情報流通と世論の相互影響が制度化されていた。その読者に向けて、カーは「イギリスを含むヨーロッパ統合」の不可避性を訴える。その裏の主題として本章では、イギリスと英語圏の国々の統合では、いかに不十分であるかを説得しようと試みる。

［2］感染症を空間的に隔離して封じ込める政策を、イデオロギー的な影響を封じ込める政策に転用した国際政治史の用語。一九一九年三月クレマンソー仏首相が、ボルシェヴィキ革命後のロシアの影響拡大を阻止するため、フィンランドからバルカン諸国までの「防疫線」の構築を提唱した。このフランスの政策は、一方でロシアに対してはイデオロギーの封じ込めを企図し、他方でドイツの東側にフランスの同盟国網を構築することで、軍事的なドイツの包囲を企図した。その結果はかえって、ロシアとドイツの接近を促すことになったと、カーは指摘している。

[3] 一九三二年カナダのオタワで開かれたイギリス連邦の経済会議。イギリス、カナダ、オーストラリア、ニュージーランド、南アフリカ、アイルランド、ニューファンドランド、インド、南ローデシアが参加。イギリスは輸出拡大を目論んで、自治領の関税の引き下げやイギリス連邦内の自由貿易をめざしたが、自治領側は強く抵抗し、包括的な協定は成立せず、イギリスと各自治領との間で相互に関税を引き下げる特恵関税協定を結んだ。その結果、関税ブロックが成立し、イギリスポンドで決済する通貨金融ブロックも強化されたが、イギリスでも自治領でも、当初の期待とは異なる事態をもたらして短期間のうちに再検討を余儀なくされた。

## 第九章

[1] 熱狂的排外主義・対外的強硬論。十九世紀後半の露土戦争の際、イギリスのミュージック・ホールなどから流行した反ロシア感情を煽る歌の歌詞に由来する。「ヘイ、ジンゴー!」は元来舞台に立った奇術師の掛け声。

[2] 古代ゲルマン民族の一派で、紀元前四世紀頃ユトランド半島に居住していた集団。前二世紀にローマ共和国を攻撃するが、ローマ軍に撃退される。また「チュートン」は十三—十四世紀にプロイセンを征服・植民した騎士修道会の名称でもある。

[3] 普墺戦争後にニコルスブルク仮条約(一八六六年七月二十六日)とプラハ条約(同年八月二十三日)が結ばれた。ビスマルクは、①開戦後わずか七週間で休戦提案を受け入れ、②プロイセン内で強く主張されたウィーン進軍・占領案を退け、③少額の賠償金を科すことで満足するなど寛大であった。これは普仏戦争において、①戦闘を十カ月間続け、②パリ包囲と砲撃を行い、さらに

ヴェルサイユ宮殿においてドイツ皇帝の戴冠式を行い、③賠償金五十億フランを科し、④アルザス＝ロレーヌを割譲させたことと対比される。

[4] 一九〇二年五月三十一日に、イギリスとトランスヴァール共和国・オレンジ自由国との間で結ばれた第二次ボーア戦争(南アフリカ戦争)の講和条約。イギリスは、ボーア人に対して降服と武装解除とイギリス王冠に対する忠誠を求めたが、トランスヴァール共和国とオレンジ自由国に自治をあたえ、学校と裁判所でのオランダ語の使用を認め、三百万ポンドの再建費用を支払った。またボーア人の財産権を保障するなど数々の譲歩を行ったことで知られる。ただし「ボーア戦争によってイギリスは、史上例のない敗北感を束の間味わった」(本書三二五頁)ように、この条約は手詰りに陥った交戦国間の妥協の産物であり、プロイセンが圧勝したプラハ条約とは前提が異なる点に留意して比較すると、プラハ条約の寛大さは一層際立つ。

[5] ハーグ陸戦条約(一八九九年調印、一九〇〇年発効)の第四十二条は「一地方が事実上敵軍の権力内に帰したときは占領されたものとする。占領はその権力を樹立し、かつこれを行使できる地域をもって限度とする」、同第四十三条は「……占領者は絶対的な支障がない限り、占領地の現行法律を尊重して、なるべく公共の秩序及び生活を回復確保するため、施せる一切の手段を尽くさなければならない」と定めている。

[6] 結論を述べる直前に諷刺・笑話を置くのは、カーの文章手法の一つである。ただしユーモアのセンスは独特で、「「〔カーが若かった頃〕他の人々がおもしろいと思わないことを自分たちが笑うので」「〔カーの家族の〕ユーモアのセンスが歪んでいる」と非難された」と、カー自身が手紙のなかで回顧している(ジョナサン・ハスラム『誠実という悪徳――E・H・カー　一八九二―一

九八二』角田史幸他訳、現代思潮新社、二〇〇七年、一九頁に引用)。

## 第十章

[1] 平和と講和はいずれも peace の訳語であるが、次のように訳し分ける。「平和を恒久的に維持する」など状態・秩序をさす場合は平和、「講和会議」「講和交渉」など戦争後の活動をさす場合は講和と訳す。

[2] イギリスとアメリカとソヴィエト・ロシアを指す。アメリカは異大陸に位置し、またソヴィエト・ロシアは「半ヨーロッパ」国家で、しかも共産主義国である。第二次大戦後の三大国のうち、「ヨーロッパ」国家と呼べるのはイギリスしかない。ここにカーの危機感があり、イギリスが戦後のヨーロッパ大陸に責任を負うことは不可避であると主張した。その一方で、イギリスは、ヨーロッパ大陸の外縁の島国であり、かつ世界帝国であった。それらの観点からイギリスの「ヨーロッパ」性にも留保が付く。実際、多くのイギリス人が、ヨーロッパ大陸に責任を負おうとはしない。ここにカーのもう一つの危機感がある。二つの危機に挟まれたカーは、残りの紙数を使って、イギリスを含むヨーロッパ統合という構想を提示して、苦境からの突破を試みる。

[3] 原語は cauldron.「大釜」を意味するこの語は、英語圏の読者にシェークスピア『マクベス』第四幕第一場「暗い洞穴　まん中に煮えたぎる大釜。雷鳴」を想起させよう。「魔女」は価値が転倒した世界の禍々しさを象徴する。「魔女の大釜」の比喩によってカーは、ナチス・ドイツの占領下に隷属させられた人々が百八十度の価値転倒を体験し、さらに戦争の終結によってもう一度価値の転倒を体験するであろうことを、読者に暗示している。

[4] アメリカは武器貸与法(一九四一年三月)により、イギリスなど同盟国に軍需物資などとともに人的援助も提供した。また大西洋の島嶼群にアメリカ本国とイギリス諸島を架橋する空軍と海軍の基地網を構築したが、それらを建設し運営する過程で、米英の間で兵員の混成が加速した。

[5] アメリカの哲学者ウィリアム・ジェームズの文章の表題。『ポピュラー・サイエンス・マンスリー』一九一〇年一〇月号に掲載。戦争は、一方で破壊と他者の殺戮を目的としているが、その他方で人間に献身、自己規律、自己犠牲の精神などを涵養する機会ともなる。そこで人間に献身、自己規律、勇気、自己犠牲の精神を涵養する機会を提供するが、しかしその活動が平和的であり、創造と他者との共存を目的とする社会事業を、ジェームズは戦争の道徳的等価物と呼んだ。

[6] 第二次大戦の開戦後、イギリスと中立国(トルコ、スペイン、ポルトガル、中東など)との貿易を、政府を代行して実施する機関として、イギリス政府によって設立された二つの政府系商社の一つ。これらの政府系商社は、第二次大戦中、ロシアへ物資を供与するなど経済戦争の担い手となった。

[7] ケンタッキー州に置かれたアメリカ財務省の金貯蔵所が保管する金準備を指す。アメリカの金準備は、ニューヨークの金純分検定所やフィラデルフィアの貨幣鋳造所などに置かれていたが、沿岸部よりも外敵から攻撃を受けにくい内陸のケンタッキー州のフォート・ノックスに近接する同貯蔵所に、一九三七年と一九四一年の二度にわたり移送された。アメリカの金準備の約三分の二がそこに保管されていた。

# 解説

中村研一

## 一　闇にさす一条の光

本書は第二次大戦前期の国際政治研究である。

著者のE・H・カー(一八九二―一九八二)は第二次大戦の勃発に不意を打たれた。開戦後約一年間は、日々展開してゆく戦況下で、自分が存在する意味を探して、何をなすべきかを試行錯誤した。そしてイギリスがほぼ単独でドイツと戦わねばならなくなった孤立の一年間に『平和の条件』を書き、開戦二年半後の一九四二年三月に刊行した。内容は実現可能なユートピアであった。それは闇にさす一条の光のように読者の心に届いた。

カーは晩年の「自叙伝」に次のように書いている。

第二次世界大戦の開戦はショックで、思考はマヒしてしまった。だれもが突然にその日その日のことで頭が一杯になった。わたしは情報省で、ついで『ザ・タイムズ』紙で仕事をしたが、公定の路線に従うだけで、当面は思考停止状態であった。何をやっても意味をなさないように思われた。それから、他の多くの人もそうだったのだが、わたしは戦後の新しい世界のことを考えてユートピア的未来像《ヴィジョン》に逃避した。結局のところ、そうした未来像が基礎になって本当の建設的な事業が実現することになるのだが、チャーチル首相はそうした未来像に公然と反対したので、支持を失うことになった。わたしはといえば、『危機の二十年』におけるきびしい「リアリズム」をすこし恥じて、一九四〇―四一年にきわめてユートピア的な『平和の条件』を書いた。――一種リベラルなユートピアにちょっと社会主義が交じったものだが、マルクス主義の要素はわずかしかなかった。これが時代の気運を捉えたようで、今日にいたるまで読者に一番歓迎された本である[1]。

イギリス人の誰もが、現在の戦いに勝利できるのか、心から不安であった。そして過去四半世紀に二度もドイツとの戦争が起きてしまったことの不条理を痛感していた。イギリス人はイギリス史上最悪の戦況であったからこそ、神に祈り、戦う勇気を奮い起こし、心の避難場所を求めた。

『平和の条件』は、ファンタジーでも遠い未来の夢想でもなかった。また神が「来るべき世界」を創造するというキリスト教の教えでもなかった。戦後の平和秩序に到達する具体的な道筋を、実施可能な政策体系として描いていた。読者は大戦がもたらした崩壊感のなかで、カーの言葉から、事ここに至ってなお進歩を勝ち獲れる可能性を感じとった。

『平和の条件』は、刊行された一九四二年三月中に初刷が売り切れ、同月中に二刷が、五月には三刷が出て、翌四三年と四四年にも新しい刷が出た。四二年と四三年の合計で一万五千部が売れた(2)。闇のなかに未来からさし込む一条の光のように読まれたのである。カーの著作のなかで読者に一番歓迎された本であった。

## 二　日誌

大戦勃発前から『平和の条件』の刊行までのカーの活動日誌(以下、日誌)を掲げる。厳しい戦況下でカーが『平和の条件』を書いたことが理解できる。

ドイツ軍の攻勢によって、イギリスの同盟国だったポーランド・オランダ・ベルギ

| | | |
|---|---|---|
| | 7月13日 | 論説「中立の危機」掲載 |
| | 9月7日 | ドイツ軍によるロンドン大空襲開始(～1941年5月10日) |
| | 12月5日 | 論説「二つの災禍」掲載 |
| | | 同紙のジェフリー・ドウソン論説委員長との対立が深まる |
| | 12月6日 | 論説「平和の条件」掲載 |
| 1941年 | 1月 | 『ザ・タイムズ』紙がカーを副論説委員長(管理業務担当)に任用(～46年8月) |
| | 6月22日 | 独ソ戦開始．ソヴィエト・ロシアの第二次世界大戦参戦<br>**『平和の条件』の草稿の大半を書き上げていた(「覚え書」)** |
| | 12月7日 | パールハーバー攻撃．アメリカと日本の第二次世界大戦参戦 |
| 1942年 | 3月 | **『平和の条件』刊行．すぐ初刷は売り切れ，刷が重ねられる** |

表　『平和の条件』執筆前後の日誌(論説はすべて『ザ・タイムズ』紙)

| | | |
|---|---|---|
| 1936年 | 3月 | ウェールズ大学アベリストウィス校教授に就任 |
| | 7月 | スペイン内戦勃発 |
| 1937年 | 5月 | ソ連とドイツを旅行 |
| 1939年 | 9月1日 | 独軍，ポーランド侵攻を開始 |
| | 9月3日 | 英仏，独に宣戦布告．第二次世界大戦勃発 |
| | 9月4日 | 情報省に勤務(ウェールズ大は兼務するが休職状態) |
| | 9月30日 | 『危機の二十年』序文脱稿(年内に刊行) |
| | 10月 | 情報大臣，カーを海外広報局長に任命 |
| 1940年 | 3月末 | 情報省に辞表を提出 |
| | 4月 | 『ザ・タイムズ』紙がカーを論説委員に採用(ウェールズ大教授は兼務) |
| | 5月10日 | 独軍がオランダ，ベルギー，ルクセンブルクに侵攻．チェンバレン英首相辞任．チャーチル首相就任 |
| | 5月14日 | 心臓発作に見舞われる |
| | 5月24日 | ダンケルクの戦い(独軍と英仏軍) |
| | 5月26日 | 英軍，ダンケルクから撤退開始(～6月4日) |
| | 5月28日 | 『ザ・タイムズ』紙に最初の論説を掲載<br>**この頃『平和の条件』の執筆条件が整ったと推定できる** |
| | 6月14日 | パリ陥落 |
| | 6月21日 | 仏降伏．論説「ドイツの夢」掲載 |
| | 6月28日 | 「マキャヴェリは近代人か?」掲載(『スペクテイター』誌) |
| | 7月1日 | 論説「新しいヨーロッパ」掲載 |
| | 7月10日 | 英独間の空中戦「バトル・オブ・ブリテン」開始 |

ー・フランスの軍隊はつぎつぎに崩壊していった。そのなかでイギリスのヨーロッパ大陸への派遣軍は、一九四〇年五月下旬、ダンケルクから本国へ撤退した。そして同年七月十日以降、イギリス上空では英独間の空中戦(「バトル・オブ・ブリテン」)が続き、九月七日には「ロンドン大空襲」が始まった。ジョージ・オーウェルの表現によれば、「私がこれを書いているいま、高度の文明人どもが私を殺そうとして頭上を飛んでいる(3)」のであった。いつ空爆に見舞われるかもしれず、また戦局がどう展開するかも全く分からなかった。不安と緊張のなかに生きていた。

本書の目次より前に「覚え書」(一三頁)を置く。その冒頭で読者は hazard という語に出会う。この語にカーは、「思いがけなく戦禍に出会う危険があるので警戒して下さい」「戦局が急変する可能性に注意して読んで下さい」という呼びかけを込めている。

また日誌からは、大戦勃発から本書刊行までの二年半の間に、三度にわたり戦局が転換したことが分かる。第一がフランス崩壊、第二が独ソ戦開始、第三が米日の大戦参戦である。カーは『平和の条件』の執筆をいつ開始し、いつ脱稿したのか。

執筆開始時期は、確定できる史料が見当たらないため、推定するしかない。カーは、開戦の翌日の一九四〇年九月四日から情報省に勤務して、本を書く時間的余裕はなかった。ついでカーは、四〇年四月には『ザ・タイムズ』紙の論説委員となった。その後、しばらくは同紙社屋や友人スタンリー・モリソンの家に寝泊まりして落ち着かない日々を送り、心臓発作まで起こしていた。

カーの論説が採用後はじめて『ザ・タイムズ』紙に掲載されたのは、一九四〇年五月二十八日である。それ以降、カーは『ザ・タイムズ』紙の論説や雑誌論文を次々に執筆する。四〇年五月末には論説や論文を書く態勢ができたのである。『平和の条件』という二八〇頁の大作にとりくむ態勢が整うのも、同じ五月末以降であるに違いない。

ある時期以降は、カーは『ザ・タイムズ』紙の論説と『平和の条件』を並行して書いている。そこで両者を読み合わせると、ある時から二つの間の内容が重なり始める。『平和の条件』と重なる最初の論説は、一九四〇年七月一日の論説「新しいヨーロッパ」である。また。この論説のタイトルは、『平和の条件』の最終章の表題でもある。その二週間後の七月十三日のカーの論説「中立の危機」の文章の一部は『平和の条件』のなかに書き込まれている。なお『平和の条件』という書名は、同年十二月六日の論説のタイトルでもある。いずれの論説でも、カーは、戦争目的は勝利だけに置かれるべきではなく、イギリスの社会改革、政治経済の構造転換、そしてヨーロッパ統合の推進に置かれるべきであると主張している。これらは『平和の条件』第二部の主題と部分的に重なっている。ここから執筆開始時期は、『平和の条件』と重なる内容の論説が発表された一九四〇年七月一日より以前の六月中に絞られる。

さらに『平和の条件』の記述のなかにも開始時期を絞り込む手がかりがある。本書は目の前で展開する戦争をほとんど記述しないが、その例外が、フランスの崩壊である。「英仏同盟はまたイギリスの手のなかでプッツリ切れた」(三五七頁)と形容している。その原因を資料を示して分析し(二二頁、三六〇―三六二頁)、フランスは戦後当分の間、大国として復活しないことを本書の構想の支柱している。フランスが大国の地位から滑り落ちた事実を確認しなければ、予見力の高いカーといえども、本書の執筆を始められなかったに違いない。

では、フランス崩壊が決定的になったのはいつか。フランス軍の敗勢は「ダンケルクの撤退」(一九四〇年五月二十六日―六月四日)によって明らかとなり、六月十四日にパリが陥落し、二十一日にはフランスが降伏した。フランスが降伏した日に掲載された『ザ・タイムズ』紙の論説「ドイツの夢」で、カーは「ヨーロッパには新しい秩序が(フランスのパワーなしに)出現しなければならず、また、出現することであろう」と書いている。

本書第五章には、「われわれが今生きているこの危機の本質的特性は、軍事的でもなく、政治的でもなく、経済的でもない。道徳的なものである」(二二三頁)という重要な一節があり、「ダンケルク撤退とフランス陥落の後、イギリスのエネルギーが、その信念が、そして主導権が復活したと盛んに言われている……いったんヒトラー打倒という目的が達成されてしまえば、その後には、ダンケルク撤退以前と同様、国民共通の〔道徳的〕目的を欠いた状態に陥って政策を麻痺させ、勝利したイギリスを解体に導く危険性がある」と述べている(二二二―二二三頁)。ここから判断すると、『平和の条件』の執筆開始は、「ダンケルクの戦い」(一九四〇年五月下旬―六月初め)より前に遡ることはない。

一方、『平和の条件』が脱稿した時期は、「覚え書」から推定できる。

独ソ戦の開始以前に、構成はすでに固まっていたし、草稿の大半も書き上がっていた。ソヴィエト・ロシアの参戦(一九四一年六月二十二日)によって、扱おうとした課題のいくつかは修正された。日本とアメリカが交戦国に加わった時には本書は、すでに印刷中であった。(一三頁)

カーのソヴィエト・ロシア観は、一九三七年五月のモスクワ訪問の際、粛清の現実に接して極めて否定的になったが、一九四二年一月にロシアがドイツ軍の猛攻に持ちこたえたことを確認した後に肯定的になった。「自叙伝」に次のように書いている。

わたしも当時の多くの人々も大いに心動かされた出来事は、もちろんロシアの参戦であった。『ザ・タイムズ』紙においてわたしは速やかにロシアとの連携を応援するキャンペーンを始めた。ロシアがもちこたえ、やがて勝利して報いられると、ロシア革命は偉大な事業であり歴史の転換点であるというわたしの最初の信念が甦った。人材を見ても物資を見ても、明らかに第二次世界大戦のロシアは第一次世界大戦のロシアとは全然別の国であった。一九三〇年代を振り返ってわたしは、スターリン主義の粛清と暴虐に目を奪われて、全体の見通し図がゆがんでいたと感じるようになった。たしかに暗い汚点は実在したのだが、しかしそこばかりを見つめていると、現実に起こっていることへの視覚が損なわれてしまう。(4)

ロシア軍がもちこたえる兆しは、一九四一年十一月後半以降徐々に明らかになる。歴史に名を残すスターリングラード攻防戦が始まるのは、翌四二年六月である。ロシア革命に対する最初の信念が甦ったのは、『平和の条件』の脱稿よりもかなり後のことである。実際『平和の条件』には、ロシアについての本格的な記述がなく、いくつかの課題について急遽書き加えた程度にとどまっている。カーが「ロシア軍がもちこたえる」ことを確認する直前に、『平和の条件』の執筆は終わっていた。

つまりカーは、フランスの崩壊が決定的になった一九四〇年五月終わりから六月初めまでに執筆を開始し、独ソ戦開始の一九四一年六月二十二日までに草稿の大半を書きあげ、その後数週間のうちにソヴィエト・ロシアについて、いくつかの論点を書き加えたと推定できる。そして四一年八月には戦時検閲を受け、九月に印刷に回され、四二年三月に刊行された。

本書が執筆されたフランス崩壊から独ソ戦の開戦までの一年間、イギリスはほぼ単独でドイツとの戦争を戦っており、イギリス史上でも稀な戦禍と緊張の一年間だった。たとえ敗戦をまぬがれたとしても、四半世紀間に二度も殺戮しあい破壊しあえば、イギリスもドイツも、そしてヨーロッパ文明全体もさらに道徳的に荒廃し、大戦終結後の世界秩序のなかで凋落するだろう、と広く予測されていたのである。

## 三　自由な総合人

カーが強調する「道徳の危機」(第五章)とは、十九世紀のイギリス黄金時代に確立された自由主義の政治・経済・道徳に人々は深く囚われているが、それは第一次大戦とともに到来した大衆文明とは不適合になって無効となり、進歩に不可欠な道徳的目的を失った状態に陥っていることを指している。カーは、黄金時代の道徳に執着するのはやめようと提唱し、大切な自由主義の旗を降ろすのではなく、自由主義の意味範囲を移動させることを繰り返し主張している。十九世紀的な「拘束からの自由」、すなわち「私を一人にしてください」という少数者のみが享受できる自由から、創造的機会としての自由、すなわち「私にチャンスをください」という万人がもつべき自由へと、重点を移動させるよう提案している(九〇—九一頁)。

「創造的機会」と定義された自由は、失業解消を要請するが、この自由はカー自身も職業選択に際して重要性を痛感したものであった。『平和の条件』の刊行まで、カーは四つの職種に就く。

誕生(一八九二年)から第一次大戦勃発までは、依然としてカーに安定を感じさせるイギリスの黄金時代が続いていた。カーは「世の中は良い所で、さらに良いほうに向かっていた」(5)と感じていた。彼はケンブリッジ大学トリニティ学寮時代、古典学の抜きんでた秀才であり、「拘束からの自由」を享受し、ギリシャ・ローマ古典の膨大な私家版英訳集をつくった。詩作により数多くのメダルやモンタギュー・バトラー賞を獲得した。もしも学寮長モンタギュー・バトラーはカーの古典学者としての将来を嘱望していた。第一次大戦が生じていなければ、カーは卒業後も同学寮に残り、古典学者となる道を選

択していたことであろう。(6)

## I　外務省——一九一六—三六年の二十年間

カーは一九一六年の卒業後、外務省職員になった。初任給は年二百ポンド。この選択には進行していた第一次大戦が決定的に作用した。病気で大学を長く休学した彼は兵役に不適格とされ、それに代わる国民の義務を受け入れて公務員になった。外務省に入るまで「外国には興味がなかった(7)」中産階級出身のカーが、数ある官庁のうち貴族的伝統主義の牙城であった外務省に入ったことにも、同省が大戦の緊急事態に際して臨時の採用制度をとった事情が大きい。外的環境が平和から大戦へと急変したことが、カーを学問の世界から、外交実務の世界へと押し出した。

外務省でカーは経済戦争を戦うために新設された輸出入禁制局に配置され、彼の有能ぶりが知られるようになり、一九一九年パリ講和会議に出席する。その後、二五—二九年ラトヴィアの首都リガに勤務し、二九年外務省中央ヨーロッパ局でドイツを担当し、三〇年より外務省国際連盟部(任地ジュネーヴ)に異動した。三三年には一等書記官に昇進している。

カーは、一九二九年六月二十八日の日記に「外務省(ロンドンの本省)では、おもしろいことなど何一つない(8)」と記している。その頃以降カーは外務省の勤務のかたわら、ドストエフスキー、ゲルツェン、マルクス、バクーニンの伝記を執筆していた。彼らはイギリスの十九世紀自由主義を鋭く批判していた。カーは革命家たちの熱烈な思想に対して距離を置く。称賛するのではなく、かといって論難するのでもない、醒めた視点からその全体像を描いている。こうした評伝によってカーは、十九世紀自由主義に対するイギリスでの理想化された評価からは百八十度逆転した否定的見方が、合理的な根拠をもっていることを英語圏の読者に示したのである。これをタマラ・ドイッチャーは「〔カーは〕外交の世界からの知的亡命者であって、自己の伝統をいわば内部から批判する反乱者(9)」となった、と形容している。これらの評伝は、カーが外務省の職務上知りえた事柄とは無関係であったことから、自由に刊行できた(10)。

## Ⅱ ウェールズ大学アベリストウィス校教授——一九三六年三月—四七年六月の十一年間

この職はイギリスで最初に設置された国際政治学教授職で、五十余人の候補者から選ばれたカーは、その四代目教授。年俸は千ポンド。自らの外務省でとってきた政策を含めて、イギリス政府を批判する自由をえた。以後一九三九年秋まで、ロンドンからアベリストウィスに火曜に行き、木曜にロンドンに戻る生活を送った。カーは、国際政治研究とは何かを定義した文書をアベリストウィス校アーカイブに残している。

国際政治は学問分野として何を意味するのか。それは政治哲学を国際関係に適用したものと呼ぶべきである、とわたしは考える。国際政治はこれまで政治科学の一領域としてではなく、主に歴史学の一部として研究されてきた。しかし歴史学の一部という意味からいうと、国際政治が極めて顕著に生きている主題であることから、歴史学のようにもっぱら書籍や文書のみを研究しても役立たない(11)。

ただしこの研究に自由に専念できたのは、教授職就任後のわずか三年五カ月に過ぎなかった。第二次大戦勃発から四六年八月までの七年半の間、カーは、ロンドンでの戦時動員の職(情報省と『ザ・タイムズ』紙)に精励することになり、アベリストウィスの地での職責はほとんど負えず、研究休職状態になった。そのためカーは一九四一—四二年には年俸のうち四割を、四三—四五年には十ポンドのみを受領している(12)。

『平和の条件』の執筆に至るカーの職歴の大部分は官僚実務家であって、大学研究者のそれはごく一部分にすぎなかった。ロンドンにあっても、戦時動員の職に勤務するかたわら、カーは職命として国際政治研究を続けた。『平和の条件』は、先の引用の通り

「顕著に生きている主題」である戦後秩序構想と取り組んだものであり、また、イギリス・ユートピア論の源流であるトマス・モアの「政治哲学を国際関係に適用したもの」であった。この教授職の十一年間にカーは『危機の二十年』『平和の条件』『ナショナリズム以後』など七冊余の本を書き、国際政治学と呼ばれる学術分野を創始した。

## Ⅲ 情報省――一九三九年九月四日―四〇年三月の七カ月間

カーは第二次大戦勃発の翌日、情報省に出仕した。パトリオティズムから自発的に戦時の国民の義務を果たそうとしたのである。彼は「意見を支配する力」としてのプロパガンダを、軍事力、経済力とならぶ「権力の第三の形」[13]として重視する。そして、三九年十月に同省海外広報局長(Director of the Foreign Publicity Directorate)に任命された。海外の情報を収集し、海外にプロパガンダを発信するイギリス政府の実務責任者となったのである。

情報省は大戦期限定で置かれる省で、第二次大戦では宣戦布告の翌日、ハロルド・マクミランが情報大臣に任命された。職務目的はプロパガンダ戦に勝つことであり、「戦時に国の内外にイギリスの言い分を広め、イギリス国家を宣伝し、報道と情報を統制すること」。組織は、①報道(ニュース公表と検閲実施)、②プロパガンダ政策(海外と国内)、

③プロパガンダのデザインと制作、④調整とインテリジェンス、に分かれていた。なかには「汚い仕事《ダーティ・ワーク》」も含まれた。情報省の他にも、外務省、ＢＢＣ、ＭＩ５、対外調査出版室ＦＰＲＳが、情報省と並行して関連の業務を実施した。これらの活動はすべて国家機密法（Official Secret Act 1939）で厳しく統制され、公定路線に従っているかが監督部局に監視され、プロパガンダの原案や調査文書類の執筆者も報道を検閲した者も機密であった。

カーは、プロパガンダの効果的な体制を構築するために、情報省海外広報局、外務省の在外公館、およびＢＢＣ海外放送の業務を再編成しようとした。同局の活動を在外公館のネットワークに組み込もうと目論み、またＢＢＣ海外放送局をプロパガンダに向けて組織化して、それを海外広報局が管理しようと試みた。野心的な構想であった。しかし外務省と情報省とＢＢＣの権限争いが激化し、海外広報局長の官僚政治過程のなかでの影響力は低く、なによりカーが海外広報局に集めた人材は十分ではなかった。カーは、官僚政治過程で奮闘したが、挫折に終わり、海外プロパガンダ体制を再編する構想はついえてしまった(14)。

さらに一九四〇年一月五日、情報大臣がハロルド・マクミランからＢＢＣ理事長であったジョン・リースに交代した。そしてリース大臣とカー局長との確執が高まった。カーは神経をすり減らし、自分が情報省海外広報局長であることに意味を見出せなくなった。そして、わずか七カ月勤務しただけで辞表を出した。(15) プロパガンダ戦争を戦う官僚責任者として失格であったことをカーは自覚したのである。一九四〇年三月二十九日に海外情報局の部下たちは、カーとお別れパーティーをし、ふさわしい贈り物として「夢に生きる男」を描いたセルバンテス『ドン・キホーテ』を贈り、カーを慰めた。(16)

この七カ月間カーは、戦時官僚組織の一高官としてプロパガンダに精通したが、その間に新たな著述に着手した形跡はない。

## Ⅳ『ザ・タイムズ』紙――一九四〇年四月―四六年八月の六年四カ月間

情報省から『ザ・タイムズ』紙へ転職するにあたって、カーは、古巣の外務省に戻ろうとはしなかった。アレク・カドガン外務省事務次官がカーに同省復帰を提案したにもかかわらず、である。(17) その理由は、カーが創造性を発揮する機会を求めたからである。カーが考える戦争目的とは、単に戦争に勝利することにとどまらなかった。戦争が終わった時、過去へと回帰するのではなく、それとは別の戦後を構想しようとした。大連立の戦時内閣のウインストン・チャーチル首相(在任一九四〇年五月十日―四五年七月二十六日)が定める政府公定の路線を超えて、自らの未来構想を発表する自由を求めたのである。

またカーは、情報省を去るにあたって『ザ・タイムズ』紙を優先し、ウェールズ大学の教授職に復帰することも選ばなかった。その理由をカーは、ウェールズ大学アベリストウィス校長のアイフォア・エヴァンズに宛てて次のように書いている。

この戦時下、膨大な私の時間を、存在しない学生か英国空軍の士官候補生のための講義に費やすのは、私にとって耐えられないことです。純粋に学問的な場所に引きこもって長期間にわたる事柄を書き続ける、などということにも、同様に耐えられません。実際に私は、平和な時でさえ、目の前の現実から完全に隔絶した人が政治に関して有益なことを書ける、などとは信じていないのです。

ゆえに、私には、次のようなものを与えてくれる何かが必要です。(i)欠くことのできない、日々の出来事との接触。(ii)戦争へのある種の貢献、あるいは、少なくとも平和への貢献をなしているという意識。(iii)長期にわたる著述以外で、私の思索を交差させる舞台となる場所。目下のところ、『ザ・タイムズ』こそが、私が探した他の何よりも、これらの条件を満たしつつあるのです。(18)

情報省と『ザ・タイムズ』紙は、情報ネットワークの中心にある点では同じだが、目的は対極的である。一方で情報省は、戦争プロパガンダを制作する立場にあり、活動は秘密の闇に包まれ、報道を検閲していた。他方、『ザ・タイムズ』紙は、政府の外側からのプロパガンダ機能を批判的に認識する立場にあり、言論を公共の場に公開し、検閲を受けた。情報省から『ザ・タイムズ』紙に転職したカーは、鏡の向こう側に入ったように、職の世界を見る視点を百八十度逆転させた。

カーは何をなすべきか、を熟慮した。彼の使命は、戦争に勝利できる戦略を考えることではなかった。それは首相や将軍たちの使命であった。また戦争の災禍を記録することでもなかった。優れた戦争文学は第一次大戦でもスペイン内戦でも数多く生み出されていた。彼の使命は「平和の条件」の究明であった。この大戦が終結した後、どのような戦後平和をいかにして構築するのかを考察し、それをもって政府と世論を説得することであった。

『ザ・タイムズ』紙は第二次大戦開戦時の発行部数十九万二千部で、大衆紙の十分の一ほどであった。ただし、その数は『危機の二十年』初版(総計八九六五部)の二十倍であった。(19)

同紙は、イギリス指導層と知識層、そして英語圏諸国の知識層、さらに海外の指導層が読むことを習慣としていた新聞であった。第二次大戦時の同紙の首席経営者ジョン・アスターや論説委員長ジェフリー・ドウソンらはチャーチル首相やハリファックス卿外務大臣など首脳に、また論説委員たちは重要官庁の政策担当者に、直接アクセスできた。重要なのは、同紙の論説が、イギリス政府の政策方針を反映したもの、さらには「イギリス政府を非公式に代弁する」ものであると、読者の多くが解釈していた事実である。これは『ザ・タイムズ』紙が他紙と決定的に異なる特徴であった。イギリス政府職員は、『ザ・タイムズ』紙が政府の公式路線を外れて批判的な意見を主張した場合、しばしば反論し、ときに激怒したのである。

カーは四〇年四月『ザ・タイムズ』紙論説委員に採用され、少人数のチームを率いて、論説を無署名で執筆する責任者の一人となった。さらに四一年一月には管理業務も行う論説副委員長となった。

同紙に務めた七年間、カーは二重の発信手段を持った。一方で『ザ・タイムズ』紙に、総計三百五十本あまりの論説を無署名で執筆した。この論説は、形式的にはカーの率いる少人数のチームがカーの責任のもとで執筆し、論説委員長の承認によって掲載された論説であるが、実質的には「カーが執筆した論説」に限りなく近い(20)。平均すると週に一本のハイ・ペースである。これがカーの影響力の源となった。

他方でカーは、マクミラン社から、彼の名前とウェールズ大学ユニヴァーシティ学寮国際政治教授の称号を扉に記して、一九四二年に『平和の条件』を、また一九四五年には『ナショナリズム以後』と『危機の二十年　第二版』を、さらに一九四六年には『西洋社会に対するソヴィエトの衝撃』を出版した。カーの知名度と影響力が高まったのは、『ザ・タイムズ』紙にあった時期である。

カーは本書に「概していえば、偉大な時代とは安定しない時代のことであった」(三七頁)というホワイトヘッドの言葉を引用している。二度の大戦は、カーに思いがけない職と多彩な業務を強いた。とくに外務省職員を退職した一九三六年以降、カーの仕事も生活も激変し、『平和の条件』刊行までのわずか六年間に、ウェールズ大学教授、情報省海外広報局長、『ザ・タイムズ』紙論説委員の新しい職を体験した。

カーの職業倫理と職命意識は職ごとに異なっていた。彼は外務省と情報省の多種類の業務と多様な勤務地から認識と洞察を獲得した。また自らとは異なる多様な諸思想と次々に遭遇した。彼は外務省から大学へ、情報省からジャーナリズムへと二度転職したが、そのたびごとに視点は百八十度転換し、活動の制約から解放され、発言の自由をえた。

この六年の間にカーは、特定業務に専心する専門人から、異なるジャンルに創造力を発揮する総合人になっていた。ユートピア的思考を発揮したフランシス・ベーコン(『ニュー・アトランティス』)やウイリアム・モリス(『ユートピアだより』)も多彩な分野で活動する総合人であった。総合人であったからこそ、カーは『平和の条件』の様々の視座を含む政策構想を実現可能な形にまとめることができた。また異なる世界の間を旅し、あるいは複数の職の世界に同時に生きることによって、カーも自身が囚われてきた存在拘束から解き放つことができた。だからからこそ書けた実現可能なユートピアなのである。そこに『平和の条件』の特別な意味がある。

## 四　モアのユートピアの継承

ユートピアは、トマス・モアが創始した思想表現のジャンルである。モアは現代のイギリス人が「最も尊敬する歴史上の人物」の一人であり、ユートピア(utopia)を造語した。彼は、場所を意味するギリシャ語 topos を語幹として、否定の接頭語 u を結びつけ、「どこにもない場所(nowhere)」を意味させた。それと同時に、また、u と音が近く、

「よい」を意味する接頭語euをtoposと結びつけ、「よい場所(good place)」を意味させた。

「どこにもない場所」を記述することによって、ユートピアは読者の視点を、いまここにある世界の外側へ移動させる思想的実験と表現できる。地震に見舞われて大地への信頼が揺さぶられるのと同様に、視点の移動は、当然とみなしてきた旧来の秩序観を動揺させる。鏡の向う側の「どこにもない場所」に身を置いた結果、鏡のこちら側の世界が従来とは異なって、場合によっては逆さに見えはじめる。そして動態的な意識を創り出す。カール・マンハイムによればユートピア的思考は「存在の殻を破り、それを超えて突き進んでゆく爆薬となる」(21)。

ユートピアは、「よい場所」を記述することで、著者の価値観を表出している。そして、「よい場所」で表現される価値観は、著者が直面した「現に存在する場所」かつ「悪い場所」の経験に根ざしている。再びマンハイムの表現を借りるなら、その「端緒を経験から汲んでいるのであり、この概念(22)〔ユートピア〕にとって肝心な点は、それが「現実に根ざした」構成だ、ということである」。

カーは、イギリス・ユートピア論の源流であるトマス・モア『ユートピア』を継承した。

カー『平和の条件』の枠組みは、モア『ユートピア』の二部構成を踏襲している。しかも二人とも第二部から先に書いた。第一部は根底的な同時代批判であり、そこで描かれるのは「現に存在する場所」であり、かつ「悪い場所」である。そして、第二部では、「どこにもない場所」であり、かつ「よい場所」を構想する。モアもカーも、現在の堕落と不正義を克服すべき対象としたうえで、それを反転させた「よい世界」を実現可能な立体的社会として描いている。

国内経済の次元に関しては、市場メカニズムにすべてを委ねる十九世紀的なレッセ・フェールを徹底的に排している。そして第一のユートピア性として、カーは政府が経済計画、それも「消費計画」を定めて、公的資金を国民の必要の高い分野に投入する高度成長政策を提唱している。ジョン・メイナード・ケインズの混合経済を下敷きにして雇用の創出をより一層押し進めながら、「社会ミニマム」を実現し、加えて社会給付金の水準引き上げ、食料の配給と低価格化、公営住宅の建設、保健所の設置と医療サーヴィスの確立、さらに基本的な消費財への公費・補助金の支出を含む政策体系を提唱している。それは、『平和の条件』の刊行後の一九四二年暮れに公表されるウイリアム・ベヴァリッジの福祉国家構想を拡張させたものと言ってよい内容である。

また、政治の次元では、イギリスが十九世紀に発展させた代議制と政党制が、民主化を促進する機能を喪失してしまったことを認識し、また大衆民主主義では共同体的徳性が失われたことを指摘し、さらに統治の中心が立法府から行政府へ移行したことを前提している。その上で、第二のユートピア性として、地域単位・経済単位への参加を促進して、直接民主主義を活発化させることを構想した。首都ロンドンの政治行政機能をミッドランドへと移転して、商・工業を地域的に再配置し、首都に決定権限が集中した権力システムを改革すること、さらに都市と農村の環境を融合した人間的な田園都市に開発し、公共輸送ネットワークを確立し、地方分権・権限委譲を推進すること、地域のヴォランティアを行政に参加させることを提唱している。市民の参加活動によって、市民的使命感と共同体的徳性の回復を構想している。

国際関係の次元、とりわけ戦争の災禍によって崩壊した戦後ヨーロッパについて、カーは、民族に基礎を置いた中小国家の形成が、経済的相互依存の単位としても、安全保障の単位としても機能を失ったと認識し、また民族自決原則を、紛争を呼び起こし少数民族を生み出す点から否定している。そして、第三のユートピア性として、戦後ヨーロッパは各国別に戦後の再建をはかるのではなく、ヨーロッパ全体としての復興政策を通じた機能主義的統合を進めるように提唱している。イギリス国内で実施する第一と第二のユートピアの政策経験をヨーロッパ大陸に押し広げることを目指し、具体的には「ヨーロッパ計画庁」「ヨーロッパ救援委員会」「ヨーロッパ運輸公社」「ヨーロッパ再建公共事業公社」「ヨーロッパ銀行」といったヨーロッパ規模の諸機関を設置して、それを運用することを通じてヨーロッパに国際社会を構築するという構想であった。アーサー・ソルターやデヴィッド・ミトラニーらの機能主義的なヨーロッパ統合論と並行した大胆な構想であった。

## 五　未来記述の方法

過去を記述する学問が歴史学であるとすると、未来を記述する方法がユートピアである。『平和の条件』のユートピアを、他のユートピアの類型と比べて、カーが未来を描く方法的特徴を考えておきたい(23)。

第一のユートピアの類型として、ユダヤ＝キリスト教の終末論ないし千年王論がある。有史以来危機のたびに語られ続けている、この終末論の未来とは、神が創造する「来るべき世界」であり、最高の善が実現された世界である。「最後の審判」「真実の瞬間」によって到来する。これはメシア的時間の上での未来であり、今日から明日へと時を刻む物理的時間上の未来とは異なり、世界が異次元に飛躍することによって到来する。

それがいつ起きるのかは、神から啓示を受けた預言者のみが知る。ぼんやりとしか神の意志が見えない人間は、神が「来るべき世界」を創造する瞬間は知りえない。人間は全く無力なのであって、自己を最終的に放棄し、神の前にすべてを投げ出して、人間の究極的運命に従うように説かれる。

たとえば国際政治学者マーティン・ワイト(一九一三—一九七二)は、この信仰を持つ「キリスト教の伝統の中で育てられた歴史家」を自称して、第二次大戦の兵役を拒否した。人間の罪悪と災禍に絶望しながら、神はこれまでは創造してはいない「来るべき世界」を、必ずや創造するとワイトは確信していた。「神は歴史の意義を示すために歴史に於て行動された」と断言し、「近代の読者は……最後の審判の前に立つまで……休んではならない(24)」という言葉を引用している。

それに対し、カーは人間の進歩を信じ、ユートピアに向かう人間の意志を信じていた。神についてカーは合理主義に基づく懐疑論者であり、神はその存在も不在も実証できないのであるから、人は「神」という言葉にどのような意味でも込めることができる。「神」とは「人間の本性のうちの、気高く献身的な部分を表すための言葉(25)」ではないか、と考えた。そうである以上、「神のみが「来るべき世界」を創造する」「「最後の審判」まで待ち続けよ」というのは、神秘主義にほかならず、いまここにある世界をより良く

しようとする意志と責任を人間に放棄させてしまう、と批判している。(26)

ユートピアのもう一つの類型が、科学技術が異常に発展した社会を空想した物語であり、十九世紀末から大流行した。フランシス・ベーコン『ニュー・アトランティス』からH・G・ウェルズ『解放された世界』に至る伝統である。描かれたトポスは、地理的に遠く隔たった異界か、時間軸上の遠い未来である。未来は現在から断絶した驚異的な姿で描かれ、そこでは現在の常識や価値観が逆転している。このSF的世界にいかに達するかという移行過程は、「科学技術の飛躍的進歩」から一元的に説明される。それ以外の歴史は物語られない。

このSFユートピアの先駆者ウェルズは、四十年の作家生活で百ものユートピア作品を、想像力を駆使して描いた。これほど多彩で相異なるユートピアを大量に書いたのは、「ウェルズ自身、それらをひとつとして信じていなかったことを語るものではなかろうか」と思想史家は批判している。(27)ウェルズは、核の時代の到来を一九一四年の『解放された世界』で予言しておきながら、実際に広島・長崎に核兵器が使われたのを知って愕然とし、絶望に沈んだ。この本の多くの読者は、科学者の卵たちを例外として、熟慮することなく描かれた原爆投下の物語を、現実を束の間忘れるために消費した。

カーは次のように書き残していた。「ユートピアの機能とは、白昼夢を具体化することである。……ユートピアは個人の利害と普遍の利害を和解させる。真のユートピアは、怠惰な(やる気のない)楽天主義とは違う」。(28)

カーが未来を描く方法的特徴は三点に要約できる。

第一は未来を動態として記述することである。カーは、平和を止まった静的な状態とは描かない。平和の実現を「非暴力的な政治変革」という動的過程と定義している。(29)平和のユートピア性は、価値を平和的に実現する動態によって表現される。本書には、「唯一達成可能な安定とは、勢いよく回転する独楽《こま》が垂直に立ち、リズムよく前進する自転車が倒れないのと同様、動的安定なのである。……安定を願望することによってではなく、革命を進めていくという接近方法を必要としている」(三八—三九頁)と記している。

平和の諸条件を構築する政策過程を描き、政治経済を改革する未来への道筋を描くことが、カーにとってのユートピアなのである。今ここにある世界から平和な秩序までの移行過程を、実務的で手堅い諸政策を体系的に提示して点線で繋げようとしている。

第二に、『平和の条件』の未来の記述には開かれた性格がある。カーが提案している政策構想には空白が残されており、そこは読者の解釈や想像力によって埋められなければならない。唯一絶対の選択は提示されてはいない。複数の異なる選択肢に開かれている。また状況が変われば、修正される暫定性が前提とされている。ある状態に到達すればそれで完成した、というわけではなく、その先はオープンエンドであって閉ざされていない。マンハイムの表現を借りれば、「「完結した体系」を放棄」[30]している。これらは、読者の新たな想像力を喚起して、大きな影響を後世に及ぼしてきた。

第三に、過去を記述する歴史学と、未来を記述するユートピアを一対のものとして相関させている。本書でも第一部で歴史を洞察することを通じて、第二部で未来を記述している。平和的に変革できる未来は、過去の反省によって記述が可能になる。危機の二十年に不安定をもたらした諸要因を洞察して、耐久性のある歴史が描けるからこそ、平和的変革を妨げる要因を取り除き、堅実で長持ちする講和体制が構築できる。カーは、イギリスが苦境に陥った原因は克服可能であり、ヨーロッパの崩壊も回復可能であるとし、そのためには過去の自分たちの価値観を改めて、「平和の諸条件」となる具体的かつ例示的な政策構想を実施しなければならない、と書いた。ユートピア論は、現在の闇の記述と未来の光の記述を相関させる方法なのである。

危機と凋落の瀬戸際に、カーは、『平和の条件』にユートピア的思考を結晶化させて、自分が進歩の主体であることを証明しようとしたのである。

## 六 大戦下日本の『平和の条件』

『平和の条件』の原書が刊行された一九四二年三月には、日本はすでに第二次大戦に参戦しており、国際的孤立を余儀なくされていた。にもかかわらず、本書を日本国内で手にした人たちがいた。その一人、清水幾太郎はこう述べる。「私とカーとの結びつき――といっても、私の片思い――は、戦争中、それも東京の大空襲が始まる頃、彼の『平和の条件』をコッソリ手に入れて、コッソリ読んで、非常な衝撃を受けることに始まります(31)」。

原書を海外から大戦中の日本に送り込んだ一人は、永世中立国スイスのバーゼル大学で国際経済学を学んでいた喜多村浩であった。「戦争の帰結がそれほどはっきりしない頃、当時ヨーロッパにあって祖国の冒険に心痛していた私たちが、真先きにとびついたのものもこの書物であったし、特別の苦心の末、つてを通じて祖国の友人に送りとどけたのもこれであった(32)」。

驚くべきことに、戦時下の日本で本書の海賊版が出回っていた。宇品の陸軍船舶司令部で軍務についていた丸山眞男は、その一冊を一九四五年四月の広島で発見した。

私は日曜日の外出でたまたま書店の棚にこの書物を見出したとき、ほとんど信じられぬ思いで即座に購入した。……これも写真版印刷で、一体どこで作られ、どういう径路で広島の一古書店――ああ、あの店も原爆で跡かたもなく吹き飛んでしまったのだ――の書棚におさまったのかは知るよしもない。[33]

丸山は毎晩、「夜の点呼が終ってから就寝ラッパが鳴るまでの僅かな時間に貪るように」この本を読み進めた。八月十五日の翌日、参謀少佐に呼び出されると、満洲事変以来の日本の政治史とこれからの日本と世界の動きについて、一週間の「講義」をするように依頼された丸山は、この本を「アンチョコとして」、「戦後世界の建直しの方向について」話をした。

その本の見返しには、当時の丸山の鉛筆書きがある。

此の書は私の広島に於ける軍隊生活(自昭和二十年三月至同年　月)の余暇に読んだ。是によつて受けた感銘は船舶司令部に起居した半年の間のさまざまの思ひ出、その間に起つた世界史的な事件――ドイツの敗北、国際憲章の成立、英労働党内閣出現、

　ソ連の対日宣戦、原子爆弾、我が国のポツダム宣言受諾——等々の生々しい記憶と共に永く私の脳裏から消え去る事はないであらう。

昭和二十年九月(34)

大戦末期に日本で海賊版の形で出回ったユートピアの書は、闇に差し込む一条の光として熱読され、丸山の心に深く刻印されたのである。

注

(1)E・H・カー「自叙伝」、同『歴史とは何か　新版』近藤和彦訳、岩波書店、二〇二二年、三二八頁。一部訳語を変更した。

(2)発行部数は、Charles Jones, ‘‘An Active Danger’: E. H. Carr at *The Times*, 1940–46,’ in Michael Cox ed. *E.H. Carr: A Critical Appraisal*, Palgrave, 2000, p. 70による。

(3)ジョージ・オーウェル『オーウェル評論集4　ライオンと一角獣』川端康雄編、平凡社ライブラリー、二〇〇九年、九頁。『ライオンと一角獣』の原著は『平和の条件』より約一年早く刊行されたが、両書がドイツ空爆下で執筆された点は同じ。

(4)カー「自叙伝」前掲、三二九頁。

(5)同上、三一三頁。

(6)ジョナサン・ハスラム『誠実という悪徳』角田史幸・川口良・中島理暁訳、現代思潮新社、二〇〇七年、三四頁。
(7)同上、三五頁。
(8)同上、六五頁。
(9)タマラ・ドイッチャー「E・H・カーの個人的思い出」、E・H・カー『コミンテルンとスペイン内戦』富田武訳、岩波書店、二〇一〇年、二頁。
(10)カー「自叙伝」前掲、三二三頁。
(11)カー「国際政治の教育」(一九四三年六月一日)、ウェールズ大学アベリストウィス校アーカイブ。ハスラム・前掲書、三七五頁にも引用があるが、中村による訳を掲げた。
(12)ハスラム・前掲書、一三七頁。Brian Porter, 'E. H. Carr: the Aberystwyth Years, 1936–1947,' in Cox ed., *op. cit.*, p. 61.
(13)E・H・カー『危機の二十年』原彬久訳、岩波文庫、二〇一一年、二五六―二五七頁。
(14)Robert Cole, *Britain and the War of Words in Neutral Europe, 1939–45*, Macmillan, 1990, pp. 16–22.
(15)Charles Jones, *E. H. Carr and International Relations; A Duty to Lie*, Cambridge University Press, 1998, p. 73.
(16)ハスラム・前掲書、一二六頁。
(17)同上。
(18)カーからウェールズ大学アベリストウィス校長(ユニヴァーシティ学寮長)アイフォア・エヴァ

ンズ宛の一九四一年三月二十二日付の手紙。ハスラム・前掲書、一三七頁に引用。
(19)Jones, "An Active Danger': E. H. Carr at *The Times* 1940-46,' in Cox ed., *op. cit.*, p. 70.
(20)*Ibid.*, pp. 72-73.
(21)カール・マンハイム『イデオロギーとユートピア』徳永恂・高橋徹訳、『世界の名著　五六』中央公論社、一九七一年、三一六頁。
(22)同上、三一八頁。
(23)プラトンからマンハイムに至るユートピア的思考の類型化は、中村研一『ことばと暴力——政治的なものとは何か』(北海道大学出版会、二〇一七年)第一六章「ユートピア」を参照。
(24)マーティン・ワイト「キリスト教の伝統のなかで育てられた歴史家の難問」、A・J・トインビー『歴史の研究』「歴史の研究」刊行会訳、第十五巻、経済往来社、一九七〇年、六二六—六二七頁。
(25)ハスラム・前掲書、四三五—四三六頁。
(26)カー『歴史とは何か　新版』前掲書、一一九—一二一頁。
(27)A・L・モートン『イギリス・ユートピア思想』上田和夫訳、未来社、一九六七年、二三四頁。
(28)R・W・デイヴィス「E・H・カー文書より」、カー『歴史とは何か　新版』前掲書、三〇二—三〇三頁。
(29)カー『危機の二十年』前掲書、第十三章。
(30)マンハイム前掲書、二一一頁。
(31)E・H・カー『新しい社会』清水幾太郎訳、岩波新書、一九五三年、一七六頁。

(32)喜多村浩「書評　エドワード・H・カー著『西欧社会に対するソヴェートの影響』」、『ブック・レヴゥウ』第十八巻、東洋経済新報社、一九四九年、四―五頁。
(33)丸山眞男「海賊版漫筆」、『図書』一九八三年三月号、六頁(『丸山眞男集』第十二巻、岩波書店、一九九六年、六八―六九頁)。
(34)同上、七頁(『丸山眞男集』第十二巻、六九―七〇頁)。

**文献案内**(注で用いた文献は原則として省いた)

①E・H・カー『ドストエフスキー』松村達雄訳、筑摩書房、一九六八年(原著一九三一年)。
②同『カール・マルクス』石上良平訳、未来社、一九六一年(原著一九三四年)。
③同『両大戦間における国際関係史』衛藤瀋吉・斉藤孝訳、清水弘文堂書房、一九六八年(原著一九四七年)。
④同『独ソ関係史――世界革命とファシズム』富永幸生訳、サイマル出版会、一九七二年(原著一九五一年)。
⑤同『新しい社会』清水幾太郎訳、岩波新書、一九五三年(原著一九五一年)。
『平和の条件』は、前著『危機の二十年　初版』(原著一九三九年)とはユートピア概念の規定ならびに位置づけが異なるところがあり、前著の続きとして読んでしまうと混乱する。①②からは、カーのキリスト教観およびマルクス主義観が分かる。③④には本書が例示した外交事例が詳説される。⑤および『歴史とは何か』からは、歴史学とユートピア論の相関に関する展開を理解できる。

⑥Chimen Abramsky, assisted by Beryl J. Williams, ed. *Essays in Honour of E. H. Carr*, Macmillan, 1974.
カー生誕八十年記念論集で、末尾にカーの論文・書評のリストが付されている。

⑦R. W. Davies, 'Edward Hallett Carr 1892–1982,' *Proceedings of the British Academy*, LXIX (1983), pp. 473–511.
死去後の追悼論文で、カーの就いた六つの職ごとの業績が述べられている。

⑧溪内謙『現代史を学ぶ』岩波新書、一九九五年。
カーの盟友で交流の深かったソヴィエト・ロシア史学者によるカーの歴史学の検討。

⑨Tim Dunne, *Inventing International Society: A History of the English School*, Macmillan Press, 1998.
国際政治学の「イギリス学派」の始祖としてカーを位置づけている。

⑩Andrew Linklater, 'The Transformation of Political Community: E. H. Carr, Critical Theory and International Relations,' *Review of International Studies*, Vol. 23, Issue 3, 1997, pp. 321–338.
カーの国際政治学の方法的特質を現在への批判性と未来への構築主義に求めている。

⑪西村邦行『国際政治学の誕生――E・H・カーと近代の隘路』昭和堂、二〇一二年。

⑫山中仁美『戦争と戦争のはざまで――E・H・カーと世界大戦』佐々木雄太監訳、ナカニシヤ出版、二〇一七年。

⑬佐藤史郎・三牧聖子・清水耕作編『E・H・カーを読む』ナカニシヤ出版、二〇二二年。
新しい世代のカー研究として三冊を挙げたい。

⑭中村研一『地球的問題の政治学』岩波書店、二〇一〇年。
第一〇章「ポストナショナルな安全保障」で、カーを踏まえた議論を展開した。

## 謝　辞

訳者は、溪内謙先生の一九七四年度・東大法学部講義「比較政治」に出席した。半世紀以上前のノートを読み返すと、第一講の内容はなんと『平和の条件』と重なっているではないか。ついで七六年度・大学院演習に出席した。E. H. Carr and R. W. Davies, *Foundations of a Planned Economy 1926–1929*, Vol. II と L. Trotsky, *The Revolution Betrayed*(English Edition) の講読であった。爾来カーの読み方と研究姿勢について教えていただいた。二〇〇一年には「カーの国際政治学を再検討するように」と励ましをいただき、Michael Cox ed. *E. H. Carr: A Critical Appraisal* のコピーを送ってくださった。そこには先生の下線や書き込みが入っていた。溪内先生のご学恩がなければ、『平和の条件』の翻訳をすることもなかったであろう。

岩波書店編集部の小田野耕明氏からは数々のご助言を頂いた。心から感謝申し上げる。本書に残る誤りの責任はすべて訳者にある。

## マ　行



## ラ　行



## ワ　行

# 人名索引
（本文および原注より作成）

## ア　行



## カ　行



## サ　行

平和《へいわ》の条件《じょうけん》　E. H. カー著

2025年4月15日　第1刷発行

訳　者　中村研一《なかむらけんいち》

発行者　坂本政謙

発行所　株式会社　岩波書店
〒101-8002 東京都千代田区一ツ橋 2-5-5

案内 03-5210-4000　営業部 03-5210-4111
文庫編集部 03-5210-4051
https://www.iwanami.co.jp/

印刷・理想社　カバー・精興社　製本・中永製本

ISBN 978-4-00-340222-1　　Printed in Japan

# 読書子に寄す

## ——岩波文庫発刊に際して——

岩波茂雄

真理は万人によって求められることを自ら欲し、芸術は万人によって愛されることを自ら望む。かつては民を愚昧ならしめるために学芸が最も狭き堂宇に閉鎖されたことがあった。今や知識と美とを特権階級の独占より奪い返すことはつねに進取的なる民衆の切実なる要求である。岩波文庫はこの要求に応じそれに励まされて生まれた。それは生命ある不朽の書を少数者の書斎と研究室とより解放して街頭にくまなく立たしめ民衆に伍せしめるであろう。近時大量生産予約出版の流行を見る。その広告宣伝の狂態はしばらくおくも、後代にのこすと誇称する全集がその編集に万全の用意をなしたるか。千古の典籍の翻訳企図に敬虔の態度を欠かざりしか。さらに分売を許さず読者を繋縛して数十冊を強うるがごとき、はたしてその揚言する学芸解放のゆえんなりや。吾人は天下の名士の声に和してこれを推挙するに躊躇するものである。このときにあたって、岩波書店は自己の責務のいよいよ重大なるを思い、従来の方針の徹底を期するため、すでに十数年以前より志して来た計画を慎重審議この際断然実行することにした。吾人は範をかのレクラム文庫にとり、古今東西にわたって文芸・哲学・社会科学・自然科学等種類のいかんを問わず、いやしくも万人の必読すべき真に古典的価値ある書をきわめて簡易なる形式において逐次刊行し、あらゆる人間に須要なる生活向上の資料、生活批判の原理を提供せんと欲する。この文庫は予約出版の方法を排したるがゆえに、読者は自己の欲する時に自己の欲する書物を各個に自由に選択することができる。携帯に便にして価格の低きを最主とするがゆえに、外観を顧みざるも内容に至っては厳選最も力を尽くし、従来の岩波出版物の特色をますます発揮せしめようとする。この計画たるや世間の一時の投機的なるものと異なり、永遠の事業として吾人は微力を傾倒し、あらゆる犠牲を忍んで今後永久に継続発展せしめ、もって文庫の使命を遺憾なく果たさしめることを期する。芸術を愛し知識を求むる士の自ら進んでこの挙に参加し、希望と忠言とを寄せられることは吾人の熱望するところである。その性質上経済的には最も困難多きこの事業にあえて当たらんとする吾人の志を諒として、その達成のため世の読書子とのうるわしき共同を期待する。

昭和二年七月

## 《法律・政治》〔白〕

- 人権宣言集 — 高木八尺・末延三次・宮沢俊義 編
- 新版 世界憲法集 第二版 — 高橋和之 編
- 君主論 — マキアヴェッリ 河島英昭 訳
- フィレンツェ史 全二冊 — マキァヴェッリ 齊藤寛海 訳
- リヴァイアサン 全四冊 — ホッブズ 水田洋 訳
- ビヒモス — ホッブズ 山田園子 訳
- 法の精神 全三冊 — モンテスキュー 野田良之・稲本洋之助・上原行雄・田中治男・三辺博之・横田地弘 訳
- 完訳 統治二論 — ジョン・ロック 加藤節 訳
- 寛容についての手紙 — ジョン・ロック 加藤節・李静和 訳
- キリスト教の合理性 — ジョン・ロック 加藤節 訳
- ルソー 社会契約論 — 桑原武夫・前川貞次郎 訳
- フランス二月革命の日々 —トクヴィル回想録 — トクヴィル 喜安朗 訳
- アメリカのデモクラシー 全四冊 — トクヴィル 松本礼二 訳
- リンカーン演説集 — 高木八尺・斎藤光 訳
- 権利のための闘争 — イェーリング 村上淳一 訳
- 近代人の自由と古代人の自由・征服の精神と簒奪 他一篇 — コンスタン 堤林剣・堤林恵 訳

---

- 民主主義の本質と価値 他一篇 — ハンス・ケルゼン 長尾龍一・植田俊太郎 訳
- 危機の二十年 —理想と現実 — E・H・カー 原彬久 訳
- ザ・フェデラリスト — A・ハミルトン J・ジェイ J・マディソン 斎藤眞・中野勝郎 訳
- アメリカの黒人演説集 —キング・マルコムX・モリスン他 — 荒このみ 編訳
- モーゲンソー 国際政治 —権力と平和 全三冊 — 原彬久 監訳
- ポリアーキー — ロバート・A・ダール 高畠通敏・前田脩 訳
- 現代議会主義の精神史的状況 他一篇 — カール・シュミット 樋口陽一 訳
- 政治的なものの概念 — カール・シュミット 権左武志 訳
- 第二次世界大戦外交史 全二冊 — 芦田均
- 憲法講話 — 美濃部達吉
- 日本国憲法 — 長谷部恭男 解説
- 民主体制の崩壊 —危機・崩壊・再均衡 — ファン・リンス 横田正顕 訳
- 憲法 — 鵜飼信成

## 《経済・社会》〔白〕

- 政治算術 — ペティ 大内兵衛・松川七郎 訳
- 国富論 全四冊 — アダム・スミス 水田洋 監訳 杉山忠平 訳
- 道徳感情論 全二冊 — アダム・スミス 水田洋 訳

---

- 法学講義 — アダム・スミス 水田洋 訳
- コモン・センス 他三篇 — トーマス・ペイン 小松春雄 訳
- 経済学における諸定義 — マルサス 玉野井芳郎 訳
- オウエン自叙伝 — ロバアト・オウエン 五島茂 訳
- 戦争論 全三冊 — クラウゼヴィッツ 篠田英雄 訳
- 自由論 — J・S・ミル 塩尻公明・木村健康 訳
- 大学教育について — J・S・ミル 竹内一誠 訳
- 功利主義 — J・S・ミル 関口正司 訳
- ロンバード街 —ロンドンの金融市場 — バジョット 宇野弘蔵 訳
- イギリス国制論 全二冊 — バジョット 遠山隆淑 訳
- ユダヤ人問題によせて ヘーゲル法哲学批判序説 — マルクス 城塚登 訳
- 経済学・哲学草稿 — マルクス 城塚登・田中吉六 訳
- 新編輯版 ドイツ・イデオロギー — マルクス エンゲルス 廣松渉 編訳 小林昌人 補訳
- マルクス エンゲルス 共産党宣言 — 大内兵衛・向坂逸郎 訳
- 賃労働と資本 — マルクス 長谷部文雄 訳
- 賃銀・価格および利潤 — マルクス 長谷部文雄 訳
- マルクス 経済学批判 — 武田隆夫・遠藤湘吉・大内力・加藤俊彦 訳

- マルクス 資本論 全九冊 エンゲルス編 向坂逸郎訳
- 裏切られた革命 トロツキー 藤井一行訳
- 文学と革命 全二冊 トロツキイ 桑野隆訳
- ロシア革命史 全五冊 トロツキー 藤井一行訳
- トロツキー わが生涯 全二冊 森田成也 志田昇訳
- 空想より科学へ —社会主義の発展 エンゲルス 大内兵衛訳
- イギリスにおける労働者階級の状態 —一九世紀のロンドンとマンチェスター 全二冊 エンゲルス 一條和生 杉山忠平訳
- 帝国主義 レーニン 宇高基輔訳
- 国家と革命 レーニン 宇高基輔訳
- 雇用、利子および貨幣の一般理論 全二冊 ケインズ 間宮陽介訳
- シュムペーター 経済発展の理論 全二冊 塩野谷祐一 中山伊知郎 東畑精一訳
- シュムペーター 経済学史 —学説ならびに方法の諸段階 中山伊知郎 東畑精一訳
- 日本資本主義分析 山田盛太郎
- 恐慌論 宇野弘蔵
- 経済原論 宇野弘蔵
- 資本主義と市民社会 他十四篇 大塚久雄 齋藤英里編
- 共同体の基礎理論 他六篇 大塚久雄 小野塚知二編

- 言論・出版の自由 他一篇 —アレオパジティカ ミルトン 原田純訳
- ユートピアだより ウィリアム・モリス 川端康雄訳
- 有閑階級の理論 ヴェブレン 小原敬士訳
- 社会科学と社会政策にかかわる認識の「客観性」 マックス・ヴェーバー 富永祐治 立野保男訳 折原浩補訳
- プロテスタンティズムの倫理と資本主義の精神 マックス・ヴェーバー 大塚久雄訳
- 職業としての学問 マックス・ウェーバー 尾高邦雄訳
- 社会学の根本概念 マックス・ヴェーバー 清水幾太郎訳
- 職業としての政治 マックス・ヴェーバー 脇圭平訳
- 古代ユダヤ教 全三冊 マックス・ヴェーバー 内田芳明訳
- 支配について 全二冊 マックス・ウェーバー 野口雅弘訳
- 宗教と資本主義の興隆 歴史的研究 全二冊 トーニー 出口勇蔵 越智武臣訳
- 世論 全二冊 リップマン 掛川トミ子訳
- 贈与論 他二篇 マルセル・モース 森山工訳
- 国民論 他二篇 マルセル・モース 森山工編訳
- ヨーロッパの昔話 その形と本質 マックス・リュティ 小澤俊夫訳
- 独裁と民主政治の社会的起源 —近代世界形成過程における領主と農民 全二冊 バリントン・ムーア 宮崎隆次 森山茂徳 高橋直樹訳
- 大衆の反逆 オルテガ・イ・ガセット 佐々木孝訳

- シャドウ・ワーク イリイチ 玉野井芳郎 栗原彬訳

## 《自然科学》〔青〕

- ヒポクラテス医学論集 國方栄二編訳
- 科学と仮説 ポアンカレ 河野伊三郎訳
- ロウソクの科学 ファラデー 竹内敬人訳
- 種の起原 全二冊 ダーウィン 八杉龍一訳
- 自然発生説の検討 パストゥール 山口清三郎訳
- 完訳ファーブル昆虫記 全十冊 山田吉彦 林達夫訳
- 科学談義 T・H・ハックスリ 小泉丹訳
- メンデル 雑種植物の研究 岩槻邦男 須原準平訳
- アインシュタイン 相対性理論 内山龍雄訳・解説
- 相対論の意味 アインシュタイン 矢野健太郎訳
- アインシュタイン 一般相対性理論 小玉英雄編訳・解説
- 自然美と其驚異 ジョン・ラバック 板倉勝忠訳
- ダーウィニズム論集 八杉龍一編訳
- 近世数学史談 高木貞治
- ニールス・ボーア論文集1 因果性と相補性 山本義隆編訳

## 《歴史・地理》〔青〕

- 新訂 魏志倭人伝・後漢書倭伝・宋書倭国伝・隋書倭国伝 —中国正史日本伝1 石原道博編訳
- 新訂 旧唐書倭国日本伝・宋史日本伝・元史日本伝 —中国正史日本伝2 石原道博編訳
- ヘロドトス 歴史 全三冊 松平千秋訳
- トゥーキュディデース 戦史 全三冊 久保正彰訳
- ガリア戦記 カエサル 近山金次訳
- タキトゥス 年代記 —ティベリウス帝からネロ帝へ 全二冊 国原吉之助訳
- ランケ 世界史概観 —近世史の諸時代 鈴木成高・相原信作訳
- ランケ自伝 林健太郎訳
- 歴史における個人の役割 プレハーノフ 木原正雄訳
- 古代への情熱 —シュリーマン自伝 シュリーマン 村田数之亮訳
- 大君の都 —幕末日本滞在記 全三冊 オールコック 山口光朔訳
- アーネスト・サトウ 一外交官の見た明治維新 全二冊 坂田精一訳
- ベルツの日記 全二冊 トク・ベルツ編 菅沼竜太郎訳
- 武家の女性 山川菊栄
- インディアスの破壊についての簡潔な報告 ラス・カサス 染田秀藤訳
- ラス・カサス インディアス史 全七冊 長南実訳 石原保徳編
- インディアスの破壊をめぐる賠償義務論 —十二の疑問に答える ラス・カサス 染田秀藤訳
- コロンブス 全航海の報告 林屋永吉訳
- 大森貝塚 —付 関連史料 E・S・モース 近藤義郎・佐原真編訳
- ナポレオン言行録 オクターヴ・オブリ編 大塚幸男訳
- 中世的世界の形成 石母田正
- 日本の古代国家 石母田正
- 平家物語 他六篇 石母田正 高橋昌明編
- クリオの顔 —歴史随想集 E・H・ノーマン 大窪愿二編訳
- 日本における近代国家の成立 E・H・ノーマン 大窪愿二訳
- 旧事諮問録 —江戸幕府役人の証言 全二冊 旧事諮問会編 進士慶幹校注
- ローマ皇帝伝 全二冊 スエトニウス 国原吉之助訳
- アリランの歌 —ある朝鮮人革命家の生涯 ニム・ウェールズ キム・サン 松平いを子訳
- さまよえる湖 全二冊 ヘディン 福田宏年訳
- 老松堂日本行録 —朝鮮使節の見た中世日本 宋希環 村井章介校注
- 十八世紀パリ生活誌 —タブロー・ド・パリ 全二冊 メルシエ 原宏編訳
- ヨーロッパ文化と日本文化 ルイス・フロイス 岡田章雄訳注
- ギリシア案内記 全二冊 パウサニアス 馬場恵二訳
- オデュッセウスの世界 フィンリー 下田立行訳
- 東京に暮す —一九二八〜一九三六 キャサリン・サンソム 大久保美春訳
- ミカド —日本の内なる力 W・E・グリフィス 亀井俊介訳
- 増補 幕末百話 篠田鉱造
- 幕末明治 女百話 全二冊 篠田鉱造
- 日本中世の村落 清水三男 大山喬平・馬田綾子校注
- トゥバ紀行 メンヒェン=ヘルフェン 田中克彦訳
- 徳川時代の宗教 R・N・ベラー 池田昭訳
- ある出稼石工の回想 マルタン・ナド 喜安朗訳
- 革命的群衆 G・ルフェーヴル 二宮宏之訳
- 植物巡礼 —プラント・ハンターの回想 F・キングドン-ウォード 塚谷裕一訳
- 日本滞在日記 —一八〇四—一八〇五 レザーノフ 大島幹雄訳
- モンゴルの歴史と文化 ハイシッヒ 田中克彦訳
- 歴史序説 全四冊 イブン=ハルドゥーン 森本公誠訳
- ダンピア 最新世界周航記 全二冊 平野敬一訳
- ローマ建国史 全三冊(既刊上巻) リーウィウス 鈴木一州訳
- 元治夢物語 —幕末同時代史 馬場文英 徳田武校注

## 《哲学・教育・宗教》〔青〕

ソクラテスの弁明・クリトン　プラトン　久保勉訳
ゴルギアス　プラトン　加来彰俊訳
饗宴　プラトン　久保勉訳
テアイテトス　プラトン　田中美知太郎訳
パイドロス　プラトン　藤沢令夫訳
メノン　プラトン　藤沢令夫訳
国家　全二冊　プラトン　藤沢令夫訳
プロタゴラス　—ソフィストたち　プラトン　藤沢令夫訳
パイドン　—魂の不死について　プラトン　岩田靖夫訳
アナバシス　—敵中横断六〇〇〇キロ　クセノポン　松平千秋訳
アリストテレス　ニコマコス倫理学　全二冊　高田三郎訳
アリストテレス　形而上学　全二冊　出隆訳
アリストテレス　弁論術　戸塚七郎訳
アリストテレース詩学　ホラーティウス詩論　松本仁助・岡道男訳
物の本質について　ルクレーティウス　樋口勝彦訳
エピクロス　—教説と手紙　出隆・岩崎允胤訳

生の短さについて　他二篇　セネカ　大西英文訳
怒りについて　他二篇　セネカ　兼利琢也訳
エピクテトス　人生談義　全二冊　國方栄二訳
人さまざま　テオプラストス　森進一訳
マルクス・アウレーリウス　自省録　神谷美恵子訳
老年について　キケロー　中務哲郎訳
友情について　キケロー　中務哲郎訳
弁論家について　全二冊　キケロー　大西英文訳
平和の訴え　エラスムス　箕輪三郎訳
エラスムス＝トマス・モア往復書簡　沓掛良彦・高田康成訳
方法序説　デカルト　谷川多佳子訳
哲学原理　デカルト　桂寿一訳
精神指導の規則　デカルト　野田又夫訳
情念論　デカルト　谷川多佳子訳
パンセ　全三冊　パスカル　塩川徹也訳
パスカル　小品と手紙　塩川徹也・望月ゆか訳
スピノザ　神学・政治論　全二冊　畠中尚志訳

知性改善論　スピノザ　畠中尚志訳
スピノザ　エチカ（倫理学）　全二冊　畠中尚志訳
スピノザ　国家論　畠中尚志訳
スピノザ往復書簡集　畠中尚志訳
デカルトの哲学原理　—附 形而上学的思想　スピノザ　畠中尚志訳
スピノザ　神・人間及び人間の幸福に関する短論文　畠中尚志訳
モナドロジー　他二篇　ライプニッツ　谷川多佳子・岡部英男訳
ノヴム・オルガヌム（新機関）　ベーコン　桂寿一訳
市民の国について　全二冊　ヒューム　小松茂夫訳
自然宗教をめぐる対話　ヒューム　犬塚元訳
君主の統治について　—謹んでキプロス王に捧げる　トマス・アクィナス　柴田平三郎訳
精選　神学大全　全四冊　トマス・アクィナス　山本芳久編／稲垣良典訳
エミール　全三冊　ルソー　今野一雄訳
人間不平等起原論　ルソー　本田喜代治・平岡昇訳
ルソー　社会契約論　桑原武夫・前川貞次郎訳
言語起源論　—旋律と音楽的模倣について　ルソー　増田真訳
ディドロ　絵画について　佐々木健一訳

純粋理性批判 全三冊 カント 篠田英雄訳
カント 実践理性批判 波多野精一・宮本和吉・篠田英雄訳
判断力批判 全二冊 カント 篠田英雄訳
永遠平和のために カント 宇都宮芳明訳
プロレゴメナ カント 篠田英雄訳
人倫の形而上学 全二冊 カント 熊野純彦・宮村悠介訳
シュライエルマッハー 独白 木場深定訳
ヘーゲル 政治論文集 全二冊 金子武蔵訳
哲学史序論 —哲学と哲学史 ヘーゲル 武市健人訳
歴史哲学講義 全二冊 ヘーゲル 長谷川宏訳
法の哲学 —自然法と国家学の要綱 ヘーゲル 上妻精・佐藤康邦・山田忠彰訳
学問論 シェリング 西川富雄・藤田正勝監訳
自殺について 他四篇 ショウペンハウエル 斎藤信治訳
読書について 他二篇 ショウペンハウエル 斎藤忍随訳
知性について 他四篇 ショーペンハウエル 細谷貞雄訳
不安の概念 キェルケゴール 斎藤信治訳
死に至る病 キェルケゴール 斎藤信治訳

体験と創作 全二冊 ディルタイ 柴田治三郎・小牧健夫訳
眠られぬ夜のために 全二冊 ヒルティ 草間平作・大和邦太郎訳
幸福論 全三冊 ヒルティ 草間平作・大和邦太郎訳
悲劇の誕生 ニーチェ 秋山英夫訳
ツァラトゥストラはこう言った 全二冊 ニーチェ 氷上英廣訳
道徳の系譜 ニーチェ 木場深定訳
善悪の彼岸 ニーチェ 木場深定訳
この人を見よ ニーチェ 手塚富雄訳
プラグマティズム W・ジェイムズ 桝田啓三郎訳
宗教的経験の諸相 全二冊 W・ジェイムズ 桝田啓三郎訳
日常生活の精神病理 フロイト 高田珠樹訳
精神分析入門講義 全二冊 フロイト 高田珠樹・新宮一成・須藤訓任・道籏泰三訳
純粋現象学及現象学的哲学考案 全二冊 フッセル 池上鎌三訳
デカルト的省察 フッサール 浜渦辰二訳
愛の断想・日々の断想 ジンメル 清水幾太郎訳
ジンメル宗教論集 深澤英隆編訳
笑い ベルクソン 林達夫訳

道徳と宗教の二源泉 ベルクソン 平山高次訳
物質と記憶 ベルクソン 熊野純彦訳
時間と自由 ベルクソン 中村文郎訳
ラッセル教育論 安藤貞雄訳
ラッセル幸福論 安藤貞雄訳
存在と時間 全四冊 ハイデガー 熊野純彦訳
学校と社会 デューイ 宮原誠一訳
民主主義と教育 全二冊 デューイ 松野安男訳
我と汝・対話 マルティン・ブーバー 植田重雄訳
アラン 幸福論 神谷幹夫訳
アラン 定義集 神谷幹夫訳
天才の心理学 E・クレッチュマー 内村祐之訳
英語発達小史 H・ブラッドリ 寺澤芳雄訳
日本の弓術 オイゲン・ヘリゲル述 柴田治三郎訳
似て非なる友について 他三篇 プルタルコス 柳沼重剛訳
ことばのロマンス —英語の語源 ウィークリー 寺澤芳雄・出淵博訳
ヴィーコ 学問の方法 上村忠男・佐々木力訳

国家と神話 全二冊 カッシーラー 熊野純彦訳
天才・悪 ブレンターノ 篠田英雄訳
人間の頭脳活動の本質 他一篇 ディーツゲン 小松摂郎訳
反啓蒙思想 他二篇 バーリン 松本礼二編
マキアヴェッリの独創性 他三篇 バーリン 川出良枝編
ロシア・インテリゲンツィヤの誕生 他五篇 バーリン 桑野隆編
論理哲学論考 ウィトゲンシュタイン 野矢茂樹訳
自由と社会的抑圧 シモーヌ・ヴェイユ 冨原眞弓訳
根をもつこと 全二冊 シモーヌ・ヴェイユ 冨原眞弓訳
重力と恩寵 シモーヌ・ヴェイユ 冨原眞弓訳
全体性と無限 全二冊 レヴィナス 熊野純彦訳
啓蒙の弁証法 —哲学的断想 M・ホルクハイマー T・W・アドルノ 徳永恂訳
ヘーゲルからニーチェへ —十九世紀思想における革命的断絶 全二冊 レーヴィット 三島憲一訳
統辞構造論 付『言語理論の論理構造』序論 チョムスキー 福井直樹 辻子美保子訳
統辞理論の諸相 方法論序説 チョムスキー 辻子美保子 福井直樹訳
快楽について ロレンツォ・ヴァッラ 近藤恒一訳
ニーチェ みずからの時代と闘う者 ルドルフ・シュタイナー 高橋巖訳

フランス革命期の公教育論 コンドルセ他 阪上孝編訳
人間の教育 全二冊 フレーベル 荒井武訳
旧約聖書 創世記 関根正雄訳
旧約聖書 出エジプト記 関根正雄訳
旧約聖書 ヨブ記 関根正雄訳
旧約聖書 詩篇 関根正雄訳
新約聖書 福音書 塚本虎二訳
文語訳 新約聖書 詩篇付
文語訳 旧約聖書 全四冊
キリストにならいて トマス・ア・ケンピス 大沢章 呉茂一訳
聖アウグスティヌス 告白 全二冊 服部英次郎訳
アウグスティヌス 神の国 全五冊 服部英次郎 藤本雄三訳
新訳 キリスト者の自由・聖書への序言 マルティン・ルター 石原謙訳
キリスト教と世界宗教 シュヴァイツェル 鈴木俊郎訳
カルヴァン小論集 波木居斉二編訳
聖なるもの オットー 久松英二訳
コーラン 全三冊 井筒俊彦訳

エックハルト説教集 田島照久編訳
ムハンマドのことば ハディース 小杉泰編訳
新約聖書外典 ナグ・ハマディ文書抄 荒井献 大貫隆 小林稔 筒井賢治 編訳
後期資本主義における正統化の問題 ハーバーマス 山田正行・金慧訳
シンボルの哲学 —理性、祭礼、芸術のシンボル試論 S・K・ランガー 塚本明子訳
ジャック・ラカン 精神分析の四基本概念 全二冊 ジャック=アラン・ミレール編 小出浩之 新宮一成 鈴木國文 小川豊昭 訳
精神と自然 生きた世界の認識論 グレゴリー・ベイトソン 佐藤良明訳
精神の生態学へ 全三冊 グレゴリー・ベイトソン 佐藤良明訳
人間の知的能力に関する試論 全二冊 トマス・リード 戸田剛文訳
開かれた社会とその敵 全四冊 カール・ポパー 小河原誠訳

## 《イギリス文学》〔赤〕

- ユートピア　トマス・モア　平井正穂訳
- 完訳カンタベリー物語 全三冊　チョーサー　桝井迪夫訳
- ヴェニスの商人　シェイクスピア　中野好夫訳
- 十二夜　シェイクスピア　小津次郎訳
- ハムレット　シェイクスピア　野島秀勝訳
- オセロウ　シェイクスピア　菅泰男訳
- リア王　シェイクスピア　野島秀勝訳
- マクベス　シェイクスピア　木下順二訳
- ソネット集　シェイクスピア　高松雄一訳
- ロミオとジューリエット　シェイクスピア　平井正穂訳
- リチャード三世　シェイクスピア　木下順二訳
- 対訳シェイクスピア詩集 —イギリス詩人選(1)　柴田稔彦編
- から騒ぎ　シェイクスピア　喜志哲雄訳
- 冬物語　シェイクスピア　桒山智成訳
- 言論・出版の自由 —アレオパジティカ 他一篇　ミルトン　原田純訳
- 失楽園 全二冊　ミルトン　平井正穂訳

- ロビンソン・クルーソー 全二冊　デフォー　平井正穂訳
- 奴婢訓 他一篇　スウィフト　深町弘三訳
- ガリヴァー旅行記　スウィフト　平井正穂訳
- トリストラム・シャンディ 全三冊　ロレンス・スターン　朱牟田夏雄訳
- ウェイクフィールドの牧師 —むだばなし　ゴールドスミス　小野寺健訳
- 幸福の探求 —アビシニアの王子ラセラスの物語　サミュエル・ジョンソン　朱牟田夏雄訳
- 対訳ブレイク詩集 —イギリス詩人選(4)　松島正一編
- 対訳ワーズワス詩集 —イギリス詩人選(3)　山内久明編
- 湖の麗人　スコット　入江直祐訳
- キプリング短篇集　橋本槙矩編訳
- 対訳コウルリッジ詩集 イギリス詩人選(7)　上島建吉編
- 高慢と偏見 全二冊　ジェーン・オースティン　富田彬訳
- ジェイン・オースティンの手紙　新井潤美編訳
- マンスフィールド・パーク 全二冊　ジェイン・オースティン　新井潤美・宮丸裕二訳
- シェイクスピア物語 全二冊　チャールズ・ラム　メアリー・ラム　安藤貞雄訳
- エリア随筆抄　チャールズ・ラム　南條竹則編訳
- デイヴィッド・コパフィールド 全五冊　ディケンズ　石塚裕子訳

- 炉辺のこほろぎ　ディケンズ　本多顕彰訳
- ボズのスケッチ 短篇小説篇 全二冊　ディケンズ　藤岡啓介訳
- アメリカ紀行 全二冊　ディケンズ　伊藤弘之・下笠徳次・隈元貞広訳
- イタリアのおもかげ　ディケンズ　伊藤弘之・下笠徳次・隈元貞広訳
- 大いなる遺産 全二冊　ディケンズ　石塚裕子訳
- 荒涼館 全四冊　ディケンズ　佐々木徹訳
- 鎖を解かれたプロメテウス　シェリー　石川重俊訳
- アイルランド 歴史と風土　オフェイロン　橋本槙矩訳
- ジェイン・エア 全二冊　シャーロット・ブロンテ　河島弘美訳
- 嵐が丘 全二冊　エミリー・ブロンテ　河島弘美訳
- サイラス・マーナー　ジョージ・エリオット　土井治訳
- アルプス登攀記 全二冊　ウィンパー　浦松佐美太郎訳
- アンデス登攀記 全二冊　ウィンパー　大貫良夫訳
- ジーキル博士とハイド氏　スティーヴンスン　海保眞夫訳
- 南海千一夜物語　スティーヴンスン　中村徳三郎訳
- 若い人々のために 他十一篇　スティーヴンスン　岩田良吉訳
- 怪談 —不思議なことの物語と研究　ラフカディオ・ハーン　平井呈一訳

ドリアン・グレイの肖像　オスカー・ワイルド　富士川義之訳
サロメ　ワイルド　福田恆存訳
嘘から出た誠　ワイルド　岸本一郎訳
童話集 幸福な王子 他八篇　オスカー・ワイルド　富士川義之訳
分らぬもんですよ　バァナード・ショウ　市川又彦訳
ヘンリ・ライクロフトの私記　ギッシング　平井正穂訳
南イタリア周遊記　ギッシング　小池滋訳
闇の奥　コンラッド　中野好夫訳
密偵　コンラッド　土岐恒二訳
対訳 イェイツ詩集　高松雄一編
月と六ペンス　モーム　行方昭夫訳
読書案内―世界文学　W・S・モーム　西川正身訳
人間の絆 全三冊　モーム　行方昭夫訳
サミング・アップ　モーム　行方昭夫訳
モーム短篇選 全二冊　行方昭夫編訳
アシェンデン―英国情報部員のファイル　モーム　中島賢二　岡田久雄訳
お菓子とビール　モーム　行方昭夫訳

ダブリンの市民　ジョイス　結城英雄訳
荒地　T・S・エリオット　岩崎宗治訳
オーウェル評論集　小野寺健編訳
パリ・ロンドン放浪記　ジョージ・オーウェル　小野寺健訳
カタロニア讃歌　ジョージ・オーウェル　都築忠七訳
動物農場―おとぎばなし　ジョージ・オーウェル　川端康雄訳
対訳 キーツ詩集―イギリス詩人選(10)　宮崎雄行編
キーツ詩集　中村健二訳
オルノーコ 美しい浮気女　アフラ・ベイン　土井治訳
解放された世界　H・G・ウェルズ　浜野輝訳
大転落　イヴリン・ウォー　富山太佳夫訳
回想のブライズヘッド 全二冊　イーヴリン・ウォー　小野寺健訳
愛されたもの　イーヴリン・ウォー　中村健二　出淵博訳
対訳 ジョン・ダン詩集―イギリス詩人選(2)　湯浅信之編
フォースター評論集　小野寺健編訳
白衣の女 全三冊　ウィルキー・コリンズ　中島賢二訳
アイルランド短篇選　橋本槇矩編訳

灯台へ　ヴァージニア・ウルフ　御輿哲也訳
狐になった奥様　ガーネット　安藤貞雄訳
フランク・オコナー短篇集　阿部公彦訳
たいした問題じゃないが―イギリス・コラム傑作選　行方昭夫編訳
真昼の暗黒　アーサー・ケストラー　中島賢二訳
文学とは何か―現代批評理論への招待 全二冊　テリー・イーグルトン　大橋洋一訳
D・G・ロセッティ作品集　南條竹則　松村伸一編訳
真夜中の子供たち 全二冊　サルマン・ラシュディ　寺門泰彦訳
英国古典推理小説集　佐々木徹編訳

岩波文庫の最新刊

E・H・カー著／中村研一訳

# 平和の条件

第二次世界大戦下に出版された戦後構想。破局をもたらした根本原因をさぐり、政治・経済・国際関係の変革を、実現可能なユートピアとして示す。

〔白二二-二〕 定価一七一六円

澤西祐典・柴田元幸編訳
芥川龍之介選

# 英米怪異・幻想譚

芥川が選んだ「新らしい英米の文芸」は、当時の〈世界文学〉最前線であった。芥川自身の作品にもつながる〈怪異・幻想〉の世界が、十二名の豪華訳者陣により蘇る。

〔赤N二〇八-一〕 定価一五七三円

正岡子規著

# 俳諧大要

正岡子規(一八六七―一九〇二)による最良の俳句入門書。初学者へ向けて要諦を簡潔に説く本書には、俳句革新を志す子規の気概があふれている。

〔緑一三-七〕 定価五七二円

レッシング作／笠原賢介訳

# 賢者ナータン

十字軍時代のエルサレムを舞台に、ユダヤ人商人ナータンが宗教的対立を超えた和合の道を示す。寛容とは何かを問うたレッシングの代表作。

〔赤四〇四-二〕 定価一〇〇一円

……今月の重版再開……

曲亭馬琴著／徳田武校注

## 近世物之本江戸作者部類

〔黄二二五-七〕 定価一二七六円

実吉捷郎訳

## トオマス・マン短篇集

〔赤四三三-四〕 定価一一五五円

定価は消費税10％込です　2025.4